Collana
Ekklesia
5

Seconda edizione riveduta e ampliata

Progetto grafico
Elisa Agazzi

In copertina
Il mosaico del "settimo angelo" ritrovato
nella basilica della Natività a Betlemme
(foto © Piacenti S.p.A. – www.piacenti.org)

Per informazioni sulle opere pubblicate
e in programma rivolgersi a:

Edizioni Terra Santa
Via G. Gherardini 5 - 20145 Milano (Italy)
tel.: +39 02 34592679 fax: +39 02 31801980
http://www.edizioniterrasanta.it
e-mail: editrice@edizioniterrasanta.it

Alberto Elli

Breve storia delle Chiese cattoliche orientali

Finito di stampare nel dicembre 2016
da CPZ S.p.A., Costa di Mezzate (Bg)
per conto di Fondazione Terra Santa
ISBN 978-88-6240-446-4

INDICE

PREFAZIONE ALLA SECONDA EDIZIONE

A Maria-Grazia

La prima edizione di questo libro, risalente al 2010, era stata motivata dalla convocazione, tenutasi dal 10 al 24 ottobre di quell'anno, di un'assemblea speciale del Sinodo dei Vescovi dedicata alla realtà della Chiesa cattolica in Medio Oriente, dal titolo *La Chiesa Cattolica nel Medio Oriente: Comunione e testimonianza. «La moltitudine di coloro che erano diventati credenti aveva un cuore solo e un'anima sola» (At 4,32)*. Percependo l'esigenza di descrivere la storia e l'attualità della presenza cattolica di tradizione orientale si era comunque ritenuto di limitare tale descrizione alle denominazioni cattoliche di rito orientale presenti in Medio Oriente, anche se non tutte partecipanti al Sinodo.

Dopo sei anni, l'interesse verso il cristianesimo orientale non è affatto scemato; si pensi alle manifestazioni dell'aprile 2015 per il centenario del genocidio armeno per mano degli ottomani e si pensi alle tante tristissime e tragiche vicende, legate al jihadismo islamico, che in questi ultimi anni hanno segnato il destino di molte comunità cristiane, ortodosse e cattoliche, rendendo sempre più attuale la possibilità di una definitiva scomparsa della presenza cristiana in una terra che ha visto nascere le prime comunità dei seguaci di Cristo. Essendo ormai esaurita la prima edizione del libro, si è pensato quindi di presentarne una seconda edizione, riveduta e ampliata. Nell'occasione è infatti sembrato giusto non solo attualizzare le informazioni, ma anche estendere la descrizione delle vicende storiche alle altre realtà del cattolicesimo orientale, in particolare delle Chiese di rito bizantino dell'Europa orientale, nate dalla tradizione greco-slava, che nella precedente edizione non avevano trovato spazio. Inoltre, si è dotato il libro di un indice dei nomi propri di persona.

La categoria di cristiani d'Oriente abbraccia una realtà quanto mai eterogenea e la loro storia e la loro cultura sono talvolta estremamente diverse. Fattore fondamentale di unione è tuttavia il fatto di condividere la religione cristiana, praticata, almeno per coloro che vivono in Medio Oriente, in un ambiente in cui l'islam è predominante e molto spesso religione di Stato.

I cristiani medio-orientali, sottoposti in questi anni a persecuzione aperta, non di rado giunta fino al martirio, e a una pulizia etnica di dimensioni storiche, hanno sovente dato una testimonianza di fede che rappresenta una provocazione per tutti i credenti, in particolare per i cristiani occidentali. Il *jihadismo*, alimentato da decenni di propaganda islamista fanatica, dovuta a una concezione delirante dell'islam, appiattito su un'idea di morte e incapace di tollerare la pluralità e il diverso, minaccia l'esistenza stessa dei cristiani in una terra della quale essi non sono cittadini casuali ma originari, che li ospita da due millenni, e nella quale, artefici della cultura araba, hanno svolto un ruolo insostituibile di mediazione culturale, ma ormai diventata un luogo in cui è per loro praticamente impossibile vivere.

Ma la scomparsa dei cristiani dal Medio Oriente corrisponderebbe a dilapidare un tesoro preziosissimo, evento che avrebbe effetti disastrosi anche per lo stesso mondo arabo-musulmano, che si troverebbe auto-tagliato fuori definitivamente dalle forze vive che fanno la Storia. Oltre allo sfaldamento del proprio tessuto sociale nazionale e la perdita di competenze culturali, scientifiche ed economiche uniche, l'emigrazione dei cristiani orientali si riflette negativamente sulle relazioni islamo-cristiane in Occidente, veicolando il messaggio che convivere con l'islam non è possibile e accentuando quindi il sentimento di rifiuto per l'islam e la discriminazione verso i musulmani.

La conoscenza delle vicende di queste Chiese, superando quella distanza psicologica, residuo di tanti secoli di straniamento e disinteresse, con una conseguente disaffezione e una mutua ignoranza, che ce le ha rese delle emerite sconosciute, è il primo passo, necessario pur se non sufficiente, per arrivare a una miglior comprensione reciproca e al riavvicinamento, a rendercele "simpatiche", e poi a stimarle e ad amarle.

Alberto Elli

GLOSSARIO

Per una più proficua comprensione del testo, si ritiene utile premettere le seguenti definizioni:

Abate: è il titolo spettante al superiore di una comunità monastica di dodici o più monaci (cfr. "egumeno").

Ad nutum Sanctae Sedis: ossia "a discrezione della Santa Sede"; questa espressione si riferisce a qualsiasi circostanza che implichi un conflitto di giurisdizione ecclesiastica, dove Roma decide di prendere la questione sotto la sua propria giurisdizione e si riserva il diritto di dare un giudizio finale.

Apocrisario: dal greco *apokrínesthai* "rispondere" (donde il corrispondente nome latino "responsalis"); era l'inviato, il portavoce, del papa o dei patriarchi di Antiochia, Gerusalemme e Alessandria (ma in seguito anche dei metropoliti, dei vescovi e persino dei monasteri più importanti dell'Oriente) presso la corte imperiale di Bisanzio. Essi dovevano riferire ai loro superiori su argomenti rilevanti dal punto di vista della Chiesa e attendere le loro risposte; in un secondo tempo la Corte imperiale riceveva dagli apocrisari le risposte dei patriarchi e dei metropoliti.

Archimandrita: è il superiore di un monastero, oppure di una congregazione, soprattutto nelle Chiese cristiane orientali (vedi "egumeno"). Nell'Occidente cristiano cattolico il titolo "archimandrita" è quasi esclusivamente onorifico ad eccezione del superiore dell'abbazia territoriale di Santa Maria di Grottaferrata (Roma).

Arcivescovo maggiore: l'arcivescovo maggiore è il metropolita di una Sede determinata o riconosciuta dalla suprema autorità della Chiesa, il quale presiede a un'intera Chiesa orientale *sui iuris* non insignita del titolo patriarcale.

Arcivescovo metropolita: Nella Chiesa cattolica, l'arcivescovo metropolita è un arcivescovo che presiede una "provincia ecclesiastica" (vedi), ossia una circoscrizione che raggruppa più *diocesi*, e che dipende direttamente dalla Santa Sede. Il titolo è connesso alla sede vescovile: la sede episcopale più importante della provincia ecclesiastica è detta *arcidiocesi metropolitana*, le altre sedi sono dette *suffraganee*.
Nelle Chiese di rito orientale il termine ha un significato diverso: vedi "Chiesa particolare: Chiese particolari *sui iuris* – Chiesa metropolitana *sui iuris*".

Arcivesco titolare: vedi "vescovo titolare".

Amministratore apostolico: oltre all'"amministratore apostolico *permanenter constitutus*" di una Amministrazione apostolica stabilmente eretta (vedi "Chiesa particolare: Chiese particolari di rito latino – Amministrazione apostolica"), esiste l'amministratore apostolico di una diocesi, che è un amministratore nominato dalla Santa Sede per la gestione di una diocesi. Si distinguono le seguenti categorie:

- amministratore apostolico *sede vacante et ad nutum Sanctae Sedis*: viene nominato durante la vacanza di una sede episcopale ed esercita il proprio ruolo fino a quando non viene eletto un nuovo vescovo diocesano che prenda possesso della sede.
- amministratore apostolico *sede plena*: in circostanze particolari la Santa Sede può straordinariamente disporre che a una diocesi che ha il proprio vescovo sia preposto un amministratore apostolico. In tal caso il vescovo diocesano collabora, per quanto gli compete, al pieno, libero

e sereno espletamento del mandato dell'amministratore apostolico.

- amministratore apostolico *sede impedita*: se il vescovo diocesano è totalmente impedito nell'esercizio del suo ufficio pastorale nella diocesi, non essendo in grado di comunicare nemmeno per lettera con i suoi diocesani a motivo di prigionia, confino, esilio o inabilità.

Chiesa (di rito) orientale o *sui iuris* (ossia "di diritto proprio"): è una "Chiesa particolare" (vedi) che, all'interno della Chiesa cattolica universale, si distingue per forme proprie di culto liturgico e pietà popolare, per disciplina sacramentale e canonica, per terminologia e tradizione teologica. Tale Chiesa gode di una maggior autonomia riguardo al proprio governo rispetto alle Chiese di rito latino.

Chiesa particolare: nella terminologia canonica della Chiesa cattolica, con il termine "Chiesa particolare" si intendono le singole comunità cristiane, che fanno capo a un vescovo: la Chiesa cattolica si considera un'unica Chiesa incarnata in una pluralità di Chiese particolari. Il termine "Chiesa particolare" ha due usi distinti: esso si riferisce tanto alle Chiese *sui iuris* di rito orientale, quanto alle Chiese cattoliche di rito latino.

- Chiese particolari *sui iuris* (o Chiese orientali)
  Queste Chiese godono di una maggiore o minore autonomia a seconda del rango che detengono. Il Codice dei canoni delle Chiese orientali distingue quattro categorie di Chiese *sui iuris*:
  - Chiesa patriarcale
    è guidata da un *patriarca*, il quale la governa assistito dal Sinodo della Chiesa patriarcale, composto da tutti i vescovi di tale Chiesa, e da uno speciale sinodo permanente, ristretto, composto dal patriarca e da quattro vescovi. Il patriarca viene eletto dal Sinodo della

Chiesa patriarcale; una volta eletto, il nuovo patriarca è tenuto a notificare l'avvenuta elezione al papa, il quale poi concede la *ecclesiastica communio*. La Chiesa patriarcale gode di grande autonomia dalla Santa Sede nell'esercizio dei poteri di governo. I patriarchi utilizzano il titolo di "Sua Beatitudine".

- Chiesa arcivescovile maggiore
  è guidata da un arcivescovo maggiore e ha la stessa struttura della Chiesa patriarcale; la differenza consiste nella modalità di elezione dell'arcivescovo maggiore: una volta eletto dal Sinodo della Chiesa arcivescovile maggiore, non si limita a notificare l'avvenuta elezione al papa, ma deve ottenere la sua conferma. Anche l'arcivescovo maggiore utilizza il titolo di "Sua Beatitudine".
- Chiesa (arcivescovile) metropolitana *sui iuris*
  è guidata da un (arcivescovo) metropolita nominato dal papa, il quale gli conferisce il pallio in segno di comunione gerarchica. Il metropolita gode di una potestà ordinaria e sovraepiscopale, ma di natura così personale da non poter costituire un vicario o delegare la sua potestà a qualcuno per la totalità dei casi. Nell'espletamento del suo compito, il metropolita, che porta il titolo di "Sua Eccellenza", è coadiuvato dagli altri vescovi riuniti nel "Consiglio dei Gerarchi". Questa categoria di Chiesa gode di minor autonomia rispetto alle due precedenti, ma ha comunque poteri maggiori di una conferenza episcopale latina.
- Altre Chiese *sui iuris*
  in questa categoria sono comprese tutte le altre Chiese *sui iuris* che non sono né patriarcali, né arcivescovili maggiori né metropolitane *sui iuris*. Ognuna di esse è guidata da un Gerarca, che non è necessariamente insignito del carattere episcopale, è nominato dal papa e guida la propria Chiesa senza Sinodo né Consiglio

dei Gerarchi. Ognuna di queste Chiese è retta da un diritto particolare che stabilisce la sua struttura e i suoi rapporti con la Santa Sede.

Si noti che non tutte le comunità cattoliche orientali sono ufficialmente costituite in Chiese *sui iuris*: in alcuni Paesi, dove il numero dei fedeli è particolarmente esiguo, essi sono sottoposti alla giurisdizione di ordinari di altri riti (sia latini che di altri riti orientali), definiti per ogni singolo caso dalla Santa Sede.

- Chiese particolari di rito latino

  Si distinguono in "Chiese territoriali" e "Chiese personali"; le prime si caratterizzano perché formate da un determinato e circoscritto territorio, le seconde invece dalle persone che le compongono.

  - Chiese territoriali: si distinguono sei tipologie:

    Diocesi

    è stata dapprima una suddivisione amministrativa dell'Impero romano; in seguito e fino ai nostri giorni è una suddivisione di diverse Chiese cristiane: una porzione del popolo di Dio, affidata alle cure pastorali di un *vescovo*. Per le diocesi più grandi il vescovo è aiutato da uno o più *vescovi ausiliari*. Una diocesi ha normalmente un *vicario generale*, il quale, dove non c'è vescovo ausiliare, è il primo collaboratore del vescovo e ne fa le veci in sua assenza.

    Prelatura territoriale e *Abbazia territoriale*

    è una determinata porzione del popolo di Dio, circoscritta territorialmente, la cura della quale viene affidata, per circostanze speciali, ad un Prelato (vedi) o ad un Abate (vedi) che la governa a modo di vescovo diocesano, come suo pastore proprio. Precedentemente l'Abbazia territoriale era chiamata *abbatia nullius* (*dioecesis*), ossia "di nessuna (diocesi)".

    Vicariato apostolico e *Prefettura apostolica*

    è una determinata porzione del popolo di Dio che,

per circostanze peculiari, non è ancora stata costituita come diocesi ed è affidata alla cura pastorale di un vicario apostolico o di un prefetto apostolico, che la governa in nome del Sommo Pontefice. Mentre il vicario apostolico è rivestito della dignità episcopale (ossia è un vescovo), il prefetto apostolico è un presbitero e non è necessariamente un vescovo, anche se svolge tutti i compiti propri del vescovo nell'ambito della propria prefettura; come tale, il prefetto apostolico è esentato dall'obbligo della visita *ad limina*.

Amministrazione apostolica

è una determinata porzione del popolo di Dio che, per ragioni speciali e particolarmente gravi, non viene eretta come diocesi dal Sommo Pontefice e la cura pastorale della quale viene affidata a un "amministratore apostolico *permanenter constitutus*" – non necessariamente insignito del carattere episcopale, ma solitamente lo è –, che la governa in nome del Sommo Pontefice.

- Chiese personali: si distinguono cinque tipologie; nel nostro caso interessa solo:

Ordinariato per i fedeli di rito orientale

non è una figura giuridica creata dal diritto canonico, bensì una circoscrizione personale configurata dalla prassi: è una tipologia di circoscrizione ecclesiastica della Chiesa cattolica per l'assistenza pastorale di cattolici orientali di qualunque rito che non abbiano gerarchia propria nel Paese di residenza. A capo dell'Ordinariato c'è un prelato con il titolo di "ordinario", nominato dalla Santa Sede, con giurisdizione su tutti i fedeli appartenenti ai riti orientali sprovvisti di vescovo proprio. In genere, l'Ordinariato ha un ambito nazionale, estende la sua giurisdizione su fedeli che appartengono ad uno o più riti liturgici e la carica di ordinario viene attribuita al vescovo della capitale del Paese; fa eccezione l'"Ordinariato armeno dell'Europa orientale".

Chiesa sui iuris: vedi "Chiesa (di rito) orientale" e "Chiesa particolare"

Chiesa uniate: è la denominazione comunemente usata per indicare le chiese che riconoscono l'autorità papale, i dogmi e il catechismo cattolico ma conservano la liturgia bizantina, molto simile a quella praticata dalla Chiesa ortodossa, secondo una formula già indicata dal Concilio di Firenze. Benché il termine "Chiesa uniate" fosse stato inizialmente usato per indicare i fedeli della Chiesa greco-cattolica ucraina e quelli della Chiesa greco-cattolica rutena, riunitisi con Roma con l'Unione di Brest (1596) e l'Unione di Užhorod (1646) rispettivamente, esso venne poi applicato a tutti i cattolici di rito orientale delle Chiese di rito bizantino. Il termine "uniate" in alcune lingue e in alcune culture aveva, però, assunto una valenza spregiativa e i documenti del Concilio Vaticano II lo evitano accuratamente. Pertanto anche in questo lavoro esso non viene utilizzato.

Codice dei canoni delle Chiese orientali (*Codex Canonum Ecclesiarum Orietalium*): *corpus* normativo destinato a regolamentare la vita delle Chiese orientali cattoliche; esso forma, insieme al *Codex Iuris Canonici* e alla Costituzione apostolica *Pastor bonus* sulla Curia romana, il corpo principale del vigente diritto canonico.

Congregazione de Propaganda fide: vedi "Congregazione per l'evangelizzazione dei popoli"

Congregazione delle Chiese orientali (*Congregatio pro Ecclesiis orientalibus*): è il dicastero della Curia romana che si occupa di favorire la crescita, salvaguardare i diritti e il patrimonio liturgico, disciplinare e spirituale delle comunità cattoliche orientali di rito non latino. Le sue funzioni erano in origine esercitate dalla *Congregazione de Propaganda fide*, istituita nel 1622 da papa Gregorio XV, che soprintendeva anche all'attività missionaria. In seno a questo dicastero, il 6 gennaio 1862 con il breve *Romani pontifices* papa Pio IX eresse la *Congregatio de Propaganda fide pro negotiis ritus orientalis*. L'organismo venne reso autonomo da papa Benedetto XV con il "motu proprio" *Dei providentis* del 1° maggio 1917 e assunse il nome *Congregatio pro Ecclesia orientali*. Il suo nome attuale le fu attribuito da papa Paolo VI con la costituzione apostolica *Regimini Ecclesiae universae* del 15 agosto 1967. Sotto il pontificato di Giovanni Paolo II, con la costituzione apostolica *Pastor bonus* del 28 giugno 1988, ha assunto l'attuale fisionomia.

Congregazione per l'evangelizzazione dei popoli (*Congregatio pro gentium evangelizatione*): è il dicastero della Curia romana che ha competenza per tutto quello che riguarda l'attività missionaria, dirigendo e coordinando l'opera di evangelizzazione dei popoli. In origine, le sue funzioni erano attribuite alla *Congregatio de Propaganda fide*, istituita da papa Gregorio XV il giorno dell'Epifania del 1622 e che il 22 giugno ne firmò la bolla ufficiale *Inscrutabili divinae providentiae*; tale organismo sovrintendeva non solo all'attività missionaria verso i non-cattolici nel mondo intero, ma svolgeva anche le funzioni oggi attribuite alla "Congregazione delle Chiese orientali". L'attuale denominazione di "Congregazione per l'evangelizzazione dei popoli" è stata assunta il 15 agosto 1967, con la bolla *Immortalis Dei* di Paolo VI, mentre la costituzione apostolica *Pastor bonus*, del 28 giugno 1988, di papa Giovanni Paolo II ne ha ridefinito le competenze.

Consiglio dei Gerarchi: assemblea dei vescovi di una Chiesa metropolitana *sui iuris*, che coadiuva l'arcivescovo maggiore nell'espletamento dei suoi compiti. È l'equivalente del (Santo) Sinodo per le Chiese patriarcali e arcivescovili maggiori.

Delegato apostolico; *Delegazione apostolica*: "Delegazione apostolica" è il nome della rappresentanza della diplomazia della Santa Sede presso quelle nazioni che non hanno relazioni diplomatiche con la Santa Sede. Pertanto il "delegato apostolico", a differenza del nunzio (vedi), non è accreditato presso il governo dello Stato e quindi, pur avendo lo stesso rango ecclesiastico dei nunzi, non ha lo *status* di agente diplomatico; non intrattiene, quindi, rapporti con le autorità politiche o statali, ma cura, invece, i rapporti con le Chiese locali e con i loro vescovi. In alcuni Paesi, tuttavia, al delegato apostolico vengono ugualmente concessi privilegi diplomatici. Il codice di diritto canonico del 1983 non distingue tra nunzi e delegati, ma parla semplicemente di "legato pontificio", al quale attribuisce il compito di rappresentare il papa presso le Chiese locali e, in aggiunta, rappresentare la Santa Sede presso i governi. Quando il legato ha compiti solo spirituali prende il nome di "delegato apostolico", mentre quando ai compiti ecclesiali unisce compiti diplomatici prende il nome di "nunzio apostolico".

Diocesi immediatamente soggetta (*alla Santa Sede*): nella Chiesa cattolica si dice "diocesi immediatamente soggetta" quella direttamente dipendente dalla Santa Sede e non soggetta all'autorità di un arcivescovo metropolita. Ciò può avvenire specialmente per motivi storici o per gravi questioni contingenti.

Documento pontificio: documento attraverso il quale il Pontefice manifesta il proprio pensiero. Si distinguono i seguenti tipi di documento:

- Bolla pontificia: comunicazione scritta dalla Cancelleria Vaticana emessa con il sigillo del papa. A differenza dell'enciclica, che è rivolta all'intera comunità dei fedeli, la bolla è diretta verso una sola persona

- Breve apostolico, lettera pontificia meno solenne della bolla ed usata per affari di minore importanza (*littera apostolica in forma brevis*)
- Costituzione apostolica, legge pontificia cosiddetta "diretta"; si tratta di un documento particolarmente importante e solenne, riguardante un insegnamento definitivo o disposizioni di una certa rilevanza
- Enciclica, lettera pontificia su materie dottrinali, morali o sociali, indirizzata a tutti i fedeli
- Esortazione apostolica
- Esortazione apostolica post-sinodale, è un documento che il papa elabora a partire dalle Proposizioni che il Sinodo dei vescovi produce come frutto dei suoi lavori
- Lettera apostolica
- Lettera semplice
- Messaggio

Un documento del papa non suggerito da alcun organismo della Curia romana è detto *Motu proprio*.

Egumeno: è il titolo con cui viene indicata la guida di un monastero nelle Chiese ortodosse, ruolo simile a quello di abate (vedi). Tale termine significa "colui che è in carica", "la guida". Egumeno sta inoltre ad indicare uno dei ranghi della gerarchia monastica ortodossa. Inizialmente il titolo fu applicato in tutti i monasteri. Dopo il 1874, quando i monasteri russi furono secolarizzati e classificati in tre classi, il titolo di egumeno fu riservato solo per i monasteri appartenenti alla classe più bassa, la terza. L'abate dei monasteri delle prime due classi fu invece chiamato "archimandrita" (vedi).

Eparca; *Eparchia*: nella Chiesa cattolica di rito orientale si chiama "eparchia" una porzione di territorio e di fedeli che vengono affidati alla cura pastorale di un “eparca” o vescovo; l’eparchia, quindi, è del tutto corrispondente alla diocesi della Chiesa latina.

Esarca; *Esarcato apostolico / arcivescovile / patriarcale*: un “esarcato apostolico” è una forma di diocesi della Chiesa cattolica in uso presso le Chiese *sui iuris* orientali. Corrisponde al “Vicariato apostolico” della Chiesa latina, in quanto non fa parte di una metropolia ed è retto da un vescovo, detto “esarca apostolico”. Una forma di diocesi analoga è l’“esarcato arcivescovile”, che dipende da un arcivescovo maggiore. Quando la dipendenza è immediata da un patriarca, si ha l’“esarcato patriarcale”.

Foro esterno: complesso degli organi giuridici della Chiesa che si occupa di fatti e controversie che riguardano il bene sociale o pubblico della Chiesa, e si esercita pubblicamente, con effetti giuridici.

Ieromonaco: nelle Chiese cristiane ortodosse lo ieromonaco, letteralmente un “monaco sacro”, è un religioso che ha in sé sia i titoli ecclesiastici di monaco sia quelli di prete; può quindi essere o un monaco che sia stato ordinato sacerdote o un prete che sia stato tonsurato a monaco.

Katholikòs: titolo dato, a partire dal IV-V secolo, ai capi delle Chiese staccatesi dal patriarcato di Antiochia. La Chiesa armena costituisce un caso speciale di organizzazione ecclesiastica: nella dicitura armena il titolo di patriarca è subordinato a quello di katholikòs.

Legato pontificio: vedi “Delegato pontificio”.

Maphryan: “colui che porta frutti”, ossia “consacratore”; era il titolo portato, nella Chiesa siriaca ortodossa, dal prelato che in rango veniva subito dopo il patriarca di Antiochia.

Metropolia: nell'organizzazione territoriale della Chiesa cattolica, è la provincia ecclesiastica (vedi) costituita dall'unione di più diocesi. Essa insiste nel territorio di una arcidiocesi detta "metropolitana", il cui arcivescovo è detto "metropolita".

Metropolita: vedi "Arcivescovo metropolita".

Monastero esarchico: equivalente al termine latino di "Abbazia territoriale".

Nunzio apostolico; *Nunziatura apostolica*: il nunzio apostolico (impropriamente detto anche "nunzio papale") è il rappresentante diplomatico permanente della Santa Sede presso uno Stato, ossia il capo della missione diplomatica. All'interno della gerarchia ecclesiastica, solitamente, ha il titolo di "arcivescovo titolare" (vedi). Secondo le norme del diritto internazionale approvate con la Convenzione di Vienna del 1961, il nunzio apostolico ha il rango di ambasciatore straordinario e plenipotenziario, con le medesime prerogative degli ambasciatori di qualunque altro Paese.

Patriarca: vedi "Chiesa particolare: Chiese particolari *sui iuris* – Chiesa patriarcale".

Prelato: ecclesiastico fornito di giurisdizione ordinaria nel foro esterno (vedi), o insignito di questo titolo dal papa, con particolari privilegi. Si distinguono:
- Prelati maggiori: cardinali e vescovi
- Prelati minori: abati, vicari generali, arcidiaconi, superiori di ordini religiosi

Protonotario apostolico: il protonotaio o protonotario apostolico è un particolare prelato della Curia romana, titolare di una carica onorifica papale e di altri particolari diritti onorifici. Compito dei protonotari apostolici è quello di redigere gli atti più importanti ed i documenti che annunciano i dogmi, le canonizzazioni, le incoronazioni, le intronizzazioni ed i decessi dei papi. Per di più sovrintendono alla regolare chiusura ed apertura dei conclavi e seguono il protocollo dei concistori.

Protopresbitero; *Protopresbiterato*: il protopresbitero è un presbitero che è preposto a un distretto composto di diverse parrocchie, per espletare in quel luogo a nome del vescovo eparchiale le funzioni determinate dal diritto. Il protopresbiterato è il territorio sul quale si esercita la funzione del protopresbitero.

Provincia ecclesiastica: è un'unità del governo religioso che, presente in alcune Chiese cristiane, consiste nella dipendenza da un'arcidiocesi metropolitana di diocesi, dette *suffraganee*. L'arcivescovo a capo della provincia è detto *metropolita*.

(*Santo*) *Sinodo*: assemblea dei vescovi che coadiuvano un patriarca o un arcivescovo maggiore nell'espletamento delle sue funzioni (cfr. "Consiglio dei gerarchi").

Sinodo dei Vescovi: è un'istituzione permanente del Collegio episcopale della Chiesa cattolica. Fu istituito con la lettera apostolica, in forma di "motu proprio", *Apostolica sollicitudo* del 15 settembre 1965 da papa Paolo VI, in risposta al desiderio dei padri del Concilio Vaticano II per mantenere viva l'esperienza dello stesso concilio. È un'assemblea dei rappresentanti dell'episcopato cattolico che ha il compito di aiutare con i suoi consigli il papa nel governo della Chiesa universale. La sua attività è sempre convocata, presieduta e conclusa dal Romano Pontefice.

Vescovo titolare: è quel vescovo, o arcivescovo, della Chiesa cattolica al quale non è stata affidata la cura di una diocesi esistente. Gli viene invece assegnata una diocesi storica, ma non più attiva, o perché gli abitanti sono stati islamizzati sotto la dominazione musulmana o perché si sono separati da Roma – ragione per cui in passato tali diocesi erano denominate sedi *in partibus infidelium aut schismaticorum* – o perché soppressa per altri motivi: a norma del diritto canonico, infatti, a ogni vescovo deve essere assegnata una distinta sede episcopale. Pur non avendo alcuna giurisdizione sulla Chiesa titolare, gode di tutti i privilegi e gli onori del vescovo diocesano e ha il diritto e il dovere di partecipare a un concilio ecumenico

Vicario apostolico: vedi "Chiesa particolare: Chiese particolari di rito latino – Vicariato apostolico"

Vicario patriarcale: nelle Chiese *sui iuris* patriarcali è un vescovo incaricato del governo di una diocesi priva di vescovo residente e posta sotto il diretto controllo del patriarca (per esempio, una diocesi di nuova fondazione). Corrisponde all'"esarca patriarcale" (vedi) ed è l'equivalente del "vicario apostolico" (vedi) per le Chiese latine.

Visitatore apostolico: prelato designato dalla Santa Sede a compiere un'ispezione a una diocesi o a un'istituzione ecclesiastica.

INTRODUZIONE

1. LE SUDDIVISIONI ALL'INTERNO DELLA CRISTIANITÀ ORIENTALE

La cristianità antica era suddivisa in tre grandi gruppi: le Chiese di lingua siriaca, col loro centro ad Antiochia ed Edessa; le Chiese di lingua greca, col loro centro ad Alessandria, a cui si aggiunse poi Costantinopoli; e le Chiese di lingua latina, col loro centro a Roma. Questi tre gruppi inizialmente si accettarono l'un l'altro nonostante le loro differenze, fino alla loro separazione, che prese avvio nel V secolo.

Le Chiese di lingua siriaca si separarono da quelle di lingua greca e latina in due fasi: i siro-orientali – più tardi chiamati, anche se impropriamente, "nestoriani" –, posti al di là del *limes* dell'impero romano, nel regno di Persia, si separarono nel 424, mentre gli anti-calcedoniti abbandonarono la Grande Chiesa al concilio di Calcedonia (451), a causa della controversia sulla natura o nature di Cristo.

La separazione tra la Chiesa latina e quella greca avvenne nel 1054, a motivo della "pretesa" del pontefice di Roma di avere giurisdizione su tutte le Chiese.

Dal XII al XVIII secolo piccoli gruppi di cristiani delle Chiese orientali[1] separate sono tornati alla comunione con la Chiesa

[1] Per lo storico e bizantinista francese Raymond Janin (1882-1972), per "Chiese orientali" s'intendono di solito le cristianità dell'Europa orientale e dell'Asia occidentale che seguono un rito diverso da quello più diffuso nelle altri parti del mondo, chiamato comunemente rito latino (R. Janin, *Églises orientales et rites orientaux*, Parigi 1955, p. 9). Il territorio sul quale queste cristianità insi-

cattolica di Roma, mantenendo i loro riti orientali. Queste nuove chiese furono chiamate *Chiese cattoliche orientali*[2].

Tradizionalmente, la cristianità orientale è suddivisa in tre grandi divisioni:

- La **Chiesa greca ortodossa** (o *Chiesa ortodossa orientale*)[3]: si

---

stono costituiva in antico la *pars orientalis* dell'impero romano, e in qualche caso anche oltre i confini di quest'area (Mesopotamia persiana, Armenia, Etiopia, Malabar indiano). Si aggiunsero poi i territori slavi, entrati dal Medioevo in avanti sotto l'influsso dell'impero bizantino per effetto dell'azione missionaria.

[2] A volte le Chiese cattoliche orientali, in particolare quelle di rito bizantino, sono indicate come *Chiese uniate*. Poiché tale termine ha, tuttavia, nel corso del tempo assunto connotazione negativa, se non dispregiativa, si è scelto di non utilizzarlo. La prassi dell'*uniatismo*, ossia del processo di costituzione delle Chiese cattoliche di rito orientale, nata dalla volontà, da parte di Roma, di voler ripristinare l'unità della Chiesa, è sempre stata considerata, da parte ortodossa, come una strategia inammissibile di erosione dell'unità della comunione ortodossa, uno strumento di proselitismo per sottrarre fedeli alle Chiese ortodosse. Nel cosiddetto "documento di Balamand", risultato dei colloqui ecumenici avvenuti nel 1993 a Balamand, in Libano, nell'ambito degli incontri periodici della Commissione mista di dialogo teologico tra la Chiesa cattolica e le Chiese ortodosse nel loro insieme (*Enchiridion Oecumenicum* 3, EDB, Bologna 1995, pp. 1762-1900), dedicato allo statuto teologico delle Chiese greco-cattoliche, «la Chiesa cattolica riconosce che l'uniatismo è espressione di una strategia pastorale del passato, di cui oggi non si riconosce più l'adeguatezza, e che viene quindi sospesa in modo definitivo; le Chiese ortodosse si impegnano però a riconoscere le Chiese greco-cattoliche che di fatto esistono come vere Chiese. Inoltre si afferma il riconoscimento comune come Chiese sorelle tra Chiesa cattolica e Chiesa ortodossa». La ricezione di tale documento, tuttavia, ha incontrato numerosi ostacoli, sia in ambito ortodosso, sia in ambito cattolico (A. Pacini, "Le relazioni ecumeniche tra Chiesa cattolica e Chiese ortodosse, con specifico riferimento all'area russo-ucraina", in A. Roccucci, a cura di, *Chiese e culture nell'Est europeo. Prospettive di dialogo*, Milano 2007, pp. 53-99, citazione alle pp. 66-67).

[3] Il termine "ortodossia", significante "retta professione di fede", è utilizzato abusivamente in Oriente per caratterizzare l'insieme delle Chiese orientali non unite a Roma, ciò che in certi casi non corrisponde affatto alla realtà dottrinale, poiché parecchie di queste Chiese si sono separate dalla Cristianità universale proprio per cause di eterodossia. Il termine ricopre in effetti due tipi di situazioni: quella delle Chiese veramente "ortodosse", che si sono separate da Roma nel

è sviluppata dalla Chiesa di stato dell'impero bizantino. Oggi diffusa in Grecia e nelle regioni slave. È la seconda, come grandezza, delle Chiese del mondo e abbraccia 15 Chiese sorelle autocefale, tutte riconoscenti il primato d'onore del *Patriarca Ecumenico* di Costantinopoli (Istanbul)[4]. Poiché tutte queste

---

1054 o in seguito per ragioni soprattutto disciplinari, ma che restano, per l'essenziale, in unione di fede con la cattolicità sulla base dei canoni dei primi sette concili ecumenici (tra cui quello di Calcedonia del 451), e quella delle Chiese che si sono separate per motivi di dottrina, abbracciando dogmi condannati sia da Roma che da Costantinopoli. Le prime, dette anche "calcedonite", hanno un carattere essenzialmente scismatico (anche se, in dettaglio, delle sfumature dottrinali le distinguono dalla Chiesa Cattolica, come il rifiuto del *Filioque*). Le seconde, invece, non sono soltanto scismatiche, ma, con riferimento al linguaggio della fede, anche eretiche (almeno secondo una valutazione antica, ora però superata): professerebbero infatti dottrine ("nestorianesimo", "monofisismo") che sono state condannate dai primi concili, in particolare da quello di Calcedonia, che nessuna di queste Chiese riconosce (donde il loro nome di "anti-calcedonite" o "pre-calcedonite") (J.-P. VALOGNES, *Vie et mort des Chrétiens d'Orient. Des origines à nos jours*, Parigi 1995, pp. 134-148).

[4] Patriarcato ecumenico di Costantinopoli, Chiesa ortodossa di Alessandria, Chiesa ortodossa di Antiochia, Chiesa ortodossa di Gerusalemme, Chiesa ortodossa di Russia, Chiesa ortodossa di Serbia, Chiesa ortodossa di Romania, Chiesa ortodossa di Bulgaria, Chiesa ortodossa di Georgia (tutte queste chiese sono dei patriarcati; le restanti, pur autocefale, non sono state elevate al rango di patriarcato), Chiesa ortodossa di Cipro, Chiesa ortodossa di Grecia, Chiesa ortodossa di Polonia, Chiesa ortodossa di Albania, Chiesa ortodossa di Cechia, Chiesa ortodossa di Slovacchia. Vi sono poi due Chiese autonome non autocefale: la Chiesa ortodossa di Finlandia e la Chiesa ortodossa di Estonia. Le Chiese autocefale e autonome di rito bizantino hanno una giurisdizione canonica che coincide con lo stato nazionale di appartenenza; unica eccezione costituisce la Chiesa ortodossa russa, che considera come proprio territorio canonico l'insieme degli Stati un tempo parte dell'Unione Sovietica. La Chiesa ortodossa russa, inoltre, che vanta una forte consistenza di fedeli e una notevole capacità di esercitare una reale influenza culturale e politica, contesta la legittimità della prerogativa della sede di Costantinopoli di ritenersi sede primaziale di onore, ritenendo, invece, che debba spettare a lei; essa, infatti, non perde occasione di sottolineare come il Patriarcato di Costantinopoli sia ormai privo di reale consistenza ecclesiale (i suoi fedeli sono solo poche migliaia) e sia sottoposto al potere politico turco, ad esso ostile.

Chiese riconoscono i primi sette concili ecumenici[5], esse sono *calcedonite*: hanno, cioè, accettato il dogma cristologico definito nel concilio di Calcedonia (451).

• Le **Chiese orientali separate**

- La *Chiesa assira* (nota anche come *Chiesa dell'Est* o *Chiesa siro-orientale*; a volte, ma impropriamente, anche come *Chiesa nestoriana*); è pre-efesina
- Le *Chiese Ortodosse anti-calcedonite* (impropriamente dette *monofisite*):
  1. *Chiesa siro-ortodossa di Antiochia* (o *Chiesa siro-occidentale* o *Chiesa giacobita*)
  2. *Chiesa siro-ortodossa dell'India*: diffusa tra i "cristiani di san Tommaso" nel Malabar, attuale stato del Kerala.
  3. *Chiesa copta ortodossa*. È la più grande comunità cristiana del Medio Oriente
  4. *Chiesa apostolica armena*
  5. *Chiesa ortodossa tewahedo d'Etiopia*

• Le **Chiese cattoliche**: hanno accettato il primato del papa, pur mantenendo i loro antichi rituali e le loro tradizioni.

A differenza delle Chiese cattoliche, le altre Chiese orientali si pongono tutte su un piano di eguaglianza, caratterizzato da un'autonomia completa, detta *autocefalia*, delle entità locali, che non dipendono quindi da alcuna giurisdizione superiore (anche se le Chiese ortodosse calcedonite riconoscono, come visto, un primato d'onore al patriarca, detto "ecumenico", di Costantinopoli), e si amministrano liberamente, sotto l'autorità dei rispettivi Sinodi.

---

[5] Nicea I (325), Costantinopoli I (381), Efeso (431), Calcedonia (451), Costantinopoli II (553), Costantinopoli III (681), Nicea II (787).

2. NASCITA E VALORE DELLE CHIESE CATTOLICHE ORIENTALI

Nei riguardi delle Chiese d'Oriente si possono distinguere due epoche nel tentativo plurisecolare di Roma per riassorbire gli scismi. In una prima fase, durata grosso modo fino alla metà del XV secolo, il papato cercò di ristabilire l'unione ecclesiale discutendo con le gerarchie locali la risoluzione dei contenziosi dogmatici e disciplinari che erano alla radice delle divisioni. Culminata col concilio di Ferrara-Firenze (noto anche come concilio di Basilea-Ferrara-Firenze-Roma, 1431-1445)[6], questa fase ebbe una brusca fine con la caduta di Costantinopoli in mano agli Ottomani (1453). Da allora Roma, rinunciando alle trattative e alle negoziazioni, intraprese una riconquista dalla base, cercando di aggregare a sé individui o intere comunità. È così che si assiste, in particolare dal XVI al XVIII secolo, all'apparizione di Chiese cattoliche all'interno di quasi tutte le Chiese orientali.

Le attività missionarie latine al servizio della diffusione del cattolicesimo ebbero il pieno sostegno della Francia, prima, tra le potenze europee, a ergersi come protettrice dei cristiani orientali. Rinnovando la concessione che già era stata di Carlo Magno, nel

[6] Questo concilio ecumenico si divide in quattro fasi: le prime venticinque sessioni conciliari di Basilea (14 dicembre 1431 – 7 maggio 1437), le sessioni conciliari di Ferrara (8 gennaio 1438 – 10 gennaio 1439); le sessioni conciliari di Firenze (6 luglio 1439 – 4 febbraio 1442), che ebbero come risultato i decreti di unione dei greci, degli armeni e dei copti; le sessioni conciliari di Roma (14 ottobre 1443 – 7 agosto 1445), dove furono approvati i decreti di unione con i bosniaci, i siriani, i caldei e i maroniti di Cipro. Come nota il padre mechitarista Boghos Levon Zekiyan, il concilio di Firenze si caratterizzò come un momento altamente significativo nella storia dell'ecumenicità. Fin nella sua stessa convocazione, infatti, esso offrì un monento di ecumenicità che neppure il Vaticano II avrebbe osato offrire: l'invito rivolto dalla Chiesa di Roma alle Chiese sorelle non cattoliche a partecipare al concilio a pieno titolo, prima ancora che venissero stipulati gli atti di unione (B.L. ZEKIYAN, "Un singolare itinerario di spiritualità dalla frontiera all'oikumene. Riflessioni sulla cristianità armena", in *Chiese cristiane d'Oriente*, Religioni e Sette nel mondo 4, dicembre 1995, pp. 37-69, alle pp. 39-40).

1604 l'ambasciatore François Savary de Bréves (1560-1628), celebre orientalista, venne riconosciuto dal governo ottomano come «protettore particolare e difensore di tutte le chiese e monasteri, rappresentante del re cristianissimo, protettore generale dei cristiani dell'impero ottomano»[7]. Più tardi, col XIX secolo, altre potenze, in particolare l'Inghilterra e la Russia, contesero alla Francia questa sua posizione di protettrice dei cristiani orientali[8]. Il proselitismo romano di questi secoli, coniugato con gli interventi europei, portava tuttavia in sé i germi di grandi tragedie. Le Chiese cattoliche, infatti, pur fermento di rinnovamento per l'Oriente cristiano, sono state e sono fonte di divisione all'interno delle Chiese locali (per es., cinque prelati aspirano ancor oggi al titolo di "patriarca di Antiochia": un greco ortodosso, un melchita cattolico e un siriano ortodosso, tutti e tre residenti a Damasco, oltre a un siriano cattolico, con residenza a Beirut, e un maronita, residente a Bkerke, nel Libano)[9], ma soprattutto, coi loro legami con l'Occidente, hanno contribuito a dare dei cristiani in ambiente musulmano un'immagine straniera, con tutte le conseguenze immaginabili.

L'ingerenza degli Occidentali ha infatti contribuito più a compromettere che a emancipare socialmente le minoranze non-musulmane (diverso è invece il caso dell'emancipazione intellettuale:

---

[7] F. CHARLES-ROUX, *France et chrétiens d'Orient*, Parigi 1939, p. 37.

[8] I più di tre secoli di protezione religiosa della Francia nell'Impero Ottomano avranno termine solo col trattato di San Remo del 1920: essendo ormai l'Egitto e gran parte del Medio Oriente protettorati o mandati britannici, l'Inghilterra non poteva più tollerare che la Francia continuasse a esercitare su questi territori una qualsiasi influenza.

[9] In particolare da parte delle Chiese ortodosse di rito bizantino è proprio nell'esistenza di queste Chiese cattoliche che si individua il più grave e serio ostacolo al raggiungimento dell'unità; esse sono infatti considerate un subdolo tentativo, celato sotto l'inganno di una parvenza esteriore totalmente identica a quella ortodossa, di invasione della Chiesa di Roma nel territorio, tra il popolo e soprattutto nella loro stessa identità ecclesiale (F. MARTI, "La Chiesa cattolica latina, le Chiese cattoliche orientali, le Chiese orientali", relazione presentata all'incontro di studio di Città di Castello del 12 gennaio 2007, alla p. 9).

il contatto con l'Occidente ha provocato un formidabile mutamento intellettuale dei cristiani, che fa di essi un'*élite* nei Paesi medio-orientali ove vivono). Le giuste rivendicazioni avanzate dai cristiani, la cui visione del mondo non era ormai più quella retrograda e fossilizzata dell'impero Ottomano, ma era impregnata delle idee-forza dell'Occidente (umanesimo, eguaglianza, libertà, organizzazione sociale affrancata dalla tutela religiosa, ...), lungi dal portare loro quella libertà politica e quell'eguaglianza sociale alla quale aspiravano, crearono spesso vive tensioni coi musulmani, sovente degenerate in violenze confessionali e assunte poi come alibi per nuovi interventi europei, sempre più compromettenti[10].

3. LA RISCOPERTA CATTOLICA DEL VALORE DELLE CHIESE ORIENTALI

Per secoli, come visto, la Chiesa cattolica ha cercato di riportare all'ovile di Roma le Chiese orientali. Inizialmente, tuttavia, la politica messa in atto contemplava la loro latinizzazione forzata, l'abbandono delle loro consuetudini e tradizioni per adottare quelle latine. Di fronte ai fallimenti di questa politica, anche l'attenzione dei papi ha mostrato un mutamento progressivo di ottica. Già Benedetto XIV (1740-1758), pur nei limiti culturali del suo tempo, con ben tre documenti – la costituzione *Etsi Pastoralis* del 26 maggio 1742, la Lettera Enciclica *Demandatam coelitus* del 24 dicembre 1743 e la Lettera Enciclica *Allatae sunt* del 26 luglio 1755 – ha cercato di salvaguardare l'esistenza di queste Chiese, per lo più dagli attacchi di esponenti della gerarchia latina, riconoscendone il

[10] Sull'opera delle nazioni europee in aiuto dei Cristiani orientali – aiuto che spesso, confinandoli in una situazione di minoranza protetta, si è rivelato un cattivo servizio – si veda J.-P. VALOGNES, *Vie et mort des Chrétiens d'Orient. Des origines à nos jours*, Parigi 1995, pp. 76-87.

diritto alla conservazione dei propri riti liturgici e della propria disciplina[11].

Questo lungo cammino di maturazione e di avvicinamento si è concretizzato nella lettera apostolica *Orientalium Dignitas Ecclesiarum* (30 novembre 1894) di Leone XIII (1878-1903), che costituì un'importante affermazione del valore del patrimonio delle Chiese orientali: in essa, per la prima volta, si riconosce piena dignità alle Chiese cattoliche di rito orientale, garantendo il rispetto delle loro tradizioni liturgiche e il trattamento di parità con il rito latino, storicamente considerato *praestantior*, cioè di prima classe rispetto agli altri riti, contenente la pienezza della cattolicità e quindi "da imporsi". Oggi la Chiesa di Roma riconosce la pari dignità fra tutti i riti, che nella loro varietà sono un segno di unità e non di divisione.

Benché il pontificato di Pio X (1903-1914) avesse segnato un periodo di stasi nell'apertura verso l'Oriente, il successore Benedetto XV (1914-1922) promosse, con il "motu proprio" *Dei Providentis* del 1° maggio 1917, la fondazione della *Congregazione per la Chiesa orientale* (*Congregatio pro Ecclesia orientali*; ora *Congregazione delle Chiese orientali*, *Congregatio pro Ecclesiis orientalibus*) e, col "motu proprio" *Orientis catholici* del 15 ottobre successivo, del *Pontificio Istituto Orientale* (*Pontificium Institutum Orientalium Studiorum*), col compito di far conoscere ed apprezzare le benemerenze dell'Oriente cristiano, preparando culturalmente chi si sarebbe dedicato al ministero verso il fedeli orientali. Con l'enciclica *Rerum Orientalium*, dell'8 settembre 1928, papa Pio XI (1922-1939) promuoveva gli studi sul ricco patrimonio spirituale orientale, nella prospettiva di creare gli strumenti per un avvicinamento fra le Chiese. In particolare il pontefice condannava l'imposizione della cultura latina, propo-

[11] Benché in questi documenti ancora si affermi il principio della *praestantia ritus latini*, il pontefice afferma chiaramente che ciò che interessa è che i cristiani diventino tutti cattolici, non latini.

nendo l'integrazione con le culture locali e richiamava i cattolici dell'Est europeo a una maggiore comprensione della religione ortodossa. Lo stesso pontefice, poi, col "motu proprio" *Sancta Dei Ecclesia* del 25 marzo 1938, stabiliva l'ambito territoriale in Oriente delle Chiese cattoliche, sia di rito latino sia orientale.

Il concilio Vaticano II, nel Decreto *Orientalium Ecclesiarum* sulle Chiese cristiane orientali cattoliche del 21 novembre 1964, ha voluto esprimere la stima della Chiesa universale verso le Chiese orientali cattoliche per il sacro loro patrimonio[12], apprezzamento che nel corso degli anni si è consolidato e che si estende a tutte le Chiese in generale: «La storia, le tradizioni e molte istituzioni ecclesiastiche chiaramente dimostrano quanto le Chiese orientali si siano rese benemerite verso tutta la Chiesa. Per questo il santo concilio non solo circonda di doverosa stima e di giusta lode questo loro patrimonio ecclesiastico e spirituale, ma lo considera fermamente quale patrimonio di tutta la Chiesa. Dichiara quindi solennemente che le Chiese d'Oriente come quelle di Occidente, hanno il diritto e il dovere di reggersi secondo le proprie discipline particolari, poiché si raccomandano per veneranda antichità, si accordano meglio con i costumi dei loro fedeli e sono più adatte a provvedere al bene delle loro anime»[13].

Celebrando il centenario della lettera apostolica di Leone XIII, papa Giovanni Paolo II (1978-2005) con la sua lettera apostolica *Orientale Lumen* del 2 maggio 1995 intendeva rispondere ad alcuni interrogativi ed aprire nuove prospettive. Vi sono varie ragioni che contribuiscono a fare di questo documento papale un passo decisivo nella storia delle relazioni ecclesiali fra Oriente e Occidente. Compendio descrittivo dell'atteggia-

---

[12] «La Chiesa cattolica ha in grande stima le istituzioni, i riti liturgici, le tradizioni ecclesiastiche e la disciplina della vita ecclesiastica delle Chiese orientali. Si tratta infatti di Chiese illustri e venerande per antichità, in cui risplende la tradizione apostolica tramandata dai Padri, che costituisce parte del patrimonio divinamente rivelato e indiviso della Chiesa universale» (*Orientalium Ecclesiarum* 1).

[13] *Orientalium Ecclesiarum* 5.

mento e dello spirito di grande ammirazione e positività con cui oggi la Chiesa cattolica guarda all'Oriente cristiano, esso richiama l'appello ormai indilazionabile all'unità dei cristiani d'Oriente e d'Occidente, da attuarsi forse anche con modalità mai sperimentate in passato. Vi traspaiono un grande affetto e una profonda venerazione per il patrimonio delle Chiese orientali, ritenuto pienamente in grado di parlare con profondità convincente all'uomo contemporaneo, anche occidentale.

Ai cattolici latini il papa rivolge l'invito a «conoscere in pienezza questo tesoro»[14] del cristianesimo orientale. Nel passato, dice il pontefice, si è ritenuto «che il complesso degli usi e consuetudini della Chiesa latina fosse più completo e più adatto a mostrare la pienezza della retta dottrina»[15]. Il cammino della Chiesa, sotto la guida dello Spirito, ci ha condotto invece a riconoscere che spesso le differenze tra il cristianesimo d'Oriente e d'Occidente derivano «legittimamente e mirabilmente» dal fatto che «il cristiano orientale ha un proprio modo di sentire e di comprendere, e quindi anche un modo originale di vivere il suo rapporto col Salvatore. Non possiamo che ringraziare Dio, con profonda commozione, per la mirabile varietà con cui ha consentito di comporre, con tessere diverse, un mosaico così ricco e complesso»[16].

Il papa indica come l'approccio all'Oriente cristiano non va visto soltanto come la necessità di risolvere alcuni problemi dogmatici, ma come un'autentica esperienza di fede. Il tesoro delle Chiese orientali, così legato alla tradizione, può parlare anche alle attese dell'uomo di oggi. Di fronte alle domande dell'uomo contemporaneo, «le parole dell'Occidente hanno bisogno delle parole dell'Oriente perché la parola di Dio manifesti sempre meglio le

---

[14] *Orientale Lumen* 1.
[15] *Orientale Lumen* 20.
[16] *Orientale Lumen* 5.

sue insondabili ricchezze»[17]. È caro al magistero di Giovanni Paolo II ribadire che le parole dell'Occidente, cioè della teologia, della cultura, della spiritualità occidentale, non possono più rispondere da sole alle attese dell'uomo di oggi: bisogna ricomporre le due anime, i due polmoni della Chiesa[18], anzitutto perché presentarsi divisi è già un grave peccato. Cristo, infinito, non è diviso e non può essere diviso. Solo un pieno, concorde abbraccio tra Oriente e Occidente potrà mostrare al mondo il fascino di Cristo, Signore dell'universo e speranza dell'umanità.

Nel seguito si tratterà dapprima delle cause delle divisioni tra i cristiani, presentando un breve *excursus* della storia delle eresie che hanno prodotto queste divisioni, quindi si analizzeranno in particolare l'origine e le vicende storiche delle Chiese cattoliche orientali. Ci occuperemo pertanto della Chiesa maronita – l'unica che non ha il corrispondente ortodosso –, della Chiesa greco-melchita cattolica, della Chiesa copta cattolica, della Chiesa etiopica cattolica, della Chiesa armena cattolica, della Chiesa caldea, della Chiesa sira cattolica. Un cenno sarà fatto anche alle Chiese cattoliche sviluppatesi in seno ai "cristiani di san Tommaso". Infine, un ultimo capitolo, non contenuto nella prima edizione di questo libro, sarà dedicato anche alla storia delle Chiese cattoliche nate in seno alle diverse Chiese della comunione greco-ortodossa.

Le Chiese cattoliche orientali sono 23 e si raggruppano attorno a cinque grandi tradizioni o riti: alessandrino, antiocheno, caldeo, armeno e bizantino, così come specificato nella seguente tabella.

---

[17] *Orientale Lumen* 28.

[18] «Non si può respirare come cristiani, direi di più, come cattolici, con un solo polmone; bisogna aver due polmoni, cioè quello orientale e quello occidentale» (Giovanni Paolo II, *Allocutio Lutetiae Parisiorum ad Christianos fratres a Sede Apostolica seiunctos habita*, 31 maggio 1980). Si veda l'interessante libro A. Cazzago, *Cristianesimo d'Oriente e d'Occidente in Giovanni Paolo II*, Milano 1996, in particolare pp. 33-50.

<table>
<tr><th>Rito</th><th>Chiesa</th><th>Status</th></tr>
<tr><td rowspan="3">alessandrino</td><td>copta cattolica</td><td>patriarcale</td></tr>
<tr><td>etiope cattolica</td><td>patriarcale</td></tr>
<tr><td>eritrea cattolica</td><td>arcivescovile maggiore</td></tr>
<tr><td rowspan="3">antiocheno
o
siriaco occidentale</td><td>maronita</td><td>patriarcale</td></tr>
<tr><td>siro cattolica</td><td>patriarcale</td></tr>
<tr><td>siro-malankarese cattolica</td><td>arcivescovile maggiore</td></tr>
<tr><td rowspan="2">caldeo o
siriaco orientale</td><td>caldea</td><td>patriarcale</td></tr>
<tr><td>siro-malabarese cattolica</td><td>arcivescovile maggiore</td></tr>
<tr><td>armeno</td><td>armeno cattolica</td><td>patriarcale</td></tr>
<tr><td rowspan="15">bizantino</td><td>greco melchita cattolica</td><td>patriarcale</td></tr>
<tr><td>greco-cattolica ucraina</td><td>arcivescovile maggiore</td></tr>
<tr><td>greco-cattolica rutena</td><td>metropolitana</td></tr>
<tr><td>greco-cattolica ungherese</td><td>metropolitana</td></tr>
<tr><td>greco-cattolica slovacca</td><td>metropolitana</td></tr>
<tr><td>greco-cattolica bielorussa</td><td>visitatore apostolico</td></tr>
<tr><td>greco-cattolica rumena</td><td>arcivescovile maggiore</td></tr>
<tr><td>greco-cattolica russa</td><td>due esarcati apostolici</td></tr>
<tr><td>greco-cattolica bulgara</td><td>un esarcato apostolico</td></tr>
<tr><td>greco-cattolica macedone</td><td>un esarcato apostolico</td></tr>
<tr><td>greco-cattolica albanese</td><td>un'amministrazione apostolica</td></tr>
<tr><td>bizantina cattolica in Italia</td><td>tre circoscrizioni ecclesiastiche</td></tr>
<tr><td>bizantina cattolica di Croazia e Serbia</td><td>un'eparchia e un esarcato apostolico</td></tr>
<tr><td>cattolica greca di rito bizantino</td><td>due esarcati apostolici</td></tr>
</table>

CAPITOLO 1

CAUSE STORICHE DELLE DIVISIONI TRA I CRISTIANI[1]

Il cristianesimo è nato con una vocazione missionaria, basata sulle parole che Gesù stesso aveva rivolto ai suoi discepoli: «Andate e ammaestrate tutte le nazioni, battezzandole nel nome del Padre, del Figlio e dello Spirito santo» (Mt 28,19).

Accanto a questo, nell'ultima cena Gesù aveva loro dato un altro comandamento, rivoluzionario: «Vi do un comandamento nuovo: che vi amiate gli uni gli altri; come io vi ho amato, così amatevi anche voi gli uni gli altri. Da questo tutti sapranno che siete miei discepoli, se avrete amore gli uni per gli altri» (Gv 13,34-35). E nella preghiera al Padre, elevata poche ore prima della sua passione e morte, Gesù chiede che i discepoli rimangano uniti tra loro, per dare testimonianza del fatto che la loro missione è divina: «...perché tutti siano una sola cosa. Come tu, Padre, sei in me e io in te, siano anch'essi in noi una cosa sola, perché il mondo creda che tu mi hai mandato. E la gloria che tu hai dato a me, io l'ho data a loro, perché siano come noi una cosa sola. Io in loro e tu in me, perché siano perfetti nell'unità e

[1] Una accurata esposizione di questo argomento, alla quale ho fatto ampio riferimento, si trova in J. N. CAÑELLAS, "Storia delle divisioni nella Chiesa", in J. N. CAÑELLAS, S. VIRGULIN, G. GUAITA, a cura di, *Enciclopedia dei Santi. Le Chiese Orientali*, Bibliotheca Sanctorum Orientalium, vol. I, Roma 1998, pp. XXV-XXXVII.

il mondo sappia che tu mi hai mandato e li hai amati come hai amato me» (Gv 17,21-23). In questa preghiera per l'unità si ha la chiara sensazione delle gravi difficoltà che incontrerà la Chiesa sulla via del suo sviluppo a causa delle divisioni in seno ad essa. La preghiera per l'unità dei credenti si trova inserita anche nei primi scritti successivi al Nuovo Testamento, come la *Didaché* o *Insegnamento dei dodici Apostoli*. Questa insistenza sull'unità lascia presagire la consapevolezza della sua fragilità. Già nei tempi apostolici abbiamo esempi di divisioni: «Io sono di Paolo», «Io invece sono di Apollo» «E io sono di Cefa» (1Cor 1,12).

1.1 ORGANIZZAZIONE ECCLESIASTICA

La diffusione del cristianesimo fu piuttosto rapida, fatto che notarono gli stessi scrittori pagani[2]. Uno dei primi problemi che ci si pose col crescere della Chiesa fu quello dell'organizzazione ecclesiastica. Non fosse altro che per ragioni pratiche, i centri direttivi ecclesiastici si insediarono dove già erano stabiliti i centri del potere politico. In Occidente esisteva un centro di potere civile unico: Roma. In Oriente, invece, dove non c'era un unico centro dominante sia in campo civile sia culturale, sorse fin dall'inizio una pluralità di centri ecclesiastici, senza che nessuno di essi potesse pretendere sugli altri la superiorità che invece in Occidente esercitava Roma. Di questi centri, i più importanti furono Gerusalemme, Antiochia e Alessandria. Ad essi si aggiunse poi Costantinopoli.

---

[2] Celebre, per esempio, è la vivace lettera che Plinio il Giovane (61-113) scrisse intorno al 110 – era allora governatore della Bitinia e del Ponto – all'imperatore Traiano (98-117), nella quale testimonia la rapida espansione del cristianesimo in Asia Minore. Tra gli altri scrittori antichi che parlano del cristianesimo si possono citare Tacito, Svetonio, Epitteto, Luciano, Aristide, Galeno, Lampridio, Dione Cassio, Imerio, Libanio, Ammiano Marcellino, Eunapio, Zosimo, Celso e Porfirio.

Nei centri ecclesiastici l'amministrazione ricalcava quella civile: alla *provincia*, per esempio, corrispondeva l'*eparchia* ecclesiastica. Quando poi Diocleziano creò un'unità superiore alla provincia, la *diocesi*, anche la Chiesa vi si adeguò. Nell'Oriente ecclesiastico sorsero le seguenti diocesi:

- *Tracia*, con capoluogo Eraclea;
- *Ponto*, con capoluogo Cesarea di Cappadocia;
- *Asia*, con capoluogo Efeso;
- *Oriente*, con capoluogo Antiochia;
- *Egitto*, con capoluogo Alessandria.

Dal principio generale che le divisioni territoriali del sistema amministrativo romano fossero alla base dell'organizzazione della gerarchia ecclesiastica era seguito naturalmente il corollario che l'importanza e la precedenza di una sede vescovile dipendevano dall'importanza e dalla precedenza nell'impero della città del vescovo. E così i vescovi dei capoluoghi di provincia (*vescovi metropoliti*) avevano autorità sui vescovi delle altre città della stessa provincia (*sedi suffraganee*); analogamente i vescovi dei capoluoghi diocesani avevano autorità sui vescovi delle altre città della giurisdizione diocesana (e quindi il vescovo metropolita della città capoluogo di diocesi aveva autorità sugli altri metropoliti delle province della stessa diocesi): tale autorità, riconosciuta inizialmente di fatto in maniera tacita, fu poi sancita ufficialmente nel Canone IV del concilio di Nicea (325) e nel Canone II del concilio di Costantinopoli I (381). Da tali ripartizioni politico-amministrative delle diocesi, sorsero poi i *patriarcati*:

- Il patriarcato più antico fu quello di Alessandria, caratterizzato da una rigida amministrazione centralizzata (un unico metropolita, nella persona del patriarca).
- Il patriarcato di Antiochia appare come un centro organizzato in maniera molto meno rigida. La sua autorità nasceva

dal fatto che ad Antiochia Pietro aveva stabilito la sua prima cattedra e che lì erano stati inviati Paolo e Barnaba.
- Il patriarcato di Costantinopoli sarebbe diventato in seguito il più importante.
- Il patriarcato di Gerusalemme, istituito dal concilio di Calcedonia (451).

Ai quattro patriarcati qui nominati si deve, ovviamente, aggiungere Roma; essi costituiscono la cosiddetta pentarchia patriarcale. È sotto il regno di Giustiniano (527-565) che se ne ebbe la codificazione; fu lui, infatti, che dal 531 utilizzò il titolo di "patriarca"[3] per indicare soltanto i vescovi delle cinque sedi, nel seguente ordine gerarchico: Roma, Costantinopoli, Alessandria, Antiochia, Gerusalemme[4].

Nel IV secolo si formarono anche altre Chiese indipendenti; prima tra di esse la Chiesa armena (nel 301 secondo la tradizione, verso il 314 secondo gli storici), prima Chiesa nazionale. Intorno agli anni 330-340 si ebbe la nascita anche della Chiesa etiope, la cui storia è però strettamente legata alla Chiesa copta, dalla quale, fino agli anni '50 del secolo scorso, era giuridicamente dipendente.

---

[3] Nella legislazione romana il titolo "patriarca" indicava in origine la suprema autorità religiosa degli ebrei viventi all'interno dell'Impero. Nel 429, dopo la morte del patriarca Gamliel VI, il titolo venne abolito, ma poco dopo venne riutilizzato, come indicante dignità religiosa, dai vescovi delle sedi gerarchicamente più importanti.

[4] «Se avesse potuto, certamente Giustiniano avrebbe messo al primo posto il patriarcato di Costantinopoli invece di quello di Roma, dal momento che il suo sogno di restaurare l'impero romano partiva non più da Roma, bensì da Costantinopoli» (G. FEDALTO, "Chiesa di Roma, Chiese dell'Europa orientale e Chiese d'Oriente nel Medioevo", in G. FEDALTO, *Cristiani entro e oltre gli imperi. Saggi su Terre e Chiese d'Oriente*, Verona 2014, pp. 41-52, a p. 45).

1.2 I RITI LITURGICI

L'evoluzione delle Chiese include anche la formazione dei *riti*. In Oriente l'emergenza di riti differenti riflette la pluralità comunitaria dell'impero ed è legata al graduale radicamento dei cristiani nelle diverse società e culture locali; essa, inoltre, ha largamente preceduto l'apparizione delle differenze dottrinali. I primi quattro secoli della storia della liturgia cristiana possono definirsi il tempo dell'improvvisazione liturgica; è solo nel periodo che va dalla seconda metà del IV secolo fino al VI che iniziano ad apparire i formulari e diverrà generalizzato l'uso di composizioni liturgiche scritte. Ognuno di questi riti cercava di rispondere alla diversità culturale ed etnica delle varie popolazioni. Ogni Chiesa locale traeva, dalla cultura del luogo, purificandolo e facendolo proprio, quanto si conciliava col Vangelo, vivendo quindi la propria fede in modo più o meno originale rispetto alle altre. Mentre in Occidente si affermò nel tempo una sostanziale unità e uniformità rituale – vi abbiamo ora praticamente la sola *liturgia romana*[5] –, la situazione in Oriente è molto più varia: le vicende storiche ed ecclesiastiche causarono il fiorire di un considerevole numero di varianti nei riti originari, in particolare per quanto riguarda l'uso della lingua liturgica, con numerosi esempi di contaminazioni tra tradizioni appartenenti a riti diversi. Il Canone 28, paragrafo 2, del *Codice dei Canoni delle Chiese Orientali*, promulgato nel 1990, riconosce cinque riti principali, nati dalla tradizione delle Chiese di Alessandria, Antiochia, Costantinopoli, Armenia e Persia. In seno a

[5] Tra i riti occidentali, il *rito ambrosiano* è l'unico a essere sopravvissuto all'unificazione dei riti occidentali sancita dal concilio di Trento (1545-1563) e alla riforma del concilio Vaticano II (1962-1965). Durante il pontificato di Giovanni Paolo II (1978-2005) fu reintrodotto il *rito mozarabico*, o *spagnolo* (una liturgia della Chiesa cattolica sviluppatasi nella Chiesa iberica e che è tuttora utilizzata in alcune regioni della Spagna; si parla talora anche di *liturgia visigota*, *vecchia liturgia spagnola*, *rito toledano* o *isidoriano*).

questa molteplice diversità, si distinguono due grandi famiglie rituali: quella alessandrina e quella antiochena.

Il Canone 28, paragrafo 1°, del succitato *Codice* definisce il rito come «un patrimonio liturgico, teologico, spirituale e disciplinare distinto per la cultura e le parti integranti della storia dei popoli, che si esprime in una maniera propria di vivere la fede di una Chiesa». Questa definizione impone quindi la necessità di abbandonare ormai la definizione riduttiva che di *rito* veniva data in Occidente, dove con *rito* si intendeva il modo e l'ordine con cui si compie una funzione sacra, e come tale trasportabile in tutti i luoghi. Questa concezione ha giustificato per secoli una politica di latinizzazione del cristianesimo orientale portata avanti ostinatamente e caparbiamente da Roma, cieca davanti ai suoi ripetuti, e spesso tragici, fallimenti. *Rito*, pertanto, deve essere inteso come sinonimo di *tradizione ecclesiastica*, tradizione che riguarda non soltanto la diversità rituale, liturgica, ma anche tutta la disciplina canonica, l'elezione dei vescovi, la formazione del clero, le norme del digiuno – in Oriente così diverse e molto più austere e impegnative delle nostre –, la penitenza, la spiritualità, il modo di sentire il proprio rapporto con Dio e di mediarlo con altre categorie culturali.

1.3 LE ERESIE

Il IV secolo vide due avvenimenti di capitale importanza: il primo, nei primi decenni del secolo, riguarda la Chiesa nella sua generalità, il secondo, alla fine del secolo, più in particolare la Chiesa orientale.

Dopo il cosiddetto "Editto di Milano" del 313, che sanciva l'inizio della *Pace Costantiniana*, paganesimo e cristianesimo si trovarono su un piano di completa uguaglianza giuridica. Per la Chiesa ciò significò l'inizio di una nuova era. Benché tutti, pagani e cristiani, godessero di libertà religiosa, alla religione cristiana era accordato il favore imperiale. L'elevazione *de facto* del cristianesimo a religione di Stato, mentre da una parte provocò un vasto movimento di conversioni, dall'altro contribuì a intrecciare sempre di più le strutture ecclesiali con quelle amministrative. Il dominio del sacro e il dominio del profano tendevano a coprirsi, e lo si vedrà subito, quando nel 325 sarà Costantino I (306-337), l'imperatore (e non ancora cristiano!), a convocare il concilio di Nicea, e non papa Silvestro I (314-335).

Nel periodo apostolico e immediatamente post-apostolico, l'annuncio della Buona Novella non fu un'operazione programmata e pianificata, fondata su una dottrina sistematizzata e razionalizzata, con un culto preciso e definito anche nella sua forma esteriore. In un primo tempo, quindi, la fede cristiana non era stata fatta oggetto di analisi, ma consisteva solo in una semplice adesione alla dottrina di Cristo; la stessa opera di evangelizzazione avveniva in modo spontaneo, per propagazione, a opera dei primi cristiani attraverso la testimonianza della loro vita. Solo successivamente si ebbe un'evoluzione anche intellettuale, nell'intento non solo di strutturare rituali e regole di comportamento[6], ma anche di sistematizzare e approfondire i dati di fede. Nei primi tempi del cristianesimo, pertanto, l'ortodossia non era ancora fissata: non c'era ancora alcun *credo* cristiano che facesse testo e alcun canone fisso della Sacra Scrittura. Non essendoci alcuna distinzione fissa tra ortodossia ed eresia era facile scivolare, quasi inavvertitamente, dall'una all'altra.

---

[6] Un primo esempio di regole di condotta ben definite e messe per iscritto è costituito dalla *Didaché*, o *Dottrina dei dodici Apostoli*, in particolare i capitoli 7-10 con prescrizioni liturgiche e i capitoli 11-15 con regolamentazioni disciplinari, risalente alla seconda metà del I secolo. Di poco successiva, probabilmente scritta nell'ultima decade del I secolo, è la *Lettera di Clemente Romano ai Corinzi*, dove compare un richiamo alla necessità dell'ordinamento gerarchico e della distinzione delle funzioni all'interno della Chiesa, con l'obbligo per i credenti di stare sottomessi ai presbiteri.

Il III secolo vide le Chiese diventare quadro di un ribollimento intellettuale estremo, caratterizzato da un recupero, dal punto di vista cristiano, del patrimonio della filosofia e della retorica pagana-ellenistica, in particolare dell'ultima sua offensiva, il *neoplatonismo*.

Come si può dedurre dal nome, il neoplatonismo riprende e rielabora le tematiche del pensiero di Platone, soprattutto l'aspetto trascendentale, rivisitato in chiave religiosa. I punti salienti sono:

- Dio è un'entità assolutamente trascendente, al di là di ogni definizione terrena. Dio, o l'Uno (nella terminologia di Plotino, il suo filosofo più influente), è inconoscibile e assolutamente irraggiungibile con gli strumenti della conoscenza umana. La sua essenza è assoluta e perfettissima.
- Dio non crea il mondo con un atto di volontà, ma lo emana, in modo necessario, come il calore emana dal sole. La perfezione divina è totalità; è quindi impossibile per questa totalità rimanere chiusa entro i suoi limiti (essendo totalità, ne è priva), e in questo modo necessariamente esonda. I livelli di realtà si creano per *ipostasi* (l'*ipostasi* è quel livello di realtà che si viene a creare a causa della diversa "densità" nell'esondazione divina; più l'ipostasi si allontana da Dio e più il livello di realtà è gerarchicamente inferiore): l'emanazione più vicina a Dio crea l'intelletto (il *nous*), quella successiva il principio vitale di ogni cosa (l'anima del mondo), il mondo terreno è all'ultimo livello, creato ad immagine del mondo divino. Con questa dottrina della emanazione il neoplatonismo si distingue dal cristianesimo, il quale invece afferma il carattere volontario dell'azione creativa divina. I neoplatonici consideravano la tesi cristiana troppo primitiva, in quanto contaminata da un eccesso di antropomorfismo (l'intenzione troppo spiccata di attribuire caratteri umani alla figura divina, per i neoplatonici figura assolutamente trascendente e inconoscibile).

- Le verità dello spirito sono già presenti in ogni uomo. Esse possono venire portate alla luce grazie a un percorso interiore ed ascetico assolutamente personale, che porta, come ultimo e più alto stadio, all'estasi, ovvero alla pura contemplazione del divino che si specchia nella propria anima.

Il principale e primo fulcro dell'attività intellettuale cristiana fu Alessandria, ove fiorì una scuola teologica di pensiero neoplatonico, il *Didaskaleion*, la "scuola" per antonomasia, vero e proprio faro per la speculazione teologica di tutto l'Oriente, che dette un contributo fondamentale all'elaborazione del pensiero cristiano. È senza dubbio grazie a essa che Alessandria sarebbe diventata una delle città che maggiormente influirono sullo sviluppo del cristianesimo nei primi secoli della sua storia. È in questa istituzione, il più antico centro di scienza teologica della storia cristiana, dove la dottrina evangelica venne elevata al rango e alla dignità di filosofia cristiana, che poterono formarsi le forze intellettuali cristiane desiderose di disporre di mezzi più adatti alla diffusione di una conoscenza superiore del cristianesimo. Ed è essa – diretta di volta in volta da nomi illustri quali Panteno, Clemente Alessandrino, Origene, Eracla e Dionigi – che farà di Alessandria il polo della cultura cristiana, come Roma sarà il polo dottrinale. È al Didaskaleion che dobbiamo il miracolo della fusione del Vangelo con la cultura greca, che metterà a disposizione del cristianesimo l'eredità della retorica e della filosofia antica: inestimabile dono dell'Egitto alla Chiesa universale. Benché l'esistenza del Didaskaleion sia accertata a partire dal 180, la sua origine viene fatta risalire, stando allo storico Eusebio di Cesarea, addirittura alla seconda metà del I secolo.

Si affermò però ben presto un secondo polo, antagonista, con Antiochia, ove prevaleva un cristianesimo meno filosofico e più desideroso di un'esegesi letterale, legato alla tradizione semitico-ebraica. A questa spaccatura che si creò in seno alla Chiesa ellenistica, se ne aggiunse un'altra, tra la religione di cultura greca, di tipo elitario, e quella, più popolare, della cultura semitica, in particolare siriaca e copta, con una sua particolare mentalità e sensibilità.

Fin dall'inizio delle speculazioni intellettuali sulle verità della fede sorsero interpretazioni diverse del dato rivelato, alla luce della filosofia pagana.

◆ La più pericolosa, dal punto di vista cristiano, fu quella della *gnosi*. Questo movimento religioso e filosofico, noto come *gnosticismo* o *gnosi* (dal greco *gnōsis*, "conoscenza"), non è propriamente un'eresia cristiana (anche se gli gnostici, indicati quali cristiani dagli apologeti pagani, sono combattuti come eretici dalla Chiesa antica), ma una teologia che identifica l'uomo col suo "sé stesso" celeste. Le sue radici risalgono a origini pre-cristiane, o almeno para-cristiane, con numerosi elementi tratti dalle religioni egizia, caldea e persiana. Comprende un insieme di tendenze assai diverse e spesso contrastanti tra loro; tuttavia due motivi sono sempre presenti:

- Il primo è quello di due mondi che si contrappongono: il mondo spirituale e divino, opera di un Dio trascendente, buono ma lontano, e questo mondo, quello della materia, antitesi radicale del primo, creazione di un demiurgo inferiore, separatosi dal vero Dio a causa di una caduta nel peccato avvenuta prima della creazione, e identificato col Dio dell'Antico Testamento. Questo contrasto insanabile, presentato sovente come lotta tra la Luce e le Tenebre, tra il Bene e il Male, porta al rifiuto della materia, come male e principio di decadenza: il mondo, creato da un demiurgo "degradato" per un peccato commesso, è, di conseguenza, essenzialmente malvagio.
- Il secondo motivo è la nozione di *Sophia*, la saggezza, emanazione del Dio supremo, una parcella della quale si trova in ogni uomo: caduta prigioniera nella materia, essa aspira a risalire a Dio, per unirsi a lui. La conoscenza di sé, ossia della realtà che nell'uomo è presente una debole fiammella della luce di Dio, anche se oscurata dalla materia di cui è

formato, è estremamente importante, poiché essa sola permette di accedere alla conoscenza stessa di Dio e operare la trasformazione dell'uomo.

La vita dello gnostico è orientata alla fuga dal mondo: solo l'uomo spirituale è salvato, liberandosi dalla sfera materiale ove si trova confinato. La gnosi è conoscenza, che non deriva dallo sviluppo del pensiero, ma che è donata, talvolta in termini enigmatici, a un ristretto gruppo di eletti predisposti a riceverla.

◆ Parallelamente alla gnosi si sviluppò il *montanismo*, eresia, questa, prettamente cristiana. Fu un movimento pentecostale diffuso da Montano e dalle seguaci Massimilla e Priscilla a metà del II secolo nella regione della Frigia (nell'attuale Turchia) e poi in tutta l'Asia Minore e in Africa. Il presbitero Montano, ex sacerdote della dea Cibele, si proclamava il Paraclito annunciato da Cristo e conquistò numerosi seguaci. Questa eresia fu debellata in pubbliche dispute con gli ortodossi e grazie anche alle scomuniche comminate dai papi Vittore I (189-199) e Zefirino (199-217) contro gli aderenti. Le sue principali caratteristiche sono:

- L'insistenza verso una fede basata essenzialmente su rivelazioni e profezie di tipo carismatico.
- L'idea che la fine del mondo sarebbe stata imminente.
- Una totale avversione per qualsiasi forma di governo sia religioso che politico, che portava gli adepti a forme di totale disprezzo dell'autorità e della propria vita.

Benché queste sette attentassero all'unità della Chiesa, le ferite inferte furono marginali e temporanee, prontamente riassorbite dal tessuto ecclesiastico.

Verso la fine del II secolo cominciano ad apparire altre dottrine eterodosse, dal carattere più marcatamente speculativo, che faranno nascere tutta una serie di eresie e di lacerazioni dolorose e che mineranno in maniera permanente l'unità della stessa Chiesa.

• La principale fu l'*adozionismo* (*monarchianismo dinamico*)[7], eresia propagata in particolare da Paolo di Samosata, vescovo di Antiochia dal 260 al 268, che riprese una vecchia eresia propugnata, alla fine del II secolo, da un conciatore di pelli di Bisanzio chiamato Teodoto (donde il nome di *teodoziani* con cui sono anche noti i suoi seguaci). Essa si basava su un concetto di Dio strettamente monoteista e negava quindi la divinità di Cristo, attribuendogli una natura esclusivamente umana e ammettendo in lui soltanto una certa virtù superiore concessagli da Dio Padre, che lo aveva "adottato", ma non generato, al momento del battesimo nel Giordano. Tale dottrina segnò l'inizio delle riflessioni teologiche sul dogma trinitario: come conciliare l'unicità di Dio – reazione al politeismo pagano – con la differenza tra Padre e Verbo (lo Spirito Santo entrerà solo più tardi nel pensiero filosofico-teologico). Questa dottrina cristologica accentuava quindi l'umanità di Cristo, vedendo in lui soltanto uno strumento storico contingente, subordinato alla potenza del Padre. Questa concezione mostra punti di contatto con la dottrina del *subordinazionismo*, sostenuta per primo da Origene di Alessandria (195-254), per la quale il Figlio è strettamente subordinato al Padre.

• Avverso all'adozionismo fu il *monarchianismo modale*, la cui formulazione più sistematica fu elaborata da Sabellio (è pertanto nota anche come *sabellianismo*), che riprese l'insegnamento di Noezio, vescovo di Smirne (da cui anche il nome di *noeziani*

---

[7] Il *monarchianismo* (dal greco *monos*, unico e *archéo*, principio; con *monarchia* si intende quindi l'unicità di principio di Dio) era un movimento teologico eretico del II e III secolo, alla cui base stava l'unità del concetto di Dio, che negava di conseguenza la Trinità e la natura divina di Cristo. Questo termine fu utilizzato la prima volta da Tertulliano (circa 155-circa 220) per definire i movimenti teologici che negavano la Trinità, in quanto la ritenevano inconciliabile con l'idea di un unico Dio. Il *monarchianismo* si divide in due correnti, che nella storia si sono combattute: *monarchianismo dinamico* detto anche *adozionismo*, e *monarchianismo modale* detto anche *sabellianismo* o *patripassianismo*.

dato ai suoi seguaci). Nulla è noto di Sabellio il Libico, tranne che fu con molta probabilità un cristiano originario di una delle città della Cirenaica, dove le sue opinioni continuarono a essere accolte durante tutto il III secolo e che probabilmente predicò anche a Roma durante il pontificato di papa Callisto I (217-222), al quale si deve la prima condanna di questa eresia. Sabellio insegnava che in Dio vi è un'unica sostanza e tre attività. Tale Dio, da lui chiamato *Monade*, si era manifestato sotto tre diversi *modi* o aspetti: come Padre nella creazione, come Figlio nell'opera di redenzione, come Spirito Santo nel lavoro di santificazione e di grazia. Questi tre aspetti assunti dalla Monade nel compiere le varie fasi dell'attività divina non costituivano delle attività indipendenti, ma erano semplici apparenze assunte dalla divinità, come i diversi ruoli che un attore può assumere, pur restando sempre lo stesso. L'eresia di Sabellio, pertanto, che negava la distinzione tra le persone della Trinità, professava la mancanza di sostanza propria del Cristo, il che equivaleva a confonderlo col Padre; per indicare questa indivisibilità di Dio e di Cristo venne inventato addirittura un nuovo termine teologico, *Huiopator* (Figlio-Padre). È il Padre che ha sofferto e patito la passione, apparendo sotto forma di Cristo (donde il nome *patripassianismo* con cui questa eresia è anche nota in Occidente).

◆ Per opporsi a questo errore si passò all'estremo opposto, con l'*arianesimo*, una controversia teologica che monopolizzò il IV secolo, coinvolgendo in maniera drammatica tutta la cristianità, e nella quale l'Egitto giocò un ruolo di primo piano. Il suo nome deriva da quello del suo propugnatore iniziale, Ario (255 circa-336), probabilmente di origine libica e discepolo di Luciano di Antiochia (circa 235-312), che nel secondo decennio del IV secolo troviamo quale presbitero di una chiesa alessandrina. Al dogma cattolico (che però ancora non era stato fissato!) che considera il Padre, il Figlio e lo Spirito Santo come un'unica essenza divina sussistente in tre persone realmente distinte tra loro, coeterne e uguali in tutto, Ario opponeva la sua dottrina che, pur riconoscendo un Padre, un Figlio e uno

Spirito Santo, intendeva salvaguardare all'interno della Trinità l'originalità e i privilegi del Padre, l'unico infinito, eterno, ingenerato, in sostanza l'unico vero Dio. Questa insistenza nel sottolineare l'assoluta originalità e trascendenza del Padre, condusse Ario ad affermare la netta inferiorità del Figlio rispetto al Padre, negando la piena e completa divinità della seconda persona, il Verbo, e considerandola una pura creatura, seppure di ordine superiore agli uomini, la prima e la più eccellente delle creature di Dio, da lui prodotta non necessariamente, ma liberamente e volontariamente, per essere suo strumento nella creazione degli altri esseri. Predicava inoltre che il Verbo non era eterno, in quanto ci sarebbe stato un tempo, prima che fosse generato, in cui non sarebbe esistito. Nella esposizione della sua dottrina, Ario si interessava poco della terza persona della Trinità; riteneva comunque che anch'essa non fosse Dio, ma una semplice creatura, la prima delle creature create dal Figlio per volontà del Padre, e come tale molto al di sotto del Verbo. Negando il dogma della Trinità, l'errore di Ario si opponeva anche al mistero dell'Incarnazione e della Redenzione: non era Dio, ma una creatura, che si era incarnato ed era morto. L'arianesimo si diffuse celermente e per risolvere la questione, che minava l'unità dell'impero, l'imperatore Costantino convocò un concilio a Nicea (325; primo concilio ecumenico). I Padri conciliari confutarono l'arianesimo, definendo il Figlio *vero Dio da vero Dio* e *consustanziale al Padre*, ossia "della stessa sostanza" del Padre (*homooùsios* "identico nella sostanza"), verità di fede che venne ufficializzata nel *Simbolo*[8] *niceno*, ossia nel *Credo*. Nonostante le decisioni conciliari, l'arianesimo non era però affatto sconfitto e l'eresia avvelenò ancora per decenni la vita della Chiesa, trovando l'appoggio anche imperiale. Eroe della lotta

---

[8] *Symbolon*, dal greco *symballo* "unisco, lego" e quindi "metto in comunione". *Simbolo* è quindi il nome dato alle professioni di fede, giacché l'intento di queste è quello di unire i fedeli nella stessa dottrina.

all'arianesimo fu Atanasio, patriarca di Alessandria (328-373), che pagò con ben cinque esili la sua strenua difesa dell'ortodossia. L'arianesimo trovo la sua fine solo col concilio ecumenico di Costantinopoli I (381), dove vennero condannate altre eresie, quali l'eresia *pneumatomaca* e *l'apollinarismo*.

◆ Gli eretici *pneumatomachi* (cosiddetti in quanto caratterizzati dall'ostilità allo Spirito Santo) negavano la divinità dello Spirito Santo, ritenendo che fosse "non solo una creatura, ma uno degli spiriti che servono (Dio)", e che "esso non differisce dagli angeli che solo di grado". Questa eresia sorse all'interno del variegato mondo ariano. Mentre la maggioranza degli ariani insegnava che Cristo è *anàmoios*, ossia completamente dissimile da Dio, altri, i cosiddetti *semiariani*, ammettevano una sua somiglianza con Dio (*homoioùsios*, "simile nella sostanza"). Tra questi semiariani, poi, che riconoscevano la divinità, parziale, del Figlio, alcuni (appunto gli *pneumatomachi*) la negavano allo Spirito Santo; altri invece, guidati dai cosiddetti *Cappàdoci* (Gregorio Nazianzeno e i due fratelli Gregorio di Nissa e Basilio di Cesarea; così chiamati perché tutti e tre nativi della Cappadocia), sostenevano la consustanzialità anche dello Spirito Santo e finirono per riunirsi ai cattolici. Diffusisi nel vicino Oriente, in particolare a Costantinopoli e in Asia Minore, gli *pneumatomachi* furono chiamati anche *macedoniani*, in quanto seguaci del deposto patriarca Macedonio di Costantinopoli (342-346; 351-360; morto verso il 362). Nella storia di questa eresia, gli storici attribuiscono una certa importanza anche a Maratonio di Nicomedia, dal quale gli pneumatomachi furono detti anche *maratoniani* (non vi sono tuttavie testimonianze certe che Maratonio stesso, come anche Macedonio, siano stati personalmente pneumatomachi).

◆ L'*apollinarismo* è una forma di "monofisismo" predicata da Apollinare il Giovane (310-390), vescovo di Laodicea in Siria, che si era distinto nella lotta contro l'arianesimo. Per cercare di salvaguardare la divinità della persona di Cristo, che l'arianesimo negava, Apollinare incappò nell'errore di una negazione parziale della sua umanità. Egli sosteneva che in Cristo non vi è che una sola natura concreta, la divina, unita a una natura umana incompleta. Partendo dal principio platonico che l'uomo è composto di corpo, anima sensitiva (comune all'uomo e agli animali) e di anima razionale (propria solo dell'uomo), e appellandosi al detto scritturale «Il Verbo si fece carne» (Gv 1,14), Apollinare riconobbe al Salvatore un corpo e un'anima sensitiva, ma non l'anima razionale, perché il Verbo ne avrebbe preso il posto. In Cristo non vi è quindi che una sola natura concreta, la divina, dotata, per il fatto della sua unione con un corpo animato, di funzioni umane.

Nel concilio di Costantinopoli venne stabilito anche un nuovo *Credo* (*Simbolo niceno-costantinopolitano*), che meglio definiva il ruolo dello Spirito Santo[9] e teneva conto degli sviluppi della teologia orientale a partire da Nicea.

Le questioni trattate nei due concili non erano state esclusivamente di dottrina, ma anche di organizzazione ecclesiastica. Mentre il concilio di Nicea aveva riconosciuto la posizione di preminenza della sede di Alessandria, ritenendola seconda solo a Roma, il concilio del 381 "declassò" la metropoli egiziana, sanzionando la supremazia di Costantinopoli. Il trasferimento della capitale dell'impero a Costantinopoli (330) aveva fatto sì che il vescovo di quella città, fino ad allora semplicemente un suffraganeo del vescovo di Eraclea, cominciasse a rivendicare prerogative sempre crescenti, in quanto vescovo della capitale dell'impero. E furono proprio queste prerogative a essere ufficialmente sancite a Costantinopoli. Il Canone III del concilio stabiliva infatti che il vescovo di Costantinopoli, elevato al rango

[9] La tentazione di riproporre la subordinazione dello Spirito Santo rimase, tuttavia, per molto tempo: ancora nel XII secolo, al II concilio Lateranense del 1139 (X concilio ecumenico della Chiesa cattolica), si dovette ribadire la divinità dello Spirito Santo.

di patriarca, doveva godere da allora delle prerogative d'onore dopo il vescovo di Roma, "poiché Costantinopoli è la nuova Roma". Ottenuto il primato d'onore dopo il vescovo di Roma, i vescovi di Costantinopoli fecero in modo che esso si traducesse in diritti sopra le altre Chiese d'Oriente, in particolare su Antiochia e Alessandria. Ebbe così inizio un lungo periodo di lotte per la supremazia religiosa: Antiochia perse ben presto importanza davanti a Costantinopoli, ma Alessandria, spalleggiata in questo da Roma, fu una rivale irriducibile, non rassegnandosi mai al sorpasso subito. E tale rivalità non si conservò nei limiti di una lotta di natura giurisdizionale, ma assunse un carattere sempre più etnico.

Nel 395 avviene un fatto storico di estrema importanza per le cristianità orientali: la divisione dell'impero romano tra i due figli di Teodosio I (379-395), Onorio (395-423) e Arcadio (385-408): al primo, il minore (aveva solo undici anni), toccò l'Occidente con l'Africa del nord, sotto la reggenza del generale vandalo Stilicone, al secondo, diciottenne, l'Oriente, sotto la reggenza di Rufino. Questa suddivisione dell'impero, benché non portasse ancora alla costituzione di due Chiese, separò tuttavia le Chiese orientali da Roma e questo allontanamento dal centro dottrinale della cristianità creò le condizioni di un'evoluzione divergente tra le comunità cristiane d'Oriente e d'Occidente e fu la prima tappa verso la perdita di contatto e l'isolamento. La rottura dell'unità politica ebbe l'effetto di amplificare e allargare il divario culturale che già separava i paesi greci e i paesi latini in seno all'impero. La Chiesa Universale, per utilizzare un termine caro a papa Giovanni Paolo II, avrà ormai due polmoni; ancor oggi, al di là delle divisioni e delle ricomposizioni del mondo cristiano alle quali ha dato luogo la storia, due sensibilità profondamente diverse separano la cristianità d'Occidente, di tradizione latina, e le omologhe orientali, impregnate di cultura greca e semitica. In Oriente, tuttavia, a partire dalla seconda metà del IV secolo, si nota anche una frattura sempre più profonda tra il mondo greco-romano e quello semitico ed egiziano, complicata dal fatto che il mondo semitico-egiziano si sente colonizzato da quello greco-romano. Le dispute religiose in Oriente, infatti, saranno sempre colorate anche da una forte impronta etnica, con una malcelata avversione verso l'elemento bizantino. Le vicende storiche dell'impero bizantino, in particolare delle sue contese con l'impero persiano e con la rottura dell'unità politica in Oriente, accentuano le differenze in seno al mondo orientale, già da sempre poste sotto il segno dell'incomprensione, creando un crecente desiderio di autonomie locali; in reazione al cesaropapismo degli imperatori bizantini, sempre più interventisti nelle questioni religiose, esso diverrà motivo della nascita delle Chiese locali. Anche le eresie tendono ad assumere un carattere locale, sviluppandosi in seno a comunità geograficamente delimitate, che si raccolgono in massa dietro di esse, quasi per soddisfare la loro sete di indipendenza.

1.4 Il primo concilio di Efeso (431)

Finora le deviazioni dottrinali erano incentrate sulle questioni trinitarie. Risolto, col concilio di Costantinopoli, il problema trinitario, sorsero altre dottrine eterodosse, quelle cristologiche, che in seguito si riveleranno durature e dannose per l'unità della Chiesa. Stabilita ormai la divinità del Figlio, il dibattito si concentrava ora sulla persona stessa di Gesù, su quali fossero le relazioni che intercorrevano in Lui tra le sue due nature, l'umana e la divina. Il problema cristologico poteva essere affrontato da due punti di vista diversi:

- o enfatizzando l'unità del Cristo, così da coinvolgere l'unione della sua umanità con la divinità, col pericolo di relegare la prima in posizione di assoluto subordine rispetto alla seconda,
- oppure sostenendo l'integrità di ogni elemento, il divino e l'umano, al punto di compromettere l'unità del soggetto e di riconoscere in Lui due esseri separati.

Mentre i teologi alessandrini propendevano per la prima interpretazione, la seconda era insegnata dalla scuola di Antiochia. Questa, rappresentata da Diodoro di Tarso (378-394 circa) e soprattutto dal suo discepolo più famoso, Teodoro di Mopsuestia (350-428), nel tentativo di difendere l'integrità della natura umana di Cristo giunse fino a sostenere che se la natura umana e quella divina di Cristo sono assolutamente complete, queste dovevano formare due persone distinte che, al massimo, potevano trovarsi unite accidentalmente in Cristo: egli è Dio e uomo, ma si tratta di due persone fisicamente distinte. Riconoscendo nel Verbo due persone distinte, i sostenitori di queste idee predicavano che Maria Vergine era madre solo dell'uomo-Cristo (*anthropotókos* "madre dell'uomo" o *Christotókos* "madre di Cristo"), negandole pertanto l'appellativo di *Theotókos* "madre di Dio" riconosciutole dalla Chiesa. Nestorio, monaco di Antiochia che il 10 aprile 428 era stato eletto patriarca di Costantinopoli, divenne il principale sostenitore e diffusore di questa eresia, nota in seguito come *nestorianesimo*. Tale dottrina era sostanzialmente la negazione della Redenzione: non potendosi sostenere che una unione puramente morale tra due persone rendesse possibile che le azioni di una di queste, quella umana, fossero attribuite all'altra, quella divina, ne conseguiva infatti che la Redenzione operata da Dio col corpo non sarebbe stata altro che una mera opera umana.

Grande oppositore di Nestorio fu Cirillo, patriarca di Alessandria (412-444). Cirillo, che temeva che in Nestorio potesse concretizzarsi il pericolo della formazione di un asse Antiochia-Costantinopoli che avrebbe potuto emarginare la sede alessandrina, si rivolse a papa Celestino I (422-432), che già nel 429 gli aveva chiesto informazioni circa la nuova controversia. Nell'agosto 430, un sinodo tenuto a Roma dichiarò eterodossa la dottrina di Nestorio, proclamando la legittimità del titolo "madre di Dio" dato a Maria e rigettando le spiegazioni confuse e tortuose di Nestorio sul parto verginale. Subito dopo la chiusura del sinodo, il pontefice inviò una lettera al patriarca alessandrino (11 agosto 430), nella quale, rallegrandosi calorosamente con lui per la sua devozione all'ortodossia, gli comunicava le decisioni prese nei riguardi di Nestorio, incaricandolo di farle eseguire. Ricevuti i documenti pontifici, nel novembre del 430 Cirillo convocò un sinodo dei vescovi egiziani ad Alessandria, per accordarsi sulla via da seguire. Appoggiandosi all'autorità della Sede Apostolica e agendo in nome del papa, Cirillo fece sapere a Nestorio che se non avesse ritrattato i propri errori entro dieci giorni dalla notifica della sentenza emanata contro di lui, sarebbe stato deposto e scomunicato. Inoltre, venne inviata all'eresiarca una lettera, di cui era autore lo stesso Cirillo, che traduceva, sotto forma di dodici anatematismi da sottoscrivere, pena la scomunica, la dottrina ortodossa dell'Incarnazione[10]. L'imperatore Teodosio II (408-450), figlio e successore di Arcadio, al quale nel frattempo Nestorio si era rivolto, prese le parti del suo patriarca e, per dirimere la questione e riportare pace e unità nell'impero, convocò, il 19 novembre 430, un concilio generale, da tenersi a Efeso, città della costa ionica dell'Asia Minore, il 7 giugno 431, giorno della festa di Pentecoste. Nonostante l'aperta opposizione di Giovanni di Antiochia (428-441) e degli altri vescovi siriani, il

[10] Questi anatematismi condannavano la teologia antiochena delle "due nature", ossia la divisione delle parole e delle azioni di Gesù tra le sue nature divina e umana, e richiedevano a Nestorio di riconoscere che il Verbo aveva sofferto nella carne. Il sinodo di Roma aveva dichiarato che Nestorio avrebbe dovuto sottoscrivere una professione di fede, e Cirillo aveva ritenuto di scrivere egli stesso tale professione e imporla a Nestorio. Papa Celestino, tuttavia, non aveva affatto incaricato Cirillo di comporre una nuova professione di fede, la quale, inoltre, era formulata secondo la pura terminologia teologica alessandrina, inaccettabile quindi per la scuola antiochena, alla quale si era formato Nestorio e per la quale le stesse parole erano suscettibili di un significato completamente diverso. Quello di Cirillo fu quindi un passo falso, i cui sinistri effetti non tardarono a farsi sentire. Per lo Schwartz, «da un punto di vista legale, questa ordinanza dogmatica del patriarca alessandrino fu una mostruosità» (E. SCHWARTZ, "Zur Vorgeschichte des ephesinischen Konzils", *Historische Zeitschrift* CXII, 1914, pp. 237-263; alla p. 257).

concilio depose Nestorio, riducendolo allo stato laicale. L'imperatore gli permise di ritirarsi nel suo precedente monastero di Euprepios, nei pressi di Antiochia, ma poiché qui continuava a predicare le proprie idee eretiche, fu costretto a esiliarlo, su pressione di papa Celestino. Confinato dapprima a Petra, in Idumea, poiché continuava a intrattenere rapporti coi suoi sostenitori, il 3 agosto 436 fu inviato nell'oasi di al-Kharga, in Egitto, e in Egitto morì verso il 451.

Al contrario, invece, le formule cristologiche di Cirillo vennero accettate quale definizione ortodossa della natura di Cristo, anche se Antiochia continuava a guardarle con sospetto, poiché alcune espressioni potevano far ritenere che in Cristo vi fosse una sola natura. Alla fine Cirillo di Alessandria seppe fare le concessioni indispensabili: non sacrificando in nulla l'ortodossia fece però delle concessioni circa la terminologia. In cambio della propria accettazione della condanna di Nestorio, Antiochia ottenne da Cirillo l'assenso a una definizione dogmatica nota come *Formula di Unione* (23 aprile 433)[11]. Questa formula fu il primo di una lunga sequela di tentativi di compromessi tra opposte concezioni sulla persona di Cristo che sarebbero continuati fino alla conquista araba.

1.5 IL SECONDO CONCILIO DI EFESO (449) E IL MONOFISISMO

Quale successore di Cirillo fu eletto, ad Alessandria, l'arcidiacono Dioscoro (444-454), che aveva partecipato al concilio di Efeso. Di natura vendicativa, arrogante, presuntuoso e privo

[11] In occasione del XV centenario della morte di Cirillo, papa Pio XII pubblicò, il 9 aprile 1944, l'enciclica *Orientalis Ecclesiae*, dove il pontefice ricorda le lodi con le quali da sempre la Chiesa ha esaltato questa «autentica gloria della chiesa orientale e preclarissimo vindice della vergine Madre di Dio».

di scrupoli, Dioscoro era, nel temperamento e nei metodi, in tutto simile ai suoi predecessori, anche se gli mancavano il tatto, la sottigliezza diplomatica e, soprattutto, la santità di Cirillo. Per cercare di controbilanciare il crescente prestigio di Costantinopoli, all'inizio del suo patriarcato Dioscoro cementò i suoi legami con Roma, intrattenendo relazioni amichevoli con papa Leone I (440-461).

Nel frattempo, la discussione teologica, sempre viva, si era ora apertamente spostata sull'unicità o dualità della natura di Cristo. Verso il 447/448, a Costantinopoli, Eutiche (378-454), archimandrita, ossia superiore, del grande monastero di Giobbe, nelle vicinanze della capitale, si era fatto promotore, trattando il problema dell'Incarnazione, di una corrente di pensiero che, nata come opposizione al nestorianesimo, era caduta nell'errore opposto. Esagerando la dottrina della reale unione delle due nature nell'unica persona di Gesù Cristo, Eutiche giunse alla concezione (che si rifaceva all'insegnamento di Apollinare) che nel Verbo fatto carne l'unione delle due nature fosse talmente intima da garantire non solo l'unità della persona di Cristo, ma da diventare una sola natura, che escludeva ogni ripartizione pur teorica[12]. Sviluppò la formula di Cirillo "una sola *physis* incarnata del Verbo" nel senso che la divinità di Gesù avrebbe in qualche modo assorbito l'umanità, per cui egli non sarebbe più "consustanziale a noi nella sua umanità". E poiché si trattava proprio di assicurare la Redenzione, fu predicata l'unità della natura divina, nella quale veniva assorbita la natura umana. Questa dottrina, che insisteva sull'unicità della natura divina del Cristo a detrimento della sua natura umana, è chiamata dagli storici *monofisismo reale*. Essa si diffuse non solo a Costantinopoli, ma in tutto l'Oriente, accolta con entusiasmo dai più ardenti difen-

[12] Così il pensiero di Eutiche è riassunto da papa Leone I nella sua celebre Lettera a Flaviano: «Confesso che Nostro Signore avesse due nature prima della loro unione; ma che ne avesse una sola dopo l'unione».

sori degli anatematismi di Cirillo e dagli avversari della *Formula di Unione*, tra i quali il patriarca di Alessandria Dioscoro. Nonostante alcune proteste – in particolare di Domnus II di Antiochia (441-449) e di Teodoreto di Cyrrho (393 – 458/466) –, Eutiche trovò l'appoggio dell'imperatore Teodosio II, che prese energicamente le sue difese: un editto imperiale del 16 febbraio 448 indicava come norma di fede gli anatematismi di Cirillo, lasciati nell'ombra nella *Formula di Unione* del 433. In tal modo Teodosio osava atteggiarsi ad arbitro della fede.

Ma l'8 novembre 448 avvenne un colpo di scena. Mentre il patriarca di Costantinopoli Flaviano (446-449) teneva una riunione con alcuni vescovi presenti in città, il vescovo Eusebio di Dorylaeum, lo stesso che, ancora semplice laico, aveva per primo denunziato l'insegnamento di Nestorio, si alzò e in piena assemblea accusò Eutiche di eresia. Flaviano fece convocare Eutiche davanti ai vescovi per giustificarsi; dopo diversi tentativi per indurlo a lasciare il suo monastero, Eutiche accettò infine di comparire davanti a un sinodo composto da diciotto archimandriti e trentuno vescovi (22 novembre 448). Al suo rifiuto di ritrattare le proprie idee, il sinodo lo scomunicò per apollinarismo, lo privò dello *status* sacerdotale e lo depose dalle sue funzioni di archimandrita. Eutiche si appellò a papa Leone, ma questi, dopo aver preso visione dei documenti relativi alla dottrina da lui professata, confermò la sentenza di Costantinopoli.

L'imperatore Teodosio, insoddisfatto di come Flaviano aveva trattato la questione, con un decreto del 30 marzo 449 ordinò ai vescovi di riunirsi ad Efeso per un concilio generale (secondo concilio di Efeso), per riprendere dall'inizio l'esame della controversia. A Teodoreto di Cyrrho fu espressamente proibito di assistervi, mentre la direzione del concilio venne affidata a Dioscoro di Alessandria, assistito da Giovenale di Gerusalemme (420-458) e da Talassio di Cesarea di Cappadocia.

L'8 agosto, circa centotrentacinque vescovi si riunirono a Efeso, nella chiesa della Theotokos: i seguaci di Eutiche, con alla testa Dioscoro, riuscirono a conquistare la maggioranza. Papa

Leone I aveva inviato tre legati che lo rappresentassero: Giulio, vescovo di Puteoli (Pozzuoli), il presbitero Renato, che morì in viaggio a Delo, e il diacono Ilario, suo futuro successore (461-468), più il *notarius* Dulcitius. Essi erano latori di una Epistola dogmatica papale, datata 13 giugno 449, chiamata Lettera a Flaviano (*Tomus ad Flavianum*), ma più nota col nome di Tomo di Leone (*Tomus Leonis*). Vero e proprio trattato sull'Incarnazione, in essa il pontefice esponeva la dottrina cristologica della Chiesa latina: in Gesù Cristo coesistono, in maniera immutabile, distinta e indivisibile, un'unità di persona e una dualità di natura; ognuna delle due nature, la divina e la umana, esercita le sue proprie particolari facoltà, ma nell'unità della persona. Inoltre, nella lettera venivano condannate sia le idee di Nestorio che quelle di Eutiche. La terminologia usata dal papa, benché pienamente soddisfacente per Domnus, Teodoreto e i loro amici, era gradita fino a un certo punto a quanti si rifacevano alla teologia di Cirillo, per i quali due nature integre e complete comportano necessariamente due persone. Ricorrendo a metodi ben poco ortodossi, Dioscoro riuscì perciò a impedire che la lettera papale venisse letta al concilio, quindi, senza che i legati pontifici potessero opporre proteste[13], fece riconoscere ortodosso Eutiche e deporre invece i suoi principali avversari: Eusebio di Dorylaeum, al quale non era stato concesso di parlare, e lo stesso Flaviano. Sostenne inoltre che la sua teologia era conforme a quella del suo predecessore Cirillo e che erano stati invece i suoi avversari a deviare dall'ortodossia adottando l'errore di Nestorio. Egli fece appello anche alla soldataglia, che invase la basilica; i soldati si abbandonarono a ogni tipo di violenze contro gli oppositori di Dioscoro; lo stesso patriarca di Costantinopoli ne fece le spese: ferito, Flaviano morì dopo alcuni mesi a Hypepe, in Lidia, dove si era ritirato (17 o 18 febbraio 450). Conosciuti

[13] Il legato papale Ilario potè soltanto gridare il proprio *Contradicitur* e poi darsi alla fuga. Flaviano protestò, invano, gridando: "Mi appello".

questi tristi avvenimenti per bocca del diacono Ilario, che era riuscito fortunosamente a raggiungere l'Italia, papa Leone bollò questo concilio come "il brigantaggio (*Latrocinium*) di Efeso".

La vittoria di Dioscoro sembrava completa, ma la sua si rivelò una vittoria di Pirro, un trionfo di breve durata: dopo soli due anni, nel 451, a Calcedonia, la situazione doveva ribaltarsi, sancendo la separazione definitiva della Chiesa d'Egitto dalla Grande Chiesa.

1.6 Il concilio di Calcedonia

Già Pulcheria (399-453), sorella dell'imperatore Teodosio II, donna molto religiosa ma impetuosa e che nutriva grande odio per la supremazia di Alessandria su Costantinopoli, all'inizio del 450 espresse il proprio disappunto per le delibere del concilio di Efeso e anche Anatolio, neo-patriarca di Costantinopoli (449-458, imposto dallo stesso Dioscoro), cercò di prendere le distanze da Dioscoro. In Italia, intanto, papa Leone aveva ribadito la propria opposizione alle decisioni del secondo concilio di Efeso e aveva in più riprese sollecitato la riunione di un nuovo concilio per riparare le ingiustizie commesse. Teodosio II, tuttavia, soddisfatto dei risultati di Efeso, rifiutò di convocarlo. Ben presto, però, i fatti precipitarono: il 28 luglio 450, durante una partita di caccia, l'imperatore cadde da cavallo e morì. La situazione politica cambiò improvvisamente: la sorella Pulcheria salì al trono imperiale e offrì la propria mano, a condizione che rispettasse il suo stato monacale, al senatore e generale tracio Marciano, che divenne così imperatore d'Oriente (450-457). Appena salito al trono, Marciano, che da soldato aveva sedato una rivolta in Alto Egitto e che non nutriva quindi molta simpatia per gli Egiziani, prese le parti del papa e d'accordo con la moglie Pulcheria intraprese una lotta contro la supremazia religiosa di Alessandria. Eutiche fu confinato in un sobborgo di Costantinopoli, il corpo di Flaviano fu riportato in città e il suo nome reintegrato nei dittici[14] (ottobre 450), i vescovi esiliati da Dioscoro furono richiamati e, su suggerimento di Anatolio, il 23 maggio 451 l'imperatore indì un concilio, da tenersi a Nicea il 1° settembre dello stesso anno, per mettere fine alle discussioni e per definire "la vera fede più chiaramente, e per sempre".

Il giorno stabilito, più di cinquecento vescovi si trovarono riuniti a Nicea, ma poiché l'imperatore, che aveva espresso la volontà di essere presente all'apertura del concilio, era trattenuto da operazioni militari contro gli Unni, questa venne differita. Dioscoro, che era arrivato accompagnato da diciassette vescovi egiziani, approfittò di questo indugio per riunire attorno a sé i suoi seguaci e scomunicare papa Leone, ritenendo il suo *Tomo* contaminato dal nestorianesimo.

Intanto Marciano chiese che l'assemblea si trasferisse a Calcedonia (odierno quartiere Kadiköy di Istanbul), più vicina a Costantinopoli, sulla sponda asiatica del Bosforo, per il mese di ottobre. La prima sessione del concilio[15] si tenne l'8 ottobre, nella Basilica di santa Eufemia. Fin dall'inizio Dioscoro venne trattato come accusato e molti vescovi, prima suoi sostenitori, lo abbandonarono: tra di essi anche quattro dei diciassette vescovi egiziani che lo avevano accompagnato al concilio.

La seconda sessione del concilio, tenutasi il 10 ottobre, riabilitò formalmente Flaviano ed Eusebio di Dorylaeum, quindi si interessò della formulazione di una giusta fede sulla natura del Cristo. Furono letti i *Simboli* dei concili di Nicea e di Costantinopoli, accettati per acclamazione, come pure il Tomo di Leone. Su richiesta esplicita dell'imperatore, che riteneva che una nuova formulazione del Credo fosse l'unico modo per ottenere

[14] Preghiera generalmente recitata dopo la *Commemorazione dei Santi*, parte integrante della liturgia divina; consiste nel ricordare i nomi dei patriarchi defunti e dei titolari di sedi ecclesiastiche con cui si è in comunione e nel pregare per essi.

[15] IV concilio ecumenico. Si tenne in sedici sessioni, spesso turbolente, dall'8 ottobre al 1° novembre 451.

la pace e l'unità, una commissione di ventitré vescovi si riunì per tracciare un nuovo Credo, cosa che fece in tre giorni.

La terza sessione si tenne il 13 ottobre, nel *martyrium* attiguo alla Basilica di sant'Eufemia. Dioscoro, chiamato per ben tre volte ad apparire in concilio per sottoscrivere l'accettazione al Tomo di Leone e rendere conto del proprio operato, rifiutò orgogliosamente di parteciparvi e venne pertanto giudicato in contumacia. Fu accusato di condotta ribelle, poiché aveva ricevuto in comunione Eutiche già prima del concilio di Efeso, nonostante costui fosse stato condannato dal proprio vescovo Flaviano, poiché non aveva lasciato leggere a Efeso il Tomo di Leone e soprattutto poiché aveva osato scomunicare Leone stesso. Il legato papale Pascasino, che presiedeva la sessione, lo dichiarò deposto dalla sua dignità episcopale e tutti i vescovi espressero parere concorde[16]. La sentenza fu comunicata al condannato, a Marciano e a Pulcheria, e al clero di Alessandria.

Nella quarta sessione (17 ottobre) i vescovi Teodoreto di Cyrrho e Ibas di Edessa, che erano stati deposti ad Efeso, accettarono il Tomo di Leone e furono reintegrati al loro posto. Erano presenti anche i tredici vescovi egiziani rimasti fedeli a Dioscoro, che dopo la prima seduta non si erano più rivisti al concilio; essi accettarono, pur con difficoltà, di condannare Eutiche, ma rifiutarono di pronunciarsi sul Tomo di Leone: secondo il sesto canone di Nicea, essi avrebbero dovuto prima consultarsi col loro patriarca e sottomettersi al suo giudizio. Fu deciso che gli Egiziani avrebbero atteso l'elezione del nuovo patriarca prima di apporre la loro firma; nel frattempo non avrebbero dovuto abbandonare Costantinopoli.

[16] È da notare che Dioscoro non fu deposto in quanto eretico, ma per motivi disciplinari, per ribellione all'autorità costituita e per aver osato scomunicare papa Leone. Benché il partito occidentale abbia presentato il tutto quale conseguenza di una disputa esclusivamente teologica, non bisogna affatto minimizzare i retroscena politici della controversia.

La sessione cruciale, quella destinata a trattare di problemi di fede, fu la quinta, tenutasi il 22 ottobre. Parlando di Cristo, Dioscoro e i suoi sostenitori sostenevano che Cristo risulta "di due nature", ma che non sussiste "in due nature": in lui c'è una sola natura, o *ipostasi* composta[17]. Il *Credo* accettato aveva la frase "in due nature" e non "di due nature", come sosteneva Dioscoro. Il concilio decretò che la vera dottrina era contenuta in certi scritti di Cirillo ("una natura di Dio Verbo, incarnata") come pure nel

---

[17] È questo il cosiddetto *monofisismo verbale* o *nominale*, consistente unicamente nella terminologia usata; in esso, la dimensione religiosa dello scisma si riduce praticamente a una disputa linguistica. È chiamato anche *monofisismo severiano*, poiché il suo principale sostenitore fu Severo di Antiochia (465 circa-538). I seguaci di questo monofisismo, che si presentarono come i fedeli discepoli di san Cirillo d'Alessandria, sostennero che nel Verbo incarnato c'è una sola *natura* (*physis*) dopo l'unione della divinità e dell'umanità: essi però diedero al termine *physis* il significato di essere concreto sussistente in sé stesso, di soggetto responsabile di operazione, cioè di natura individuale, che è nello stesso tempo una *ipostasi* (*hypostasis*), una vera *persona* (*prosopon*). Non si tratta qui di confondere l'umano col divino, e meno ancora di negare l'elemento umano, corpo e anima, che esiste in Cristo, ma di porre in rilievo l'unità dell'agente, che è Dio. Il concilio di Calcedonia definisce in Gesù Cristo due nature o essenze, individuali, la divinità e l'umanità, e una sola ipostasi o persona, la persona del Verbo, Figlio di Dio, che ne è in qualche modo il sostegno. I "monofisiti verbali" fanno invece uso dei termini *physis*, *hypostasis* e *prosopon* del tutto sinonimi quando sono applicati al mistero dell'Incarnazione. Si tratta quindi di una pura logomachia sul termine "natura": al posto delle "due nature" dopo l'unione, i monofisiti parlano di "due essenze", il che equivale alle due nature del concilio. Nei due campi calcedonita e monofisita, si crede alle stesse cose, ma le si designa con parole diverse: il concilio di Calcedonia insiste sulla dualità delle nature unite, i monofisiti sull'unione di due nature differenti, ma tutti erano d'accordo sulla diversità delle nature e sulla loro unione. Quando i discepoli di Cirillo intendono parlare di due nature, intendono due agenti, due persone, o per lo meno due distinti centri di attribuzione, e dichiarano che è là precisamente l'errore di Nestorio; ed è per questo che il concilio di Calcedonia e il Tomo di Leone sono per essi infetti di nestorianesimo. Il problema del Verbo rimasto vero Uomo e vero Dio, con la diversità delle nature anche dopo l'Incarnazione, veniva dai monofisiti spiegato facendo ricorso ad un sofisma verbale: l'unione delle due nature non ne forma che una, "composta".

Tomo di Leone, e descriveva il Cristo come completo nella sua umanità e pure divinità, uno e lo stesso Cristo in due nature, senza confusione o cambiamento, divisione o separazione, ogni natura concorrendo in una persona e in un'ipostasi: "unità di persona e dualità di nature". Le delibere dei padri conciliari risultarono quindi in una condanna solenne degli insegnamenti teologici di Eutiche e di Dioscoro. La solenne promulgazione della fede, così come era stata definita, ebbe luogo il 25 ottobre, alla presenza dell'imperatore. Trecentoquarantacinque vescovi apposero la loro firma e Marciano proibì a chiunque di sollevare nuove discussioni sulla fede.

Le ultime sessioni di Calcedonia furono occupate da discussioni riguardanti la disciplina e l'organizzazione amministrativa della Chiesa: mentre da una parte si approvava, pur con l'opposizione di Roma, l'istituzione del patriarcato di Gerusalemme, con le tre metropoli di Cesarea, Scitopoli e Petra, tolte al patriarcato di Antiochia, la posizione di Alessandria quale sede favorita dell'Oriente venne ufficialmente sostituita da Costantinopoli. Il Canone XXVIII del concilio ratificò il Canone III del concilio di Costantinopoli, stabilendo che Costantinopoli era uguale in tutti gli aspetti a Roma, e seconda solo in materia ecclesiale. L'errore, più dottrinale che pratico, di tale Canone consisteva nel fondare la funzione spettante al patriarca di Costantinopoli sulla situazione politica della sua sede. Il concilio di Calcedonia non intendeva negare il primato del papa, ma riteneva che esso fosse legato alla funzione politica di Roma. I papi, invece, ricondussero sempre il primato della sede apostolica di Roma alla loro dignità di successori di Pietro. Papa Leone, che a Calcedonia aveva voluto la condanna del patriarca, e non del patriarcato, alessandrino e che temeva la preminenza di Costantinopoli sulle altre sedi d'Oriente, si oppose inutilmente, attraverso lettere a Marciano, alla basilissa Pulcheria e al vescovo Giuliano di Cos, suo apocrisario, ossia inviato, alla corte bizantina, al declassamento di Alessandria e di Antiochia.

Con un editto del 7 febbraio 452, diretto agli abitanti di Costantinopoli, l'imperatore Marciano obbligava tutti ad attenersi alle decisioni del concilio, proibendo qualsiasi discussione in materia di religione.

Dioscoro, deposto ed esiliato, fu mandato dapprima a Cizico, al di là della Propontide, sulla costa meridionale del Mar di Marmara, quindi a Eraclea e finalmente nell'isola di Gangra, in Paflagonia, nel Mar Nero, dove morì il 4 settembre 454, senza aver mai rinnegato le proprie convinzioni. Un corriere imperiale fu inviato in Egitto per portare i decreti di Calcedonia e per proclamare la destituzione e l'esilio di Dioscoro. In Egitto egli divenne l'espressione più genuina del martire e ancor di più guadagnò il sostegno dei monaci; la maggior parte dei suoi vescovi e dei fedeli si schierarono apertamente dalla sua parte, anche per odio verso Costantinopoli, continuando a ritenerlo il loro legittimo patriarca fino alla sua morte.

L'effetto del concilio di Calcedonia fu di unificare la maggior parte della cristianità occidentale e orientale con una definizione cristologica e un Credo comune, ma rese inevitabile lo scisma: gli intransigenti "monofisiti" si trovarono fuori dalla Chiesa e costituirono così una Chiesa indipendente, "monofisita"[18]. I motivi religiosi si unirono al sentimento nazionale, fortemente anti-bizantino. Le incomprensioni, le resistenze, le intolleranze, le rivalità patriarcali e le gelosie personali di cui Calcedonia fu testimone contribuirono a operare questa dolorosissima spaccatura, non ancora sanata, fra le Chiese che si richiamavano all'ortodossia calcedonita, per lo più di lingua greca, appoggiate dalle forze imperiali di Costantinopoli, e le Chiese di Siria e d'Egitto che non riuscirono a capire e ad accogliere il concilio di Calce-

[18] La Chiesa *monofisita* è nota anche come Chiesa *giacobita*; tale denominazione deriva dal nome di Giacomo Baradeo (500 circa-578), vescovo di Edessa dal 542, apostolo della cristianità monofisita della Chiesa di Antiochia e considerato fondatore della Chiesa ortodossa di Siria (vedi § 8.1).

donia[19]. In Siria, mentre da una parte il risultato di Calcedonia fu visto con compiacimento, quale rivincita della Chiesa di Antiochia sulla rivale Alessandria, da un'altra parte, soprattutto tra i ceti più popolari, fu visto come una vittoria dell'odiato partito bizantino. E così, sia in Egitto quanto in Siria, i dogmi calcedoniti trovarono accoglienza presso gli elementi greci o ellenizzati della popolazione, fedeli al governo centrale, mentre il "monofisismo" sposò il sentimento nazionale e trovò accoglienza tra gli strati popolari, in particolare nelle campagne.

È da sottolineare che "monofisita" è un concetto relativamente recente: per gli imperatori, coloro che si opponevano alle decisioni di Calcedonia erano semplicemente dei *diakrinómenoi*, degli "esitanti". Soltanto con l'instaurazione di una gerarchia ecclesiastica indipendente nella seconda metà del regno di Giu-

[19] Ovviamente, il punto di vista degli anti-calcedoniti è diametralmente opposto a quello occidentale: per loro il "brigantaggio" fu compiuto a Calcedonia e non a Efeso. Calcedonia costituisce per essi il trionfo del nestorianesimo, «uno dei più disastrosi eventi negli annali cristiani» (A.S. Atiya, *The Copts and Christian Civilization*, Salt Lake City 1979, p. 27), una «tragedia» (Ibidem, p. 1) alla quale la Chiesa Occidentale cercò poi, col successivo secondo concilio di Costantinopoli (V concilio ecumenico) del 553, di dare un'apparenza di ortodossia con "operazioni cosmetiche", quali la condanna dei "Tre Capitoli": «per i monofisiti di tutti i tempi e di tutte le sfumature, il concilio di Calcedonia è rimasto l'esecrata assemblea che ha proclamato il nestorianesimo, condannato 'san' Dioscoro in maniera esplicita e rigettato, senza osare dirlo, la dottrina di san Cirillo» (R.M. Shoucri, "Ephesus II and Chalcedon from a coptic perspective", in D.W. Johnson, T. Orlandi, a cura di, *Acts of the Fifth International Congress of Coptic Studies, Washington 12-15 August 1992*, vol. II, Roma 1993, pp. 427-441, alla p. 441). In una dettagliata critica alla "formula delle due nature" calcedonita, il vescovo armeno Terenig Poladian (1914-1963) termina la sua documentata difesa del proprio Credo con queste appassionate parole: «Tale è la fede ortodossa delle Chiese Monofisite che esse hanno preservato e hanno confessato per quindici secoli, che né il fuoco dei Persiani, né la spada dei Musulmani, né le persecuzioni dei Diofisiti, né alcun'altra potenza civile o sovversiva è mai stata capace di alterare o distruggere» (T. Poladian, "The Doctrinal Position of the Monophysite Churches", *BSAC* 17, 1963-64, pp. 157-175, alla p. 175).

stiniano (527-565), "monofisita" diventa un termine appropriato per riferirsi agli anti-calcedoniti; prima di allora, esso viene usato convenzionalmente, per evitare delle perifrasi o circomlocuzioni di difficile formulazione. Il termine stesso di "anti-calcedoniti", che per alcuni potrebbe essere un'alternativa a "monofisiti", ha tuttavia lo svantaggio di riferirsi a gruppi aventi diversi punti di vista e spesso in opposizione tra di loro. Le Chiese "monofisite" attuali sono le Chiese nazionali di Egitto, Armenia, Etiopia, Eritrea e Siria. Poiché il vero monofisismo è quello di Eutiche, che tutte queste chiese condannano come eretico, si tende oggi, grazie anche allo spirito ecumenico che anima i contatti tra le diverse Chiese, a utilizzare un'altra definizione per indicare il monofisismo delle Chiese d'Oriente, termine che porta in sé una colorazione eretica non legata a dati teologici concreti. Oltre al già citato *monofisismo verbale*, è stato proposto quello di *diplofisismo* (da "una doppia natura", espressione che compare già negli scritti patristici pre-calcedoniti), di *enofisismo* e di *miafisismo* (il concetto di *miafisismo* è ritenuto il più adatto a sottolineare come, fedeli alla cristologia cirilliana della *mia physis*, i suoi seguaci accettino "una" (*mia*) natura unita del Cristo e non una "singola" (*mono*) natura).

1.7 GLI EVENTI SUCCESSIVI A CALCEDONIA

Sconfitte in campo dottrinale, le posizioni anti-calcedonite non lo furono in quello politico. I loro seguaci ne fecero una bandiera delle spinte separatiste, un alibi per la lotta all'imperialismo bizantino, e riuscirono, anche con la forza, ad impossessarsi delle sedi principali: Gerusalemme (ma solo per breve tempo), Alessandria, Antiochia. L'unità cattolica era stata ormai sfaldata irreversibilmente e anche se nei secoli successivi, fino alla conquista araba, gli imperatori di Bisanzio cercarono di riportare l'unione religiosa tra i popoli loro sottomessi, i loro tentativi furono tutti condannati all'insuccesso.

L'Enotico di Zenone

Ad Alessandria, il patriarca calcedonita Proterio, mandato da Costantinopoli, fu assassinato nel 457, mentre Timoteo II Eluro si insediò come primo patriarca dissidente (457-460; 475-477); la sua carica fu però contestata dal calcedonita Timoteo Salofaciolo (460-475; 477-482). L'imperatore Zenone (474-475; 476-491, con la parentesi di Basilisco), consapevole della forza del movimento anti-calcedonita in Egitto, cercò di attuare una politica di compromesso, per riportare l'unità sia nella Chiesa sia nello Stato. È così che, su consiglio del patriarca costantinopolitano Acacio di Berea (471-489), emise, il 28 luglio 482, l'*Enotico*, o "Strumento di Unione", un editto imperiale che, indirizzato ai "vescovi, chierici, monaci e laici in tutta Alessandria, Egitto, Libia e Pentapoli", cercava di raggiungere l'unità religiosa puntando non sulle divergenze ma sulle cose comuni. In esso, che rimase lo strumento di base per la teologia imperiale e per la politica religiosa dell'impero bizantino anche per i successivi due regni, venivano riconosciute le decisioni dei primi tre concili ecumenici (Nicea, Costantinopoli ed Efeso), si confessava Cristo come vero Dio e vero Uomo in una persona, omettendo qualsiasi riferimento al numero delle "nature", si condannavano gli insegnamenti di Nestorio e di Eutiche, si accoglievano i dodici anatematismi di Cirillo e Maria veniva ripetutamente designata *Theotókos*. Il tentativo di riconciliazione dell'Enotico si riproponeva quindi di ritornare alla situazione pre-calcedonita, senza tuttavia esplicitamente ripudiare il concilio di Calcedonia, ma semplicemente ignorandolo. Così come formulato, esso poteva essere accolto dai moderati dei due fronti; fu infatti sottoscritto dai patriarchi anti-calcedoniti di Alessandria (Pietro III Mongo; in carica nel periodo luglio-settembre 477 e 482-489) e di Antiochia e sembrò riportare la pace tra le Chiese d'Oriente.

Ma fu una pace di breve durata. In Egitto, per esempio, l'intesa con l'imperatore si arenò ben presto per la ferma opposizione dei monaci, che si rifiutarono di riconoscerla e crearono la setta scismatica degli *Acefali*, così detti perché non riconoscevano alcuna autorità. La principale debolezza del documento imperiale consisteva nel fatto che esso era stato pubblicato per autorità dell'imperatore e non era il prodotto del lavoro di un concilio di vescovi: Zenone presentava come canonico ciò in cui egli stesso credeva, senza riallacciarsi al Credo di nessuna delle sedi patriarcali. Ciò, unitamente al fatto che il documento trascurava il Tomo di Leone, rifacendosi a Cirillo, provocò l'ostilità di Roma, che si rese ben presto conto delle reali implicazioni dell'Enotico. Riportando alcune voci che circolavano a Roma, secondo le quali Acacio asseriva di ritenersi "patriarca ecumenico", ossia "universale", papa Felice III (483-492) convocò il patriarca di Costantinopoli a Roma: al suo rifiuto, un sinodo di settantasette vescovi, riuniti il 28 luglio 484 a Roma sotto la presidenza del papa, lo scomunicò e lo dichiarò decaduto. A sua volta Acacio cancellò dai dittici il nome del papa. Quando il 1° agosto l'imperatore Zenone prese le parti del suo patriarca, lo scisma con Roma, che la storia ricorda come *scisma acaciano*, divenne realtà. Questa rottura di comunione tra Roma e Bisanzio durerà per trentacinque anni, fino al 519.

Le ambiguità dell'Enotico, destinate volutamente, almeno secondo le intenzioni di Zenone, a promuovere l'unità, ebbero quindi l'effetto contrario, portando la divisione là dove si voleva invece unire e riconciliare: e non solo nel campo degli oppositori di Calcedonia, ma anche in campo calcedonita.

Giustino e Giustiniano. I Tre Capitoli

In Oriente, nel frattempo, la situazione restò confusa, con il predominio degli anti-calcedoniti durante il regno di Anastasio I (491-518) e fino all'avvento di Giustino I (518-527), loro strenuo avversario. Mentre il predecessore si era mostrato benevolo verso gli anti-calcedoniti, preferendo la lealtà di Antiochia e di Alessandria a quella di Roma, il nuovo imperatore, che vedeva la stabilità dell'impero risiedere unicamente nell'unione delle due Rome, la "Vecchia" e la "Nuova", non perse tempo a inaugurare una politica religiosa radicalmente diversa e apertamente pro-calcedonita, che avrebbe inevitabilmente portato alla tragica divisione del mondo bizantino nelle sue metà calcedonita e anti-calcedonita. Già entro il 20 luglio 518, Severo, patriarca di Antiochia (512-518) e maggiore rappresentante del partito anti-calcedonita, venne deposto da un sinodo di una quarantina di vescovi che si trovavano nella capitale per l'incoronazione del nuovo imperatore e trovò rifugio in Egitto. Quindi, incoraggiato anche dalla moglie Eufemia, Giustino incaricò il nipote Giustiniano (più tardi imperatore) di adoperarsi per porre fine allo scisma acaciano[20]: dopo elaborate trattative, il 31 marzo 519, domenica di Pasqua, tra il giubilo popolare Giustino I ristabilì solennemente la comunione con Roma e la dottrina di Calcedonia: il clero fu obbligato a confessare la fede cattolica e più di duemila vescovi dovettero solennemente riconoscere il primato romano. I nomi di Acacio e dei suoi successori, nonché quelli degli imperatori eretici Zenone e Anastasio, furono cancellati dai dittici.

Nelle province orientali dell'impero, questa misura provocò una violenta reazione: dappertutto, a Tiro come a Gerusalemme

[20] Il ristabilimento dell'unità ecclesiastica con Roma era una premessa necessaria all'attuazione dei grandi progetti politici in Occidente che Giustino e, soprattutto, Giustiniano si erano prefissi: la missione, cioè, di rinnovare l'universalità dell'impero romano, liberandolo dal giogo dei re germanici che avevano conquistato le province occidentali e dagli eretici ariani, riportando quindi l'imperatore a essere il capo dell'*orbis romanus* e dell'ecumene cristiana. In questa politica, i due concetti di *imperium* romano e di ecumene cristiana venivano a coincidere: la vittoria della religione cristiana era una missione altrettanto sacra di quella della restaurazione della potenza romana. L'impero di Roma, pur con capitale Bisanzio, la "nuova Roma", doveva ritornare ad essere unico, nei suoi antichi confini, e cristiano-ortodosso. Il programma di riunificazione religiosa dell'impero e conseguente restaurazione dell'ortodossia richiedeva, come presupposto essenziale, la risoluzione della "questione monofisita" (A.M. Demicheli, "La politica religiosa di Giustiniano in Egitto. Riflessi sulla chiesa egiziana della legislazione ecclesiastica giustinianea", *Aegyptus* 63, 1983, pp. 217-257).

e ad Antiochia, i calcedoniti si accanirono contro i loro avversari. Tra il 518 e il 523 più di cinquanta vescovi dell'Asia Minore, della Siria e della Mesopotamia furono espulsi dalle loro sedi ed esiliati. Solo l'Egitto rimase quasi del tutto esente da questa persecuzione, poiché Giustino non osò imporre un patriarca calcedonita ad Alessandria; è così che esso divenne anzi il luogo di rifugio di schiere di esiliati e fuggitivi, che qui trovavano la sicurezza e l'accoglienza benevola dei propri correligionari. Questa massiccia epurazione tra il clero "monofisita" rese tuttavia inevitabile la formazione di una gerarchia anti-calcedonita: è durante il regno di Giustino che si pongono infatti le fondamenta per la creazione di una Chiesa anti-calcedonita, indipendente da quella ortodossa di Bisanzio. Da questo periodo, infatti, sia ad Antiochia sia ad Alessandria compare un patriarca concorrente a quello pro-calcedonita; lo scisma acquisisce una sua ben visibile formalizzazione: due vescovi contemporanei, uno anti-calcedonita e l'altro calcedonita, per la stessa sede.

Il 1° agosto 527, alla morte di Giustino I, il quarantacinquenne nipote Giustiniano salì al trono senza incontrare opposizione (527-565). Pur cristiano, l'imperatore restava fondamentalmente romano ed ebbe quindi sempre la tendenza a considerarsi un capo per la Chiesa: il concetto di autonomia della sfera religiosa gli era completamente estraneo. Riteneva diritto e dovere del *basileus* dirigere anche gli affari della Chiesa, non solo quelli dello Stato; papi e patriarchi altro non erano che suoi funzionari e non esitò a considerarli come ribelli quando osarono opporsi alla sua volontà. Non si limitò quindi a intervenire personalmente in questioni di organizzazione ecclesiastica, come già avevano fatto i suoi predecessori da Costantino in poi, ma si riservò anche il potere di decidere in questioni dogmatiche e liturgiche. In ciò, egli si spinse ancor più in là di quanto fatto da Zenone con l'Enotico. L'Enotico, infatti, pur rappresentando quelle che erano le convinzioni personali del suo propugnatore, non era altro che un provvedimento disciplinare, dal carattere meramente negativo, destinato cioè a ristabilire la pace religiosa lasciando in sospeso l'autorità del concilio di Calcedonia. Giustiniano, invece, si arrogò il diritto di troncare di propria autorità le questioni dogmatiche, definendo egli stesso il dogma, senza riferirsi ad alcuna autorità ecclesiastica, e di imporre le proprie convinzioni a tutti i sudditi e alla stessa Chiesa. L'epoca di Giustiniano rappresenta il momento della massima influenza del potere imperiale sulla vita ecclesiastica e nessun regime più del suo meritò il titolo di *cesaropapismo*[21]. Il suo lungo regno costituì una svolta decisiva: non solo fu il periodo in cui il paganesimo perdette definitivamente la sua lunga lotta per sopravvivere, ma fu anche quello in cui lo scisma tra l'Oriente anti-calcedonita e l'Occidente calcedonita divenne irreversibile.

Fine supremo della politica religiosa di Giustiniano fu il ristabilimento dell'unità della fede nell'ortodossia. L'imperatore volle iniziare la sua grande opera di riunificazione religiosa dell'impero cercando di riportare in seno all'ortodossia almeno i più moderati del partito anti-calcedonita, i seguaci di Severo d'Antiochia. Il 15 luglio 532 una commissione mista, nota come *Collatio cum Severianis* e composta da sei vescovi ortodossi, sei vescovi severiani, tre preti di Costantinopoli, numerosi chierici e laici, si riunì nella capitale dell'impero, nel palazzo di Hormisdas. Severo d'Antiochia, benché personalmente invitato dall'imperatore, accampando l'età avanzata non partecipò alle riunioni, che così si conclusero tre giorni dopo senza nulla di fatto. Per nulla scoraggiato, Giustiniano preparò un secondo congresso, più grandioso del primo, per il 535. Timoteo III di Alessandria (517-535) e Severo furono entrambi invitati alla capitale: il primo, tuttavia, morì il 7 febbraio 535, durante i preparativi per la partenza. Gli succedette, tra i disordini, Teodosio I (535-567), sostenuto dal potere imperiale.

---

[21] Su questa problematica, si vedano i due seguenti articoli di Carmelo Capizzi: C. Capizzi, "Sul cesaropapismo di Giustiniano", *Studi Salentini* 69, 1992, pp. 85-107; C. Capizzi, "Giustiniano: fu un cesaropapista?", *La Civiltà Cattolica*, anno 145, vol. II, quaderno 3451, 1994, pp. 37-50.

Nel frattempo, Severo, accompagnato dal discepolo Pietro, vescovo deposto di Apamea, si trovava a Costantinopoli, avendo questa volta accettato l'invito di Giustiniano a partecipare a un sinodo coi calcedoniti. Forte dell'appoggio dell'imperatrice Teodora (500 circa-548), fervente anti-calcedonita, approfittò del suo soggiorno nella capitale per propagandare la propria dottrina, riuscendo a convertire alle proprie idee persino il patriarca Anthimo I (535-536), il quale scambiò allora lettere di comunione con lui e con Teodosio di Alessandria. Ciò urtava tuttavia contro la politica ufficiale pro-calcedonita di Giustiniano, i cui interessi politici, legati alla conquista appena iniziata dell'Italia, non potevano certo trarre vantaggio da un'eventuale inimicizia con Roma: un sinodo convocato ai primi di marzo 536, all'arrivo di papa Agapito (535-536) a Costantinopoli[22], dichiarò deposto Anthimo e al suo posto salì il calcedonita Menas (536-552), di Alessandria, consacrato dal papa stesso. Dal 2 maggio al 4 giugno 536 un nuovo sinodo si riunì, in cinque sessioni, a Costantinopoli, sotto la presidenza del nuovo patriarca Menas (papa Agapito era morto nel frattempo): in esso, la dottrina di Severo e dei suoi compagni fu condannata solennemente; Anthimo, Severo, Pietro di Apamea e tutti i membri della numerosa comunità severiana di Costantinopoli furono scomunicati e poco più tardi, il 6 agosto dello stesso anno, espulsi dalla città per decreto imperiale, col divieto di risiedere in qualsiasi altra grande città. Severo, che con l'aiuto di Teodora già da marzo era fuggito da Costantinopoli, al momento della deposizione di Anthimo, se ne tornò in Egitto, stabilendosi dapprima a Scete, nello Wadi an-Natrūn, quindi nella Tebaide e infine a Xois, nel Delta, ove morì l'8 febbraio 538.

---

[22] Il pontefice era stato inviato a Costantinopoli dal re dei Goti Theodahad, per discutere un impossibile trattato di pace, nel momento in cui il generale bizantino Belisario cominciava a minacciare l'Italia, allora sotto il dominio goto, dopo la conquista dell'Africa. Dopo aver conquistato la Sicilia, Belisario passò nella penisola, assediò e conquistò Napoli, quindi costrinse i Goti ad abbandonare Roma, dove entrò il 10 dicembre del 536.

Dopo la condanna inflitta a Severo nel 536, Giustiniano ritenne che ormai l'appoggio garantito a Teodosio I di Alessandria non avesse più ragione d'essere se non nel caso di un'abiura del Credo "monofisita" da parte del patriarca. Credendo di potergli perciò estorcere facilmente almeno una formale adesione a Calcedonia, Giustiniano lo convocò a Costantinopoli (novembre-dicembre 536). Per ben sei volte, durante quasi tutto il corso del 537, l'imperatore cercò di ottenere da lui l'accettazione delle decisioni di Calcedonia: all'ennesimo rifiuto, Teodosio fu anatemizzato come eretico, deposto come indegno ed esiliato. Internato dapprima nella fortezza di Derkos, sul Bosforo, nella Tracia, la protezione dell'imperatrice Teodora non tardò a farlo rientrare a Costantinopoli (539), dando inizio a un ovattato ma lungo esilio, durato fino alla morte (567) e che farà di lui una delle figure leggendarie dell'anti-calcedonismo egiziano.

La politica applicata pochi anni prima da Giustino alla Chiesa di Siria fu applicata ora da Giustiniano anche alla Chiesa d'Egitto: vista sparire ogni speranza di compromesso con gli anti-calcedoniti, le persecuzioni contro di essi, che erano state sospese al suo avvento al trono, furono riprese, anche se in Egitto esse non raggiunsero mai gli eccessi raggiunti precedentemente in Siria. A partire dal 541 gli anti-calcedoniti furono inseriti nella lista degli eretici e tutte le sanzioni e le restrizioni giuridiche che già erano state formulate, o che lo saranno, contro gli eretici furono, da quel momento, estese anche ad essi. Per restaurare la fede cattolica in tutto l'impero non si trovò di meglio che abbattere, esiliandoli, i principali esponenti delle dottrine avverse e di sostituirli con vescovi ortodossi, fedeli alla causa imperiale. Giustiniano voleva presentarsi come il restauratore della Chiesa Universale e ora che anche Teodosio era in esilio credette di essere riuscito nell'opera di pacificatore: per la prima volta dal regno di Marciano i tre patriarcati d'Oriente erano riuniti sotto la guida del pontefice romano. Questa politica religiosa, detta dagli storici *terrore cattolico*, continuò fino alla morte dell'imperatore (565).

Intorno al 543-544 Giustiniano, nei suoi continui tentativi di stabilire l'ortodossia e l'armonia in tutto l'impero, cercò nuovamente di conciliarsi gli avversari, o almeno alcune fazioni di essi, condannando con un editto, per sospetto nestorianesimo, i cosiddetti *Tre Capitoli*, ossia gli scritti dei tre maggiori rappresentanti della fazione calcedonita, tutti esponenti della scuola teologica di Antiochia e che a Calcedonia avevano goduto di grande autorevolezza: Teodoro, vescovo di Mopsuestia (392-428) in Cilicia e maestro di Nestorio, Teodoreto di Cyrrho (433-458), i cui scritti erano stati diretti in particolare contro i dodici anatematismi di Cirillo, e Ibas di Edessa (435-457), che aveva condannato, in una lettera al presbitero persiano Maris, residente a Seleucia, la cristologia di Cirillo.

Papa Vigilio (537-555) tenne inizialmente un comportamento ambiguo: pur propendendo per il punto di vista di Giustiniano, temeva di causare uno scisma tra i vescovi occidentali qualora avesse pubblicamente condannato i Tre Capitoli. Alla fine, tuttavia, si decise e l'11 aprile 548 inviò una lettera (nota come *Judicatum*) al patriarca Menas di Costantinopoli, nella quale si associava alla condanna dei Tre Capitoli. La reazione in Occidente fu violenta e nel 550 papa Vigilio si vide costretto a ritrattare. L'anno successivo, tuttavia, Giustiniano condannò nuovamente i Tre Capitoli, pubblicando una "professione di fede" (*Omologia fidei*), fatta affiggere sotto forma di editto alla porta delle chiese e diffusa per tutto l'impero. Questa volta l'opposizione di Vigilio, abilmente sostenuto da Pelagio, suo apocrisario a Bisanzio e futuro pontefice, fu tenace. Visti inutili i tentativi di prevalere sul pontefice, alla fine l'imperatore, desideroso di dirimere la questione, convocò un concilio a Costantinopoli (Costantinopolitano II, quinto concilio ecumenico), al quale parteciparono centosessantacinque vescovi, provenienti per lo più dalle contrade orientali dell'impero. Il concilio si riunì il 5 maggio 553 nel *Secretum* di Santa Sofia, spaziosa sala attinente al palazzo imperiale. Il 14 maggio, il papa emise un nuovo documento, noto come primo *Constitutum*: in esso, sottoscritto da sedici vescovi e redatto con tono moderato ma fermo e senza ricorrere a recriminazioni o scomuniche contro nessuno, papa Vigilio si rifiutò nuovamente di condannare Teodoro, Teodoreto e Ibas, emettendo anche cinque anatematismi contro tutti coloro che avessero impugnato i Tre Capitoli. Tuttavia Giustiniano si rifiutò di accettare il documento papale e, sotto sua pressione, anche i padri conciliari non ne tennero conto: i Tre Capitoli furono condannati (2 giugno), in quanto ritenuti contradditori con la dottrina del concilio di Calcedonia. Il papa stesso venne umiliato: la settima sessione del concilio, tenuta il 26 maggio, decise di togliere il suo nome dai dittici, anche se non si osò scomunicarlo. L'8 dicembre 553 papa Vigilio, personalmente convinto che la condanna dei Tre Capitoli non intaccava la fede di Calcedonia e avrebbe offerto agli anti-calcedoniti il motivo di rientrare nell'ortodossia, accettò le decisioni del concilio, con una lettera inviata al patriarca Eutichio di Costantinopoli (552-563/564; 577-582). Il 23 febbraio 554, con un secondo *Constitutum* (*Constitutum de damnatione Trium Capitolorum*), condannò solennemente i Tre Capitoli. Questa condanna venne accettata, pur con riluttanza, dalle Chiese del nord Africa, ma provocò uno scisma con le Chiese di Milano e di Aquileia.

Ancora una volta, tuttavia, i risultati furono contrari alle aspettative. Benché la condanna dei Tre Capitoli fosse stata un'importante concessione agli anti-calcedoniti, l'accettazione esplicita da parte del concilio della dottrina dei precedenti quattro concili, e quindi anche di Calcedonia, rese vani i suoi effetti. Oltre a non sanare lo scisma, le decisioni del concilio contribuirono ad avvelenare i rapporti tra Costantinopoli e la Chiesa occidentale. Ancora una volta un'iniziativa volta a unire le Chiese si era trasformata in una causa di divisione, preparando la via all'ormai inevitabile triplice divisione della cristianità in occidentale e papale, bizantina e ortodossa, "monofisita" copta e siriana.

Giustino II, Tiberio II, Maurizio

Il successore del grande Giustiniano fu il nipote Giustino II (565-578). Come lo zio e nonostante gli smacchi da questo subiti, egli ebbe il vivo desiderio di unificare la Chiesa: si sforzò comunque, almeno all'inizio, di non usare le maniere forti, ma quelle della persuasione. Uno dei suoi primi atti di politica religiosa fu di cercare la riconciliazione con gli anti-calcedoniti; soprattutto su suggerimento della moglie Sofia, riunì a Costantinopoli una serie di sinodi, ai quali parteciparono i principali rappresentanti degli opposti fronti. Come tante altre volte, l'esito di queste trattative fu tuttavia praticamente nullo. Nel 567, o 568, in un concilio solenne convocato nel monastero di Mar Zakai a Callinico, sull'Eufrate, il patrizio Giovanni, ambasciatore di Giustino, diede lettura di uno sbalorditivo editto imperiale, anch'esso chiamato *Enotico*, come quello di Zenone, del quale riprendeva la politica religiosa: veniva riconosciuta un'unica fede, quella di Nicea; Calcedonia veniva passata sotto silenzio, come se nulla fosse accaduto; si riconoscevano sì "due nature" in Cristo, ma senza specificare "dopo l'unione" (in tal modo, senza voler andare troppo per il sottile, anche gli anti-calcedoniti avrebbero potuto sottoscrivere l'editto); infine, si condannavano nuovamente i Tre Capitoli. Nel suo tentativo di riunione, Giustino si era spinto fino ad avallare tutti i cedimenti del partito cattolico subiti in un secolo di lotte. Non ancora soddisfatto, dichiarava di ricevere in comunione Severo d'Antiochia, tutti gli anti-calcedoniti condannati erano amnistiati e riabilitati, tutti gli anatematismi lanciati dal tempo di Cirillo erano aboliti. Eppure questa capitolazione completa si rivelò inutile: un semplice accordo teologico non era sufficiente a soddisfare gli oppositori di Calcedonia: anche Calcedonia doveva essere formalmente condannata, e questo l'imperatore non poteva concederlo.

Nel 571 Giustino preparò un secondo *Enotico*, o editto d'unione ecclesiastica; prima di pubblicarlo, però, lo sottomise all'approvazione dei vescovi dissidenti, i quali, cedendo alle pressioni dei laici del loro partito, finirono per sottoscriverlo. Questa volta la questione delle due nature veniva definita senza ambiguità e non si offriva più la riabilitazione di Severo; il concilio di Calcedonia non veniva ricordato, ma implicitamente riconosciuto. Fu dato ordine a tutti i vescovi di sottoscrivere l'editto, ma dinanzi al rifiuto della maggior parte dei vescovi anti-calcedoniti di sottomettersi al volere imperiale, Giustino, assecondato dal patriarca di Costantinopoli Giovanni III lo Scolastico (565-577), si vide costretto, come i suoi due predecessori, a ricorrere alla forza. Terribili furono le prove che gli oppositori di Calcedonia, a Costantinopoli come ad Antiochia e in Egitto, dovettero subire: secondo lo storico copto Giovanni di Nikiu (secoli VII-VIII), la pazzia che dalla fine del 573 colpì Giustino fu senza dubbio la punizione divina per la sua condotta esecranda.

Il nuovo imperatore Tiberio II Costantino (578-582) mise termine a ogni forma di persecuzione, nonostante l'opposizione del patriarca Eutichio di Costantinopoli. Il suo regno fu purtroppo breve e gli succedette il cappadoce Maurizio, *magister militum* d'Oriente (582-602). In fatto di religione egli si mantenne sempre nell'ortodossia, senza mai cercare di venire a patti con gli anti-calcedoniti, che furono anzi oggetto di persecuzione.

Eraclio; il monergismo e il monotelismo. La conquista araba

Il 22 novembre 602, Foca, un semplice e rozzo centurione che era riuscito a impossessarsi del trono, veniva incoronato imperatore dal patriarca di Costantinopoli Ciriaco (596-606) nella chiesa di san Giovanni. In materia religiosa egli, continuando la tradizione di Tiberio e Maurizio, non si lasciò invischiare in discussioni teologiche e rimase fedele alla fede cattolica, riconoscendo il primato della Chiesa di Roma. La sua politica ecclesiastica ortodossa lo rese presto impopolare e odiato non solo in Bisanzio, ma in tutto l'impero, dove scatenò cruente persecuzioni degli anti-calcedoniti e degli Ebrei. Nel 610, Foca fu deposto da Eraclio (610-641).

Furono questi, i primi decenni del VII secolo, un periodo storicamente importante per l'Oriente. L'impero persiano cercava di occupare larghe zone dell'impero bizantino: Siria (604-613), Palestina (614) ed Egitto (619) caddero preda dei Persiani. Con una reazione inaspettata, Eraclio seppe condurre una decisa guerra di liberazione, terminata nel 629 con la sconfitta definitiva dei Persiani.

Conclusa vittoriosamente la lunga guerra con la Persia e data all'impero, con splendide campagne militari, una nuova unità politica, Eraclio, che si era erto a campione del cristianesimo, si prefisse di raggiungere anche l'unità di fede tra i popoli a lui soggetti, ponendo fine alle dispute religiose che avevano travagliato l'impero dai tempi di Calcedonia. Tuttavia, per attuare questa politica ecclesiastica di riunificazione, che si rivelerà disastrosa, ancora una volta si cercò, nonostante gli insuccessi precedenti, una formula di compromesso tra anti-calcedoniti e calcedoniti, lasciandosi sedurre dall'idea che con un editto si potessero cancellare gli scismi e gli odi che questi portano inevitabilmente con sé. L'ultima tappa della disintegrazione dell'universo cristiano sotto i colpi delle dispute cristologiche trova paradossalmente la sua origine in un ultimo tentativo di riconciliazione religiosa.

Sembra sia stato il patriarca Sergio di Costantinopoli (610-638) a proporre a Eraclio di ricondurre gli anti-calcedoniti di Siria e d'Egitto alla Chiesa ortodossa per mezzo di concessioni parziali, che non comportassero il formale rinnegamento di Calcedonia. Sergio vide infatti nella dottrina del *monenergismo*, secondo la quale alle due nature di Cristo corrisponderebbe un'unica facoltà operativa (*enérgheia*) agente, il ponte tra il dogma di Calcedonia e il "monofisismo". Il patriarca, che credeva sinceramente di poter così superare le reticenze degli anti-calcedoniti, fece propria la dottrina monenergetica, alla quale conquistò anche Eraclio. Nel giugno 631, l'imperatore nominò Ciro, già metropolita di Phasis (Sebastoli), in Crimea, quale patriarca di Alessandria (631-644), conferendogli anche il potere politico e militare sull'Egitto, con l'incarico esplicito di guadagnare gli anti-calcedoniti alla Chiesa ortodossa, mediante la dottrina del monenergismo. Nonostante i nobili intenti, questa nomina si rivelò uno degli errori più tragici nella politica egiziana dell'imperatore. Non solo Ciro non corrispose alle speranze di Eraclio di raggiungere l'unione religiosa, ma la sua condotta tirannica e persecutoria nei confronti dei Copti alienò ancor di più l'animo copto dai Bizantini, rendendo ancor più agevole la successiva conquista araba. Forte dei poteri civili che l'imperatore gli aveva concesso, Ciro si sforzò di imporre a tutti gli egiziani l'ingegnosa formula monenergetica. Di fronte alla crescente opposizione, Sergio modificò le proprie posizioni e proclamò che non si doveva parlare né di una né di due operazioni in Cristo, ma che occorreva professare un solo operante nelle azioni divine e umane, riconoscendo quindi in Cristo una sola volontà (*thélema*). Nel 634, in una lettera a papa Onorio I (625-638), pur affermando di non voler prendere posizione sul problema della monenergia e dienergia, Sergio escluse chiaramente la seconda, perché, secondo lui, avrebbe portato all'affermazione di due volontà, opposte l'una all'altra. Questa lettera segna la transizione tra il *monenergismo* e il *monotelismo* propriamente detto. La risposta del papa suonò come un'approvazione della nuova dottrina; Onorio, che già prima aveva energicamente escluso l'ipotesi di un volere umano di Cristo che si opponesse alla sua volontà divina, approvò il divieto di parlare di una o di due energie in Cristo, attribuendogli una sola volontà, consistente nella conformità del volere umano col divino: poiché in Cristo vi è un'unica persona, non vi può essere in Lui alcun dualismo o antagonismo nel volere.

Nel 638 si aprì una nuova fase della controversia: in quell'anno, infatti, l'imperatore Eraclio appose la propria firma a un documento dottrinale preparato dal patriarca di Costantinopoli Sergio; esso, noto come *Ekthesis* "esposizione", divenne la formulazione ufficiale del monotelismo e fu affisso nel nartece di Santa Sofia. L'Ekthesis ripeteva sostanzialmente la posizione di

Sergio del 634; biasimava cioè l'uso di parlare di "una" o "due" energie, ma dichiarava inoltre apertamente esservi in Cristo una sola volontà, senza alcuna confusione delle due nature, che mantengono intatti i propri attributi nell'unica persona del Verbo incarnato. Nei patriarcati orientali l'accoglienza fatta all'editto fu all'inizio generalmente favorevole, ma ben presto le ambiguità di alcune sue affermazioni e, soprattutto, i "silenzi" su questioni fondamentali fecero nascere una forte opposizione sia tra gli ortodossi sia nel campo opposto, e anche i successori di Onorio a Roma lo rifiutarono decisamente. Come tutti i tentativi di compromesso dei secoli precedenti, anche il monotelismo non solo non riuscì a ristabilire l'unità ma provocò nuove diatribe e aumentò la confusione. In Siria e in Egitto, dove venne imposto con metodi di guerra di religione, esso riuscì solo a produrre uno stato di generale insoddisfazione, che aprì la via alle armate islamiche.

La Chiesa, nonostante tutte le spiegazioni date alla formula della "una volontà", non poteva non condannare l'Ekthesis, frutto di una ricerca di compromessi che hanno portato il monotelismo a essere definito un semi-difisismo. La lotta ecclesiastica così innescata ebbe termine solo nel 681, nel sesto concilio ecumenico di Costantinopoli (Costantinopoli III), che anatemizzò l'eresia del monotelismo: venne riconosciuto che a due nature complete corrispondono due volontà e due modi propri di operare, anche se non necessariamente in contrasto con loro.

Con il monotelismo si estingueva l'ultima delle grandi eresie cristologiche. Ma l'Oriente ecclesiastico era ormai diviso, e anche politicamente: tra il 633 al 641, infatti, Siria, Palestina ed Egitto erano cadute preda degli Arabi. La politica di violenza messa in atto da Eraclio e dai suoi delegati ebbe l'effetto di alienare le simpatie delle popolazioni semitiche dell'impero, le quali assistettero quasi passive all'arrivo dei nuovi conquistatori e alla cacciata dei bizantini. Eraclio, che aveva saputo liberare la Palestina e l'Egitto dai Persiani (629), non seppe opporsi alla crescente potenza degli Arabi, che nel 639, col generale 'Amr ibn al-'As, invasero l'Egitto, portando a termine la conquista negli anni successivi. Col 641 gli Arabi erano i nuovi padroni anche della Valle del Nilo.

I Siri e i Copti, che avevano visto la sconfitta dei Greci come punizione divina per i misfatti da essi compiuti contro di loro, furono sottomessi al pagamento di pesanti tasse (la *jizya*, tassa di capitazione, e il *kharaj*, tassa sui beni), pur essendo lasciati liberi di praticare la loro religione. La conquista araba ebbe come conseguenza di cristallizzare la situazione delle Chiese d'Oriente, sottoposte d'ora innanzi a un lento processo di asfissia e di ibernazione, impedendo che dopo le molteplici divisioni potesse avvenire una risaldatura. L'evoluzione in corso dopo le controversie cristologiche si interruppe bruscamente e le diverse denominazioni religiose si mutarono in comunità sociologiche, chiuse nei loro particolarismi, sotto l'autorità di capi religiosi che esercitavano anche estese competenze civili. È grazie a questa cristallizzazione che noi abbiamo ancor oggi sott'occhio, in Medio Oriente, la carta delle divisioni religiose cristiane risalenti al VII secolo, anche se alcune comunità sono nel frattempo scomparse[23].

La storia delle controversie ecclesiastiche concernerà d'ora innanzi pressoché esclusivamente le due grandi Chiese di Roma e di Bisanzio, culminata, come si vedrà, con la separazione del 16 luglio 1054.

[23] Cfr. J.-P. VALOGNES, *Vie et mort des Chrétiens d'Orient. Des origines à nos jours*, Parigi 1995, p. 59

Capitolo 2

LA CHIESA MARONITA

Chiesa autonoma nell'ambito della Chiesa cattolica, i maroniti[1] costituiscono una comunità di cattolici orientali di rito siro-antiocheno che vive nel Libano, con alcune importanti colonie in Egitto, a Cipro e in America. Essa è l'unica Chiesa orientale cattolica che non ha il rispettivo simmetrico ortodosso.

Il patriarca della Chiesa maronita si fregia del titolo di *Patriarca di Antiochia e di tutto l'Oriente dei Maroniti* e risiede, sin dal 1790, a Bkerke, nel distretto di Kisrawan, in Libano. Attuale patriarca è Sua Beatitudine il cardinale Bechara Boutros Rai (15 marzo 2011-; creato cardinale il 24 novembre 2012), eletto dopo le dimissioni del suo predecessore, il cardinale Nasrallah Boutros Sfeir (19 aprile 1986 – 26 febbraio 2011).

In base all'elaborazione statistica tratta dall'Annuario Pontificio 2015, il totale dei fedeli cattolici di rito maronita è di 3.358.504, dei quali poco più della metà sono in diaspora.

2.1 IL MONASTERO DI MARONE

Il nome della Chiesa maronita deriverebbe da quello di un eremita siro-antiocheno di nome Marone, morto nei primi anni

[1] Matti Moosa, *The Maronites in History*, Syracuse University Press, New York 1986; M. de Ghantuz Cubbe, "I Maroniti", in A. Ferrari, a cura di, *Popoli e Chiese dell'Oriente Cristiano*, Roma 2008, pp. 177-218; P. Siniscalco, *Le antiche Chiese Orientali. Storia e Letteratura*, Roma 2005, pp. 208-215.

del V secolo e sulla cui tomba sarebbe sorto un monastero[2]. Situato nelle vicinanza di Hamah, nel distretto di Homs, nella provincia di *Syria Secunda*[3], sulle rive dell'Oronte (di esso non si conosce oggi l'esatta ubicazione; secondo alcuni autori esso sarebbe sorto nella regione di Apamea e solo successivamente si sarebbe spostato nella valle dell'Oronte), il monastero di Beth-Marun sarebbe sorto poco dopo Calcedonia (451), per impulso dell'imperatore Marciano, che intendeva promuovere in Siria un monachesimo di tipo calcedonita, che controbilanciasse il grande successo ottenuto dagli avversari di Calcedonia. I suoi monaci, poi, avrebbero fondato altre comunità anche a Mabbug, Qennesrin, Damasco, Aleppo, Edessa, Tagrit. L'appartenenza calcedonita sarà sempre uno degli elementi di identità della Chiesa maronita, anche se non da tutti gli autori accettata. Sembrebbe infatti che la maggior parte dei monaci maroniti abbiano rinunciato al concilio di Calcedonia. Il patriarca di Costantinopoli Germano I (715-730), noto per la sua fiera opposizione all'iconoclastia, qualifica i maroniti di eretici poiché rinunciarono al IV, al V e al VI concilio[4].

Uno dei primi documenti che ci parla del monastero è una lettera, scritta nel 517 dai suoi monaci (le firme in calce sono più di duecento) a papa Hormisdas (514-523) per lamentare

[2] Nella sua *Religiosa Historia*, Teodoreto di Cyrrho, storico ecclesiastico del V secolo, ci presenta la breve biografia di un monaco Marone "che ha abbellito il coro divino degli angeli", da lui, tuttavia, non incontrato (TEODORETO, *Storia dei monaci della Siria*, Abbazia di Praglia 1986, pp. 150-151). Sulla controversa origine, anche presso i maroniti stessi, del termine *maronita* (per alcuni autori deriverebbe dal siriaco *Maran*, equivalente a "Nostro Signore (Gesù Cristo)", e utilizzato quale nome di un monastero dal quale i maroniti sarebbero poi stati denominati), vedi MATTI MOOSA, *The Maronites in History*, Syracuse University Press, New York 1986, pp. 11-15.

[3] Quella parte della Siria che, alla fine del IV secolo d.C., comprendeva le città di Apamea, Epiphania, Arethusa e Larissa.

[4] Ossia i concili di Calcedonia (451), Costantinopoli II (553) e Costantinopoli III (681).

le gravissime violenze perpetrate dai sostenitori delle tesi anticalcedonite contro i loro avversari. In quell'anno, infatti, i monaci calcedoniti di Beth-Marun, che già si erano distinti come tenaci difensori della dottrina calcedonita delle due nature di Cristo, furono massacrati in numero di circa trecentocinquanta a Larissa dai monaci di Severo (512-518), patriarca giacobita di Antiochia[5], e del suo alleato Pietro, vescovo di Apamea, mentre, coi loro fedeli, si recavano in pellegrinaggio al santuario di san Simeone Stilita. In una sua lettera di risposta datata 10 febbraio 518, il pontefice consola i monaci per le loro sofferenze e ricorda che in questo modo si guadagnano la vita eterna. Rappresentanti del monastero sono attestati anche al sinodo costantinopolitano del maggio-giugno 536 e al V concilio ecumenico (Costantinopoli II) del 553; negli atti del concilio è inserito un *memorandum* inviato dall'abate del monastero, il sacerdote Alessandro (probabilmente lo stesso che, anni prima, compare come primo firmatario della lettera a papa Hormisdas), in difesa della dottrina calcedonita. L'attività dottrinale e polemica dei monaci di san Marone continuò anche durante il primo periodo della dominazione araba e musulmana.

2.2 Le origini della Chiesa maronita. Il monotelismo e la dominazione araba

Fino al loro incontro con i crociati alla fine dell'XI secolo, la storia dei maroniti è piuttosto dibattuta e problematica. La loro origine, come comunità ecclesiale, sembra situarsi nel VII secolo, con l'adesione al monotelismo dei monaci del monastero di san Marone. Ultima delle grandi eresie cristologiche, il monotelismo era stato ideato dal patriarca costantinopolitano Sergio (610-638) ed entusiasticamente abbracciato dall'impe-

[5] Per il significato del termine *giacobita*, vedi § 8.1.

ratore Eraclio (610-641). Apponendo la propria firma al documento dottrinale noto come *Ekthesis* "esposizione", preparato dal patriarca Sergio e affisso nel nartece di Santa Sofia (638), l'imperatore sperava così di riportare l'unità religiosa nell'impero bizantino, incrinata dalla divisione tra i sostenitori delle decisioni del concilio di Calcedonia e i suoi oppositori. Tale dottrina infatti, mentre da una parte sosteneva la presenza in Cristo di due nature, la divina e la umana, in conformità alle decisioni del concilio di Calcedonia, dall'altra asseriva l'unicità di volontà in Cristo, cercando quindi di avvicinarsi alle idee degli oppositori di Calcedonia, sottolineando in particolar modo la natura divina di Cristo. Questa dottrina era stata accolta quasi all'unanimità dai cristiani della Siria.

La chiesa di Roma l'aveva però quasi subito condannata come eretica e così si era dichiarato anche il III concilio di Costantinopoli (681, VI concilio ecumenico); decisioni confermate in un secondo sinodo tenuto nel 692 sotto l'imperatore Giustiniano II Rinotmeto (685-695; 704-711). Come reazione alla pace conclusa nel 689 da Giustiniano II con il califfo omayyade 'Abd al-Malik ibn Marwan (685-705), con la quale la Siria veniva lasciata alla mercé dei musulmani[6], i monaci del monastero di san Marone avevano contestato le decisioni del concilio, schierandosi per il monotelismo. Al tempo dell'ultimo califfo omayyade, Marwan II (744-750), i monaci si rifiutarono di sottomettersi

[6] Insediati in particolar modo nella fascia montuosa dell'odierno Libano, molti cristiani della Siria – per lo più, probabilmente, calcedoniti – avevano dato origine a bande armate che si opponevano alla dominazione islamica, nella speranza di poter essere nuovamente integrati tra i sudditi dell'impero bizantino. Non di rado le stesse truppe bizantine avevano prestato aiuto militare a questi ribelli, chiamati *Mardaitai* dagli autori bizantini e *Garagima* da quelli arabi. La pace conclusa da Giustiniano II col califfo abbandonava i *Mardaitai* al loro destino e veniva pertanto sentita come un tradimento da parte dell'imperatore. Per alcuni autori maroniti, i *Mardaitai* altro non erano che i progenitori dei maroniti stessi (G. CHALHOUB, *Recherches sur les Mardaïtes-Garâgima*, Kaslik,1999).

al patriarca calcedonita di Antiochia Teofilatto bar Qambara (748-767), fidato orafo dello steso califfo e quindi rappresentante di quanti avevano accettato di collaborare coi nuovi padroni musulmani, che si era dichiarato favorevole al concilio costantinopolitano. Col loro attaccamento alla dottrina di Eraclio e con la loro opposizione al patriarca Teofilatto, è quindi probabile che i monaci del monastero di san Marone fossero in qualche modo legati con quanto restava del movimento di resistenza cristiana[7]. Questa loro insubordinazione li porterà a eleggersi un patriarca loro proprio, pratica che si presume abbia avuto inizio già verso la fine dell'VII secolo o all'inizio dell'VIII.

Una tradizione, non confermata con sicurezza da documenti storici, parla di un Mar Yuhanna Maro, san Giovanni Marone (ove il termine "Marone" potrebbe essere un titolo patriarcale o derivato dal nome del celebre monastero, nel quale sarebbe stato monaco; una tradizione lo vuole addirittura imparentato con Carlo Magno!) che, verso il 687, a causa della vacanza della sede patriarcale di Antiochia[8], si era nominato patriarca di Antiochia e di tutta la regione di Damasco e della Siria (ancora non si parla del Libano). Non riconosciuto dai Bizantini, Giovanni Marone sarebbe stato invece consacrato dal delegato papale (secondo

[7] L'attaccamento dei maroniti al monotelismo e alla memoria di Eraclio, "l'imperatore vittorioso, che fece risorgere la gloria della religione cristiana, annientò i suoi nemici, fece perire i suoi oppostori, i persiani e gli altri, distrusse i loro paesi, devastò le loro residenze, cancellò la loro memoria, e innalzò la lucerna della Croce benefica sopra tutte le altre", è chiaramente attestato dal *Trattato dei Dieci Capitoli* del vescovo maronita Tommaso di Kafartab, del XII secolo, da cui è tratto il brano citato (C. Chartouni, *Le Traité des Dix Chapitres de Thomas de Kfartab*, Beyruth 1986).

[8] Dopo la morte di Teofane (681-687), patriarca calcedonita di Antiochia, i califfi musulmani si erano opposti all'elezione di un patriarca per i cristiani calcedoniti: in comunione di fede con l'imperatore bizantino, essi erano infatti sentiti come suoi possibili alleati (J.-B. Chabot, a cura di, *Chronique de Michel le Syrien, Patriarche Jacobite d'Antioche, 1126-1199*, 4 voll., Parigi 1899-1910, vol. II, p. 511 (trad. francese); vol. IV, p. 467 (testo siriaco)).

questa tradizione, quindi, i maroniti sono sempre stati cattolici). Nel 694, l'imperatore Giustiniano II inviò delle truppe contro i maroniti: il monastero fu distrutto e più di cinquecento furono i monaci uccisi. Nel tentativo di catturare Giovanni Marone, i bizantini caddero però in un imboscata e subirono una dura sconfitta. Questa non fu che la prima di tante persecuzioni che costrinsero Giovanni Marone a fuggire più volte, fino a stabilirsi nella città di Kfarhay, presso Batrun, nel Libano, dove sarebbe morto nel 707 e sarebbe stato sepolto nel monastero di san Marone a lui dedicato. Fino al 938/939 Kfarhay sarebbe stata la sede del patriarca maronita.

Questi avvenimenti ci sono narrati in una cronaca scritta in siriaco dal patriarca giacobita (ossia anti-calcedonita) Dionigi di Tell-Mahre (morto nell'845); parlando di un fatto avvenuto nel 746 e relativo al contrasto tra il patriarca giacobita e i monaci di san Marone, cosi scrive: «E restarono, i Maroniti, come sono fino ai nostri giorni: essi si ordinano il patriarca e il vescovo dal loro monastero»[9]. Questa leggenda, al di là delle molte incongruenze e incertezze, vuole con probabilità suggerire come i monaci del monastero di san Marone, a causa dell'insorgere delle eresie, vollero nominare un loro patriarca che, detto "di Antiochia" per l'autorità della sede, aveva però residenza presso il loro monastero. Della vicenda del primo patriarca maronita ci è giunta una versione posteriore, risalente all'epoca della Controriforma (seconda metà del XVI secolo); essa «mostra segni evidenti di rimaneggiamenti, volti a far sparire ogni traccia dell'adesione al monotelismo da parte dei maroniti»[10].

---

[9] Anche in questo caso le date non sono sicure. Alcuni autori, infatti, spostano al 702 la nomina patriarcale di Giovanni Marone. Le liste dei patriarchi di Antiochia riportano infatti tre diretti successori di Teofane, la vacanza della sede patriarcale coprendo invece il periodo 702-742. Per altri, la sede era vacante "fisicamente" dal 687 e "giuridicamente" dal 702.

[10] M. de Ghantuz Cubbe, "I Maroniti", in A. Ferrari, a cura di, *Popoli e Chiese dell'Oriente Cristiano*, Roma 2008, pp. 177-218, alla p. 193; M. de

Per sfuggire alla pressione degli arabi, che avevano probabilmente distrutto il loro monastero, e alla progressiva islamizzazione dei territori circostanti, verso la fine del IX secolo i maroniti si rifugiarono massicciamente nella regione del Libano, nella "montagna santa", ove già si erano installate loro comunità e ove si trovano ancor oggi. Una minoranza, invece, emigrò nell'isola di Cipro e a Rodi. Sul monte Libano i maroniti crearono una società semifeudale. La scelta del Libano è comprensibile, se si considera la quasi impenetrabilità di quelle montagne in quei secoli. Il più antico centro maronita in Libano è Mar Mammas, presso Ehden, risalente al 749.

Nel 938 il patriarca Giovanni II Marone cercò, senza successo, di portare la sede ad Antiochia. Alla fine trasferì la sede da Kfarhay ad Aakoura, nel cuore della foresta del Libano. Il patriarca Stefano al-Douwayhi (1670-1704) narra che questo trasferimento ebbe luogo nel 939. Lo storico arabo al-Mas'udy (morto nel 956) descrive il monastero di san Marone come ormai in rovina ai suoi tempi e nell'elenco dei luoghi in cui risiedevano allora i maroniti cita per primo il Libano, segno che questa era ormai la loro sede principale. La sede patriarcale in realtà non fu neanche fissa e il patriarca ebbe a risiedere successivamente a Yanuh, a Mayfuq, poi a Lehfed, a Habil, di nuovo a Yanuh, a Kfifan, di nuovo a Kfarhay, a Deir Qannubin, a Kafre, a Yanuh di nuovo, a Hardine, ancora a Mayfuq, per stabilirsi poi, nel 1440, sotto il patriarca Giovanni di Jaje (1440-1445), nuovamente a Deir Qannubin (dal greco *kenobion* "monastero"; nella "Valle Santa", la *Qadisha* araba), a circa 130 km da Beirut, che sarebbe rimasta, fino alla fine del XVIII secolo, la residenza-fortezza dei patriarchi maroniti.

Ghantuz Cubbe, "Quelques Réflexions à propos de l'Histoire Ancienne de l'Église Maronite", *Parole de l'Orient* 26, 2001, pp. 3-69, alle pp. 43-60; P. Rouhana, "Les Versions des Origines Religieuses des Maronites entre les XVe et le XVIIIe siècles", in C. Chartouni, a cura di, *Histoire Société et Pouvoir aux Proche et Moyen Orient*, vol. I, Parigi 2001, pp. 194-211.

L'istituzione del patriarcato non fu seguita immediatamente da una completa organizzazione ecclesiastica e per lungo tempo il patriarca rimase l'unico capo del suo popolo; i vescovi agivano solo come rappresentanti del patriarca. La divisione del patriarcato in eparchie o diocesi fu compiuta solo dopo il sinodo del 1736. Fondata su basi religiose, la comunità maronita riconosceva nel patriarca il suo rappresentante sia politico sia ecclesiale e questo suo *status* fu rafforzato anche dal riconoscimento che gli arabi accordarono ai capi spirituali delle diverse comunità cristiane sotto il loro dominio, riconoscimento continuato poi anche sotto i crociati, i mamelucchi e, infine, i turchi ottomani. La situazione geografica stessa dei maroniti, arroccati sulle montagne del Libano, a difesa della loro autonomia politica e religiosa[11], rafforzò il loro spirito nazionalistico, che vedeva nella fedeltà al patriarca l'espressione stessa del loro sentimento patriottico.

2.3 L'INCONTRO CON I CROCIATI E CON LA CHIESA LATINA

L'isolamento dei maroniti fu rotto alla fine dell'XI secolo, quando essi, a partire dal 1098, accolsero con favore l'intervento cristiano crociato nel Vicino Oriente, fornendo ai crociati aiuto e uomini, per lo più guide, ma anche prendendo parte attiva alle vicende interne dei vari regni crociati[12]. Raymond d'Aguilers

[11] Uno dei segni tangibili di questa autonomia è sempre stato il diritto dei maroniti di suonare le campane, diritto negato agli altri cristiani soggetti agli islamici. E mentre, durante la dominazione ottomana, tutti i patriarchi delle altre denominazioni religiose necessitavano un firmano di conferma da parte del sultano per poter esercitare le loro funzioni, i patriarchi maroniti si considerarono sempre esenti dall'obbligo di richiederlo (M. DE GHANTUZ CUBBE, "I Maroniti", in A. FERRARI, a cura di, *Popoli e Chiese dell'Oriente Cristiano*, Roma 2008, pp. 177-218, alla p. 200).

[12] Sui rapporti tra i maroniti e i crociati, si vedano, in particolare, i seguenti

(*Raumundus de Aguilers* o *de Agiles*), cronista della prima crociata (1096-1099), al seguito dell'armata provenzale al comando del conte Raimondo IV di Tolosa (o Raimondo di saint-Gilles, 1042/1943 – 1105), parla, nel suo *Historia Francorum qui ceperunt Iherusalem*, delle «montagne del Libano, dove abitano circa 60 mila uomini cristiani»[13]. Più tardi, anche l'altro celebre cronista crociato, Guglielmo di Tiro (circa 1130-circa 1186), così nella sua *Historia rerum in partibus transmarinis gestarum*, dettagliato resoconto della storia delle prime crociate e del Regno di Gerusalemme dal 1095 al 1183, parla dei maroniti «che abitavano [...] le cime del Libano e le pendici delle montagne»: «erano uomini forti, e valorosi nell'uso delle armi, utilissimi ai nostri negli scontri che avevano molto frequentemente col nemico»[14].

Allora la sede del patriarcato sia trovava a Yanuh, nella regione di Batrun; nel 1120 venne spostata a Mayfuq, nella regione di Jbayl-Biblos. L'incontro con i crociati segnò quindi la ripresa dei contatti con la cristianità occidentale, da lungo tempo interrotti; il fatto che i maroniti e i crociati avessero in comune la stessa fede contribuì infatti a rinsaldare i legami con Roma, anche se ben poco si conosce a tale proposito. Notevoli furono anche gli influssi che la Chiesa latina ebbe su quella maronita: è in questo periodo, infatti, che i prelati maroniti adottarono l'uso latino di portare l'anello, il pastorale, la mitra e la croce

---

tre articoli: M. de Ghantuz Cubbe, "Maroniti e Crociati dalla prima Crociata al 1215. Le fonti non Maronite", *Studi e Ricerche sull'Oriente Cristiano* 6, 1983, pp. 217-237; M. de Ghantuz Cubbe, "Maroniti e Crociati dalla prima Crociata al 1215. Le fonti Maronite", *Studi e Ricerche sull'Oriente Cristiano* 7, 1984, pp. 3-24; M. de Ghantuz Cubbe, "Maroniti e Crociati dal 1215 alla caduta del regno di Terra Santa", *Studi e Ricerche sull'Oriente Cristiano* 7, 1984, pp. 207-225.

13 J.H. Hill, L.L. Hill, a cura di, *Le "Liber" de Raymonds d'Aguilers*, Geuthner, Parigi 1969, p. 129.

14 G. de Tyr, *Chonique*, a cura di R.B.C. Huygens, identification des sources historiques et determination des dates par H. E. Mayer et G. Rosch, 2 voll., Turnholti: Brepols, 1986, pp. 1018-1019.

pettorale. Furono così stabiliti legami di comunione sempre più stretti e cordiali con la Chiesa di Roma, considerata sempre più come naturale sostegno per opporsi al potere musulmano e per realizzare la propria completa indipendenza. Tali legami si concretizzarono, nel 1182, con un'abiura ufficiale del monotelismo da parte della Chiesa maronita per il tramite di Aimerio (o Aimerico) di Limoges, patriarca latino di Antiochia (1140-1193/96) (oggi, tuttavia, i maroniti negano di aver mai aderito al monotelismo, gloriandosi invece di essere l'unica Chiesa orientale a non essere mai venuta meno alla comunione con la Sede Apostolica)[15]. Nel 1215, poi, il patriarca Geremia di 'Amshit (1199-1230) partecipò al quarto concilio Lateranense (XII concilio ecumenico; 11 novembre – 14 dicembre 1215), primo patriarca maronita a visitare Roma. Durante il patriarcato di Geremia, papa Innocenzo III (1198-1216) indirizzò ai maroniti la bolla *Quia divinae sapientiae bonitas* (1215) con la quale definiva la loro incorporazione nella cattolicità, invitandoli a seguire le pratiche latine della Chiesa di Roma, in particolare ad adottare i paramenti episcopali latini. L'invadenza della Chiesa latina fu, tuttavia, causa di un breve momento di disaccordo tra i maroniti e i crociati, ma dopo il sacco di Gerusalemme nel 1244 da parte dei turchi khoresmi e la sanguinosissima conquista di Antiochia nel 1268 da parte di Baybars (1260-1277), sultano mamelucco del Cairo, fu proprio il patriarca maronita Sim'an II (1245-1277) che accolse amorevolmente tutti quei crociati che erano riusciti a fuggire; lo stesso pontefice Alessandro IV (1254-1261), ammirato dal comportamento del patriarca, gli inviò una bolla (1256), affidandogli la cura delle famiglie latine restate in Libano. Successivamente, nel 1268, come ricompensa per i suoi

[15] Sui problemi dei rapporti tra i maroniti e il monotelismo, si vedano K. CHALFOUN, "Paul d'Antioche et le monothélisme des maronites", *Parole de l'Orient* 34, 2009, pp. 281-307; F. CARCIONE, *La genesi storico-teologica del monotelismo maronita*, Roma 1991, in particolare pp. 25-32.

servigi nell'offrire asilo ai latini gli conferì il titolo di "Patriarca di Antiochia".

La caduta di San Giovanni d'Acri nel 1291 segnò la fine dei regni crociati di Terra Santa e l'instaurazione del domino mamelucco, che sarebbe durato fino alla conquista ottomana nel 1516. I mamelucchi si adoperarono per isolare i loro sudditi cristiani dai contatti con gli occidentali ed è questa la ragione per la quale poco si sa delle vicende maronite durante questo periodo. Sottoposta alle continue pressioni fiscali, la comunità maronita conobbe un periodo di decadenza e molti suoi membri cercarono miglior sistemazione nella colonia di Cipro, dove fin dal 1121 è attestata la presenza di un monastero maronita.

2.4 I contatti sempre più stretti con la Chiesa di Roma

I contatti con Roma, facilitati anche dal fatto che diversi domenicani e francescani si erano installati in Libano, ripresero, per iniziativa di papa Eugenio IV (1431-1447), verso la metà del XV secolo. Nell'agosto 1440 il patriarca Giovanni di Jaje (1440-1445) inviò a Roma, come suo delegato, il francescano Pietro da Ferrara, con una lettera nella quale reiterava la sua obbedienza alla sede di Pietro. Il papa rispose con una sua lettera del 12 dicembre 1441, assicurando il patriaca maronita della sua confidenza nell'alleanza dei maroniti a Roma e comunicandogli l'invio di fra Pietro da Ferrara e del confratello Antonio da Troia, che si sarebbero recati in quei territori come commissari pontifici per spiegare ai maroniti gli insegnamenti della Chiesa di Roma. Nel 1444 fra Antonio rientrò a Roma, per comunicare al pontefice il desiderio espresso dai maroniti di ricevere maestri. Il papa rispose nominando ufficialmente Pietro da Ferrara come rappresentante papale presso i maroniti. Questi stretti contatti si concretizzarono, nel contesto delle sessioni romane del concilio fiorentino, dove la Chiesa maronita era rappresentata dal francescano latino Giovanni di Beirut e dal sacerdote Isacco, inviato dal vescovo della comunità maronita di Cipro Elia di Biblo, nella bolla pontificia *Benedictus sit Deus*, che sanciva l'unione con Roma anche da parte dei maroniti di Cipro (7 agosto 1445)[16]; da allora la Chiesa maronita ha sempre mantenuto la piena comunione con Roma.

Dopo il concilio di Firenze, la chiesa di Roma diede incarico ai francescani di Siria e Palestina di prendersi cura della Chiesa maronita. Tra questi si distinse particolarmente il fiammingo fra Grifone (Grifon van Kortrijk, 1400 circa-1475), che si recò due volte a Beirut, nel 1458 e nel 1469, per constatare e confermare la comunione della Chiesa maronita con Roma[17].

Il secolo XVI vide l'intensificarsi dei rapporti con Roma: non solo, sotto papa Leone X (1513-1521), il patriarca Simone ibn Hassan (1492-1524) inviò nel 1516 suoi legati al concilio Lateranense V (1512-1517) per ribadire la fedeltà della sua Chiesa a Roma, ma anche sia Clemente VII (1523-1534), sia Paolo IV (1555-1559), sia Pio IV (1559-1565) furono in contatto epistolare con i patriarchi maroniti. Sotto Gregorio XIII (1572-1585) ben due missioni gesuite furono dirette ai maroniti: la prima nel 1578-79, affidata ai padri Giovanni Battista Eliano[18] e Tom-

---

[16] Vedi INTRODUZIONE, n. 6.

[17] H. LAMMENS, "Frère Gryphon", in *Revue de l'Orient chrétien* 4, 1899, pp. 68-104; Ḥ. NOUJAIM, *I Francescani e i Maroniti (1233-1515)*, Studia Orientalia Christiana, Monographiae 20, Milano 2012, in particolare il capitolo "Il beato fra Grifone, delegato apostolico per i Maroniti nel secolo XV (1450-1475)", pp. 34-72; G.C. GUZZO, *Il Beato Grifone, Apostolo dei Maroniti*, Verona 1938.

[18] Nato a Roma da famiglia ebraica nel 1530 (per parte di madre era nipote del famoso rabbino, grammatico e lessicografo Elia ben Asher Ha-Levi Ashkenazi, noto come Elias Levita, 1469-1549), Giovanni Battista Eliano o Romano, come amava firmarsi, si era convertito al cristianesimo nel 1551, in seguito alla conversione del fratello Vittorio, entrando nell'ordine gesuita nel 1552 e venendo ordinato sacerdote nel 1560. Si rese benemerito soprattutto nell'opera dell'unione delle Chiese orientali, traducendo in arabo i testi del concilio tridentino, facendo stampare il primo catechismo in arabo per i Cristiani d'Oriente e con

maso Raggio, la seconda nel 1580-82, ancora affidata al padre Eliano e al confratello Giovanni Battista Bruno. Essi avevano lo scopo di esaminare la fede dei maroniti, i loro libri, le loro pratiche e le loro tradizioni religiose, ciò che compirono col pieno appoggio del patriarca maronita Michael al-Ruzzī (1567-1581). Durante il secondo viaggio di Eliano, il 28 settembre 1581 il patriarca morì e in presenza dei due delegati papali i vescovi maroniti elessero come suo successore il di lui fratello Sarkis al-Ruzzī(1581-1596), il quale si adoperò per attuare gli insegnamenti e le pratiche latine. La stretta comunione tra le due Chiese fu suggellata nel 1584, quando il 5 luglio, con la bolla *Humana sic ferunt*, veniva consacrata la fondazione del Collegio Maronita di Roma, sede di formazione teologica, all'interno del respiro universale della cattolicità, per i giovani maroniti che si preparavano al sacerdozio (chiuso in seguito all'occupazione napoleonica di Roma). Il più illustre fra gli allievi di questo collegio fu Giuseppe Simone Assemani (1687-1768), prefetto della Biblioteca Vaticana e celebre orientalista, i cui studi e le cui pubblicazioni (fu, tra l'altro, l'editore delle opere di Ephrem il Siro) resero accessibili un gran numero di documenti siriaci.

Clemente VIII (1592-1605) inviò poi nel 1596 il gesuita Girolamo Dandini (1554-1634), professore di filosofia a Perugia, accompagnato dal padre Fabio Bruno, col compito di purificare i libri liturgici maroniti dagli insegnamenti "eretici"[19]. Accolto dal patriarca Sarkis, il Dandini gli propose di convocare un concilio per determinare lo stato effettivo delle credenze maronite, ma il patriarca si oppose; fu il Dandini, che fece presente come la sua autorità di delegato papale fosse superiore a quella del pa-

---

le sue missioni pontificie presso i copti (1561-1562; 1582-1585) e i maroniti (1578-1582). Morì a Roma il 3 marzo 1589 (cfr. V. Frederick, *Coptic Encyclopedia*, vol. 3, p. 952, s.v. "Eliano, Giambattista").

[19] C. Capizzi, "Un Gesuita italiano di fine Cinquecento per i Maroniti", *Studi e Ricerche sull'Oriente Cristiano* 1, 1978, pp. 19-36.

triarca, a convocare il concilio, che si riunì a Deir Qannubin il 28 dicembre 1596. Questo concilio, e uno simile che nel 1580 aveva convocato l'Eliano sempre a Deir Qannubin, segnarono un'accelerazione del processo di latinizzazione della Chiesa maronita; fu ufficialmente adottata la fede cattolica romana e la Chiesa fu posta sotto la diretta autorità del pontefice romano. Nel 1592 fu adottato il messale romano e per la fine del secolo la tradizionale forma del battesimo per immersione fu sostituita da quella latina, consistente nel versare l'acqua sul capo del battezzando. Il patriarca Yūsuf al-Ruzzī (1596-1608), succeduto a Sarkis, fu un acceso sostenitore della latinizzazione della propria Chiesa: abolì alcune pratiche relative ai digiuni e convocò nel 1598 un concilio a Day'at Musa "Villaggio di Mosè", che non solo confermò le pratiche latine proposte dal concilio di Deir Qannubin, ma anche introdusse sei nuovi canoni, tra i quali l'accettazione del calendario gregoriano. La latinizzazione della Chiesa maronita continuò anche sotto il patriarca Giorgio Amira (1633-1644): diplomato presso la scuola maronita di Roma, era un fervente cattolico romano, al punto da guadagnarsi l'appellativo di "vescovo romano". La sua politica di latinizzazione provocò però l'aperta rivolta di alcuni dei vescovi più conservatori.

Nel 1649, grazie al successo della missione dell'arcivescovo Isacco al-Shidrawi, inviato dal patriarca Yuhanna Bawwab al-Safrawi (1648-1656) presso il governo francese, i maroniti furono posti sotto la protezione della Francia, che aprì un proprio vice-consolato a Beirut. Il patriarca Stefano al-Duwayhi (1670-1704), benché contrario alla latinizzazione sempre più crescente della propria Chiesa, non venne mai meno alla sua alleanza con la Chiesa di Roma e alla difesa della fede romana. Questi contatti della Chiesa maronita con Roma sollevarono però i sospetti non solo del governo ottomano, ma anche di altre denominazioni cristiane. Già a fine 1591, scrivendo a papa Innocenzo IX (3 novembre 1591 – 30 dicembre 1591), il patriarca Sarkis al-Ruzzī si lamentava che "i Maroniti sono odiati soprattutto per causa vostra".

Questo periodo, tuttavia, vide anche l'opera del vescovo maronita Germānos Farhāt (1670-1732), volta a realizzare una simbiosi tra la fede cristiana e la cultura araba. Egli sarà il vero artefice del rinnovamento integrale dei cristiani nel XVIII secolo, tanto sul piano culturale che su quello spirituale e pastorale, sì da essere considerato il padre del rinascimento arabo cristiano, che ha spianato la strada al grandioso movimento di rinascita culturale e letteraria del mondo arabo – la cosiddetta *nahdah* – del XIX secolo, che fu alla base del movimento nazionale arabo dopo la fine della prima guerra mondiale.

Nel 1736 si tenne un sinodo nel monastero di Louaiza, in Libano, ritenuto il più importante evento nella storia della Chiesa maronita: mai, prima di allora, vi era stato un concilio di quell'ampiezza e di quell'importanza. La sua convocazione era stata richiesta sia dal clero maronita sia dal laicato (vi parteciparono, infatti, tredici vescovi, il clero e anche i membri delle grandi famiglie libanesi), per trattare i problemi della latinizzazione e dell'organizzazione ecclesiastica. Su richiesta degli stessi maroniti, il papa Clemente XII (1730-1740) inviò come proprio legato il maronita Giuseppe Simone Assemani, accompagnato da un altro celebre studioso maronita formatosi a Roma, Michele Casiri (morto nel 1791). Il 1° luglio 1736, l'Assemani si incontro col patriarca Giuseppe Dirgham al-Khazin (1733-1742) presso il monastero di Deir Qannubin, dove lesse a lui e al clero le istruzioni ricevute dal papa e dalla Sacra Congregazione *de Propaganda Fide*, dalla quale dipendevano allora i patriarcati orientali. Il 30 settembre si aprì il concilio: le riforme proposte dall'Assemani trovarono inizialmente l'opposizione del patriarca e di alcuni vescovi, in particolare di Elias Muhasib, vescovo di Arqa. Alla fine, tuttavia, grazie all'intelligenza e alla pazienza dell'Assemani, al buon senso del patriarca e alla discreta e prudente attività dei gesuiti, dei francescani e del console di Francia, il concilio si chiuse senza incidenti. Esso sancì la latinizzazione della Chiesa: non solo venne confermato il rito latino e le pratiche introdotte da papa Innocenzo III nella prima parte del XIII secolo, con l'accettazione del *Filioque*, del concilio di Trento e del catechismo romano, ma anche si stabilì il dovere per tutti i maroniti di obbedire alle disposizioni del papa. Si stabilì inoltre di attuare una organizzazione di tipo diocesano, che peraltro avrà attuazione solo nel secolo successivo; anche la vita monastica subì uno stravolgimento: da monasteri indipendenti, sotto la diretta autorità del patriarca, si passò all'istituzione di congregazioni religiose di tipo occidentale[20].

Nel 1790 il patriarca Giuseppe Stefano di Ghosta (1766-1793) si trasferì da Deir Qannubin a Bkerke, alle pendici della collina di Harissa, presso Juniah, che dal 1823 diventerà sede ufficiale del patriarcato.

Benché il Libano avesse beneficiato per molto tempo da parte del governo di Istanbul di una certa autonomia, che aveva permesso la convivenza pacifica delle diverse componenti religiose del Paese, nella seconda metà del XIX secolo i maroniti furono protagonisti di sanguinosi scontri coi drusi, membri di una setta musulmana sciita-ismailita sorta in Egitto nei primi anni dell'XI secolo e poi trasferitasi in Siria e nel Libano meridionale. Queste tensioni, fomentate dagli ottomani, che parteggiavano per i drusi, culminarono, nel 1860, in orrendi massacri per i maroniti[21]. Essi ebbero termine solo per l'intervento diretto delle potenze europee, in particolare della Francia, che dal 1638 si era dichiarata protettrice dei cattolici nell'Impero Ottomano

[20] P. Mahfoud, *Joseph Simon Assemani et la célébration du concile libanais maronite de 1736*, Roma 1965; P. Rouhana, "Histoire du Synode Libanais de 1736", in *Parole de l'Orient* 13, 1986, pp. 111-164. Sul monachesimo maronita, vedi G. Mahfoud, "Le Monachisme Maronite du Xe siècle à la fin du XVIIe", in *Melto* 2, 1996, pp. 5-55.

[21] Si veda V. Poggi, "Otto lettere di Mons. Valerga sui massacri del 1860: edizione dei rapporti a propaganda", *Studi e Ricerche sull'Oriente Cristiano* 14, 1991, pp. 89-120. Tra i martiri, si ricordano i tre fratelli Massabki (Abdel Moati, Francis e Raphael), uccisi nella chiesa francescana di Damasco e beatificati da papa Pio XI nel 1926.

(gli Inglesi, invece, proteggevano i drusi). L'invio, nel 1860, da parte di Napoleone III (1852-1870) di un corpo di spedizione per porre fine ai massacri di maroniti perpetrati dai drusi, con la complicità del governo ottomano, segnò anche l'inizio dell'autonomia politica per il Libano. Nel 1864, infatti, gli Ottomani costituirono una provincia autonoma del Libano, con governatore cristiano. Il patriarca maronita Pietro Paolo Mass'ad (1854-1890) si prodigò, sia presso il pontefice Pio IX (1846-1878), sia presso l'imperatore francese Napoleone III, sia presso il sultano di Costantinopoli, per una giusta soluzione del problema.

Dal punto di vista religioso, nel 1856 il patriarca organizzò un concilio nazionale a Bkerke per trattare della definitiva stesura dello statuto ecclesiastico della Chiesa maronita; gli Atti del concilio, tuttavia, non furono mai ratificati da *Propaganda Fide*. Per ragioni di salute, il patriarca non poté poi presenziare di persona al concilio Vaticano I (1869-1870), ma inviò quattro vescovi a rappresentare la Chiesa maronita. Questo fu anche il periodo in cui i gesuiti fondarono l'Università Cattolica di Beirut.

Durante la prima guerra mondiale i maroniti subirono dure persecuzioni, poiché gli Ottomani temevano che essi parteggiassero per i Francesi, nemici dell'impero ottomano. Il Libano fu posto sotto il diretto controllo militare della Turchia e tutti i privilegi, compresi quelli della Chiesa maronita, furono aboliti. Come conseguenza, il patriarca Boutros Elia Huwayyik (1899-1931) fu costretto, in violazione di una lunga tradizione, a richiedere l'approvazione del sultano per la propria investitura patriarcale.

2.5 L'EPOCA MODERNA

Nel 1920, in seguito al disfacimento dell'impero ottomano, si formò la Repubblica del Libano; il patriarca Huwayyik, a capo della delegazione libanese, svolse un ruolo di primo piano alla Conferenza di Pace di Versailles (1919-1920), che accettò le sue proposte per un Libano indipendente sotto mandato francese, per realizzare l'autonomia del Libano dalla Siria, contrariamente a quanto desiderava la maggioranza musulmana, che optava per l'annessione alla Siria. Il Libano accedette però alla piena indipendenza solo nel novembre 1943; le cariche dello Stato furono suddivise tra le entità religiose secondo una ripartizione calcolata proporzionalmente tra cristiani, allora la maggioranza assoluta, e i musulmani. Si tratta di un "Patto Nazionale", non scritto ma sempre rispettato, per il quale il Presidente della Repubblica deve essere un maronita, il Presidente del Consiglio un musulmano sunnita e il Presidente del Parlamento un musulmano sciita, mentre le altre cariche devono essere ripartite anche fra i membri delle altre comunità religiose presenti nel Paese. Si tratta quindi di uno stato confessionale, nel quale i maroniti, e con essi la Chiesa maronita, giocano un ruolo della massima importanza[22]. Il conflitto religioso, reso più acuto anche dal gravissimo problema di destabilizzazione provocato nell'area medio-orientale dalla creazione dello Stato di Israele, continuò tuttavia ancora in seguito, fino a sfociare, nel 1975, in una disastrosa guerra civile, i cui dolorosi strascichi ancora non sono terminati. L'aumento numerico delle comunità musulmane e la conseguente diminuzione, anche d'importanza, della comunità maronita ha portato le prime a richiedere un radicale cambiamento del Patto Nazionale, non più su base religiosa, ma su basi maggioritarie.

Nonostante il forte influsso subito dalla Chiesa latina, la Chiesa maronita ha mantenuto molti aspetti del proprio patrimonio teologico antiocheno.Negli ultimi decenni, inoltre, per far fronte alla latinizzazione, è stata attuata una riforma religiosa che ha ristabilito molti caratteri peculiari della liturgia maronita originaria, sia per quanto riguarda l'ufficio che il messale.

---

22 M. de Ghantuz Cubbe,"I Maroniti", in A. Ferrari, a cura di, *Popoli e Chiese dell'Oriente Cristiano*, Roma 2008, pp. 177-218, alle pp. 208-209.

Capitolo 3

LA CHIESA GRECO-MELCHITA CATTOLICA

3.1 CHI SONO I MELCHITI?

Il termine *melchita* che designa questa Chiesa[1] deriva dal siriaco *malkô* "re" e il suo uso per designare una comunità ecclesiale risale al periodo immediatamente successivo al IV concilio ecumenico, quello di Calcedonia (451). Erano, quelli, anni in cui il tessuto sociale della Chiesa era lacerato da accese discussioni incentrate sul rapporto che in Cristo esistono sulle sue nature, l'umana e la divina. Nel concilio di Calcedonia, convocato dall'imperatore Marciano (450-457), i padri conciliari avevano decretato che la vera dottrina era contenuta in certi scritti di Cirillo di Alessandria come pure nel Tomo di Leone, un vero e proprio trattato sull'Incarnazione redatto da papa Leone I Magno (440-461): in Cristo coesistono, in maniera immutabile, di-

[1] P. Pizzi, "I cristiani melchiti: continuatori e testimoni della tradizione della prima Chiesa indivisa in Oriente", in A. Ferrari, a cura di, *Popoli e Chiese dell'Oriente Cristiano*, Roma 2008, pp. 99-134; D. D'Andrea, "La Chiesa Melkita, tra storia, identità e missione", *Ecclesia Mater* LII, 2014, pp. 30-41. Si noti che il nome di questa Chiesa, a differenza delle altre, non fa alcun riferimento diretto né a un territorio (per es. Chiesa armena), né a un iniziatore o sostenitore di una particolare confessione dottrinale o posizione teologica (per es., Chiesa giacobita, da Giacomo Baradeo, o Chiesa nestoriana, da Nestorio).

stinta e indivisibile, un'unità di persona e una dualità di natura; egli è completo nella sua umanità e pure divinità, uno e lo stesso Cristo in due nature, senza confusione o cambiamento, divisione o separazione, ognuna delle due nature, la divina e la umana, esercitando le sue proprie particolari facoltà, ma nell'unità della persona. Questa dottrina – per motivi che possono per lo più ricondursi a fraintendimenti linguistici, sul significato da darsi a determinati termini non da tutti condiviso in modo univoco, ma ai quali si univano, in maniera inestricabile, anche questioni di prestigio ecclesiastico – non venne da tutti accettata: Antiochia ed Alessandria, soprattutto, si opposero al dogma definito a Calcedonia e si separarono così dalla Grande Chiesa. E furono proprio loro che affibiarono, con intento dispregiativo, l'appellativo di *melchiti* ai loro avversari, volendo così indicare che si erano piegati all'opzione dottrinale dell'imperatore (*malkô*, il re), che del concilio e delle sue decisioni era stato il propugnatore. Più tardi, fu utilizzato dai cristiani giacobiti di lingua sira e dai maroniti per designare quei cristiani che sotto il califfato avevano accettato gli insegnamenti del VI concilio ecumenico, il Costantinopoli III (681), che aveva condannato la dottrina monotelita.

Sotto l'islam, i melchiti erano chiamati, sia dai musulmani sia dagli altri cristiani, *ar-Rum* "i Romani", ossia "i Bizantini", volendo con ciò indicare che essi appartenevano alla Chiesa greca ortodossa di Bisanzio. Essi, tuttavia, non erano di lingua greca, ma araba, pur essendo in comunione coi greco-ortodossi. Per questo, il Griffith suggerisce come miglior termine per designarli quello di *Arabi Ortodossi*[2]. I crociati li identificarono col termine latino *Syri*; il fatto che avessero usato un nome distintivo indica che a quel tempo essi erano ancora percepiti come una comunità diversa dai greci. È solo dopo il tempo delle crociate, e in particolare durante la dominazione ottomana, quando

[2] S.H. Griffith, *The Church in the Shadow of the Mosque. Christians and Muslims in the World of Islam*, Princeton and Oxford 2008, p. 139.

la Chiesa greca ortodossa si impose ai propri correligionari nei vecchi patriarcati orientali che anche i melchiti confluirono in questa Chiesa. Dopo il 1729 la vecchia designazione "melchita" venne cooptata dalla Chiesa greco-melchita cattolica, prevalentemente di lingua araba, unitasi a Roma nel XVIII secolo. Oggigiorno, pertanto, col termine di *melchiti* si identificano i membri della Chiesa greca cattolica dei tre antichi patriarcati di Antiochia, Gerusalemme e Alessandria rimasti in comunione con Roma; questa Chiesa è quindi spesso definita *Chiesa greco-melchita cattolica*. Si tratta di una Chiesa *sui iuris*, di rito bizantino, guidata dal *Patriarca di Antiochia, di tutto l'Oriente, di Alessandria e di Gerusalemme della Chiesa greco-melchita cattolica*, o, più brevemente, dal *Patriarca di Antiochia dei greco-melchiti*, con sede a Damasco. L'attuale patriarca è Sua Beatitudine Gregorio III Laham, in carica dal 5 dicembre 2000, a capo di circa un milione e settecentomila fedeli[3].

3.2 IL DOPO CALCEDONIA

Nei primi tempi, dopo Calcedonia, gli imperatori si sforzarono di riportare l'uniformità religiosa nell'impero, cercando anche formule di compromesso che, puntando non sulle divergenze ma sulle cose comuni, potessero essere accettate da entrambi i partiti. Ma il fatto che queste formule nascevano per autorità dell'imperatore e non erano il prodotto del lavoro di un concilio di vescovi, non ottennero l'effetto voluto, portando la divisione

[3] In base all'elaborazione statistica tratta dall'Annuario Pontificio 2015, il totale dei fedeli della Chiesa greco-melchita cattolica sono 1.685.286, dei quali circa la metà sono in diaspora. Si noti che mentre l'Annuario Pontificio 2015 assegna all'arcieparchia metropolitana di Damasco un numero di 3.000 fedeli (a causa dello stato di guerra del Paese, che ha prodotto la diaspora di moltissimi cristiani), le stime ufficiali della Chiesa melchita confermano un numero di circa 150.000, come per il 2014.

là dove si voleva invece unire e riconciliare. E quando, di fronte ai ripetuti insuccessi, gli imperatori cercarono di imporsi con la forza, la divisione divenne insanabile; è così che mentre prima esisteva un'unica carica di patriarca di Antiochia e una di patriarca di Alessandria, il cui titolare poteva di volta in volta essere, a seconda delle particolari vicende storiche, o melchita o anti-calcedonita, durante il lungo regno di Giustiniano I (525-567) cominciarono a formarsi due gerarchie separate e quindi due patriarcati divisi per la stessa sede ecclesiastica. In breve tempo le comunità melchite si diffusero nelle principali località dell'impero: Alessandria, Beirut, Tiro, Sidone, Damasco, Aleppo, Laodicea, Emesa, Palmira; la presenza di melchiti è attestata anche in Arabia e nell'impero persiano.

L'inizio del VII secolo vide l'impero bizantino alla mercé dei Persiani, che, sotto la guida di Khusraw II Parvez ("Cosroe il Vittorioso"; 591-628), della dinastia Sasanide (224-640), cercavano di occupare larghe zone del territorio imperiale. Dopo una serie di attacchi contro le fortezze romane di frontiera, protrattisi dal 604 al 607, già nel 607 le truppe sasanidi erano dilagate nella Siria e nel 609 il generale Shah-Waraz si era spinto sino a Calcedonia, sulla sponda asiatica del Bosforo, proprio di fronte a Costantinopoli. Dopo una breve pausa, approfittando della debolezza dei bizantini e galvanizzata dai successi ottenuti, l'avanzata persiana aveva ripreso vigore: nel 611 era caduta Antiochia, nel 613 Damasco, mentre nel 614 erano state Gerusalemme (5 maggio) e tutta la Palestina a subire il saccheggio e la devastazione dei Persiani. Dal 79 d.C., ai tempi della devastazione di Tito (79-81), la Città Santa non aveva subito un saccheggio come quello persiano: nella profonda e impotente costernazione del mondo cristiano, i conquistatori avevano incendiato la celebre basilica costantiniana del Santo Sepolcro e asportato il "Sacro Legno della vera Croce", rinvenuto nel 326 da sant'Elena, trasferendolo nella loro capitale Ctesifonte e dandolo in custodia al clero zoroastriano della città sacra di Shiz, nell'Azerbaijan iraniano. Nel 619 anche l'Egitto, la più fiorente delle regioni dell'impero, veniva messo a ferro e fuoco dalle armate persiane. Per i melchiti fu questo un periodo particolarmente duro: identificati come alleati dell'imperatore, essi dovettero subire una sanguinosa persecuzione.

3.3 LA CONQUISTA ISLAMICA

Dopo la breve parentesi persiana (già nel 629 l'imperatore Eraclio aveva sconfitto i Persiani e ripristinato l'unità territoriale dell'impero), fu la volta di nuovi conquistatori, gli Arabi, che, abbracciata la nuova religione predicata da Muhammad, si lanciavano ora in una guerra di conquista che avrebbe per sempre stravolto la struttura politica del Medio Oriente e dell'Africa del nord. Facendo parte del *Popolo del Libro* – essendo cioè in possesso di un testo sacro, il Vangelo, espressamente citato nel Corano – i cristiani godevano di uno speciale trattamento sotto il govermo islamico: purché pagassero determinate imposte (una tassa testatica, detta *jizya*, e una tassa fondiaria detta *kharaj*), i musulmani si impegnavano a rispettare le chiese e a garantire ai cristiani il libero esercizio della loro fede, pur entro ben precisi limiti. Questa situazione si concretizzò nello statuto della *Dhimma* (Protettorato), che faceva dei cristiani dei subordinati ai musulmani, benché, eufemisticamente, "protetti"[4]. Per i cristiani d'Oriente, la sorte sotto i dominatori arabi non è stata che un'alternanza tra violenza, più o meno aperta, e morte

[4] Questo statuto, che garantiva ai vincitori arabi una supremazia politica ed economica, trovò espressione giuridica nel celebre *Shurut 'Umar*, "patto di 'Umar". Benché ritenuto fittizio o apocrifo da alcuni studiosi, esso è tuttavia per lo più considerato veritiero nel suo insieme, anche se non nei suoi minuti dettagli. Attribuito da alcuni al califfo 'Umar I (634-644), per altri è da attribuirsi invece a 'Umar II (717-720), mentre per altri studiosi ancora esso risale ad almeno due secoli dopo la conquista, sotto il califfo abbaside al-Mutawakkil (847-861).

lenta, un lungo processo di agonia e di devalorizzazione costante. Soggetti agli umori politici mutevoli di ogni singolo califfo o sultano, privati dei diritti politici, limitati nella capacità giuridica, impastoiati in una rete di interdetti religiosi e professionali, costretti, fino al livello del vestiario, a subire prescrizioni umilianti, i cristiani hanno visto i loro ranghi assottigliarsi sempre più e le loro comunità correre il rischio di estinguersi per consunzione. Lo statuto della *dhimma* fu infatti uno dei principali fattori del successo della politica d'islamizzazione dei territori conquistati e dell'estinzione progressiva dei popoli e delle culture indigene.

Considerati come possibili alleati di Bisanzio, i melchiti vennero visti con diffidenza dai nuovi padroni, che li colpirono con tutta una serie di misure vessatorie. La stessa struttura ecclesiastica e amministrativa della Chiesa melchita, strettamente dipendente da Bisanzio, fu disgregata: i patriarchi di Gerusalemme, Antiochia ed Alessandria vennero allontanati dalle loro sedi e solo all'inizio dell'VIII secolo fu loro concesso di riprenderne possesso.

Esclusi dalla vita attiva politica, i cristiani, e in particolar modo i melchiti, seppero tuttavia farsi riconoscere ed apprezzare per le loro capacità organizzative, amministrative, contabili e per le loro qualità intellettuali. È così possibile trovare numerosi cristiani alla corte dei califfi, a volte con incarichi prestigiosi, come medici, poeti di corte, amministratori. Tra i tanti, un cenno particolare merita Giovanni Damasceno (noto agli arabi come Mansur ibn Sarjun; 652/675 – 749/764), che divenne la più grande figura monastica dell'inizio dell'VIII secolo in Palestina. Come il nonno e il padre prima di lui, Giovanni entrò a far parte dell'amministrazione dell'emiro di Damasco, prima di ritirarsi, tra il 717-720, sotto il califfo 'Umar II, presso la laura di Mar Saba, in Palestina, importantissimo centro culturale dei melchiti (insieme al monastero di San Caritone, in Palestina, e al monastero di Santa Caterina, nel Sinai), dove ricevette l'ordinazione presbiterale dal patriarca Giovanni V di Gerusalemme

(706-735), del quale divenne consigliere teologico. È autore – scrive in greco – di un trattato sulle eresie, l'ultima delle quali presa in considerazione è l'islam, "l'eresia degli Ismaeliti"; si tratta, a nostra conoscenza, del primo trattato cristiano sull'islam. Giovanni si fece inoltre conoscere quale campione della teologia ortodossa delle icone, grazie ai suoi trattati contro gli iconoclasti. Fu inoltre anche un poeta di talento e a lui sono attribuiti numerosi inni e canoni liturgici[5].

È questo il periodo in cui i cristiani, grazie alle loro conoscenze linguistiche, cominciano a imporsi e a distinguersi nell'opera di traduzione di opere teologiche, filosofiche e scientifiche dal greco e dal siriaco verso l'arabo. Stimolata dal confronto con l'interlocutore musulmano, comincia a elaborarsi una teologia arabo-cristiana, volta non solo all'apologia del cristianesimo nei confronti dell'islam, ma anche alla definizione delle proprie particolarità religiose, e questo vale in particolare per i melchiti. Come afferma Sidney H. Griffith «fu solo nel contesto della risposta all'appello dell'Islam in arabo che i 'Melchiti' acquisirono la piena consapevolezza della loro identità dottrinale come comunità teologica distinta»[6]. I melchiti furono la prima delle denominazioni cristiane ad adottare l'arabo come lingua ecclesiastica[7], processo che ebbe inizio già nella seconda metà del-

---

[5] S.H. Griffith, "John of Damascus and the Church in Syria in the Umayyad Era: The Intellectual and Cultural Milieu of Orthodox Christians in the World of Islam", in *Giovanni di Damasco: Un Padre al Sorgere dell'Islam*, Atti del XIII Convegno Ecumenico Internazionale di Spiritualità Ortodossa, Sezione Bizantina, 11-13 settembre 2005, Monastero di Bose 2006, pp. 21-52.

[6] S.H. Griffith, "Theology and the Arab Christian: The Case of the 'Melkite Creed'", in D. Thomas, C. Amos, a cura di, *A Faithful Presence: Essays for Kenneth Cragg*, Londra 2003, pp. 184-200, alla p. 200. E anche: «La comunità melchita come comunità sociologica distinta di Cristiani venne all'esistenza solo nel periodo islamico e nel mondo dell'Islam» (S.H. Griffith, *The Church in the Shadow of the Mosque. Christians and Muslims in the World of Islam*, Princeton and Oxford 2008, p. 137).

[7] S.H. Griffith, "The Church of Jerusalem and the 'Melkites': The Making

l'VIII secolo. E il primo autore cristiano a scrivere regolarmente in arabo fu il melchita Teodoro Abu Qurrah (circa 755-circa 830) di Edessa, discepolo del Damasceno, monaco a San Saba e poi vescovo a Harran nel 795. Destituito dalla sua sede, nell'813 si recò in Egitto e in Armenia, nella vana speranza di riportare i "monofisiti" all'ortodossia calcedonita. Ritornò infine ad Harran, dove morì. A lui si deve un'opera essenzialmente apologetica, di difesa del cristianesimo nei riguardi delle altre religioni e della fede calcedonita nei confronti delle altre confessioni cristiane. Come il Damasceno, anche Teodoro Abu Qurrah prese posizione, nella controversia iconoclasta (726-843), a favore della venerazione delle icone. È interessante notare come i melchiti, pur fedeli alla dottrina ortodossa di Bisanzio, si siano opposti agli imperatori bizantini, che sostenevano l'iconoclastia. Altri autori melchiti di lingua araba furono Butrus di Bayt Ra's, Qusta ibn Luqa (circa 830-912), lo storico Sa'id ibn Bitriq (877-940; noto anche come patriarca Eutichio di Alessandria, carica che ricoprì dal 933 al 940), Abu l-Fath 'Abd Allah ibn al-Fadl al-Antaki (fiorito intorno al 1050), e Paolo di Antiochia (circa 1180).

Oltre che nei riguardi dell'iconoclastia, i melchiti si posero a difesa dell'ortodossia calcedonita anche nei confronti della controversia sul *Filioque*: questo termine, significante "e dal Figlio", fu aggiunto in Occidente alla frase: "[...] lo Spirito santo [...] che procede dal Padre", contenuta nel simbolo niceno-costantinopolitano; si voleva con ciò indicare che lo Spirito deriva dal Padre e dal Figlio. La teologia orientale preferiva invece una diversa formula teologica, in base alla quale lo Spirito procede dal Padre "attraverso il Figlio". Quando il termine *Filioque* venne adottato dai monaci latini del Monte degli Ulivi, i monaci di San Saba reagirono duramente, presentando le loro proteste al

of an 'Arab Orthodox' Christian Identity in the World of Islam, 750-1050 CE", in O. LIMOR, G.G. STROUMSA, editori, *Christians and Christianity in the Holy Land: From the Origins to the Latin Kingdoms*, Turnhout 2006, pp. 173-202.

patriarca Tommaso I di Gerusalemme (811-820), che si rivolse a Roma. Papa Leone III (795-816), benché riconoscesse la perfetta ortodossia del *Filioque*, non ne permise l'uso liturgico (809), ma Carlo Magno (768-814) non tenne conto delle disposizioni papali e l'uso della formula si diffuse; nell'XI secolo, sotto Benedetto VIII (1012-1024), esso fu adottato anche da Roma, inserendo ufficialmente e definitivamente il *Filioque* nella versione occidentale del simbolo niceno. Ciò diventerà però argomento di divisione tra Oriente e Occidente[8].

3.4 L'INTERMEZZO BIZANTINO E LO SCISMA CON ROMA DEL 1054

Con la conquista di Antiochia nel 969 da parte delle truppe bizantine, la Chiesa melchita dovette fronteggiare la sempre crescente invadenza della Chiesa costantinopolitana, che cercava di riportarla sotto la propria autorità. Il dominio politico si coniugò ben presto col dominio ecclesiastico: il patriarca dovette spostare la sede patriarcale da Antiochia a Costantinopoli e per la Chiesa melchita cominciò un periodo di forzata bizantinizzazione, con l'imposizione della lingua greca e l'adozione del rito bizantino nella liturgia. Fu però anche un periodo di rinascita culturale, che portò a una maggior conoscenza del proprio patrimonio dottrinale e liturgico. Prodotto di questa rinascita furono nuove versioni della Bibbia e delle opere patristiche. In questo campo culturale si distinsero in particolar modo l'egumeno Tonio, Ibrahim il Protospatario, e soprattutto il teologo 'Abd Allah ibn al-Fadl.

[8] Benché la Chiesa ortodossa continui a ritenere la questione del *Filioque* come elemento rilevante della sua differenziazione dogmatica con la Chiesa di Roma, questa ritiene ormai che il problema sia teologicamente superabile e risolvibile.

Nel 1054 la Chiesa di Bisanzio si separò dalla Chiesa di Roma; la rottura si produsse sul piano disciplinare. Le due Chiese già si erano urtate in occasione della disputa del patriarca Fozio (circa 810-897; patriarca dall'857) sulla questione del primato romano. Mentre per i bizantini il primato di Roma era prevalentemente di prestigio, legato al ruolo tenuto dalla città quale antica capitale dell'impero e sede di san Pietro, e non comportava quindi il suo diritto d'intervento negli affari interni di un'altra Chiesa – il governo della Chiesa universale deve esprimersi solo attraverso un concilio ecumenico –, per Roma il titolare del papato, quale successore di Pietro (e solo in quanto tale), è a tutti i diritti capo effettivo della Chiesa, autorizzato a giudicare qualsiasi questione sorta in qualsiasi patriarcato. Roma e Costantinopoli erano poi in conflitto per questioni di giurisdizione sull'Italia del Sud e sui Balcani. Nel 1052, quando l'arcivescovo bizantino di Bari passò sotto la giurisdizione di Roma, il patriarca di Costantinopoli Michele I Cerulario (circa 1000-1058, patriarca dal 1043) fece chiudere le chiese latine di Costantinopoli. Il pericolo costituito dall'occupazione normanna in Sud Italia del 1053 spinse Roma e Bisanzio a cercare l'unione: quella politica, però, presupponeva preliminarmente quella religiosa. Nelle discussioni che ne seguirono, condotte da parte romana dal cardinale Humbert de Moyenmoutier (tardo X secolo-1061; noto come *Humbertus Burgundus*, *Humbertus de Silva Candida*, celebre monaco dell'abbazia benedettina di Moyenmoutier, nei Vosgi) e da parte bizantina dal Cerulario, entrambi personaggi piuttosto mediocri, rigidi, intransigenti e arroganti, i due rappresentanti si rinfacciarono a vicenda "errori": Roma condannava il carattere non canonico di certi usi bizantini, quali l'ordinazione sacerdotale a uomini sposati e il rifiuto del *Filioque*, mentre Cerulario accusava i latini di mangiare carni impure, di radersi la barba, di mangiare verdure e uova di venerdì, di usare pane azzimo nell'Eucarestia, ecc. Il rappresentante di Roma pensò allora bene di costringere l'imperatore Costantino IX Monomaco (1042-1055) a prendere posizione deponendo, il 16 luglio 1054, sull'altare di Santa Sofia una bolla di scomunica del patriarca. L'affronto così inflitto alla Chiesa bizantina provocò una tale emozione che lo stesso imperatore, di fronte al montare della collera popolare, chiese al sinodo della sua Chiesa di pronunciare a sua volta la scomunica dei legati papali. Ciò che, tra la gioia popolare, avvenne il 21 luglio 1054. Da allora, la rottura non fu più sanata. Ma a cause così banali si aggiungerà poi un fatto che renderà ormai irreparabile il danno all'unità: quando, con la quarta crociata del 1204, per motivi economici Venezia indirizzerà i crociati a volgere le loro armi contro Bisanzio, messa a ferro e fuoco, e non contro i musulmani per la liberazione dei Luoghi Santi. Dal 1261, quando Michele VIII Paleologo (1259-1282) riprese possesso di Costantinopoli e pose termine al patriarcato latino, i rapporti delle due Chiese saranno, fine ai nostri giorni, posti sotto il segno del rancore e dell'animosità.

3.5 Il periodo delle crociate

La dominazione bizantina fu però di breve durata. Nel 1071 l'Anatolia venne conquistata dai turchi selgiuchidi (battaglia di Manzikert, del 19 agosto 1071, tra l'imperatore Romano IV Diogene, 1068-1071, e il sultano Alp Arslan "Leone valoroso", 1029-1072)[9], che nel 1089 si impadronirono anche di Antio-

[9] I selgiuchidi erano di razza turca e si imposero più tardi in Asia Minore, diventando i più accaniti rivali dei crociati. La loro storia incomincia intorno all'anno 1000, data nella quale essi dominavano la Transoxiana (regione storica in Asia centrale, corrispondente grossomodo alle odierne repubbliche dell'Uzbekistan, Tajikistan, Kazakistan e Turkmenistan) e le regioni vicine. Nel 1040, sotto Tughril-Beg ibn Mikhail (1038-1063), estesero il proprio dominio a spese dell'emirato afghano dei Ghaznavidi (977-1186), e quindi, nel 1055, tolsero la Persia e la Mesopotamia ai buwayhidi (934-1055), deponendone l'ultimo emiro, Abu Nasr al-Malik al-Rahim. Con la morte di al-Muizz al-

chia. Ma pure il dominio turco fu effimero: nel 1098 fecero infatti la loro comparsa in Medio Oriente i crociati, che fondarono diversi principati latini: nel 1098 fu conquistata Antiochia e nel 1099 Gerusalemme. Le Chiese locali, sia quella sira (giacobita) sia quella ortodossa (melchita), li accolsero inizialmente con giubilo, ma i rapporti non tardarono a diventare conflittuali. I latini, infatti, crearono ben presto in Antiochia, accanto al Patriarcato ortodosso, un Patriarcato latino; l'imposizione di una gerarchia latina, che rimpiazzava quella greca, era motivata dal volere i crociati riportare l'Impero d'Oriente sotto l'obbedienza politica della Santa Sede. Primo patriarca fu Pietro I di Narbona (1098-1100), al quale succedette Bernardo di Valenza (1100-1135). Nel 1100 il principe Boemondo d'Altavilla esautorò il patriarca ortodosso Giovanni VII l'Ossita (1090-1155), che dovette riparare a Costantinopoli, come faranno molti suoi successori, e stabilì il solo Patriarcato latino di Antiochia. Lo stesso accadde anche a Gerusalemme. Il trattato di Devol (1108), in Macedonia – successivo alla vittoria dell'imperatore bizantino Alessio I Comneno (1081-1118) sul principe normanno Boemondo, governatore di Antiochia – in base al quale veniva formalmente restaurato il Patriarcato ortodosso, col patriarca scelto però tra il clero di Santa Sofia, non ebbe seguito. L'imposizione del patriarca da parte dell'imperatore portò però a una crescente bizantinizzazione della Chiesa melchita. Nel 1193 il Patriarcato ortodosso, che non riusciva più nemmeno saltuariamente a svolgere le sue funzioni in città, fu costretto all'esilio a Costantinopoli. Quando nel 1204 i crociati conquistarono Costantinopoli, imponendovi una gerarchia latina, i melchiti godettero di un periodo di "respiro": poterono riportare ad Antiochia la sede del patriarcato e in seguito eleggere un patriarca scelto tra il clero locale. Il 18 maggio 1268 Antiochia fu conquistata da Baybars

Din Sanjar (1118-1157) cominciò la decadenza dell'impero selgiuchide, che si spaccò in numerosi piccoli stati: in Anatolia si instaurò il Sultanato di Rum.

(1260-1277), sultano mamelucco del Cairo, e saccheggiata. La distruzione del principato di Antiochia, il primo degli stati fondati dai Franchi in Oriente, fu un colpo terribile per il prestigio cristiano e segnò il rapido declino del cristianesimo nella Siria settentrionale. Il patriarca si rifugiò dapprima a Cipro e poi a Costantinopoli, prima di stabilirsi definitivamente a Damasco nel 1366. Sotto i mamelucchi e con l'apparire sulla scena dei mongoli, che cercarono dapprima l'aiuto dei cristiani contro i musulmani, la situazione dei melchiti si fece molto difficile. Solo ad Alessandria godettero di una certa tranquillità.

3.6 I TENTATIVI DI UNIONE

Nel 1274, al concilio di Lione (XIV concilio ecumenico della Chiesa cattolica), indetto da papa Gregorio X (1271-1276), ci fu un primo tentativo di riunione della Chiesa di Costantinopoli con la Chiesa di Roma. Sotto pressione dell'imperatore Michele VIII Paleologo, che cercava l'aiuto occidentale contro i turchi, i rappresentanti ortodossi accettarono la supremazia papale e l'aggiunta del *Filioque* al Credo (6 luglio 1274), confermando l'atto di obbedienza e di professione di fede già formulato nel precedente mese di febbraio a Costantinopoli da parte dell'imperatore. La maggioranza del clero e del laicato ortodosso, tuttavia, rifiutò decisamente questa decisione, che l'imperatore cercò di imporre con la forza della persecuzione. Accusato da Roma di non saper imporre l'unione, Michele VIII fu scomunicato per eresia e scisma. La frattura e la contestazione coinvolsero anche la stessa famiglia imperiale e il successore di Michele VIII, il suo secondogenito Andronico II Paleologo (1282-1318), iniziò il proprio regno annullando l'unione voluta dal padre. L'atto di Lione, che doveva ricostruire l'unità, finì invece per approfondire il solco, politico e religioso, tra Oriente e Occidente cristiano. Sebbene i melchiti non avessero partecipato al concilio di Lione, essi si mostrarono sensibili ai tentativi di unione. Nel 1367, papa Urbano V (1362-1370) indirizzò una lettera ai titolari dei tre seggi patriarcali di Alessandria, Gerusalemme e Antiochia, esprimendo la sua benevolenza nei loro confronti.

Nuovi tentativi di unione avvennero nel corso del secolo successivo, durante il concilio di Firenze. La bolla *Laetentur caeli et exultet terra*, del 6 luglio 1439, sulla riunione dei Greci, celebrava la distruzione della "muraglia che separava la Chiesa d'Occidente da quella d'Oriente" e il ritorno della pace e della concordia. I Greci accettarono di riconoscere il primato del pontefice romano, il *Filioque*, l'uso del pane azzimo accanto a quello del pane fermentato quale pane eucaristico e la dottrina del purgatorio. L'imperatore bizantino Giovanni VIII Paleologo (1425-1448) si aspettava, in cambio dell'unione delle Chiese, aiuti materiali e militari sostanziosi per frenare la progressiva e inarrestabile pressione turca su Costantinopoli e sull'impero. Benché molti dei rappresentanti ecclesiastici greci – come il vescovo di Nicea, più tardi cardinale, Giovanni Bessarione da Trebisonda (1395-1472), il vescovo Giuseppe di Metone, celebre poeta, e Gregorio Melisseno Mammas (morto nel 1459), che sara poi nominato patriarca di Costantinopoli (1443-1450) – si mantennero sempre leali all'unione stabilita con Roma, convinti che essa fosse la sola speranza di sopravvivenza per l'Impero e per la Chiesa, la "conversione" di Bisanzio fu mal accolta dalla maggioranza dei prelati ortodossi e dalla popolazione della città, che costrinse la maggioranza dei firmatari a ritrattare. Tra i principali oppositori si annoverano il vescovo di Efeso Marco Eugenico (circa 1391-1445) e il metropolita di Cesarea di Cappadocia Arsanios. Secono alcune fonti, non storicamente accertate, i tre patriarchi melchiti parteciparono nel 1443 a un sinodo nel quale l'unione con Roma stabilita a Firenze sarebbe stata solennemente condannata. Le decisioni di Firenze causarono inoltre la rottura con Mosca, che vide nell'unione con Roma un cedimento al "papismo" e un inconcepibile tradimento; il metropolita Isidoro, titolare di Kiev, ma vescovo di Mosca, sfuggì miracolosamente alla morte quando, rientrato in patria, annunciò la decisione del concilio di Firenze e l'accordo con Roma. Da allora in poi Mosca nominò essa stessa il suo metropolita e non riconobbe più in Bisanzio la massima autorità del mondo ortodosso.

3.7 L'EPOCA OTTOMANA

Il desiderato appoggio dell'Occidente non si verificò e il 29 maggio 1453 Costantinopoli fu conquistata dal turco ottomano Mehmet II il Conquistatore (1444-1446; 1451-1481). Per una miglior gestione dei popoli a loro sottomessi, i turchi istituirono il sistema dei *millet* "nazioni". I cristiani, sottomessi al dominio del sultano e all'amministrazione politica musulmana, e che pagavano appropriate tasse, furono riuniti nel *Rum millet* "Nazione dei Romani", alla quale fu concessa una certa autonomia interna. Nel 1454 il sultano permise l'elezione di un nuovo patriarca di Costantinopoli, Giorgio Gennadios Scholarios (1405-1472; in carica nei periodi 1454-1456, 1462-1463, 1464), gradito ai conquistatori perché era il rappresentante più noto dell'opposizione all'Occidente, riconosciuto anche come capo politico del *millet* cristiano, con diritto di amministrazione (per esempio delle questioni civili, come matrimoni ed eredità), di esazione delle tasse e di esercizio della giustizia su tutti i cristiani calcedoniti dell'impero turco. Uno dei primi atti d'ufficio del nuovo patriarca – che, presente a Firenze, si era però allontanato dalla città prima della firma dell'unione, alla quale era contrario – fu quello di dichiarare nulla l'unione sancita nella città toscana. Con l'estensione dei suoi poteri, il patriarca di Costantinopoli divenne così un *patriarca ecumenico*, superiore agli altri patriarchi ortodossi; il suo potere, inoltre, cessò di essere puramente canonico e religioso, ma divenne anche politico. Come espressione esterna di questi suoi nuovi poteri, il patriarca adottò la mitra a forma di corona, aquile come insegna di autorità e altri emblemi imperiali. La crescente preponderanza del patriarca greco fece sì che a partire dal 1534 tutti i patriarchi ortodossi di Gerusalemme e di Alessandria fossero di origine greca; a questa "forzata" ellenizzazione si sottrasse Antiochia, il cui clero riuscì a preservare una certa autonomia e a continuare, per qualche tempo, a eleggere un proprio patriarca.

Questo sistema dei *millet* permise alla Chiesa di sopravvivere come istituzione; sola fonte di istruzione e di possibilità di promozione sociale per i suoi membri, essa vide così crescere il proprio prestigio. La proibizione poi imposta alla predicazione e al proselitismo cristiano gettò le basi per l'identificazione pratica tra l'appartenenza alla Chiesa e l'origine etnica. Pochi anni dopo, nel 1461, un altro *millet* venne creato per le Chiese non-calcedonite e posto sotto la guida del patriarca armeno di Costantinopoli Jovakin di Brusa (1461-1478).

Durante il periodo della dominazione ottomana si ebbe tuttavia anche un graduale riavvicinamento tra Oriente e Occidente. Non solo tra la Chiesa di Roma e le Chiese orientali, ma anche tra la Sublime Porta e le potenze europee. I rapporti con queste, di tipo diplomatico e commerciale, erano regolati dal regime delle *Capitolazioni*, convenzioni internazionali che si proponevano di garantire agli occidentali il riconoscimento della libertà di commercio nei territori musulmani e il diritto di avere proprie giurisdizioni nazionali. Oltre a concedere agli stranieri ampia libertà di commercio, arte, professione e fede religiosa, le *Capitolazioni* garantivano loro anche l'inaccessibilità del proprio domicilio da parte delle forze di polizia locale, l'esenzione dalle imposte e l'inapplicabilità della legge musulmana civile e penale. Ciò facilitò un allargamento della presenza occidentale nell'impero ottomano e poiché la presenza diplomatica si presentava anche sotto forma di protettorati delle minoranze etniche e religiose questo favorì il ritorno dei missionari latini e lo stabilirsi di nuovi contatti tra le Chiese orientali e quelle occidentali, in particolare con Roma[10].

---

[10] È interessante notare come proprio per i melchiti cattolici venne stampato il primo libro al mondo con caratteri mobili arabi, il *Kitāb ṣalāt al-sawā'ī*

In questa politica di unione un ruolo particolare fu giocato dal vescovo di Sidone, il maltese Leonardo Abel. Accompagnato dal gesuita Giovanni Battista Eliano (1530-1589), che già si era distinto per i contatti tenuti coi maroniti e coi copti, l'Abel si imbarcò il 12 marzo 1583 per la Siria. I suoi primi contatti furono con l'(anti)-patriarca di Antiochia Joachim V Ibn Daw (1581-1592), il quale però, sollecitato all'unione, rispose che avrebbe prima dovuto consultarsi coi suoi collaboratori di Costantinopoli e di Alessandria. Il patriarca Michele VI Sabbagh (1576-1592; nel 1581 era stato deposto e gli era succeduto Joachim V, non da tutti riconosciuto), incontrato ad Aleppo, firmò invece la professione di fede cattolica e si sottomise ufficialmente al pontefice romano. Questa intromissione di Roma negli affari della Chiesa di Antiochia[11] – sterili furono invece i risultati dei tentativi portati avanti con Alessandria, mentre Gerusalemme rimase praticamente estranea ad essi – saranno causa di successive dolorose discordie in seno agli antiocheni, tra un partito favorevole all'unione e uno contrario. Tra i favorevoli, o simpatizzanti, all'unione ci furono Melezio Karma, arcivescovo di Aleppo (1612-1634), eletto come patriarca melchita col nome di Eutimio II (1634-1635), e Melezio Za'im, eletto come patriarca Macario III (1647-1672)[12]. Il primo a fine 1634 aveva inviato a Roma il protosincello, ossia vicario, Pacomio, al quale

"Libro delle preghiere delle ore", edito a Fano, sulla costa adriatica, il 12 settembre 1514.

[11] La strategia messa in campo da Roma era quella della "doppia appartenenza", di ottenere, cioè, professioni private di fede cattolica da parte dei singoli vescovi, senza che questi fossero costretti a rompere la comunione con il resto dell'episcopato melchita, e di favorirne poi la salita al patriarcato, senza che questi patriarchi cripto-cattolici fossero tenuti a rompere la comunione con gli altri patriarcati ortodossi. Questa situazione, piuttosto anomala per l'ecclesiologia cattolica, non poteva durare a lungo e non avrebbe tardato a produrre frazioni insanabili in campo ortodosso.

[12] In alcune liste compare come Michele VII.

aveva affidato il proprio sigillo e tre lettere, nelle quali però nulla si diceva di un'eventuale unione, per paura che cadessero in mano ai turchi, affinché rinnovasse l'unione di Firenze, firmandola e applicandovi il sigillo patriarcale in nome del patriarca greco-ortodosso di Antiochia. Ma proprio la mancanza di una testimonianza scritta degli intenti unionisti del patriarca indusse Roma a rigettare la petizione. Si decise di inviare ad Eutimio II una professione di fede, che egli avrebbe dovuto firmare di propria mano e fare pervenire a Roma. Nell'agosto 1635 il protosincello rientrò a Damasco, ma il patriarca era già morto il 1° gennaio di quell'anno, probabilmente avvelenato ad opera di quanti avversavano l'unione[13]. Il secondo, che il 30 settembre 1661 aveva mandato a *Propaganda Fide* una lettera nella quale riconosceva il primato del pontefice di Roma, nutrì il vivo desiderio di recarsi a Roma per sigillare personalmente l'unione con la Chiesa latina, ma la morte, avvenuta per avvelenamento nel 1672, a Damasco, gli impedì di portare a compimento il suo sogno.

L'opera dell'Abel e le *Capitolazioni* facilitarono l'installazione di missionari latini (cappucini, gesuiti, carmelitani), i quali fecero di Aleppo il loro quartier generale, ben accolti dagli armeni cattolici, che misero a loro disposizione la cattedrale armena della città. Nel 1629, anche il metropolita Melezio Karma permise al gesuita Jérôme Queyrot di aprire una scuola cattolica nella sua residenza di Judayda; quando poi fu elevato al patriarcato (1634), egli invitò i missionari ad aprire una seconda scuola anche a Damasco. Si calcola che verso la fine del XVII secolo ben tre quarti della comunità melchita di Aleppo si considerasse cattolica. I

---

[13] Il suo successore, lo ieromonaco Melezio al-Saqizi, di Chios, del monastero di San Saba a Gerusalemme, che assunse il nome di Eutimio III (1635-1647), benché avesse più volte promesso che avrebbe scritto al papa per esprimergli gli stessi sentimenti di sottomissione del predecessore, temendo di fare la stessa fine di questi non fece mai nulla di concreto.

missionari latini, però, disdegnando gli antichi riti e tradizioni, si resero responsabili di una politica di latinizzazione delle Chiese locali, col risultato di creare sempre maggiori tensioni.

3.8 LO SCISMA DEL 1724 E LA CREAZIONE DELLA CHIESA GRECO-MELCHITA CATTOLICA

Queste tensioni vennero al dunque con la morte di Macario III. Prima di morire, infatti, aveva designato come proprio successore il nipote Costantino Za'im, non ancora ventenne, che fu eletto patriarca col nome di Cirillo V (1672-1674, 1681-1686, 1694-1720). Quanti, invece, avevano mal sopportato le simpatie latine del defunto patriarca e temevano la crescente ingerenza del partito cattolico negli affari degli ortodossi di Siria, gli opposero un loro candidato, Neofito I al-Saqizi (1674-1681), vescovo di Hamah e nipote di Eutimio III al-Saqizi (1635-1647), predecessore di Macario III sul trono patriarcale. Grazie all'appoggio del patriarca di Gerusalemme, Neofito ottenne da Dionisio IV il Musulmano, patriarca di Costantinopoli (1671-1674, 1676-1679, 1682-1684, 1686, 1687, 1693-1694), la deposizione di Cirillo V (1674). Questa azione, che segnò anche il primo intervento diretto del *patriarca ecumenico* negli affari della sede di Antiochia, ebbe anche dei risvolti ironici, poiché sarebbe stato proprio Neofito, che era stato educato a Damasco presso i gesuiti, a mostrare in seguito le maggiori simpatie cattoliche. Cirillo V disponeva tuttavia del forte supporto dei mercanti ortodossi di Aleppo (lui stesso e il fratello Anania erano impegnati nel commercio della seta), i quali esercitavano una forte influenza economica a suo favore sia a Damasco sia a Costantinopoli; incapace di competere finanziariamente con lui in quella che era ormai diventata una guerra dichiarata per la carica di patriarca, Neofito abdicò in favore di Cirillo nel 1681, che riottenne così il titolo. Ma i suoi oppositori non demorsero, e ben presto Cirillo dovette cedere la carica a un nuovo contendente, Atanasio IV Dabbas (1686-1694; 1720-1724), che godeva dell'appoggio dei francescani di Terra Santa e che vide confermato il proprio titolo nel 1687 da *Propaganda Fide*. Nel 1694 Cirillo V venne a patti con l'avversario: cedendogli il titolo di vescovo di Aleppo e garantendogli la successione patriarcale in caso fosse morto prima di lui, riebbe la carica patriarcale. *Propaganda* considerò nullo questo accordò ed esortò più volte Atanasio a rivendicare il proprio titolo. Ma quando nel 1716 Cirillo V inviò a Roma la sua professione di fede e questa fu accolta (1718), *Propaganda* chiese ad Atanasio di ritirarsi, ricevendone un netto rifiuto. Cirillo V morì nel 1720 e fino al 1724, anno della sua morte, Atanasio IV rimase l'unico possessore del trono patriarcale. Alla sua morte, tuttavia, la scissione fu inevitabile.

Disgustato dal comportamento di Roma, infatti, negli ultimi anni di patriarcato Atanasio aveva abbandonato le sue velleità unioniste, ritornando alla fede ortodossa e designando come proprio successore un suo discepolo, il ventottenne monaco cipriota Silvestro (1724-1766). La comunità melchita di Damasco, città nella quale dal 1366 risiedeva il patriarca, gli oppose però il filo-cattolico Seraphim Thanas, ex-allievo del Collegio Romano di *Propaganda fide*, eletto come Cirillo VI (20 settembre 1724-1760)[14]. Si consacrava così lo scisma nella Chiesa melchita, con la creazione di una Chiesa greco-melchita cattolica e di un patriarcato greco-ortodosso. Silvestro, che godeva dell'ap-

[14] Era nipote di Eutimio al-Saify (1648-1723), che per primo aveva gettato le basi per lo sviluppo di una solida realtà cattolico-melkita. Arcivescovo melchita di Sidone e Tiro (1683-1723) e favorevole all'unione con Roma, il 6 dicembre 1701 Eutimio era stato designato da *Propaganda fide* quale amministratore apostolico dei cattolici melchiti nel patriarcato di Antiochia. Nel 1711 fondò una congregazione di missionari che, dalla loro sede presso il monastero di San Salvatore, sono noti come *salvatoriani* (cfr. Cap. 3, n. 18). Intraprese inoltre riforme liturgiche e disciplinari, sacrificando però la tradizione ortodossa a beneficio di quella latina, poi non approvate da Roma.

poggio del patriarca di Costantinopoli Geremia III (1716-1726; 1732-1733) e della legittimazione da parte della Sublime Porta, scomunicò Cirillo, che dovette rifugiarsi in Libano, a Sidone, dove nel 1729 ricevette la conferma pontificia alla sua elezione e dove, nel monastero di San Salvatore, nel 1730 si tenne il primo sinodo della Chiesa melchita cattolica, che lo riconfermò patriarca. Solo nel 1733 Cirillo VI riuscì a rientrare a Damasco e a prendere possesso dal suo seggio patriarcale.

Lo scisma nasceva anche dall'opposizione di parte della chiesa antiochena all'invadenza di Costantinopoli: l'unione canonica con Roma veniva vista come sola alternativa alla supremazia costantinopolitana[15]. Separatasi da Costantinopoli, la Chiesa melchita dovette però fronteggiare l'invadenza crescente della Chiesa di Roma, concretizzatasi in una latinizzazione indiscriminata, tendente ad annullare le sue peculiarità culturali e le tradizioni. Anche tra i greco-cattolici, tuttavia, è possibile riconoscere due tendenze: chi era più favorevole alla latinizzazione e chi invece spingeva per il riconoscimento delle proprie peculiarità. Nel 1743 papa Benedetto XIV (1740-1758) vietò ai missionari latini di imporre il rito romano agli orientali (Lettera Enciclica *Demandatam coelitus*, del 24 dicembre 1743), ma il volere papale rimase praticamente lettera morta. Nel 1772 Clemente XIV (1769-1774) estenderà poi la giurisdizione del patriarca di Antiochia anche sui melchiti cattolici che si trovavano entro i confini dei patriarcati di Gerusalemme e di Alessandria.

Nel 1759 Cirillo VI abdicò, secondo le consuetudini della Chiesa melchita, in favore del pronipote Atanasio Jawhar (1733-1794), che non era ancora sacerdote. Il 31 luglio, dopo aver ricevuto l'ordine presbiterale, fu consacrato patriarca, col nome

[15] P. Pizzi, "I cristiani melchiti: continuatori e testimoni della tradizione della prima Chiesa indivisa in Oriente", in A. Ferrari, a cura di, *Popoli e Chiese dell'Oriente Cristiano*, Roma 2008, pp. 123-124.

di Atanasio IV (1759-1760; 1765-1768; 1788-1794). Questa nomina non fu tuttavia accettata da Roma, che non accettò le dimissioni di Cirillo VI (che però morì il 10 gennaio 1760) e depose Atanasio, promuovendo invece la nomina dell'arcivescovo di Aleppo Massimo II Hakim (1760-1761). Alla prematura morte del nuovo patriarca, venne eletto Teodosio V Dahan (1761-1788), arcieparca di Beirut. Atanasio Jawhar non accettò la sua nomina e riuscì infine a farsi eleggere come patriarca dai suoi sostenitori (1765-1768), provocando la scomunica *latae sententiae*[16] (11 settembre 1765). Ma nel 1768 si sottomise a Teodosio V e la scomunica venne revocata. Alla morte del patriarca, Jawhar riuscì infine a succedergli: eletto il 5 maggio 1788, la sua consacrazione fu confermata dalla Santa Sede il 30 marzo 1789 e il 30 giugno 1790 ricevette solennemente il pallio.Uno degli atti principali del nuovo patriarca fu quello di indire un sinodo nazionale, su ordine di *Propaganda Fide*, per sanare le divisioni e le discordie interne della Chiesa melchita. Durante il sinodo, celebrato nel settembre del 1790, furono poste le basi per un diritto canonico della Chiesa melchita.

Allo scopo di salvaguardare l'identità orientale della Chiesa melchita, sotto il patriarca Agapio II Matar (1796-1812) si tenne, tra il 23 luglio e il 3 agosto 1806, il concilio di Qarqafé, in Libano, nella diocesi di Beirut, organizzato soprattutto per opera di Germanos Adam (1725-1809), teologo e metropolita di Aleppo (1777-1809; a causa della persecuzione dei greco-ortodossi dovette però riparare per quasi tutto il periodo in cui fu in carica a Zuk Mikael, in Libano). Le idee teologiche di Adam furono tuttavia accusate di giansenismo[17] e nel 1812 giunse una

---

[16] Scomunica in cui si incorre per il fatto stesso di aver commesso il delitto. Diversa è invece la scomunica *ferendae sententiae*, che colpisce il reo solo dopo che le è stata comminata.

[17] Dottrina teologica elaborata nel XVII secolo da Giansenio (1585-1638), teologo e vescovo cattolico olandese, il quale ritenne che l'uomo è corrotto e quindi destinato a fare il male, e che, senza la grazia di Dio, l'uomo non può far

loro condanna formulata da *Propaganda Fide*, sottoscritta poi da tutte le Chiese cattoliche orientali; il 16 settembre 1835, con la lettera apostolica *Melchitarum Catholicorum Synodus* papa Gregorio XVI (1831-1846) annullò definitivamente gli Atti del concilio, che a suo tempo erano stati firmati dal legato pontificio di Siria Aloisio Gandolfi (nominato l'11 agosto 1815).

Maximos III Mikael Mazlum, nato ad Aleppo nel 1779, venne eletto patriarca il 5 aprile 1833 (1833-1855) e fu riconosciuto da Roma solo il 1° febbraio 1836, dopo che ebbe sottoscritto la condanna del concilio di Qarqafé. Nel 1834 fece il suo ingresso trionfale a Damasco, ben 110 anni dopo che il primo patriarca melchita cattolico, Cirillo VI, aveva dovuto abbandonare la città. Nel 1835 promosse il concilio di 'Ain Traz (in Libano, a sud-est di Beirut), i cui atti furono approvati da Roma. Il 31 ottobre 1837 egli fu il primo patriarca melchita a ottenere l'emancipazione civile per la sua Chiesa dall'impero ottomano, quando i melchiti furono riconosciuti come un unico *millet*. Nel 1838 papa Gregorio XVI gli accordò il titolo di "Patriarca di Antiochia e di tutto l'Oriente, di Alessandria e Gerusalemme della Chiesa cattolica greca melchita". Si prefisse allora il compito di riorganizzare il patriarcato: trasferì la sede a Damasco e vi costruì il palazzo patriarcale; a Gerusalemme fece costruire la cattedrale dell'Annunciazione, da lui stesso consacrata il 24 maggio 1848, e dove nel 1849 celebrò un sinodo. Non ebbe il tempo di realizzare i suoi progetti anche in Egitto: morì, infatti, il 23 agosto 1855 ad Alessandria, dove si era recato per costruirvi la chiesa ed il palazzo patriarcale.

Le dure reazioni al precipitoso e contrastato tentativo, nel gennaio 1857, di introdurre il calendario gregoriano nella vita liturgica della comunità, senza consultare gli altri vescovi melchiti, da parte del patriarca Clemente I Bahuth (1856-1864),

altro che peccare e disobbedire alla sua volontà; inoltre che alcuni umani sono predestinati alla salvezza mentre altri no.

considerato come un tentativo di conformarsi alle usanze latine, crearono quasi uno scisma tra i melchiti (fomentato dalla Chiesa ortodossa russa, che così sperava di espandere la sua influenza nel Medio Oriente), riassorbito però dalla saggia, prudente ed energica direzione della comunità da parte del patriarca Gregorio II Youssef-Sayour (1864-1897), succeduto a Clemente I dopo che questi ebbe dato le dimissioni (13 agosto 1864). Con la bolla *Reversurus* del 12 luglio 1867, papa Pio IX (1846-1878) cercò di limitare l'autorità dei patriarchi orientali a vantaggio di quella pontificia. Identica politica cercò di svolgere durante il concilio Vaticano I (1869-1870), ove il pontefice impose la dottrina dell'infallibilità del papa (proclamata dogma il 18 luglio 1870). Gregorio II difese l'autonomia dei patriarcati orientali e, viste inascoltate le sue proteste, abbandonò il concilio prima della firma finale degli Atti, che sottoscrisse però in tempo successivo, pur continuando a richiedere il rispetto dei diritti e dei privilegi dei patriarchi.

Nel 1889 inviò padre Ibrahim Beshawate dell'Ordine basiliano salvatoriano[18] di Sidone a New York per la cura pastorale

[18] L'Ordine monastico basiliano si ispira alla regola dettata da San Basilio Magno, nato nel 330 e morto nel 379. Nella Chiesa greco-melchita sono presenti tre rami dell'istituto religioso maschile dell'Ordine basiliano: l'*Ordine basiliano del Santissimo Salvatore dei melchiti* (in latino *Ordo basilianus Sanctissimi Salvatoris melkitarum*), l'*Ordine basiliano di San Giovanni Battista di Chouéir dei melchiti* (in latino *Ordo basilianus Sancti Iohannis Baptistae Soaritarum Melkitarum*) e l'*Ordine basiliano aleppino dei melkiti* (in latino *Ordo basilianus aleppensis melkitarum*). Il primo ordine, i cui membri sono popolarmente detti *salvatoriani*, fu fondato a Sidone (in Libano) nel 1683 dal metropolita di Tiro e Sidone, Eutimio al-Sayfi (1648-1723), per l'attività missionaria popolare presso i fedeli delle diocesi del patriarcato di Antiochia; esso venne approvato da papa Benedetto XIV nel 1743 (cfr. Cap. 3, n. 14). Il secondo ordine, i cui membri sono detti *soariti* (perché i fondatori si stabilirono presso un antico santuario dedicato a san Giovanni Battista nei pressi del villaggio libanese di Chouéir), sorse nel 1710 per iniziativa di un gruppo di monaci del cenobio di Nostra Signora di Belmonte, presso Tripoli, favorevoli a ristabilire l'unità dei cristiani melchiti con Roma e fu approvato da Benedetto XIV

della locale comunità siriana.Il Beshawate sarebbe stato il primo sacerdote delle Chiese orientali che abbia soggiornato in modo permanente negli Stati Uniti.

Il pontificato di Leone XIII (1878-1903) segnò l'inizio di un cambiamento radicale nella politica dei rapporti tra Roma e le Chiese orientali. Con l'enciclica *Orientalium Dignitas* del 1894 si riconobbero ufficialmente i diritti dei patriarchi e si impedì nuovamente la latinizzazione forzata. L'enciclica pontificia fu influenzata dall'accorato impegno di Gregorio II a mantenere il rito orientale. È in questo clima favorevole che si pone anche il concilio Vaticano II, nel quale il patriarca Massimo IV Sayegh (1947-1967) potè con successo rivendicare il rispetto delle tradizioni orientali[19]. È da ricordare inoltre lo spirito ecumenico del patriarca, che lo spinse a intessere amichevoli relazioni con la Chiesa greco-ortodossa, ottenendo l'apprezzamento del patriarca di Costantinopoli Atenagora I (1948-1972). Gli sforzi dei melchiti per giungere al riconoscimento dello statuto autonomo delle Chiese cattoliche orientali, pur nell'unità e nell'indivisibilità della Chiesa universale, influenzarono positivamente

nel 1757. Il terzo ordine, i cui membri sono detti *aleppini*, sorse nel 1829 da una costola dell'ordine basiliano soarita, che si staccò e andò a costituire un ordine autonomo, approvato dalla Santa Sede nel 1832. Il 16 dicembre 1955, dopo la pubblicazione del "motu proprio" *Postquam Apostolicis Litteris* del 9 febbraio 1952 da parte di Pio XII, l'Ordine è stato dichiarato non monastico. Nella Chiesa cattolica esistono due altri rami dell'Ordine basiliano: l'*Ordine basiliano di San Giosafat* (in latino *Ordo basilianus Sancti Iosaphat*), diffuso prevalentemente presso gli ucraini e i ruteni, approvato da papa Urbano VIII con breve del 20 agosto 1631, e l'*Ordine basiliano italiano di Grottaferrata* (in latino *Ordo basilianus italiae, seu Cryptoferratensis*), legato al movimento monastico basiliano sviluppatosi in Italia meridionale a partire dal VI secolo. I monaci dei cinque rami dell'ordine pospongono al loro nome le sigle B.S., B.C., B.A., O.S.B.M e O.S.B.I rispettivamente.

[19] Cfr. A. Panfili, "La Chiesa melkita cattolica al Concilio Ecumenico Vaticano II", *Studi e Ricerche sull'Oriente Cristiano* 11, 1988, pp. 163-177; 12, 1989, pp. 23-52.

alcuni documenti del concilio, come la costituzione dogmatica *De Ecclesia* (*Lumen Gentium*), il decreto *De Ecclesiis Orientalibus Catholicis* (*Orientalim Ecclesiarum*) e il decreto *De Oecumenismo* (*Unitatis Redintegratio*).

La guerra civile del Libano, che dal 1975 al 1990 ha insanguinato la terra dei cedri, ha portato ingenti danni e lutti ai melchiti. Molti furono gli uccisi e molti quanti abbandonarono le loro terre per cercare altrove una miglior condizione di vita. Nel 1983 la storica sede patriarcale e seminario di 'Ain Traz fu saccheggiata e data alle fiamme, causando, tra l'altro, la perdita di gran parte degli archivi e delle biblioteca patriarcale. A seguito della diaspora di molti suoi fedeli in conseguenza delle tragiche vicende e delle persecuzioni a cui sono sottoposti i cristiani nel Medio Oriente, eparchie ed esarcati apostolici melchiti si trovano anche in zone al di fuori delle tradizionali, in particolare negli Stati Uniti, in Messico, in Canada, in Australia, in Venezuela, in Argentina, in Brasile.

Capitolo 4

LA CHIESA COPTA CATTOLICA

4.1 LA NASCITA DELLA CHIESA COPTA

La Chiesa copta è la Chiesa dell'Egitto[1]. Dopo la loro conquista del Paese nel 639-642, gli Arabi – nella cui scrittura non vengono trascritti né vocali né dittonghi – chiamarono gli egiziani nativi *Qbt* o *Qpht* (in arabo non esiste la lettera "p") – corruzione del termine greco *Aigúptios* "egiziano" –, che divenne poi a sua volta *cophto*, e quindi *copto*, nelle lingue occidentali. Questo termine, nato con gli Arabi intorno alla metà del VII secolo, avrebbe avuto, quindi, almeno all'inizio, un significato esclusivamente etnico. Ma poiché gli Arabi conquistatori erano musulmani e gli Egiziani conquistati in prevalenza cristiani, "copto" acquistò ben presto, accanto al suo significato etnico originario, anche una connotazione spiccatamente religiosa. Quando, a partire dal Mille, la maggior parte della popolazione egiziana era diventata musulmana, "copto" finì con l'indicare gli egiziani rimasti aderenti al cristianesimo, e nel contempo la loro lingua, la loro religione, la loro arte e la loro cultura.

Benché l'Egitto ci abbia lasciato una messe ricchissima di informazioni, non solo sul periodo faraonico, ma anche su quello

[1] Per la storia della Chiesa copta, si veda A. Elli, *Storia della Chiesa copta*, 3 voll., Il Cairo & Gerusalemme 2003.

successivo, le origini dell'evangelizzazione in Egitto rimangono avvolte in una irritante oscurità, in parte dovuta al fatto che l'Egitto non fu il luogo di missione di Paolo di Tarso. La "leggenda" ha sopperito alla mancanza di fonti scritte. Le origini del cristianesimo nella Valle del Nilo si perdono così nell'abbraccio della leggenda. Alcuni indizi, ricavabili direttamente dagli *Atti degli Apostoli*, lasciano presupporre che il messaggio evangelico avesse trovato degli adepti anche presso alcuni membri della comunità alessandrina della diaspora ebraica[2]. Anche importantissimi reperti papiracei, alcuni risalenti ai primi decenni del II secolo, portano a credere che il cristianesimo si sia impiantato abbastanza presto lungo la Valle del Nilo. Questi primi cristiani, appartenenti al mondo ebraico ma di lingua greca, subirono tuttavia la tragica sorte degli altri Ebrei d'Egitto. A seguito di una ribellione scoppiata tra gli Ebrei della Cirenaica e presto divampata anche presso i loro correligionari egiziani, la repressione romana fu sanguinosissima: tra il 115 e il 117 la comunità ebraica d'Egitto venne praticamente distrutta. E con la fine degli Ebrei d'Egitto anche i cristiani – che, come detto, essendo di origine ebraica erano in pratica indistinguibili dagli altri Ebrei per i Romani –, subirono identica sorte. Sulle ceneri di questo primo cristianesimo, di matrice ebraica e legato a Gerusalemme, sorgerà poi un altro cristianesimo, i cui membri proverranno ora dall'ambiente pagano, greco (i Greci erano l'*élite* dominante, in particolare ad Alessandria) ed egiziano, autoctono, ossia copto.

La Chiesa copta fa la sua prima comparsa ufficiale nella storia solo alla fine del II secolo, verso il 190, con il vescovo di Alessandria Demetrio, attivo a cavallo tra il II e il III secolo (188-230), il primo vescovo di Alessandria che non sia soltanto un nome.

---

[2] Si veda, per esempio, il personaggio di Apollo: "nativo di Alessandria, uomo colto, versato nelle Scritture. Era stato ammaestrato nella via del Signore e pieno di fervore parlava e insegnava esattamente ciò che si riferiva a Gesù, sebbene conoscesse soltanto il battesimo di Giovanni" (Atti 18,24-25).

La leggenda copta ha colmato il vuoto lasciato dai documenti storici. È così che i copti ritengono che la loro Chiesa sia stata fondata da san Marco, durante il regno dell'imperatore Claudio (41-54), verso la metà del I secolo. Marco sarebbe morto martire nel 68, dopo aver nominato un certo Anniano, ciabattino, come vescovo e successore. La tradizione copta vede in Demetrio l'undicesimo successore di Marco. Con lui la Chiesa d'Egitto appare ormai dottrinalmente ortodossa, dopo aver superato il pericolo costituito dalla predicazione delle sette gnostiche. Tra la fine del II secolo e l'inizio del III appare un'istituzione che è un vanto del cristianesimo alessandrino: il *Didaskaleion*, coi suoi celebri maestri Panteno, Clemente Alessandrino, Origene. Quest'ultimo, in particolare, ritenuto lo spirito più brillante dell'antichità cristiana, col suo pensiero trinitario, la sua cristologia e la sua esegesi segnerà in maniera indelebile l'evoluzione del pensiero cristiano, anche quello dei suoi oppositori.

4.2 DAL III SECOLO A CALCEDONIA E ALLA CONQUISTA MUSULMANA

Col vescovo Dionigi il Grande (247-264) la Chiesa egiziana fa il suo primo serio incontro con la persecuzione, quella di Decio (250), dopo quella di Settimio Severo nel 202. Dionigi fu inoltre il primo vescovo alessandrino a cooperare con gli altri vescovi cattolici al di fuori dell'Egitto, come testimoniano i suoi contatti coi vescovi di Roma, Laodicea e Armenia, azione che proietterà, per i prossimi due secoli, la Chiesa egiziana sul palcoscenico mondiale. Gli ultimi decenni del III secolo sono un periodo di relativa pace e tranquillità, che vede la Chiesa egiziana radicarsi sempre più nel tessuto sociale. Questa situazione viene drammaticamente rotta dalla persecuzione lanciata da Diocleziano e Galerio: ne abbiamo una vivida descrizione nella *Storia Ecclesiastica* di Eusebio di Cesarea. Questa esperienza segnò in maniera irreversibile la Chiesa copta: la sua "era", chiamata "era dei martiri", parte dal 284, anno della salita al trono di Diocleziano.

Uscita dalla terribile prova – ove morì, in un sussulto di persecuzione, sotto Massimino Daia (305-313), anche il suo patriarca[3] Pietro I (300-311), il "Sigillo dei martiri" –, la Chiesa copta si trovò in breve tempo a dover fronteggiare due crisi profonde e laceranti: lo *scisma meliziano*, che fu un fenomeno di contestazione del potere del vescovo di Alessandria, e la *crisi ariana*: quest'ultima, nata come semplice problema interno dell'Egitto, non tardò a diventare una vicenda di scontro tra diversi episcopati di intere regioni, che coinvolgerà tutta la cristianità: una crisi, quindi, non solo teologica, ma anche ecclesiastica e politica. La Chiesa egiziana uscirà da queste due crisi sconvolta in profondità.

Il IV secolo fu tuttavia anche il periodo di affermazione del fenomeno monastico, nelle sue diverse forme. Esso, insieme con le persecuzioni, fu un potente fattore di diffusione del cristianesimo in zone non cristianizzate. Nato come movimento essenzialmente laico, slegato dalle strutture ecclesiastiche, l'enorme ampiezza che il movimento assunse spinse la gerarchia ecclesiastica a cercare tutti i mezzi per attrarlo nella propria orbita. E si deve ad Atanasio (328-373), l'eroe della lotta contro l'arianesimo, se il monachesimo è stato attratto nell'orbita ecclesiale. La gerarchia cominciò così a reclutare i vescovi anche tra i monaci e nel V secolo essi diverranno protagonisti delle controversie teologiche, anche violente, che caratterizzeranno quel periodo.

A Nicea, nel 325, il concilio riconobbe tre sedi più importanti: Roma, Alessandria e Antiochia. Col concilio di Costantinopoli (381) entrò di prepotenza nello scacchiere delle sedi episcopali del Mediterraneo anche Costantinopoli che, per essere la "Nuova Roma", si arrogò il primato d'onore dopo Roma, "declassan-

[3] Si noti che il vescovo di Alessandria, oltre a portare il titolo di "patriarca" (lo attribuisce per la prima volta a sé stesso il grande Atanasio, nel IV secolo) è tuttora l'unico, insieme al vescovo di Roma, a portare il titolo di "papa".

do" Alessandria. Da questo momento uno degli scopi del seggio alessandrino divenne quello di riaffermare i diritti di Alessandria nei confronti di Antiochia e soprattutto di Costantinopoli. Tale ideale fu incarnato con successo dalla spregiudicata politica ecclesiastica del vescovo Teofilo (385-412), continuata anche dai suoi successori, il nipote Cirillo (412-444), figlio di una sua sorella, e Dioscoro (444-454). E queste implicazioni politiche ebbero, come visto, un peso non indifferente nella separazione delle Chiese orientali a Calcedonia e nel continuo fallimento dei tentativi degli imperatori bizantini, durati fino alla conquista araba, di ripristinare l'unità religiosa dell'impero.

4.3 I primi secoli della dominazione musulmana e la crescente islamizzazione

Benché Calcedonia avesse significato per la Chiesa copta un lento ma inesorabile isolamento, tuttavia l'appartenenza dell'Egitto all'Impero romano l'aveva sempre mantenuta in contatto con le vicende internazionali, delle quali fu sovente parte attiva e promotrice. La conquista araba non segnò soltanto un cambio della guardia, un conquistatore che succedeva a un altro conquistatore (evento non nuovo negli ultimi mille anni di storia dell'Egitto), ma una vera e propria cesura dal contesto internazionale. Fino a tempi relativamente recenti, infatti, la Chiesa copta è vissuta ripiegata su sé stessa, quasi completamente ignorata dalle altre cristianità, con l'unica preoccupazione della propria sopravvivenza. Infatti, neppure due secoli dopo la conquista araba i copti erano ormai ridotti a una minoranza e quando Napoleone venne a risvegliare l'Egitto dal suo millenario torpore (1798), poco più di centomila copti si erano ancora mantenuti fedeli alla fede dei loro padri.

I califfi omayyadi (660-750) eseguirono un riordinamento amministrativo dell'Egitto; mantennero tuttavia ancora la provata burocrazia bizantina e l'amministrazione di grado inferiore fu lasciata in mano ai copti che, grazie al loro maggior livello culturale rispetto ai musulmani, seppero imporsi in posti importanti, in particolare nel dominio delle finanze. Le persecuzioni non tardarono tuttavia a scatenarsi e l'oppressione non fu soltanto finanziaria, ma interessò tutti gli aspetti della vita sociale e religiosa; molti copti per non perdere prestigio sociale e per salvarsi dalla povertà videro nella conversione all'islam il mezzo più sicuro e comodo per risolvere i loro problemi. Alla metà del IX secolo i musulmani costituivano ormai la maggioranza.

Sotto i fatimidi (969-1171), sciiti, i cristiani godettero inizialmente di una certa tranquillità. L'inizio del movimento crociato (del 1099 è la conquista di Gerusalemme), segnò però per i copti l'inizio di un periodo di instabilità: visti come possibili alleati dei crociati da parte dei musulmani e considerati eretici dai crociati, non solo subirono dure persecuzioni in patria, ma furono anche espulsi da Gerusalemme.

Sotto gli ayyubidi (1171-1250), la dinastia fondata dal Saladino, ricominciarono persistenti ondate di persecuzione, la cui conseguenza fu l'accelerazione del processo di islamizzazione. Processo che si aggravò nei poco meno di tre secoli delle due dinastie mamelucche (mamelucchi bahriti: 1250-1382; mamelucchi circassi: 1382-1517). Per i copti, il periodo mamelucco fu incontestabilmente un periodo segnato da molte prove, a volte apertamente persecutorie, che ridurranno drasticamente la consistenza numerica della comunità: a partire dal XIV secolo i cristiani saranno in Egitto soltanto un decimo della popolazione totale.

4.4 I PRIMI CONTATTI CON LA CHIESA DI ROMA. IL CONCILIO DI FIRENZE

Questi duri anni videro tuttavia un avvenimento di grande importanza: l'inizio dei tentativi della Chiesa di Roma di riportare la Chiesa copta in seno all'obbedienza papale.

Pionieri del cattolicesimo in Egitto furono i frati francescani. La loro presenza nel Paese può farsi risalire, anche se in maniera non continua, fino allo storico incontro dello stesso san Francesco d'Assisi (1182 circa-1226) con il sultano al-Malik al-Kamil nel 1219 a Damietta, durante l'assedio crociato alla città. In quell'occasione i francescani ottennero un permesso di libera circolazione nella valle del Nilo per assicurare i servizi religiosi alla colonia dei mercanti stranieri. La loro prima casa fu aperta nella stessa Damietta nel 1220, ma dopo un paio di anni, con la capitolazione della città (31 agosto 1221), dovettero abbandonarla insieme con i crociati; vi ritornarono nel 1249-1250. Nel 1303-1304, un gruppo di cinque di religiosi, con a capo fra Angelo da Spoleto, fu inviato in Egitto per assistere gli schiavi cristiani. Nel 1307 altri frati si stabilirono al Cairo, e ad Alessandria nel 1320, presso i mercanti marsigliesi.

Desiderando giungere all'unione con le Chiese d'Oriente, nell'estate 1439 papa Eugenio IV (1431-1447)[4] e i Padri conciliari, riuniti in concilio a Firenze, decisero, dopo l'emissione del decreto d'unione dei greci (6 luglio 1439; seguito, il 22 novembre, da quello degli armeni), di inviare il francescano Alberto Berdini da Sarteano (1385-1450), come legato pontificio in India, Terra Santa, Egitto ed Etiopia, per guadagnare alla stessa causa anche gli altri orientali. Nominato Commissario Generale papale e con un largo seguito di compagni, verso la fine del dicembre 1439 il Berdini fece vela da Venezia per Candia (Creta), quindi per Rodi e Beirut, dove alla spedizione si unì Pietro Catelano, guardiano del convento francescano della città, al quale il pontefice aveva scritto per invitarlo a mettersi a disposizione dell'inviato pontificio e ad accompagnarlo, in qualità

[4] Sulla figura di questo papa e del suo interessamento per l'Oriente, si veda G. Fedalto, "Un papa veneziano e le Chiese orientali: Eugenio IV (1431-1447)", in G. Fedalto, *Cristiani entro e oltre gli imperi. Saggi su Terre e Chiese d'Oriente*, Verona 2014, pp. 633-638.

di interprete di lingua araba. Giunto per mare a Damietta, il da Sarteano continuò via terra per Gerusalemme, dove portò a conoscenza dei copti e degli etiopi là residenti l'avvenuta unione dei greci e degli armeni, quindi, sempre per via terra, ritornò in Egitto, dove ad Alessandria incontrò il patriarca melchita Philotheos I (1437-1450), col quale si intrattenne sull'unione dei greci e gli consegnò una copia del decreto d'unione *Laetentur caeli et exultet terra*, redatto in greco. Si recò quindi al Cairo, dove arrivò in piena estate. Qui fu ricevuto dal sultano Jaqmaq (1438-1453), dal quale ottenne la licenza di predicare in tutto l'Egitto e di portarsi anche in Siria; non gli fu però concesso, per ragioni politiche, di andare in Etiopia, termine ultimo della sua missione. Quindi, si incontrò col patriarca copto Giovanni XI (1427-1452), al quale consegnò le lettere del Sommo Pontefice e col quale ebbe frequenti e lunghi colloqui intorno alla fede. Dopo averle fatte tradurre in arabo, il patriarca lesse pubblicamente le lettere pontificie nella chiesa della Vergine di Harat Zuwayla, quartiere cairota, allora chiesa patriarcale. Quindi, sperando in un rafforzamento dell'appoggio occidentale che potesse ottenere dal sultano un miglioramento delle condizioni di vita dei copti, un sinodo decise di inviare un'ambasciata al Concilio, in nome della Chiesa copta ed etiopica. Il patriarca copto, infatti, era anche capo spirituale della Chiesa d'Etiopia e non dubitava dei sentimenti favorevoli del negus (titolo tradizionale del monarca etiopico) all'unione delle Chiese, così come risulta anche dalla lettera che il patriarca indirizzò ad Eugenio IV il 9 settembre 1440. A capo dell'ambasciata venne nominato Anba Andrea, abate dei celebri monasteri di Sant'Antonio e di San Paolo, nel deserto orientale, a poca distanza dal Mar Rosso.

Per non destare sospetti nel sultano mamelucco, Alberto da Sarteano organizzò con estrema prudenza il viaggio in Italia degli orientali, in tutto una dozzina di persone, suddividendoli in tre gruppi e facendoli partire per strade diverse e in tempi differenti. Un primo gruppo, composto da sei etiopi, partì dal Cairo per Gerusalemme, per incontrare Nicodemo, abate del monastero abissino di Gerusalemme, e per associarsi il suo delegato al concilio, il diacono Pietro, latore di una lettera dell'abate al papa, lettera datata 11 ottobre 1440. Alberto e l'abate copto Andrea partirono per secondi, per la via di Damietta e di Rodi. Il terzo gruppo, composto da monaci copti, partì per la volta di Cipro e quindi di Rodi, dove giunse il 5 ottobre e dove i gruppi si sarebbero dovuti riunire. Ma i venti contrari avevano spinto il gruppo degli etiopi oltre Rodi, a Creta. Riunitisi quindi i due ultimi gruppi a Rodi nei primi giorni del 1441, essi fecero poi vela per Creta, dove sostavano ad attenderli gli etiopi; di là tutti insieme fecero l'ultima tappa del viaggio verso l'Italia.

La delegazione copta arrivò a Firenze il 26 agosto 1441, entrando per la porta di san Nicolò. Il 31 agosto, davanti al concilio, presieduto dal papa, parlò l'abate Andrea, in lingua araba; la versione latina del suo discorso venne poi letta dal segretario pontificio Flavio Biondo (1392-1463), il celebre storico e umanista del Rinascimento. Dopo aver reso omaggio al papa, vicario di Cristo e successore di Pietro, al quale era stata affidata la potestà delle chiavi per aprire e chiudere il cielo, Andrea comunicò di essere venuto in nome del suo patriarca e presentò al pontefice la lettera di Giovanni XI, scritta in arabo e sottoscritta in copto, datata al 9 settembre 1440, nella quale si dava notifica del sinodo copto intorno alla propensione dei copti ad abbracciare l'unione con la Chiesa di Roma. Il 2 settembre toccò invece al diacono etiope Pietro parlare davanti ai Padri conciliari. Dopo questi discorsi, i monaci orientali si recarono in visita a Roma, ove rimasero dal 9 al 13 ottobre. Al loro rientro a Firenze, seguirono deliberazioni fra una deputazione conciliare, nominata dal papa, e otto monaci copti ed etiopi; al termine dei lavori, il 4 febbraio 1442 venne solennemente promulgata nella chiesa di Santa Maria Novella la bolla di unione *Cantate Domino*: firmata dal papa, da ventidue cardinali e cinquantuno prelati e da Andrea "in nome del patriarca e suo proprio e di tutti i Giacobiti", in essa si richiedeva ai copti "di obbedire con fedeltà e costanza alle disposizioni e ai comandi della Sede apostolica". Ma poiché i romani la interpretavano come una vera sottomissione dei copti alla Chiesa di Roma, mentre per i copti questa era solo una riunione di *partner* uguali, dove alla Sede di Pietro veniva riconosciuta soltanto una supremazia spirituale, essa restò lettera morta. Del concilio di Firenze non resta alcuna traccia nella tradizione copta antica.

4.5 I CONTATTI DURANTE LA DOMINAZIONE OTTOMANA

Dopo questo fallimento, dobbiamo aspettare ancora poco più di un secolo perché riprendano i tentativi della Santa Sede di ristabilire l'unione con la Chiesa copta. Sul finire del 1557 – dal 1517 l'Egitto era ormai entrato a far parte dell'impero ottomano – un certo Ibrahim al-Suryani, "intrigante levantino", si presentò alla corte di papa Paolo IV (1555-1559), spacciandosi per inviato del patriarca copto Gabriele VII (1525-1568) e latore di una lettera, scritta in arabo, nella quale, apparentemente, il patriarca riconosceva il primato del papa romano. Tradotta la lettera in latino, il suo contenuto accese gli entusiasmi degli ambienti romani, ma suscitò anche qualche sospetto. Il cardinale Michele Ghisleri (1504-1572), futuro papa Pio V (1566-1572), incaricato di indagare, interessò per gli opportuni accertamenti il console veneto al Cairo, Leonardo Emo. Ibrahim, avendone avuto sentore e temendo le inevitabili gravi conseguenze, parò il colpo, inviando un proprio uomo di fiducia al suo patriarca, pregandolo di non sconfessarlo e di confermare che era stato inviato a Roma perché facesse atto di obbedienza e di sottomissione al papa a nome del patriarca. L'inviato di Ibrahim raggiunse Gabriele VII prima del console veneto e il patriarca copto, per trarre d'impiccio il suo rappresentante, confermò la bontà del suo operato e la veridicità delle sue affermazioni, inviando anche una lettera, sottoscritta da venti vescovi, nella quale assicurava di essere disposto ad adempiere quanto Ibrahim avesse detto o promesso; insieme alla lettera, mandò in dono al pontefice una croce d'oro e alcune reliquie. Quindi, anche l'Emo tranquillizzò Roma.

Già in un breve del 17 febbraio 1561, papa Pio IV (1559-1565) lodava il proposito del patriarca copto di ritornare all'unità con la Chiesa cattolica e gli manifestava l'intenzione di inviare un nunzio, esperto nella lingua araba, per accelerare il compimento di questo grande disegno. E così, ai primi di giugno 1561, fu istituita una missione, composta dal gesuita e teologo spagnolo Cristoforo Rodriguez (1521-1581) e da due suoi confratelli, l'italiano Giovanni Battista Eliano (1530-1589) e lo spagnolo Alfonso Bravo. Accompagnati da Ibrahim, nella notte tra il 30 settembre e il 1° ottobre gli inviati papali fecero vela da Venezia per l'Egitto, sbarcando ad Alessandria il 4 novembre. Raggiunto il Cairo (26 novembre)[5], chiesero udienza al patriarca, che li ricevette solennemente il 1° dicembre. Ebbero quindi inizio i parlamentari, per cercare di persuadere il patriarca a promettere obbedienza al pontefice di Roma; dopo alcuni colloqui, sembrando Gabriele persuaso, gli venne proposto di inviare a Roma una lettera ufficiale di sottomissione. Benché il patriarca avesse promesso di farlo, le cose andarono per le lunghe; inoltre, richiesto di mandare un gruppo di giovani copti a Roma per essere istruiti nella fede cattolica, si rifiutò, temendo di destare i sospetti dei turchi, mentre si impegnò di mandare al concilio tri-

[5] L'Eliano, che era un ebreo convertito (vedi Cap. 2, n. 18), partì subito il giorno successivo all'arrivo, prima dei suoi compagni (il Rodriguez e il Bravo si fermarono ad Alessandria fino al 16 novembre, per attendere lo sbarco dei bagagli e che anche Ibrahim fosse pronto ad accompagnarli) e raggiunse il Cairo già il 10 novembre. La sua famiglia, infatti, si era trasferita al Cairo nel 1549 e si temeva che venisse riconosciuto dai suoi ex-correligionari. Per evitare guai ad Alessandria, venne quindi mandato avanti. Al Cairo, tuttavia, dove ancora viveva la madre, fu riconosciuto e cominciò per lui, da parte della comunità ebraica, una persecuzione sistematica, che non gli darà tregua, fino a costringerlo alla fuga e al rientro anticipato.

dentino il vescovo Isacco di Nicosia – che però, per l'età avanzata, si rifiutò di partire – e Ibrahim. Agli ultimi di gennaio 1562, Ibrahim comunicò al Rodriguez che le precedenti dichiarazioni del patriarca sulla supremazia del pontefice romano erano state dettate soltanto da sentimenti di carità e umiltà, non di soggezione o inferiorità, poiché in Oriente ogni patriarca è supremo capo nella sua Chiesa, senza che uno sia superiore all'altro.

Nel frattempo, tra il 14 e il 25 gennaio, il patriarca era stato denunziato presso i turchi di impedire a un cristiano di convertirsi all'islam: ne era uscito assolto, ma così terrorizzato da decidere di ritirarsi per un anno presso il monastero di sant'Antonio, nel deserto orientale. Il Rodriguez e l'Eliano lo accompagnarono nel viaggio (2-7 marzo), e per strada ricevettero il permesso di battezzare nella fede cattolica quei copti che lo desideravano. Nel monastero ripresero i negoziati, ma a causa della nefasta influenza che il monaco Gabriele[6], tenacemente ostile a qualsiasi cedimento nei riguardi di Roma, esercitava sul patriarca, il quale non aveva la forza di sottrarvisi, essi si risolsero in nulla. Rientrati al Cairo (26 marzo), i due gesuiti decisero di fare un ultimo tentativo e così, a metà luglio, ripresero la via del monastero. Il patriarca non nascose il suo disappunto nel rivederseli tra i piedi e rispose loro che era tempo perso l'insistere; anzi, li invitò a riprendersi i sacri paramenti inviati in dono dal papa. Ritornati delusi al Cairo, si portarono in Alessandria, per poter fare dell'apostolato tra i mercanti europei, e da qui informarono il pontefice del fallimento della loro missione. Minacciato di morte dagli Ebrei della città, l'Eliano dovette rientrare precipitosamente in Italia, seguito da lì a poco dal Rodriguez e dal Bravo.

[6] Più tardi sarebbe salito anch'egli al trono patriarcale col nome di Gabriele VIII (1586-1601). "Giovane ignorante, presuntuoso, ostilissimo alla Chiesa romana, screanzato verso i due gesuiti, tanto che persino il patriarca ebbe a definirlo il loro Giuda", egli si rivelò l'anima nera della missione (M. SCADUTO, "La missione di Cristoforo Rodriguez al Cairo (1561-1563)", in *Archivium Historicum Societatis Jesu*, vol. 27, 1958, pp. 233-279, alla p. 244).

Benché infruttuosa, questa prima missione ufficiale cattolica ai copti costituì il primo anello di contatto tra Roma e l'Egitto e preparò la via a una lunga serie di missioni pontificie ai vari patriarchi, tutte inconcludenti. Solo alla metà del XVIII secolo Roma avrebbe rinunciato all'idea di un'unione globale; si sarebbero comunque stabiliti legami con gruppi di copti, alcuni dei quali sarebbero ritornati al cattolicesimo, fondando così le basi di quella che sarebbe poi stata la comunità copto-cattolica odierna.

Una nuova ambasciata da Roma, latrice di una lettera di papa Gregorio XIII (1572-1585), nella quale si chiedeva nuovamente la sottomissione al papato, giunse al Cairo anche nell'ottobre 1582, durante il patriarcato di Giovanni XIV (1570-1585). La missione era guidata dal gesuita Giovanni Battista Eliano, che per la seconda volta veniva in Egitto, raggiunto poi nel settembre 1583 dal confratello Francesco Sasso. Dopo numerosi incontri preliminari col patriarca e aver studiato approfonditamente i testi copti, i legati pontifici incontrarono ufficialmente il patriarca e alcuni suoi vescovi in un sinodo presso la residenza del console francese (1° febbraio 1584). All'inizio le cose sembravano procedere positivamente e già era stato stilato un documento d'unione quando, a causa dell'energica opposizione del monaco Gabriele, intelligente ma fanaticamente ostinato e causa del fallimento anche della precedente missione dell'Eliano, il patriarca e gli altri vescovi si rifiutarono di apporre la loro firma. Ulteriori tentativi furono frustrati inizialmente dall'improvvisa morte del patriarca e successivamente dal temporaneo arresto dello stesso Eliano. Abbandonata ogni speranza di giungere in breve tempo a un accordo coi copti, il Sasso prima e l'Eliano poi rientrarono in Italia nel corso del 1585.

I papi Sisto V (1585-1590) e Clemente VIII (1592-1605) furono in corrispondenza con Gabriele VIII (1586-1601) che, una volta salito al trono patriarcale, smorzò alquanto il proprio atteggiamento ostile verso il cattolicesimo che aveva mostrato quando ancora non era che un semplice monaco. Appena eletto al soglio pontificio, Clemente VIII gli inviò infatti una missiva, alla quale il patriarca rispose con una sua lettera, ove si riconosceva il primato del pontefice; inoltre, inviò a Roma, come latori della stessa, il laico Yusuf Abu Dhaqn e un monaco del monastero di Anba Maqar, 'Abd al-Masih, con l'istruzione di fare tutto quanto il papa avesse loro ordinato. Anche il vescovo di Alessandria inviò un proprio legato, il diacono Barsum, suo nipote. I tre egiziani, giunti a Roma nei primi giorni del giugno 1594, furono affidati al maltese Leonardo Abel, arcivescovo di Sidone e buon conoscitore della lingua araba, per seguire delle lezioni di catechismo e il 15 gennaio 1595 emisero la loro professione di fede cattolica. In presenza di ventiquattro cardinali, baciarono i piedi del pontefice e lessero una formula di sottomissione, in arabo, impegnandosi a ottenerne la ratifica anche dal patriarca Gabriele VIII stesso. Nel 1597 una nuova delegazione del patriarca arrivava a Roma, composta dall'egumeno Gabriele al-Muharraqi, dal sacerdote Gabriele, monaco del monastero della Santa Vergine al Jabal al-Tayr, e ancora da Barsum, rivestito ora della carica di arcidiacono della chiesa patriarcale di san Marco in Alessandria. Il 25 giugno, nell'Aula Maggiore del palazzo del Quirinale, la delegazione lesse la professione di ortodossia e di unione del patriarca Gabriele. Il Barsum aveva tuttavia falsificato la lettera di procura del patriarca per i suoi tre legati, facendosi passare per "Ambasciatore della Nazione Copta" e capo ufficiale dell'ambasceria, inimicandosi così l'egumeno Gabriele, che nel 1600 ripartì solo da Roma.

Il 7 ottobre 1602, Clemente VIII scrisse una nuova lettera a Gabriele VIII (che era però già morto il 14 maggio 1601, notizia non ancora pervenuta a Roma), per incoraggiarlo a perseverare nell'unione con Roma, e il 26 maggio 1604 inviò una missiva anche al successore Marco V (1602-1618) per esortarlo a mantenersi nelle stesse disposizioni del suo predecessore. Anche papa Paolo V (1605-1621) mantenne i contatti con Marco: in una lettera del 9 ottobre 1605 gli annunciò il ritorno in Egitto dell'arcidiacono Barsum e in una successiva del 7 aprile 1606 gli comunicò il prossimo arrivo della missione di tre cappuccini: essa aveva lo scopo di appurare le notizie, che cominciavano a circolare, riguardo alle manovre di Barsum; sabotata però da due mercanti veneziani, che desideravano ricevere denaro dalla Santa Sede per ricercare giovani copti da mandare poi a Roma per la formazione religiosa, la missione non ebbe luogo. I rapporti tra il patriarca Marco e Barsum si guastarono quando il patriarca si accorse che Barsum, rientrato in Egitto, voleva trarre vantaggi personali dalla situazione; Barsum, inoltre, era per lo più mal visto da molti copti, o per pura invidia della posizione di favore da lui goduta per molti anni a Roma presso la Santa Sede, o anche perché la sua superbia ne avesse dato giusto motivo. Fatto sta che Marco denunciò l'unione con Roma e "fece scomunica a tutti quelli che fanno alla Romana". All'interno della Chiesa copta non mancavano però gli oppositori del patriarca i quali, volendo deporlo, fecero ricorso al console di Francia e alla Santa Sede, promettendo l'unione con Roma in cambio del loro aiuto. Nel 1610 il pasha turco, rappresentante del potere ottomano in Egitto, su denuncia di alcuni copti ostili al patriarca e sobillati dal console di Francia, fece arrestare Marco e, dopo averlo fatto fustigare, lo esiliò in un monastero, dove rimase fino alla morte.

Anche il patriarca Giovanni XV (1619-1634) fu in contatto con la Santa Sede. Papa Urbano VIII (1623-1644) appena salito al soglio pontificio affidò ai francescani il mandato di devolversi *in auxilium Coptorum*. Dietro proposta di fra Benigno da Genova, Ministro Generale dell'Ordine dei Minori Osservanti, nel 1623 la *Sacra Congregatio de Propaganda Fide*, fondata l'anno prima, inviò in Egitto due missionari francescani riformati, padre Francesco da Roma e padre Angelo da Selvapiana, per vedere se il patriarca copto e il suo collega greco-ortodosso (melchita), Gerasimo I Spartaliotis (1621-1636), fossero sinceramente disposti a entrare in comunione con la Chiesa di Roma. Per mezzo dei due missionari, Giovanni XV inviò a Roma una lettera di buone promesse; si mostrava infatti favorevole all'unione, anche se motivi politici gli impedivano di prendere una ferma decisione. *Propaganda Fide*, a cui premeva un tale successo, non volle perdere l'occasione propizia, e il 26 febbraio 1630 mandò a lavorare tra i copti padre Paolo da Lodi, della provincia lombarda, nominato primo *praefectus missionis Aegypti*, insieme con padre Arcangelo da Pistoia, della provincia toscana. Padre Paolo si recò al Cairo, dove prese residenza presso l'ambasciata veneziana, che divenne poi sede della Prefettura francescana d'Egitto. Nel 1631 furono fondate nuove case francescane anche a Rosetta e ad Alessandria, affidate prevalentemente ai frati della provincia di Firenze. Sempre nel 1630, anche i francescani francesi della provincia di Purenne aprirono una missione al Cairo, diretta dal cappuccino fra Agathangelo da Vendôme (1598-1638).

Il patriarca Matteo III (1634-1649) mantenne i rapporti con papa Urbano VIII stabiliti dal suo predecessore e accolse con simpatia i missionari latini inviati dal pontefice di Roma, permettendo inoltre a fra Agathangelo di predicare nei monasteri della Tebaide: durante i quattro mesi da lui trascorsi presso il monastero di Sant'Antonio, ben quindici monaci avrebbero abbracciato la dottrina cattolica. Il maggior ostacolo per la riunione con Roma fu tuttavia la scandalosa condotta dei cattolici residenti in Egitto, in particolar modo quella dei membri del Consolato Francese, "sinagoga di Satana". Il patriarca si lamentò che "la Chiesa Romana Cattolica in questo Paese è come un bordello", e fra Agathangelo si rivolse al prefetto di *Propaganda Fide* per ottenere la scomunica dei maggiori responsabili di questa increscìosa situazione. Visti cadere nel nulla i suoi appelli, fra Agathangelo abbandonò l'Egitto e partì missionario per l'Etiopia, dove, il 7 agosto 1638, a Gondar, incontrò il martirio insieme al confratello portoghese Cassiano di Nantes (1607-1638).

La presenza in Egitto di numerosi missionari cattolici romani veniva vissuta dalla comunità copta come un grave pericolo, che si aggiungeva alla persecuzione endemica alla quale era sottoposta dalle autorità islamiche. Grazie alla fondazione di scuole nei principali villaggi, istituzioni di cui la Chiesa copta era carente, i cattolici cercavano di convertire i copti nativi e numerosi furono i giovani promettenti, per lo più membri delle famiglie più influenti, che furono inviati a Roma o in Francia per seguire gli studi nelle scuole cattoliche. Pur non ostacolando l'opera di questi missionari, il patriarca Giovanni XVI (1676-1718) cercò con ogni mezzo di frenare il loro tentativo di privare la comunità copta dei suoi migliori elementi. Egli instaurò tuttavia stretti contatti con la Santa Sede, che durarono per più di trent'anni. In una prima fase, durata fino al 1687, i tentativi d'unione furono condotti, da parte cattolica, dai francescani minori riformati, in particolare dall'infaticabile padre Francesco Maria Passalacqua da Salemi (1638-1701)[7]. In un secondo tempo, dal 1697 al 1705, accanto ai francescani troviamo anche i missionari della Compagnia di Gesù, tra i quali spicca il padre Benoît Bichot (1688-1704). Con la morte del padre Bichot, fino al 1718, anno della morte di Giovanni XVI, non ci furono più tentativi così intensi per giungere a un'unione tra il patriarca copto e la Chiesa di Roma. Pur non volendo mai emettere una professione di fede cattolica, Giovanni XVI continuò tuttavia a dimostrare sentimenti di benevolenza nei riguardi dei cattolici latini. È in quest'ultimo periodo, infatti, che i maroniti Elia Assemani, Giuseppe Simone Assemani (1687-1768) e Andrea Scandar furono inviati in Egitto (rispettivamente nel 1707, 1715 e 1718)

[7] Si vedano: G. Basetti-Sani, "Il carattere particolare della missione francescana dell'Alto Egitto", in *Studi Francescani* XXIII, 1951, pp. 55-73; G. Manfredi, "Ricerche sull'origine del 'Praefectus Missionis' e la Prefettura d'Egitto-Etiopia affidata ai Frati Minori (1630-1692)", in *Aegyptica Christiana* 3, Il Cairo 1957, pp. 125-196; G. Manfredi, *La figura del «Praefectus Missionum» nelle Prefetture d'Egitto-Etiopia e dell'Alto Egitto-Etiopia affidate ai Frati Minori: (1630-1792)*, in *Studia Orientalia Christiana Aegyptiaca* 10 (*Historica* 4), Il Cairo 1958; G. Manfredi, "I Minori osservanti riformati nella Prefettura dell'Alto Egitto – Etiopia (1697-1792)", in *Studia Orientalia Christiana Collectanea* 3, Il Cairo 1958, pp. 83-182.

per l'acquisizione di manoscritti copti per la Biblioteca Vaticana. Ed è analogamente in questi anni che il noto gesuita francese padre Claude Sicard (1676-1726) potè compiere i suoi viaggi apostolici e scientifici in tutto l'Egitto.

A differenza del suo predecessore, il patriarca Pietro VI (1718-1726) si mostrò ostile verso i cattolici: dopo un primo periodo di simpatia nei loro confronti, mutò atteggiamento a causa del passaggio al cattolicesimo di elementi del clero copto e nella domenica *in albis* del 1721 fu lanciata la scomunica su quanti si erano convertiti. Il 21 ottobre 1722 il patriarca scrisse inoltre una lettera pastorale contro i cattolici. Motivo principale di questo duro atteggiamento del patriarca fu la paura delle persecuzioni che i turchi avrebbero potuto scatenare contro la comunità copta.

Anche durante il patriarcato di Giovanni XVII (1727-1745) continuò, e in maniera ancor più massiccia che in passato, il tentativo dei missionari cattolici di fare proseliti in ambito copto. Numerose furono, infatti, le missioni pontificie presso il patriarca per cercare di intavolare negoziati per riportare i copti all'obbedienza romana; ma inutilmente. Nel 1737 il patriarca si rifiutò di ricevere l'ennesimo inviato papale; anzi, i rapporti si guastarono a tal punto che in occasione delle feste di Pasqua del 1738 Giovanni XVII minacciò di scomunica tutti quei copti che si fossero "fatti Franchi" e proibì ai "Franchi" di entrare nelle case dei copti, e viceversa, pena la perdita dei beni. Per intervento del vescovo copto di Gerusalemme, Atanasio, di sentimenti filo-cattolici, il conflitto si risolse e il patriarca concesse il proprio perdono ai sacerdoti copti che si sospettava si fossero fatti cattolici. Ma due anni dopo, adirato contro un copto cattolico, il patriarca lanciò nuovamente l'interdetto su tutte le chiese copte del Cairo e la scomunica a chiunque osasse celebrarvi. Le chiese restarono chiuse per tre giorni e qualche morto fu sepolto senza funzione religiosa. Nel 1741, poi, minacciò di scomunicare tutti coloro che avessero letto o ritenuto presso di sé libri stampati e portati da Roma, se non li avessero buttati nel fuoco. Ancora una volta, fu il vescovo Atanasio a far mutar parere al patriarca.

Il proselitismo dei missionari romani, forti dei loro programmi educativi che attiravano i membri delle più influenti famiglie copte, continuò tuttavia anche sotto il patriarca Marco VII (1745-1769). Il padre Giacomo Rzimarz, Prefetto della missione francescana in Egitto, in una lettera a Roma in data 4 ottobre 1747 così riferisce sul patriarca copto Marco VII: “Più volte ha affermato che non ha più sopra il cuore se non di poter visitare ‘limina apostolorum’, confessando egli senza veruna tergiversatione il primato del Pontifice Romano, esprimendosi avanti di me con queste parole, che niuno può dubitare circa suddetta verità”[8].

L’intensificarsi dell’attività dei cattolici romani in Egitto allarmò infine anche il sultano di Costantinopoli, che temeva un aumento dell’influenza europea nel suo regno. Mahmud I (1730-1754) ordinò al patriarca melchita Matteo Psaltis (1746-1766), “uomo il più contrario che darsi possi verso il Cattolicismo”[9], di proibire ai suoi fedeli, per lo più di origine siriana, di seguire i servizi religiosi degli europei, pena una grossa multa collettiva: la somma fu pagata, e i siriani continuarono a frequentare le chiese latine. Nel 1751, nell’Alto Egitto, tre missionari, accusati di aver costruito una chiesa senza i regolari permessi, furono condannati a morte, due al supplizio del palo e uno a essere tagliato a pezzi; solo per l’intervento di cattolici, ortodossi e musulmani presso le autorità, la pena fu commutata in una sanzione pecuniaria.

---

[8] G. Giamberardini, “Il Primato di S. Pietro e del Papa nella Chiesa Copta”, in *Studia Orientalia Christiana Collectanea* 5, 1960, pp. 3-122, alla p. 85.

[9] Da una lettera del 16 luglio 1747 del padre Giacomo Rzimarz da Kremsir a Monsignor Lercari, segretario di *Propaganda Fide* (G. Giamberardini, a cura di, *Lettere dei prefetti apostolici dell’Alto Egitto nel secolo XVIII*, collana *Studia Orientalia Christiana Aegyptiaca*, 1960, p. 136).

4.6 LA NASCITA DELLA CHIESA COPTA CATTOLICA

Questa situazione instabile, con un'alternanza di periodi favorevoli e sfavorevoli al dialogo, convinse infine Roma dell'inutilità dei tentativi di unione[10]. Papa Benedetto XIV (1740-1758) abbandonò infatti l'idea di riunire la Chiesa copta con Roma e intraprese i primi passi per giungere all'istituzione di una Chiesa copta cattolica.

È il XVIII secolo, infatti, che vide muovere i primi passi della comunità copta cattolica, che avrebbe poi portato, a suo tempo, alla nascita della Chiesa copta cattolica. Pioniere ne fu il gesuita francese Claude Sicard, una delle figure di spicco tra i gesuiti in Egitto. Buon conoscitore della lingua araba, nel 1707 il Sicard venne trasferito dalla missione di Siria, dove si trovava dall'anno precedente, a quella d'Egitto, ove si dedicò anche allo studio del copto. Dal 1712 fino alla morte, avvenuta per peste il 12 aprile 1726, esercitò una considerevole attività apostolica; grazie alla simpatia mostrata dal patriarca Giovanni XVI verso i cattolici, egli ebbe modo di intrattenersi con molti vescovi copti, soprattutto ad Akhmim, a Naqada e a Manfalut, di visitare i monasteri, di parlare coi preti e soprattutto di predicare ai cristiani. Fu lui, nel 1715, a fondare, ad Akhmim, la prima comunità copta cattolica. I primi adulti convertiti furono Sahyun Walid Mansur al-Ghanami, di anni 22, e Hanna Walid Jirjis al-Ghanami, di anni 33: originari di Akhmim, essi professarono la fede cattolica al Cairo nel 1715. Tre altri, uno di Jirja e due di Akhmim, seguirono nel 1719.

---

[10] Come fa notare il Colombo, gli sforzi dei missionari cattolici per arrivare all'unione della Chiesa copta con Roma rimasero infruttuosi in quanto «tale unione non era possibile senza il consenso di Costantinopoli, che mai l'avrebbe dato, poiché era ammettere che il Papa, da sempre nemico dell'Islam, potesse comandare in casa loro» (A. COLOMBO, *La Nascita della Chiesa Copto-Cattolica nella prima metà del 1700*, OCA 250, Roma 1996, p. 2).

Rufail al-Tukhi (1703-1787), di Jirja, e Yustus al-Maraghi (1713-1748), di Akhmim, furono i primi copti a ricevere l'ordinazione sacerdotale. Di famiglia copta ortodossa, al-Tukhi fu convertito al cattolicesimo nel 1721 dal Sicard. Mandato a studiare a Roma, il 20 settembre 1724 entrò nel Collegio Urbano di *Propaganda Fide*, dove conseguì, primo egiziano, il dottorato in teologia il 27 maggio 1735; subito dopo, il 5 giugno dello stesso anno, fu ordinato sacerdote. Il Maraghi, di una decina d'anni più giovane, fu inviato a Roma insieme con al-Tukhi e ricevette l'ordinazione sacerdotale il 15 aprile 1736. Terminati gli studi teologici a Roma, essi rientrarono in patria, ove operarono per portare il patriarca copto Giovanni XVII alla Chiesa di Roma. Per la sua salute debole e per la sua propensione allo studio, nel 1739 al-Tukhi fu richiamato a Roma, quale professore di lingua copta presso il Collegio Urbano, carica che ricoprì per quasi quarant'anni[11].

Il 10 agosto 1739, anba Atanasio, vescovo copto di Gerusalemme (1720-1750, vescovo già dal 1718), con residenza al Cairo[12], si convertì ufficialmente al cattolicesimo, emettendo professione di fede cattolica davanti ad al-Tukhi, al Maraghi e al sacerdote copto cattolico don Giovanni Hayyat. Con un ri-

---

[11] Prodotto di questa sua lunga attività di docente è una delle prime grammatiche copte apparse in Europa, *Rudimenta linguae coptae sive aegyptiacae*, edita a Roma nel 1778. Contemporaneamente, fu incaricato da *Propaganda Fide* di sorvegliare la monumentale edizione e stampa dei libri liturgici del rito alessandrino, pubblicata a Roma negli anni 1744-1764. Fu dapprima pubblicato il *Messale* (1746), quindi il *Salterio* (1749), il *Breviario* (1750), il *Pontificale* (1761), il *Rituale* (1763), le *Theotokie* (1764; si tratta degli inni a Maria, la *Theotokos*, recitati o cantati durante il servizio divino). Tukhi copiò anche di suo pugno moltissimi manoscritti arabi e copti, conservati ora presso la Biblioteca Vaticana. Il 27 settembre 1761 venne nominato vescovo titolare di Arsinoe; morì a Roma il 16 ottobre 1787.

[12] Il vescovo copto di Gerusalemme aveva giurisdizione anche su una parte del Basso Egitto. Tra le sue mansioni speciali vi era quella di condurre l'annuale pellegrinaggio dei copti a Gerusalemme per le feste pasquali.

tardo di quasi due anni, dovuto principalmente alla morte di Clemente XII (1730-1740), col breve pontificio *Quemadmodum ingenti laetitia* del 4 agosto 1741, il nuovo papa Benedetto XIV (1740-1758) stabilì la gerarchia copta cattolica, affidando ad Atanasio la giurisdizione su tutti i copti cattolici, che erano allora circa duemilatrecento; quale suo "Teologo, Esaminatore e Direttore (dei chierici e dei sacerdoti)", veniva nominato Yustus al-Maraghi. Dopo un po', tuttavia, Atanasio, troppo debole di carattere per avere il coraggio di rinunciare definitivamente alla *communicatio in divinis* coi copti del patriarcato, ritornò alla fede anti-calcedonita e il 1° giugno 1744 la sua nomina fu revocata dalla Santa Sede. Il 3 giugno il papa nominò come primo Vicario Generale copto cattolico, senza carattere episcopale, il Maraghi; alla morte di questi (fine giugno / inizio luglio 1748), non trovandosi, tra gli altri sacerdoti copti educati a Roma e presenti in Egitto, chi potesse sostituirlo, la giurisdizione sui cattolici di rito copto sparsi in Egitto tornò dapprima al Prefetto dei Riformati (il primo fu padre Giacomo Rzimarz da Kremsir, Prefetto dal 1737 al 1752), quindi al clero indigeno[13].

Nel 1758 un altro vescovo copto, Antonio Fulayfil di Jirja e di Akhmim (1709-1807), passò alla Chiesa di Roma, riconoscendo l'autorità papale; nel 1761 fu nominato primo Vicario Apostolico per i copti. Scomunicato dal patriarca Marco VII, mons. Fulayfil fu perseguitato anche dalle autorità civili, che lo

[13] Il padre Giacomo da Kremsir fu investito dell'autorità di Vicario Generale, ma non del titolo; così pure i suoi successori, i padri Paolo d'Agnona (1752-1755) e Giuseppe da Sassello (vice-Prefetto dal 1755 al 1760 e Prefetto dal 1760 al 1766). L'aver conferito la carica di superiore dei copti al Prefetto dei missionari latini, in circostanze in cui non esisteva tra i copti una persona a cui si potesse affidare il delicato ufficio di Vicario Generale, era un'attuazione pratica del principio che la Prefettura dei Riformati dovesse considerarsi *in auxilium cophtorum*. I padri Riformati ressero i copti cattolici fino al 1761, quando venne eletto il primo Vicario Apostolico, nella persona di Monsignor Antonio Fulayfil.

incarcerarono. Nel 1763, infatti, il patriarca scatenò, con l'appoggio dei turchi, una fiera persecuzione contro i cattolici del Cairo: la chiesa dei padri di Terra Santa fu chiusa, quella dei padri riformati fu demolita e mons. Fulayfil fu gettato in prigione per undici giorni. Liberato e venuto a Roma, visse nel monastero dei padri maroniti, ove morì il 1° ottobre 1807, all'età di novantotto anni.

Da allora e fino al 1895 la Chiesa copta cattolica sarà retta da Vicari Apostolici[14]. Pur portando il titolo di "vescovo del Cairo", talvolta questi Vicari non potettero ricevere la consacrazione episcopale, non essendoci allora in Egitto alcun altro vescovo cattolico ed essendo troppo difficoltoso un viaggio in Europa[15]. Nel 1824, tuttavia, Leone XII (1823-1829) aveva istituito un patriarcato per i copti cattolici. Per insistenza del copto cattolico Basilius Bey, figlio del Mu'allim Ghali[16], che lo convinse che

---

14 Per un elenco dei Vicari Apostolici per i copti d'Egitto, vedi Chr. Cannuyer, *I Copti*, Città del Vaticano 1994, pp. 249-250.

15 Hanna Bisadah al-Fararji (1732-1785; Vicario Apostolico dal 1781 al 1783) e Rocco Abu Qudsi al-Sabbak (1726-1788; Vicario Apostolico dal 1783 al 1785) erano stati entrambi ordinati vescovi nel 1781, ma entrambi morirono prima di poter ricevere la consacrazione. Dal 1788 al 1821, Vicario Apostolico fu Matteo Righet: proposto all'episcopato nel 1806, ricevette la dignità episcopale solo il 12 marzo 1815; ma appena messosi in istrada per il Libano, dove avrebbe dovuto ricevere la consacrazione, fu assalito e il breve papale relativo all'ordinazione andò distrutto.

16 Il Mu'allim Ghali era un membro influente della comunità copta cattolica (col cugino Philuthawus Yaqub, figlio dello zio paterno, nel 1807 verrà creato da papa Pio VII, 1800-1823, "Cavaliere dello Sperone d'Oro"). L'istoriografia copta ortodossa, così come espressa nella *Storia dei Patriarchi* (Sawîrus ibn al-Muqaffa', *History of the Patriarchs of the Egyptian Church, known as the History of the Holy Church*, vol. III, parte III, *Cyril II – Cyril V (A.D. 1235-1894)*. Edited, translated and annotated by Antoine Khater and O.H.E. Khs.-Burmester, Publications de la Société d'Archéologie Copte, Textes et Documents, XIII, Il Cairo 1970, pp. 307-308) e ripresa anche dalla *Coptic Encyclopedia* (M. Shoucri, *Coptic Encyclopedia*, vol. 4, p. 1141, s.v. *Ghali*), presenta invece la conversione al cattolicesimo di Ghali e della sua famiglia come "una finta", fatta solo per obbedire agli ordini di Muhammad 'Ali ed

Muhammad 'Ali desiderava l'istituzione di un patriarcato copto cattolico, il 1° agosto 1824 il papa aveva personalmente nominato vescovo Abraham Khashur, giovane alunno copto del Collegio Urbano di *Propaganda Fide*, perché ritornasse in Egitto e consacrasse il Vicario Apostolico Massimo Juwayd (1822-1831) come

evitare ai copti un bagno di sangue: durante l'amministrazione di Ghali, infatti, l'ambasciatore francese (così si esprime la *Coptic Encyclopedia*, incurante del fatto che allora la Francia era rappresentata in Egitto non da ambasciatori, ma da consoli; cfr. G. WIET, *Les consuls de France en Égypte sous le règne de Mohammed Ali*, Revue du Caire VI, n. 59, 1943, pp. 459-476; la *Storia dei Patriarchi* – op. cit., p. 307 – parla invece di un "comandante papista dell'esercito") avrebbe proposto a Muhammad 'Ali di ordinare ai copti di sottomettersi al papa di Roma. Incaricato da 'Ali, desideroso di ingraziarsi i francesi, dei quali si sentiva debitore, di comunicare al proprio patriarca, allora Pietro VII (1809-1852), l'ordine di ottemperare alle richieste dell'ambasciatore francese, Ghali, che ben sapeva che mai il patriarca si sarebbe piegato a una simile ingiunzione, avrebbe aderito egli stesso al cattolicesimo, ritenendo che fosse questo il modo più semplice per attrarre altri copti ad abbracciare la fede romana (la teoria della cattolicità solo "politica" del Ghali è sostenuta anche da altri autori copti moderni; cfr. ZACARIA L'ANTONIANO, *Yusabiyyat. I trattati del vescovo santo al-Anba Yusab al-Abahh, vescovo di Jirjah e Akhmim, deceduto nel 1826 AD. Prima parte: la vita, i miracoli e i suoi primi cinque trattati*, Il Cairo 1989, in arabo; vedi recensione di A. WADI in *Studia Orientalia Christiana Collectanea* 34, 2001, pp. 329-333). Per la falsità di questa storia, "contro-verità calunniosa" nata dal desiderio dell'istoriografica copta ortodossa di "recuperare" Ghali alla propria causa, si veda l'illuminante e documentatissimo articolo di PH. LUISIER, "Le Mu'allim Ghali et l'Encyclopédie Copte", *Al-Mashriq*, anno LXXIV, n. 2, luglio-dicembre 2000, pp. 353-376 (in arabo). Più tardi, per non essere riuscito a soddisfare la richiesta di Muhammad 'Ali per fondi straordinari, Ghali venne arrestato e infine mandato a morte, l'8 maggio 1822, nella città di Zifta, da Ibrahim Pasha, figlio di Muhammad 'Ali. Per volontà di 'Ali, desideroso di riconciliarsi con la famiglia Ghali, dapprima il fratello Francesco (fino al 1824, anno della morte), anch'egli fervente cattolico, quindi il maggiore dei tre figli del Mu'allim Ghali, Basilius Bey (anch'egli fino alla morte, nel novembre 1847), vennero chiamati a ricoprire la carica che era stata rispettivamente del fratello e del padre, di responsabile dell'amministrazione delle finanze; anche agli altri due figli, Duss Gregorius e Tubya Kyrillos, vennero offerti importanti posti nell'amministrazione governativa. Basilius Ghali fu inoltre il primo copto a ottenere il titolo di "Bey".

primo patriarca copto cattolico di Alessandria. Il papa – che il 15 agosto 1824, con la bolla *Petrus Apostolorum Princeps*, aveva istituito il patriarcato copto cattolico di Alessandria – si rese però ben presto conto di essersi ingannato e che le aperture occidentali di Muhammad 'Ali non si spingevano fino a tal punto; l'istituzione del patriarcato cattolico rimase così solo sulla carta, e i copti cattolici continuarono a essere diretti da un Vicario Apostolico. Secondo quanto scritto nel suo giornale di viaggio dal viaggiatore e naturalista italiano Giovan Battista Brocchi (1772-1826), un padre siciliano aveva falsificato delle lettere di Muhammad 'Ali al papa, assicurandolo che egli avrebbe riconosciuto il Vicario Apostolico Massimo Juwayd come capo civile della nazione copta cattolica, se Sua Santità lo avesse elevato alla dignità patriarcale. E così, nel novembre 1825 Juwayd ricevette la consacrazione episcopale da parte del patriarca melchita cattolico di Antiochia Ignazio V Cattan (1816-1833), nel villaggio di Zuq, in Libano. Ma attese invano la sua investitura patriarcale. Anzi, la seccata reazione di Muhammad 'Ali bloccò per molto tempo i destini del cattolicesimo copto. Al Juwayd succedette Teodoro Abu Karim (1832-1854), mentre nel 1854 papa Pio IX (1846-1878) nominò vicario Atanasio Ciriaco Khuzam (1854-1864).

Per la fine del XIX secolo il numero dei copti cattolici era di circa sei-settemila. I loro ripetuti interventi presso la Santa Sede, con la richiesta di stabilire un patriarcato cattolico di rito copto o, almeno, di dare alla loro comunità un capo rivestito dell'episcopato, indussero papa Leone XIII (1878-1903) a nominare per i copti cattolici un vescovo (15 marzo 1895), nella persona del giovane sacerdote copto cattolico, non ancora trentenne, Giorgio Macario, formatosi presso i gesuiti di Beirut, consacrandolo Vicario Apostolico; costui prese il nome di Cirillo Macario e il titolo di vescovo di Cesarea di Filippo[17]. L'11

[17] Con la nomina del Vicario Apostolico, si separava inoltre la Prefettura Apostolica francescana dal Vicariato Apostolico; col successivo decreto *Excelsum*

giugno 1895 il papa indirizzò ai copti la lettera apostolica *Unitatis christianae*, invitandoli all'unione, quindi, convinto che soltanto l'esistenza di un patriarcato potesse dare alla gerarchia cattolica sufficiente prestigio davanti al patriarcato copto ortodosso e attirare così i dissidenti all'unione, a metà ottobre annunciò la sua decisione di dare un capo e due vescovi alla Chiesa copta cattolica, da nominarsi a suo tempo. La lettera apostolica *Christi Domini*, del 26 novembre 1895, ufficializzava la creazione del *Patriarchatum Alexandrinum catholicum pro Coptis* – con giurisdizione sull'Egitto, la Libia, la Pentapoli, la Nubia, l'Etiopia, l'Arabia e "tutta la predicazione di san Marco" – e di due diocesi suffraganee, da aggiungersi a quella patriarcale comprendente Il Cairo e Alessandria. Nella stessa lettera apostolica, Cirillo Macario veniva nominato Amministratore Apostolico della Chiesa Patriarcale Alessandrina. I due vescovi suffraganei furono nominati nel mese di marzo 1896: Ignazio Berzi (1867-1925) divenne vescovo di Tebe-Luxor, con residenza a Tahta (oggi a Sohag), e Maximos Sedfawi (1863-1925) vescovo di Ermopoli, con residenza ad al-Minya.

In breve tempo si formò una vera gerarchia ecclesiastica e dopo che il 2 novembre 1897 il segretario di stato vaticano, il cardinale Mariano Rampolla del Tindaro (1843-1913), ebbe approvato la convocazione di un concilio nazionale copto (a condizione che gli Atti fossero sottomessi all'autorità pontificia per l'approvazione), il 18 gennaio 1898 si riuniva presso la chiesa del convento francescano del Musky, al Cairo, il primo Sinodo Copto Cattolico; da parte della Santa Sede presiedeva monsignor Gaudenzio Bonfigli (1831-1904), Delegato apostolico per l'Egitto dal 1896, mentre alla presidenza della gerarchia copta si trovava monsignor Cirillo Macario. Alla solenne cerimonia d'apertura intervennero le rappresentanze di tutti i riti cattolici in

---

apostolicorum del 12 settembre 1896, il titolo e la funzione del Prefetto Apostolico vennero aboliti nei territori dei Patriarcati orientali.

Egitto e le autorità diplomatiche dell'impero Austro-Ungarico in Egitto[18]. Chiuso il sinodo (3 giugno 1898), il papa ritenne ormai giunto il momento di rispondere affermativamente alle richieste dei vescovi e del clero copto cattolico per la nomina di un patriarca. La scelta cadde naturalmente sul dinamico e intelligente Amministratore Apostolico Cirillo Macario, la cui nomina divenne ufficiale, con il decreto pontificio *Alloquendi initium*, nel Concistoro del 19 giugno 1899; nell'occasione, il neo-eletto assunse il nome di Cirillo II (1899-1908), con grave disappunto del patriarca copto ortodosso Cirillo V (1874-1927). Domenica 21 giugno, con un solenne pontificale celebrato nella Chiesa del convento francescano del Musky, il "fortunato figlio del Sa'id"[19], come ricordano le cronache del tempo, prese ufficialmente possesso della sua carica. Il 22 dicembre dello stesso anno, nella chiesa patriarcale della Sacra Famiglia, ebbe luogo la solenne cerimonia della consegna e imposizione del *pallium*, mandato dal Santo Padre. L'Austria negoziò presso il khedivé Abbas II (1892-1914) il riconoscimento di Cirillo II come capo civile della nazione copta cattolica, riconoscimento accordato il 29 gennaio 1900; il governo egiziano esigette però dal nuovo patriarca la rinuncia alla protezione austriaca.

Il 30 maggio 1908, tuttavia, in seguito a un conflitto di ordine finanziario con la Santa Sede[20], il patriarca fu deposto da Pio X

---

[18] Come estensione del privilegio, ottenuto nel 1699, di proteggere la missione francescana, l'impero austro-ungarico ottenne il diritto di proteggere anche la comunità copta cattolica.

[19] *Sa'id* è termine arabo col quale si indica l'Alto Egitto.

[20] Cirillo fu accusato di essersi appropriato di redditi vantaggiosi di un cambio di denaro e di un terreno destinato a *waqf* (fondazione pia) della famiglia Bistawros; inoltre, fu accusato ancora di aver deviato ad altri scopi un'ingente somma data dalla Santa Sede per la vita della comunità copta cattolica. Queste accuse sono attualmente ritenute false (Emad H.Habib, *Diritti e doveri del patriarca Copto Cattolico dal 1895 al 1921(La Chiesa Patriarcale Copto-Cattolico ed il primo Sinodo Alessandrino)*, Pontificium Institutum Orientale, Roma 1998, p. 70, n. 137; pp. 87-90).

(1903-1914). Rientrato ad Alessandria, fu accolto in trionfo, ma la situazione all'interno della comunità copta cattolica rimase tesa, come mostrato dagli episodi di violenza al patriarcato del Cairo durante le feste natalizie del 1908 e 1909. Per favorire il ritorno della pace, nel 1910 Cirillo si autoesiliò in Libano[21]. Per quarant'anni la sede patriarcale restò vacante; la direzione della Chiesa fu assicurata da un Amministratore Apostolico, il primo dei quali fu monsignor Sedfawi, che tenne la carica fino alla morte, avvenuta il 27 febbraio 1925.

---

[21] In questo periodo, Cirillo prese contatti con la comunità greco-ortodossa di Alessandria, facendovi pubblica adesione, ma senza emettere la professione di fede ortodossa; anzi, dopo breve tempo egli ritornò alla Chiesa cattolica, ritrattando a Roma, il 9 marzo 1912, «tutto il male che ha fatto, protestandosi pronto ad accettare tutte le penitenze che la S. Sede giudicherà buono e opportuno imporgli. Rinnova le sue promesse solenni di obbedienza alla S. Sede e la sua piena e sincera adesione alle dottrine e insegnamenti della Santa Chiesa Cattolica Romana» (M. BELLENZIER, *Cronaca della Missione, Chiesa, Convento e Parrocchia di S. Caterina in Alessandria d'Egitto (dagli inizi all'anno 1956)*, edita e introdotta da L. Cruciani, *Studia Orientalia Christiana Collectanea* 26-27, 1993-1994, Il Cairo-Gerusalemme 1996, pp. 217-218). E in seno alla Chiesa Cattolica, Cirillo Macario morirà a Beirut il 18 maggio 1921. Come cattolico, prima ancora della sua ordinazione episcopale, Macario aveva scritto due opere consacrate alla fede della sua Chiesa: *L'Église Copte: sa foi d'aujourd'hui comparée avec la foi de ses Pères et des trois Conciles oecuméniques de Nicée, de Constantinople et d'Éphèse*, Il Cairo 1893, e *Histoire de l'Église d'Alexandrie, depuis Saint Marc jusqu'à nos jours*, Il Cairo 1894. Durante il periodo della sua defezione scrisse un libro contro il primato del pontefice romano e in difesa dei diritti delle Chiese patriarcali d'Oriente, dal titolo *La Constitution Divine de l'Église*, pubblicato a Ginevra nel 1913 dalla baronessa Natalie d'Uxhull, senza il permesso dell'autore, "il libro più pernicioso di quanti ne possegga la Chiesa Copta ortodossa sul primato" (G. GIAMBERARDINI, "Il Primato di S. Pietro e del Papa nella Chiesa Copta", in *Studia Orientalia Christiana Collectanea* 5, Il Cairo 1960, pp. 3-122, alla p. 49; una breve esposizione del contenuto del libro, condannato dalla Suprema Sacra Congregazione del Santo Officio il 14 maggio 1915, è data in EMAD H.HABIB, *Diritti e doveri del patriarca Copto Cattolico dal 1895 al 1921(La Chiesa Patriarcale Copto-Cattolico ed il primo Sinodo Alessandrino)*, Pontificium Institutum Orientale, Roma 1998, pp. 73-77).

È soltanto nel 1947 che papa Pio XII (1939-1958) provvide a nominare un nuovo patriarca copto cattolico, nella persona di Murqus Khuzam, vescovo di Luxor (1926-1947) e già Amministratore Apostolico, che prese il nome di Marco II (1947-1958). Nell'occasione fu fondata anche la diocesi di Asyut, affidata alle cure pastorali di mons. Alessandro H. Scandar, consacrato vescovo il 18 dicembre 1947. Alla morte di Marco II, divenne patriarca il suo vicario episcopale, Stefano Sidarouss, col nome di Stefano I (1958-1986), proveniente dalla congregazione dei Lazzaristi; il 22 febbraio 1965, egli venne elevato, primo copto, alla porpora cardinalizia da papa Paolo VI (1963-1978). Dopo di lui un altro lazzarista, Stefano II Ghattas, vescovo di Luxor dal 1967, venne nominato patriarca (1986-2006); già da due anni, a causa dell'età avanzata di Stefano I, egli esercitava la carica di Amministratore Apostolico. Nel Concistoro del 21 febbraio 2001 ricevette anch'egli la nomina a cardinale. Dimessosi Stefano II per motivi di età e di salute (morirà poi il 20 gennaio 2009), dal 2006 al 2013 la Chiesa copta cattolica è stata guidata da Sua Beatitudine Antonio I Naguib, nato nel 1935 ed eparca di al-Minya, sua città natale, dal 1977. Nel gennaio 2013 il patriarca, che nel 2010 era stato elevato alla porpora cardinalizia, ha dato le dimissioni per motivi di salute (nel dicembre 2011 era stato colto da emorragia cerebrale). Il 15 gennaio 2013 il Santo Sinodo dei vescovi della Chiesa copta cattolica ha eletto come nuovo patriarca Ibrahim Ishaq Sidrak, nato nel 1955 e dal 2002 eparca di al-Minya, solennemente consacrato il 12 marzo successivo.

In base all'elaborazione statistica tratta dall'Annuario Pontificio 2015, il totale dei fedeli cattolici di rito copto è di 173688.

Minoranza della minoranza, stretta da una parte dalla globalizzazione e dalla modernità e dall'altra dalle due maggioranze religiose del Paese, la comunità islamica e quella copta ortodossa, che sembrano soffocarla, la Chiesa copta cattolica corre il pericolo di chiudersi su sé stessa, di rifugiarsi e imprigionarsi nella purezza della propria identità, per preservarsi da quanto le sta intorno, sentito come diverso e minaccioso. Tuttavia, in un ambiente in cui proselitismo (*khatf*, verso gli ortodossi) ed evangelizzazione (*tabshīr*, verso i musulmani) sono praticamente impossibili, il suo rinnovamento e la sua missione stanno nel prendere piena consapevolezza della sua alterità: la sua storia, la sua tradizione, il suo patrimonio liturgico sono gli stessi della Chiesa copta ortodossa, ciò che le consente di sentirsi profondamente integrata e radicata nella storia e nei destini dell'Egitto, ma elemento costitutivo della sua identità è essere cattolica, universale, ciò che le dà l'opportunità, soprattutto attraverso la sua attività secolare, scevra da ogni discriminazione religiosa o confessionale, di portare uno spirito nuovo, di cambiamento, di apertura all'altro e al diverso. E questo non può che avere un effetto benefico su un Paese dominato da una cultura arabo-musulmana con un forte ed esclusivo senso di identità, che non lascia spazio agli altri, e da una Chiesa copta ortodossa che corre lo stesso pericolo di esclusivismo, di sospetto e di rifiuto dell'altro[22].

---

[22] Sul problema del rinnovamento della Chiesa copta cattolica si veda F. SIDAROUSS, "The Renewal of the Coptic Catholic Church: Grappling with Identity and Alterity. A Theologian's Perspective", in A. O'MAHONY, J. FLANNERY, editori, *The Catholic Church in the Contemporary Middle East. Studies for the Synod for the Middle East*, Londra 2010, pp. 139-151.

Capitolo 5

LA CHIESA ETIOPICA CATTOLICA

5.1 LA NASCITA DELLA CHIESA ETIOPE: FRUMENZIO E I NOVE SANTI[1]

La tradizione cristiana etiopica vanta radici vetero-testamentarie; queste, come narrate dal *Kebra Nagast*, "Gloria dei Re", il libro sacro degli etiopi, si ricollegherebbero alla storia di Makeda, la mitica Regina di Saba. Dal figlio Menelik, che la regina avrebbe avuto da Salomone, deriverebbe la discendenza salomonica della dinastia che fino al 1974 ha regnato in Etiopia. Insieme con Menelik, l'Etiopia avrebbe ottenuto anche l'Arca dell'Alleanza e le Tavole della Legge di Mosè.

La tradizione locale vuole poi che il cristianesimo sia stato introdotto in Etiopia dall'eununco della regina Candace il quale, secondo gli *Atti degli Apostoli*, sarebbe stato battezzato dal diacono Filippo sulla via che da Gerusalemme scende a Gaza[2]. Tuttavia, non si tratterebbe dell'odierna Etiopia, ma del Sudan, essendo *Candace* non nome proprio ma titolo portato dalle regine del regno nubiano di Meroe.

Secondo una tradizione antica, che trova espressione scritta nella *Historia Ecclesiastica* di Rufino di Aquileia (redatta nei pri-

---

[1] Per la storia della Chiesa etiope, si veda A. Elli, *Storia della Chiesa Ortodossa Tawāḥedo d'Etiopia*, in preparazione.

[2] Atti 8,26-39.

mi anni del V secolo), gli inizi dell'evangelizzazione in Etiopia risalirebbero "ai tempi di Costantino", quando due giovanetti di origine siriana, di Tiro, Frumenzio ed Edesio, naufraghi sulle coste di quel Paese, furono portati a corte, ad Aksum, e posti al servizio del re, del quale seppero guadagnarsi la simpatia e la stima. E, alla morte del re, Frumenzio divenne una specie di primo ministro, aiutando la regina, durante la minore età del figlio, a reggere le redini dello Stato. In quegli anni, Frumenzio si prese cura anche dei numerosi cristiani, per lo più di origine straniera, che vivevano prevalentemente ad Adulis, porto del regno di Aksum, dedicandosi alle attività commerciali. Quando il principe salì finalmente al trono, Frumenzio ed Edesio chiesero e ottennero il permesso di rientrare in patria, ma mentre Edesio si recò a Tiro – dove poi sarebbe diventato presbitero, avrebbe conosciuto Rufino e gli avrebbe raccontato la storia da lui poi tramandataci –, Frumenzio passò prima da Alessandria per chiedere al patriarca Atanasio (328-373) di inviare un vescovo ad Aksum. Atanasio ritenne opportuno nominare vescovo lo stesso Frumenzio e rimandarlo in Etiopia, dove divenne noto come *Kashate Berhan* "Rivelatore della Luce" o come *Abuna Salama* "nostro padre della pace". Questo avvenne verso il 340 e da allora le due Chiese, d'Etiopia e di Alessandria, resteranno legate: fino agli anni '50 del XX secolo il primate della Chiesa etiope (chiamato *metropolita* o, dagli etiopi stessi, col nome di *Abuna*) sarà un monaco-vescovo inviato dall'Egitto. E questo legame farà sì che anche la Chiesa d'Etiopia seguirà la Chiesa copta quando questa si separerà dalla Grande Chiesa a Calcedonia. È tuttavia da notare che, non conoscendo usi e costumi dell'Etiopia e neppure la lingua, il ruolo dei metropoliti egiziani si esauriva nell'ordinazione dei sacerdoti e dei diaconi e nella consacrazione delle pietre sacre d'altare, i *tabot*, mentre l'amministrazione ordinaria degli affari della Chiesa era nelle mani della gerarchia ecclesiastica locale, in particolare del capo dei monaci, l'*ecciaghé* (l'abate del monastero del Dabra Libanos nello Shawa), e degli abati, *membér*, dei singoli monasteri. Occorre quindi sottolineare che l'usuale designazione *copta* per la Chiesa d'Etiopia è da evitarsi: nonostante la dipendenza giuridica dalla Chiesa alessandrina per tanti secoli, la Chiesa etiope si è sviluppata indipendentemente, con una propria liturgia, non partecipando, se non in maniera secondaria, alle vicende della Chiesa copta; inoltre, la parola *copto* ha un ben preciso significato etnico ("egiziano"), inapplicabile all'Etiopia.

A conferma del racconto di Rufino, alcune iscrizioni locali dimostrano come il re aksumita Ezana (nato verso il 325, fu re nel periodo 330-365/370) prima della metà del IV secolo lasciò il paganesimo per passare al cristianesimo, fatto attestato anche dalle emissioni numismatiche dello stesso sovrano. Il ruolo che ben presto il cristianesimo avrebbe assunto in Etiopia è testimoniato anche dalla celebre spedizione che, su pressione dell'imperatore di Bisanzio Giustino I (518-527) il re Kaleb condusse nei primi anni dopo il 520 contro lo Yemen, in seguito alla persecuzione scatenata dal sovrano yemenita Dhu Nuwas, di religione ebraica, contro i cristiani dell'oasi di Najran.

La diffusione del cristianesimo fuori dall'ambito di corte fu facilitata dall'arrivo in Etiopia di missionari provenienti dall'impero bizantino, probabilmente in fuga davanti alle persecuzioni cui erano sottoposti in patria gli anti-calcedoniti. La tradizione locale ricorda gruppi di missionari, i cosiddetti "Giusti" e i "Nove Santi"; ad essi è attribuita l'introduzione in Etiopia del monachesimo, nonché la traduzione di opere importanti per la vita religiosa, oltre che monastica.

5.2 L'ISLAM E IL CRESCENTE ISOLAMENTO DELL'ETIOPA. LA DINASTIA ZAGWÉ E LA RESTAURAZIONE SALOMONICA

Nel VII secolo, il sorgere e l'espansione dell'islam resero difficili le comunicazioni tra Occidente ed Etiopia cristiana che, per secoli, oppose una strenua resistenza alla diffusione della nuova religione, sì da essere considerata un bastione del cristianesimo, che assunse il carattere di religione nazionale. Privata dagli islamici dei suoi sbocchi commerciali sul Mar Rosso, l'Etiopia perse sempre più contatto con l'Occidente, che ora poteva avvenire solo per via di terra, attraverso l'Egitto, pur esso in mano musulmana, e soprattutto attraverso la città di Gerusalemme, dove si era costituita, attorno ai Luoghi Sacri, una comunità di monaci etiopi.

Verso la fine del X secolo, l'Etiopia fu colpita da una grave calamità, causata dall'invasione di genti nemiche guidate da una regina, nota come Gudith, che causò lutti e distruzioni, fino a condurre il Paese sull'orlo della rovina. Chiese e monasteri furono rasi al suolo e sacerdoti e monaci uccisi. Ormai decaduto il regno di Aksum, la capitale stessa si spostò più a sud, nella regione del Lasta, donde emerse, verso il 1137, una nuova dinastia, quella degli Zagwé. Questa dinastia rimase celebre soprattutto per le chiese monolitiche che il re Lalibala fece scavare nel tufo rosaceo della capitale Roha – più tardi ribattezzata col nome stesso del re –, chiese annoverate dall'Unesco come parte del patrimonio universale.

Verso il 1270 la dinastia Zagwé fu rovesciata da Yekunno Amlak, che si presenta come il restauratore della dinastia salomonica. Con lui iniziò un'azione di conquista e di ampliamento del territorio del regno, continuata sotto i suoi successori, soprattutto per opera del re Amda Seyon (1314-1344), noto, per le sue spedizioni vittoriose conro i musulmani dei regni di Ifat e Adal, anche in Europa, col nome di Senapo[3]. E con l'ampliamento del territorio si accoppiò anche un'intensa attività missionaria rivolta ai popoli conquistati, che portò a una rapida diffusione

[3] Da un'alterazione del nome arabo del negus, 'Abd al-Salīb "Servo della croce", che altro non è che la traduzione del suo nome regale *Gabra Masqal*. Così, per esempio, "*Senapo imperator de la Etiopia*", in L. Ariosto, *Orlando Furioso*, Canto XXXIII, verso 804, e "*Resse già l'Etiopia, e forse regge / Senapo ancor con fortunato impero*", in T. Tasso, *Gerusalemme Liberata*, Canto XII, versi 161-162.

del cristianesimo. Nuovo vigore venne anche dalla revisione delle antiche traduzioni della bibbia in ge'ez, la lingua locale, dalla composizione e traduzione di libri necessari all'esercizio del culto e della catechesi. Furono fondati anche importanti ordini religiosi, in particolare le due "case" dei monaci di Takla Haymanot, diffusi principalmente nel sud, col loro centro nel monastero di Dabra Libanos nello Shawa, e di Ewostatewos, diffusi a nord, col monastero di Dabra Bizen, nell'odierna Eritrea.

5.3 I PRIMI IPOTETICI CONTATTI CON LA CHIESA DI ROMA

Agli ultimi anni del XIII secolo risalgono alcuni documenti che testimonierebbero i contatti che, seppure ancora superficiali, sarebbero stati tenuti tra l'Etiopia e la Santa Sede. Nel 1289 il francescano italiano Giovanni da Montecorvino (1246-1328), in compagnia del domenicano Nicola di Pistoia e del mercante Pietro di Lucalongo, lasciava Roma, per non rivederla mai più, inviato da papa Nicolò IV (1288-1292) quale suo legato presso il Gran Khan, l'Ilkhan di Persia, il re d'Armenia e l'imperatore d'Etiopia, allora Yagbe'a Seyon (1285-1295). Con sé portava lettere papali destinate ai vari sovrani; tra queste lettere, quattro erano destinate all'Etiopia. In esse il pontefice si rivolgeva al negus invitandolo «fervorosamente ed efficacemente ad osservare la fede cristiana e perseguire l'unità della stessa Chiesa». Queste lettere non giunsero mai a destinazione, poiché il viaggio dell'intrepido missionario si svolse tutto in Asia, ma esse sono la testimonianza del desiderio della Santa Sede di stringere rapporti con i cristiani etiopi.

Sarebbe a seguito di questi primi timidi contatti che nei decenni successivi, durante il regno di Amda Seyon, tra il 1316 e il 1330/1340, sarebbero avvenuti, secondo alcuni autori, i primi arrivi in Etiopia di missionari cattolici, nell'occorrenza domenicani, notizia per lo più ritenuta ora infondata. Il primo a parlarne fu, nel 1610, il domenicano spagnolo Luis de Urreta (1570 circa-1636), professore di teologia a Valencia. In un suo interessante libro sulla storia naturale, religiosa e politica dell'Etiopia, egli fantasticava attorno a una supposta antica presenza domenicana in Etiopia. Ciò che rende l'opera importante è che in essa si sosteneva, per la prima volta, che gli Abissini non erano mai stati né scismatici né separati dalla Chiesa romana, ma erano a tutti gli effetti cattolici. Le stesse idee venivano difese dal medesimo autore in un'altra sua opera del 1611. Secondo le fonti alle quali il de Urreta fa riferimento, otto frati domenicani, accompagnati da una terziaria francescana, partirono nel 1316 da Roma per l'Etiopia, dove predicarono pubblicamente e ottennero così tante conversioni che poterono poi fondare alcuni grandi conventi dell'ordine. Egli fornisce i nomi di questi missionari; in essi, però, il celebre etiopista Carlo Conti Rossini (1872-1949) ha riconosciuto delle deformazioni dei nomi dei succitati Nove Santi.

Per il cappuccino etiope Mario da Abiy-Addì, che ritiene storicamente accertata la presenza degli otto missionari domenicani in Etiopia, inviati da papa Giovanni XXII (1316-1334) nel 1316, prima di essi, tuttavia, intorno alla metà del XIII secolo, durante il pontificato di Alessandro IV (1254-1261), ci sarebbe stata in Etiopia una missione francescana.

Seguendo le conclusioni che più di venticinque anni prima aveva già tratto il Rossini, anche per lo storico Renato Lefevre, tuttavia, «la presenza nella favolosa Etiopia [...] di ordini religiosi occidentali (francescani, agostiniani o domenicani che fossero), prima che i gesuiti nel 1557 vi stabilissero la loro missione, è molto controversa e anche da escludere completamente alla luce di un attento esame delle fonti»[4].

---

[4] R. LEFEVRE, "Note su alcuni pellegrini etiopi in Roma al tempo di Leone X", *Rassegna di Studi Etiopici* 21, 1966, pp. 16-26, alla p. 17. Lo stesso Lefevre, tuttavia, in un suo precedente lavoro scriveva: «Indubbiamente il racconto di

5.4 IL NEGUS ZAR'A YA'QOB E IL CONCILIO DI FIRENZE

Lo stato etiopico ebbe la sua massima espansione durante il regno dei negus Dawit II (1383-1411) e Zar'a Ya'qob (1434-1468); quest'ultimo, soprattutto, non solo conseguì importanti risultati militari contro i sultanati musulmani che circondavano ormai a sud e a ovest l'impero cristiano, ma, specie di Giustiniano etiopico, promosse anche una notevole riforma politica e religiosa del suo governo. Durante il suo regno si pone il concilio di Ferrara-Firenze che vide, nel 1442, un tentativo di unione della Chiesa etiope con la Chiesa cattolica, unione rimasta però solo sulla carta. Già si è visto come, desiderando giungere all'unione con la Chiesa copta e la Chiesa etiope, il papa Eugenio IV avesse inviato in Oriente un proprio legato, Alberto Berdini da Sarteano. Questi era latore anche di una lettera di accreditamento presso il "Prete Janne"[5], ossia il negus d'Etio-

queste due missioni si è confuso con l'eco di antichi avvenimenti della storia religiosa interna della Etiopia. Ma sono portato a credere [...] che qualche fondo di verità essa pur abbia» (R. Lefevre, "Riflessi Etiopici nella cultura europea del Medioevo e del Rinascimento – Parte II", *Annali Lateranensi*, vol. IX, Roma 1945, pp. 331-444, alla p. 368). E più oltre, nello stesso articolo: «Tutto questo ho voluto ricordare per dare conferma alla convinzione che l'Africa Orientale sia stata effettivamente nella prima metà del secolo XIV oggetto di missioni domenicane» (Ibidem, p. 369); e ancora: «Si hanno elementi sufficienti per ritenere che nella prima metà del '300 l'Abissinia fu realmente oggetto dell'attività missionaria di religiosi italiani, e ritengo che le notizie di fonte abissina di missioni domenicane risalenti a questo periodo siano deformazione, e soltanto deformazione, di elementi storici» (Ibidem, p. 371).

[5] Nel Medioevo si diffuse in Europa la leggenda sull'esistenza, nelle Indie, di un favoloso *Presbyter Johannes*, "Prete Giovanni", o "Prete Gianni" come fu più comunemente detto in volgare italico – così chiamato perché, si pensava, fosse contemporaneamente sovrano e sacerdote –, ricchissimo e potentissimo, ma, soprattutto, cristiano. Tale denominazione, relativa dapprima a un singolo individuo, si estese poi a tutta una dinastia, diventando il titolo di cui era rivestita l'autorità dei suoi componenti. L'incerta terminologia geografica allora co-

pia Zar'a Ya'qob, nella quale, data a Firenze il 28 agosto 1439, papa Eugenio IV comunicava di inviare «i diletti figli, Alberto da Sarteano dell'ordine del beato Francesco, nostro commissario nelle parti orientali, e i suoi compagni che avrà condotto (a ciò) destinati, se egli stesso non potesse venire personalmente. [...] La tua medesima Serenità voglia prestare ad essi piena fede di credibilità in quello che diranno sia circa le cose predette come

---

mune, che confondeva Etiopia e India, Asia e Africa, contribuì a ingarbugliare le idee su questa leggendaria figura, rendendolo un personaggio dai contorni imprecisi. Si pensava dapprima che fosse un principe nestoriano, il cui impero era posto al di là dell'Armenia e della Persia, che affermava di discendere dai Magi; così lo presenta il vescovo Otto di Freising (1112-1158), zio materno di Federico Barbarossa (1155-1190), nonché uno dei più notevoli rappresentanti del pensiero storico medievale, nel VII libro della sua *Chronica sive Historia de duabus civitatibus*, edita tra il 1143 e il 1146, che contiene la prima menzione a noi nota del Prete Gianni. Vittorioso sul re della Persia e impadronitosi della città imperiale di Ecbatana, il *Prete* aveva continuato la sua marcia verso Ovest, per liberare Gerusalemme dai musulmani; ma, impossibilitato ad attraversare l'Eufrate in piena per lo scioglimento delle nevi, aveva dovuto far ritorno nel suo regno. Questa storia cominciò a circolare in Europa verso la metà del XII secolo e una lettera, a lui falsamente attribuita e che fece la sua apparizione in Occidente nel 1165, ebbe l'effetto di renderla sempre più popolare, facendo del Prete Gianni uno dei miti più famosi, diffusi e tenaci del Medioevo e che ebbe un notevole impatto anche sulla letteratura popolare e poetica medievale. Creduto dapprima, come visto, un principe nestoriano o un sovrano dei cristiani di san Tommaso, nel Kerala, nel sud-ovest dell'India, o un capo tartaro, in particolare Wang Khan e Chingiz Khan (1167-1227, il "Sovrano Oceanico", le cui clamorose vittorie nei primi decenni del XIII secolo avevano provocato grande emozione non solo tra i crociati, ma anche nella corte pontifica e in tutta la cristianità), come riteneva Marco Polo (1254-1324), solo nel XIV secolo il Prete Gianni fu identificato con l'imperatore etiopico. Tale identificazione fu certamente facilitata dai sempre più frequenti contatti dei pellegrini europei con i monaci della comunità abissina di Gerusalemme, dai quali avevano sicuramente appreso dell'uso del titolo *Jan* "capo; re; maestà; regalità" riferito al sovrano etiopico; un ruolo non trascurabile ebbero poi i racconti dei mercanti occidentali ai quali, frequentando i porti dell'Egitto e della Terra Santa, era certamente giunta la fama del cristiano re dell'Abissinia.

pure circa alcune cose più riservate da parte nostra»[6]. L'ultima frase citata – *circa quaedam secretiora [ex] parte nostra* – è, come nota lo studioso Joseph Cuoq (1917-1986), una formula prudente e vaga, che poteva coprire le informazioni e i progetti più disparati; questa prudenza si imponeva a motivo della stretta sorveglianza dei musulmani sulle relazioni tra gli Abissini e i cristiani occidentali[7]. Per Enrico Cerulli (1898-1988), poi, essa lasciava al legato pontificio «ampia possibilità di regolare queste comunicazioni maggiormente segrete secondo la situazione che egli troverà in Etiopia»[8]. Giunto al Cairo, il legato pontificio non ottenne però dal sultano Jaqmaq (1438-1453) l'autorizzazione a continuare il suo viaggio verso l'Etiopia.

All'ambasciata copta che accompagnò il Berdini a Firenze si unì anche una delegazione etiope, guidata dal diacono Pietro, delegato di Nicodemo, abate del monastero abissino di Gerusalemme, latore di una lettera dell'abate al papa. Il 2 settembre 1441, a Firenze, Pietro parlò davanti ai Padri conciliari. Dopo aver esposto in maniera poetica la magnificenza dell'imperatore etiopico e del suo Paese natale, dichiarò che il negus e il suo popolo avevano buone disposizioni verso l'unione con Roma. Consegnò quindi al pontefice la lettera dell'abate Nicodemo di Gerusalemme, nella quale si esprimevano ancora i sentimenti favorevoli dell'imperatore etiopico all'unione ecclesiastica. Conscio tuttavia di essere soltanto il rappresentante della comunità etiopica di Gerusalemme, Nicodemo nella sua lettera sapientemente riservava ogni decisione importante al negus e alle autorità ecclesiastiche dell'Etiopia. Ben sapendo che il negus non nutriva affatto quei sentimenti filo-cattolici che sembravano

[6] O. Raineri, *Lettere tra i Pontefici Romani e i Principi Etiopici (sec. XII-XX). Versioni e integrazioni*, Collectanea Archivi Vaticani 55, Città del Vaticano, Archivio Segreto Vaticano, 2005, n. 4, pp. 22-23 (testo latino), 23 (versione italiana).

[7] J. Cuoq, *L'Islam en Éthiopie. Des origines au XVIe siècle*, Parigi 1981, p. 202.

[8] E. Cerulli, "L'Etiopia del secolo XV in nuovi documenti storici", in *Africa italiana* V, 1933, pp. 57-112, alla p. 59.

trasparire dalla sua lettera, egli si preoccupava di non assumere alcuna responsabilità ufficiale; la missione dei suoi inviati a Roma aveva carattere solamente informativo; né lui né i suoi delegati potevano trattare con la Santa Sede in nome del negus. Nicodemo si offriva quindi di essere l'intermediario presso il negus, trattando la cosa con zelo perché, ad opera di altri, l'unione si potesse fare. Egli si preoccupava anche di separare la sua causa da quella dei copti, non volendo che qualsiasi decisione assunta dalla Chiesa copta potesse avere conseguenze anche per la Chiesa etiope, senza previa conoscenza da parte del negus. E così, la bolla *Cantate Domino*, che sanciva l'unione coi copti, solennemente promulgata il 4 febbraio 1442, non contiene nessuna esplicita menzione degli etiopi, i quali non parteciparono alla cerimonia ufficiale di promulgazione.

Il pontefice, tuttavia, nutriva la speranza che i messi etiopi rinviati potessero ottenere in breve tempo dal negus l'autorizzazione a rappresentarlo ufficialmente al concilio. Avendo apprezzato la missione dell'inviato dell'abate Nicodemo, si attendeva ora che a questi primi contatti facesse seguito anche una missione ufficiale, così da negoziare anche con la Chiesa d'Etiopia l'unione che già era stata conclusa con la Chiesa copta. In effetti, i religiosi etiopi delle comunità di Gerusalemme e di Cipro accettarono l'unione solo a titolo privato, in attesa che anche il negus confermasse la propria adesione, con l'invio di ambasciatori autorizzati a sottoscrivere l'unione pure a nome degli etiopi. Il papa, che nutriva grandi speranze sull'unione religiosa con l'impero cristiano d'Etiopia, si adoperò perché il testo della bolla fosse mandato e promulgato anche in quel Paese. In una lettera al papa del 1° febbraio 1444, il custode francescano della Terra Santa, padre Gandolfo di Sicilia, informò il pontefice che il 6 gennaio erano giunti a Gerusalemme alcuni ambasciatori che il negus aveva mandato al Cairo e che avevano poi continuato il loro viaggio fino alla Città Santa. Essi avevano informato i francescani di come il loro sovrano avesse ricevuto i documenti del concilio di Firenze e di come, con le autorità civili e religiose del suo regno, si fosse deciso per l'unione con la Chiesa cattolica. Null'altro però testimonia che tale bolla avesse avuto qualche effetto positivo; come per la Chiesa copta, anche per quella etiope essa restò lettera morta.

5.5 LA PRIMA SICURA MISSIONE DELLA CHIESA DI ROMA IN ETIOPIA

Continuarono, però, i contatti con l'Occidente. Quando il giovanissimo negus Eskender (1478-1494) salì al trono, i membri del consiglio di reggenza, per cercare di porre un freno al crescente dissenso religioso, decisero di inviare un'ambasciata in Egitto, con ricchi doni per il sultano e con la richiesta al patriarca della nomina di un nuovo metropolita, essendo il predecessore ormai morto da circa vent'anni. L'ambasciata abissina arrivò al Cairo nel marzo 1481; da qui, compiuta la sua missione, proseguì poi per Gerusalemme, dove arrivò il 18 aprile. Dopo aver visitato la Terra Santa, l'ambasciatore etiope si accinse a imbarcarsi per la Grecia, dove, su incarico dei consiglieri reali, avrebbe dovuto chiedere al clero di quella nazione l'invio di un prelato per la consacrazione del nuovo re dell'Etiopia, ancora fanciullo. Prima di ripartire da Gerusalemme, tuttavia, ebbe l'occasione di fare amicizia con i frati francescani della Città Santa, coi quali entrò in familiarità. E un giorno confidò al napoletano fra Giovanni Tomacelli, Custode di Terra Santa (1478-1481), lo scopo del suo viaggio. Il Custode non perse l'occasione di suggerigli di rivolgersi ai cattolici, invece che agli "eretici" greci, e l'ambasciatore etiope lo invitò allora ad accompagnarlo egli stesso in Etiopia, con altri dodici frati, dove avrebbe dovuto incoronare il giovane negus e predicare la dottrina cattolica. Il Custode replicò che non poteva, di sua iniziativa, fare una simile cosa, ma occorreva prima chiedere l'autorizzazione ai suoi diretti superiori e allo stesso Sommo Pontefice.

E così, da questi contatti, ebbe origine la prima regolare ambasceria pontificia inviata in Etiopia. Essa era costituita da un laico, Giovanni Battista Brocchi da Imola, e da un francescano, fra Giovanni da Calabria. Partiti dal Cairo, dopo aver risalito il Nilo e attraversato poi il deserto fino a Qosseir, i due si imbarcarono per Sawakin; da qui, per via di terra, attraversarono poi tutto il territorio dell'odierna Eritrea e si inoltrarono nell'Etiopia giungendo, dopo undici mesi complessivi di duro viaggio, a Barara, nello Shawa, dove risiedeva la corte del negus. E lì dovettero inutilmente attendere otto mesi di essere ricevuti dal sovrano, adirato perché i suoi inviati non erano ritornati e perché avevano trattenuto presso di sé i ricchi doni che papa Sisto IV (1471-1484) aveva loro consegnato. Vedendo che il tempo trascorreva inesorabile senza che non si vedesse uno spiraglio all'ingarbugliata situazione, fra Giovanni da Calabria decise di rinviare il Brocchi a Gerusalemme, per chiedere ulteriori istruzioni. E così, il 27 dicembre 1483 il Brocchi era di ritorno nella Città Santa, nel convento francescano del Monte Sion, per rendere conto al mantovano fra Paolo da Canneto, nuovo Custode di Terra Santa, del fallimento della missione. Al principio del 1484 il Brocchi ritornò in Etiopia, latore di un messaggio al negus da parte del Superiore di Terra Santa. Del Brocchi e del suo compagno Giovanni da Calabria si perdono poi le tracce; è solo nel novembre 1487 che un documento ci presenta il Brocchi nuovamente in Italia.

5.6 L'INVASIONE DEL GRAGN E L'INTERVENTO PORTOGHESE. IL "PATRIARCA" BERMUDES

Durante il regno di Lebna Dengel (1508-1540), la potenza etiopica subì una gravissima crisi per l'invasione musulmana guidata da Ahmad ibn Ibrahim, detto Gragn "Mancino": diventato signore del sultanato di Harar, ad oriente del regno etiopico, costui intraprese un vero e proprio *jihad* contro l'impero cristiano, con razzie e campagne di conquista e di assoggettamento dei cristiani. L'Etiopia fu coperta di rovine, con la distruzione sistematica delle chiese e dei monasteri e la conseguente perdita di gran parte del ricco patrimonio artistico e letterario. Per l'Etiopia, il periodo del Gragn segnò l'inizio di un rapido processo di decadenza e tantissimi cristiani furono obbligati ad abbracciare l'islam per aver salva la vita. Quando i musulmani invasero anche il Tegray, dove il negus si era rifugiato, Lebna Dengel si trovò costretto a richiedere l'intervento armato diretto del Portogallo, allora potenza cristiana presente nell'Oceano Indiano, offrendo, apparentemente, di portare la Chiesa etiope sotto la giurisdizione della Chiesa di Roma, Con questa mossa, egli sperava di ottenere l'aiuto delle potenze cristiane, aiuto che anni prima, offertogli da una spedizione portoghese (1520-1527) guidata da Dom Rodrigo de Lima, aveva sconsideratamente rifiutato.

A tal scopo nel 1535 inviò in Europa, unitamente a due suoi ambasciatori – uno dei quali morì però per mare e un altro nei pressi di Venezia – João Bermudes (circa 1491-1570), un membro della precedente spedizione portoghese che era stato trattenuto in Etiopia e che egli avrebbe fatto consacrare Abuna d'Etiopia, per chiedere l'aiuto di João III del Portogallo (1521-1557). Tale presunta ordinazione è tuttavia basata sulle sole affermazioni dello stesso Bermudes, il quale scrisse di avere accettato, sotto condizione di ottenere l'approvazione di Roma. Giunto a Roma (1536), Bermudes, principalmente preoccupato dei propri interessi, prima di recarsi a Lisbona si fermò parecchi mesi nella città papale, cercando di ottenere da papa Paolo III (1534-1549) la nomina a Patriarca dell'Etiopia. Visti vani i suoi tentativi, continuò per Lisbona (1537), dove si presentò quale ambasciatore di Lebna Dengel e sostenendo che il pontefice non solo lo aveva confermato nella sua carica di Patriarca d'Etiopia, ma aveva aumentato i suoi poteri offrendogli anche il titolo di Patriarca di Alessandria. Nel 1539 re João III inviò il Bermudes in Etiopia, con numerosi regali per il negus, tra i quali molte armi. Giunto a Goa, nelle Indie, Bermudes chiese al viceré delle Indie di essere trasportato a Massawa. Un messaggero, inviato alla corte del negus, tornò a Goa con la richiesta disperata di aiuto. Ma prima che gli sperati aiuti potessero sopraggiungere, Lebna Dengel morì, appena quarantaquattrenne, nel suo rifugio del monastero di Dabra Damo, il 2 settembre 1540. Nel 1541 i Portoghesi inviarono una forza di 400 uomini, al comando di Christovão da Gama (circa 1516-1542), quarto figlio del celebre Vasco (1468/1469-1524), della quale faceva parte anche il Bermudes. Dopo le prime vittorie, i Portoghesi subirono però una grave sconfitta, nella quale lo stesso Christovão da Gama fu catturato e successivamente decapitato per mano dello stesso Gragn (29 agosto 1542). I duecento portoghesi rimasti riuscirono a ricongiungersi con le forze del successore di Lebna Dengel, il figlio Galawdewos (Claudio; 1540-1559), e nel 1543 inflissero al Gragn, nei pressi del lago Tana, una sconfitta definitiva, nella quale lo stesso comandante musulmano perse la vita (21 febbraio 1543). Con la sua morte, le sue truppe si dispersero e il dominio musulmano nel Paese venne meno. L'Etiopia rimase però estremamente indebolita dalla lunga guerra e non poté così opporre la dovuta resistenza alle continue migrazioni degli Oromo (popolazione nota anche con il termine Galla) da sud, che invasero in più riprese lo Shawa, l'Angot e l'Amhara.

La spedizione militare portoghese ebbe un ruolo fondamentale, difficilmente sopravvalutabile, nel salvaguardare l'indipendenza dell'Etiopia nei confronti di una minacciata conquista islamica. Essa, però, segnò anche l'inizio di una penetrazione europea, portoghese nel caso in questione, sempre più invadente, che ebbe gravi ripercussioni sulla storia dell'Etiopia e che fu la causa del suo isolamento fino alla metà del XIX secolo.

Dopo la morte del Gragn, Bermudes fece pressioni sul negus perché si sottomettesse al papa di Roma, convertendosi al cristianesimo e, soprattutto, riconoscendo lui quale legittimo patriarca. Col venire meno del pericolo musulmano, l'atteggiamento di Galawdewos verso i Portoghesi era tuttavia mutato; benché ancora avesse bisogno del loro aiuto, non era più disposto a scendere a certi compromessi; anzi, riteneva che la riabilitazione della Chiesa etiopica, uno dei pilastri della dinastia salomonica, fosse ora uno dei suoi compiti prioritari. Il giovane imperatore si vide alla fine costretto ad allontanare da corte l'intrigante portoghese, insieme coi suoi pochi sostenitori, relegandoli nel paese dei Gafati. Inviò quindi una lettera a re João III di Portogallo, lamentandosi del comportamento arrogante del Bermudes, mentre contemporaneamente, per meglio sottolineare la sua presa di posizione anti-cattolica, si affrettò a chiedere al patriarca copto Gabriele VII (1525-1568) l'invio di un nuovo abuna. Il metropolita, di nome Yosab I (morto verso il 1559), partì dall'Egitto verso il 1546/47. Nella sua lettera di risposta a Galawdewos, del 13 marzo 1546, re João III, che tuttavia credeva in un genuino desiderio del negus di diventare cattolico e di ottenere un patriarca ordinato da Roma, replicava di non sapere nulla di una consacrazione del Bermudes quale patriarca dell'Etiopia e gli consigliava di non tener in nessun conto le sue pretese. I Portoghesi e il Bermudes vennero confinati nella regione di Doaro e successivamente in quella di Bet Maryam. Il Bermudes, tuttavia, al quale l'arrivo del nuovo metropolita inviato dal Cairo non lasciava spazio e toglieva qualsiasi speranza di riuscire a convertire il re, per tutta risposta, nel 1553 o 1554 fuggì dal luogo dove era stato confinato e si recò a Debarwa, nell'odierna Eritrea, da dove pensava di raggiungere Massawa e quindi Goa.

5.7 La prima missione dei Gesuiti

In Europa, nel frattempo, Ignazio di Loyola (1491-1556), il santo fondatore della Compagnia di Gesù, agendo di concerto con la Santa Sede e col re João III, era impegnato nei preparativi per la consacrazione di un nuovo, e questa volta effettivo, patriarca dell'Etiopia, che sarebbe stato consacrato con due vescovi ausiliari e che avrebbero raggiunto il Paese al seguito di un'ambasciata portoghese. Ignazio e João III pensavano infatti che il tipo di apostolato da tenersi con gli etiopi fosse diverso rispetto a quello per gli altri paesi dell'Africa islamica: poiché essi erano già cristiani, anche se ritenuti eretici, non era necessario per loro il "primo annuncio"; si pensava che, dipendendo essi dal patriarca di Alessandria, sarebbe stato sufficiente sostituire questo con un patriarca latino, coadiuvato da un piccolo gruppo di gesuiti e con l'appoggio del negus, vista la reputazione di santità di cui Galawdewos godeva in Europa, per portare in breve tempo alla conversione dell'intera Etiopia alla fede cattolica.

Scegliendo tra i candidati proposti, il 24 gennaio 1554 papa Giulio III (1550-1555) si decise infine per la nomina di João Nunes Barreto (1520 circa-1562) a patriarca e dei due vescovi ausiliari Andrés de Oviedo (1518-1577), portoghese, destinato a succedergli, e Belchior Miguel Carneyro (1519 circa-1583), castigliano.

Da parte sua, il viceré dell'India Dom Pedro de Mascarenhas (1554-1555), su proposta del vice-provinciale gesuita dell'India, Balthasar Dias, aveva deciso di inviare un messaggero alla corte di Galawdewos, per sondare la disposizione del negus ad abbandonare l'"eresia" e a sottomettersi alla Chiesa di Roma, preparando quindi la via all'arrivo del patriarca. L'inviato, il gesuita padre Gonçalo Rodrigues, partì da Goa il 7 febbraio 1555, raggiungendo il campo di Galawdewos il 17 maggio. L'imperatore, imbarazzato alla notizia del prossimo arrivo di ecclesiastici latini, replicò che non aveva alcuna intenzione di rompere i legami con la Chiesa di Alessandria, che i preti che aveva richiesto erano destinati alla cura pastorale dei soli Portoghesi e che riteneva inutile l'arrivo di un patriarca cattolico. Non volendo comunque offendere il re del Portogallo, acconsentì a ricevere il Barreto e il suo seguito, in modo da poter continuare le discussioni religiose.

Durante il suo soggiorno a corte, Rodrigues, invece di limitarsi a una funzione esplorativa, iniziò un confronto polemico in campo religioso. Di fronte alla crescente invadenza dell'ospite,

Galawdewos si vide costretto a esprimere con fermezza, in un documento ufficiale, noto come "Confessione di Claudio", le proprie convinzioni religiose, sue e del suo popolo: dopo aver esposto la dottrina trinitaria e come la Chiesa etiope si fosse sempre mantenuta fedele alla tradizione apostolica, il negus spiegò alcuni riti, come l'osservanza del sabato, le ragioni del mantenimento della circoncisione e le ragioni per le quali gli etiopi non mangiavano carne di maiale. Spiegando la differenza di significato che gli etiopi davano a questi riti rispetto a quello che vi davano gli Ebrei, il negus mirava a far cadere da sé e dai suoi sudditi l'accusa di giudaismo, apparentemente il principale capo d'accusa mossogli. L'abuna Yosab, presente a corte, lanciò la scomunica su quanti sarebbero stati trovati a leggere gli scritti di Rodrigues. Inoltre, il negus proibì l'accesso al Paese dei missionari cattolici, con eccezione di quelli destinati alla cura spirituale dei Portoghesi. Gonçalo Rodrigues fu rinviato a Goa; con lui rientrò anche il Bermudes.

Giunto a Goa nel settembre 1556, Nunes Barreto venne informato dal governatore Francisco Barreto (1555-1558), che nel frattempo aveva ricevuto il rapporto di Rodrigues, del mutato atteggiamento di Galawdewos verso la Chiesa di Roma. Il governatore, poco propenso all'idea di usare la forza contro il negus e temendo che nella persona del patriarca i Portoghesi potessero subire affronti, giudicò opportuno trattenerlo a Goa. In Etiopia fu invece mandato Andrés de Oviedo, che nel mese di giugno 1557, accompagnato da altri cinque missionari gesuiti, raggiunse la corte del negus. Ancora una volta, però, Galawdewos, pur mostrandosi cortese nei riguardi dell'illustre ospite, non cedette dalle sue rigorose posizioni in campo dottrinale. Il comportamento arrogante tenuto da de Oviedo e dagli altri missionari nei dibattiti offese i sentimenti del clero e dei nobili. Resosi conto del fallimento della sua missione e lasciata ogni speranza di riuscire a far cambiare al negus le sue convinzioni, de Oviedo abbandonò irato la corte, ritirandosi nel Fatagar. Nello stesso periodo, Galawdewos marciò contro i musulmani dello Shawa, rimanendo ucciso in battaglia (23 marzo 1559).

Pochi giorni dopo la sua morte, gli succedette il fratello Minas (1559-1563) che, fermamente ostile al cattolicesimo, limitò grandemente le libertà religiose dei Portoghesi, concesse da Galawdewos. De Oviedo, le cui infiammate proteste non ottennero altro che di indurire l'atteggiamento già ostile di Minas nei riguardi dei Portoghesi, fu tenuto prigioniero a corte per sei mesi, quindi espulso; contemporaneamente, quegli etiopi convertiti che non non accettavano di abiurare il cattolicesimo furono severamente puniti.

Il 22 dicembre 1562 Barreto moriva a Goa, senza aver più saputo nulla di de Oviedo; costui, già nominato precedentemente vescovo di Hierapolis e che aveva il diritto di successione, lo sostituì quale patriarca d'Etiopia. Nel 1566 – era allora negus il figlio di Minas, Sarsa Dengel (1563-1597) – de Oviedo, insieme con un gran numero di Portoghesi e familiari, circa duecentotrenta persone, si sistemò in un villaggio del Tegray, a circa sei chilometri a nord-ovest di Adwa, di nome Maygoga. Rinominato Fremona, in onore di san Frumenzio (Feremnatos, in ge'ez), l'apostolo dell'Etiopia, esso divenne il primo centro fisso dell'attività missionaria dei gesuiti e sede di un'importante comunità etio-portoghese. Benché, nel corso dello stesso 1566, una lettera papale lo avesse autorizzato a recarsi come vescovo in Giappone, de Oviedo si rifiutò di lasciare l'Etiopia: la sua opera, scrisse, era necessaria per la cura delle anime dei Portoghesi e, inoltre, non disperava di poter convertire ancora gli etiopi, molti dei quali erano ben disposti verso la Chiesa di Roma, ma trattenuti dal fare il passo decisivo dalla paura della persecuzione. E in Etiopia il de Oviedo morì, in estrema povertà, nel 1577, dopo vent'anni di permanenza nel Paese.

Poco prima di morire, de Oviedo ordinò prete il fratello laico Francisco Lopes che, insieme coi compagni Manoel Fernandes e Antonio Fernandes, continuarono per anni ad assicurare la cura spirituale ai Portoghesi dispersi per le province di frontiera e al ristretto numero di etiopi convertiti. I due Fernandes morirono rispettivamente nel 1583 e nel 1593; il 25 maggio 1597, dopo trentanove anni di presenza in Etiopia, anche Lopes moriva, ponendo così fino alla prima missione gesuita, cominciata tra grandi speranze nel 1556.

5.8 IL NEGUS SUSENYOS E LA SECONDA MISSIONE DEI GESUITI

Considerata la delicata situazione in cui era venuta a trovarsi la comunità cattolica in Etiopia alla morte dell'ultimo gesuita, il viceré delle Indie Dom Francisco da Gama (1597-1600), con l'accordo di Dom Frei Aleixo de Menezes (1559-1617), arcivescovo di Goa (1595-1612), era riuscito ad inviare, in aiuto ai Portoghesi ancora residenti in Etiopia e in attesa che si rendesse disponibile un nuovo gesuita, il sacerdote secolare indiano Belchior da Sylva. Partito da Goa nel marzo 1598, il da Sylva riuscì a raggiungere Fremona. E a Fremona rimase, finché venne rilevato nel 1603 da Pedro Paez (1564-1622), il pioniere della seconda generazione di gesuiti destinati all'Etiopia e senza dubbio una delle più importanti e positive figure dei gesuiti in questa terra di missione.

Dopo un primo tentativo fallito nel 1589 – terminato con una lunga prigionia durata ben sette anni –, fu solo nel maggio 1603 che il Paez riuscì a raggiungere Fremona, dove prese alloggio presso il *tucul* che già era stato di de Oviedo. Nell'attesa di essere invitato a corte, cominciò lo studio dell'amharico, la principale delle lingue parlate, e del ge'ez, la lingua liturgica, che apprese, tra lo stupore generale, con sorprendente rapidità. Tra i diversi pretendenti al trono che in quel periodo si combattevano l'un l'altro, alla fine uscì vincitore Susenyos (1607-1632). Non appena ottenuto il potere, il nuovo imperatore prese i primi contatti col Paez e compì i primi passi del lungo e travagliato processo che lo avrebbe portato ad abbracciare il cattolicesimo.

L'impegno mostrato dai missionari a vivere una vita personale esemplare, in castità, la grande capacità di perdonare, l'onestà nel conservare oggetti consegnati loro in custodia o in deposito contribuirono a formare attorno a loro una corrente di simpatia. È così che con la stima e l'ammirazione verso i missionari cominciò a insinuarsi nell'animo di Susenyos il desiderio di abbracciare anche la fede di Roma. Paez, tuttavia, lo convinse che non era ancora giunto il momento di proclamarsi cattolico. Se'ela Krestos, invece, il fratello del negus, che si mostrava contrario a queste tergiversazioni, fu accolto nella fede di Roma alla fine del 1611 o nei primi mesi del 1612; il suo esempio fu seguito da altri personaggi di corte. Si venne così a formare un primo nucleo di cattolici romani originari del Paese anche se, per sicurezza, la conversione non fu resa pubblica. Incominciò anche la predicazione preso la popolazione e non tardarono a manifestarsi le prime adesioni. Questa crescente attività dei missionari portoghesi, però, sollevò un'opposizione sempre maggiore, da parte soprattutto dei monaci. L'opposizione era guidata dall'abuna Sem'on (1608-1618), che aveva attirato dalla sua parte molte influenti personalità. E tale opposizione non tardò a concretizzarsi in un'aperta rivolta armata. Lo scontro decisivo avvenne il 12 maggio 1618 a Sadda nel Dambea; nella battaglia anche l'Abuna trovò la morte. La vittoria fu vista da Susenyos come segno del favore divino, ciò che rafforzò la sua convinzione di essere lo strumento scelto da Dio per la salvezza del popolo etiopico mediante l'imposizione del cattolicesimo quale religione dell'impero.

Nonostante il temporaneo fallimento della ribellione istigata dall'Abuna, il partito alessandrino non demorse, continuando a soffiare sul fuoco del malcontento popolare. Ancora una volta la vittoria arrise ai cattolici (26 ottobre 1621). Convinto che qualsiasi altro tentennamento non avrebbe potuto far altro che rendere sempre più insostenibile la situazione, il negus ritenne che era ormai giunto il momento di compiere il passo decisivo del suo programma di affermazione del cattolicesimo. E così, il 1° novembre 1621, il negus comunicò ai suoi ministri e ai suoi ufficiali la sua volontà di abbracciare pubblicamente il cattolicesimo e di proibire di insegnare o difendere la dottrina dell'unica natura di Cristo; le pratiche religiosi tradizionali del cristianesimo etiopico venivano condannate, in particolare l'osservanza del sabato. Rimaneva ancora un ultimo passo: la conversione personale di Susenyos. Convinto che Dio approvasse la sua risoluzione, nel marzo 1622 il negus si risolse a dichiararsi cattolico romano: convocò a corte Paez e alla sua presenza ripudiò tutte le sue mogli, tranne la prima; fece quindi professione di fede romana, abiurando la Chiesa ortodossa e giurando fedelta alla Chiesa cattolica, si confessò e ricevette i sacramenti. Poco tempo dopo, Paez cadde preda delle febbri malariche e nonostante tutte le cure tentate morì il 20 maggio 1622, pianto dall'imperatore.

Ancor prima della morte del Paez, Susenyos aveva scritto al Preposito Generale dei gesuiti a Goa per chiedere l'invio di altri sacerdoti. Fu però solo il 1° febbraio 1624 che tre nuovi sacerdoti, i padri Manoel de Almeida (1579/1580-1646), Manoel Barradas (1572-1646) e Luís Cardeira arrivarono a Fremona, quartier generale dei gesuiti di Etiopia.

Dopo la morte del Paez il padre Antonio Fernandes, giunto in Etiopia nel 1604, fu nominato superiore di tutti i monasteri e di tutte le chiese dell'Impero. Nella sua nuovo posizione di autorità, diede inizio a un processo di latinizzazione e di moralizzazione della Chiesa d'Etiopia. Convinto, erroneamente, dell'invalidità, per difetto di materia o di forma, dei sacramenti della Chiesa etiopica, stabilì che l'amministrazione dei sacramenti doveva avvenire secondo formulari da lui stesso stabiliti. Si cominciò inoltre a recitare le messe non solo in rito, ma anche in lingua latina e anche utilizzando paramenti liturgici latini. A ciò si aggiungevano a volte segni di profanazione delle chiese e di derisione della fede locale. Grande resistenza trovarono i tentativi di riforma del digiuno etiopico e del calendario liturgico, che si volevano adattare alla legislazione latina. Susenyos, al quale non sfuggiva la potenziale pericolosità di queste iniziative, cercò sempre, anche se timidamente, di moderare lo zelo riformatore dei missionari.

A Fremona, intanto, nell'attesa di essere convocati a corte, de Almeida e i suoi compagni cominciarono il loro apostolato, rimanendo ben impressionati dalla buona disposizione della popolazione verso la fede cattolica e giudicando che i tempi fossero ormai maturi per l'invio di un nuovo patriarca. E così nel 1625 arrivò in Etiopia il gesuita Alfonso Mendes, il nuovo patriarca. Giunto a Fremona il 21 giugno 1625, è solo il 7 febbraio 1626 che fu ricevuto, con tutti gli onori, alla corte del negus. A differenza del Paez, che aveva sempre agito con prudenza e con toni dimessi, il Mendes assunse un atteggiamento gretto, arrogante e privo di tatto, cercando, con l'ostentazione di trionfalismo e di splendore, di instaurare un clima di soggezione e timore reverenziale nei propri confronti, che finirà però per provocare un'irritazione e una ripulsa sempre più crescente e inarrestabile. Benché già nel 1624, con una lettera da Aksum indirizzata a tutto il popolo, Susenyos avesse pubblicamente dichiarato la propria adesione al cattolicesimo, il patriarca gli impose, come segno di gratitudine per tutti gli aiuti, militari e morali, che Roma e il Portogallo avevano concesso all'Etiopia, una nuova sottomissione, in maniera grandiosa, davanti alla corte intera. Mercoledì 11 febbraio 1626 fu il giorno scelto per la professione solenne di obbedienza alla Chiesa di Roma. In ginocchio davanti al patriarca, Susenyos giurò alleanza al papa e fece professione di fede cattolica; dopo di lui giurarono il fratello Se'ela Krestos, quindi i figli Fasiladas e Galawdewos, i nobili e il clero. Nell'occasione, il negus designò il ventitreenne Fasiladas quale principe ereditario: i nobili, guidati da Se'ela Krestos, gli giurarono fedeltà. Chiunque da quel momento avesse tradito il giuramento di fedeltà emesso fu minacciato di decapitazione.

Ancora una volta il Mendes mancò di prudenza e di moderazione: completamente ignorante di come la fede alessandrina si fosse profondamente identificata e radicata nel nazionalismo etiopico nel corso delle recenti lotte contro l'islam, sentendosi rivestito di un'autorità quasi assoluta e ritenendosi spalleggiato dall'imperatore, egli decise di imporre il cattolicesimo romano a tutto il Paese, anche con la forza, senza pensare alle deleterie conseguenze del suo comportamento. Furono proprio questi aspetti negativi del comportamento dei missionari, presenti in maggior misura nei loro superiori in campo – dal de Oviedo, al Fernandes, al Mendes, con l'encomiabile eccezione del Paez –, il motivo principale del crollo finale del cattolicesimo in Etiopia.

La fretta con la quale l'imperatore e i missionari cercarono di scalzare dal tessuto sociale la Chiesa ortodossa, nonché il comportamento arrogante del Mendes e il ricorso continuo e compiaciuto dei Portoghesi al "braccio secolare" per imporre la latinizzazione e la moralizzazione dei costumi, non tardarono a provocare ribellioni, in particolare tra i nobili e i governatori delle province, che simpatizzavano per la causa ortodossa. Incapace di comprendere le ragioni di questi sommovimenti, Mendes faceva continuamente pressioni sul negus perché imponesse il cattolicesimo con la forza, il quale, invece, si rendeva sempre più conto dell'errore compiuto nell'avere aderito troppo affrettatamente alla politica di immediata latinizzazione del patriarca.

La Compagnia di Gesù cercò di infondere nuove forze tra i missionari portoghesi in Etiopia. Venne nominato un nuovo vescovo ausiliario, nella persona di Apolinar de Almeida, giunto a Fremona il 28 agosto 1630. Ma le ribelllioni continuavano, anche per l'assenza di tatto di molti dei responsabili.

Ma mentre Susenyos, ammaestrato dagli avvenimenti, faceva qualche timido tentativo di riforma per evitare il peggio (nel giugno del 1629 aveva ancora una volta, inutilmente, richiesto al Mendes di concedere ai sacerdoti etiopi la facoltà di celebrare la Messa secondo la liturgia antica, ottenendone però un netto rifiuto), i missionari, incapaci di comprendere lo stato di necessità in cui il sovrano si dibatteva, continuavano nella rigidità dei loro metodi, certi della vittoria finale delle armi imperiali. Profondamente scosso dalle continue ribellioni che agitavano il suo regno, spinto dal precipitare degli avvenimenti e praticamente l'unico a comprendere la drammaticità della situazione, Susenyos, la cui adesione personale al cattolicesimo non mostrò mai né incrinature né cedimenti, si era ormai reso conto che per i suoi sudditi l'adesione al cattolicesimo significava molto di più della revisione di alcune dottrine eterodosse, ma comportava una vera e propria rivoluzione di modi di vita e di usanze profondamente radicate nell'animo. Reiterò quindi le richieste di concessioni al Mendes, il quale questa volta, temendo mali maggiori, cedette parzialmente. Queste concessioni spinsero molti a ritenere che l'imperatore fosse ritornato alla fede avita e che lo stesso Mendes fosse stato imprigionato; di conseguenza, parecchi sacerdoti etiopici non solo ritornarono all'uso della liturgia etiopica, ma anche all'utilizzo dei vecchi testi non emendati dai missionari e alla celebrazione della Pasqua secondo il calendario etiopico. A nulla valse la pronta scomunica contro di essi emanata dal Mendes. E lo stesso Susenyos, nonostante le sue impopolari aperte dichiarazioni in favore del cattolicesimo, divenne sospetto per i missionari.

Nel frattempo, le forze ribelli avevano occupato posizioni vantaggiose, minacciando le forze imperiali. Dopo alcuni scontri con esito incerto, Susenyos affrontò i suoi nemici ad Embac Arwa, in campo aperto (7 giugno 1632). Benché la vittoria fosse arrisa alle forze di Susenyos, furono ben ottomila i morti, da entrambi le parti: non pagani né musulmani, ma, come ebbe a sottolineare Fasiladas, cristiani, sudditi e compatrioti dell'imperatore. E l'ingente numero di morti ebbe dure ripercussioni sugli eventi successivi. Rientrato vittorioso alla corte di Dankaz, mentre i missionari celebrarono la vittoria come un segno di Dio a favore del cattolicesimo, il negus si trovò ancor di più pressato a porre definitivamente fine a questa mattanza. Il 25 giugno con un editto lo stanco Susenyos proclamava la restaurazione dell'ortodossia e la rottura coi gesuiti: «*Udite, udite! Vi abbiamo dapprima dato questa fede, credendo che fosse un bene. Ma innumerevoli persone sono state uccise per essa [...]. Per questo motivo vi restituiamo ora la fede dei vostri padri [...]. Che il vecchio clero ritorni alle sue chiese, che vi pongano i loro tabot, che celebrino la loro liturgia! E voi rallegratevi!*».

Gravemente ammalato, profondamente amareggiato per il fallimento del suo programma politico-religioso e per l'incomprensione cui era stato fatto oggetto dai missionari, in particolare dal Mendes, anche la forte fibra del negus era ormai piegata. Il 16 settembre 1632, poco dopo mezzogiorno, a 61 anni d'età il re dei re Susenyos poneva fine alla sua tormentata esistenza. E con la sua morte terminava anche, con un completo fallimento, il suo tentativo rivoluzionario di far rivivere lo stanco impero etiopico mediante l'occidentalizzazione e la conversione al cattolicesimo.

5.9 La restaurazione di Fasiladas

Succedendo al padre, il nuovo negus Fasiladas (1632-1667) adottò subito un posizione ben precisa, apertamente anti-cattolica, lanciando una dura persecuzione contro i gesuiti e contro i propri sudditi restati fedeli al cattolicesimo. I gesuiti, che erano venuti per congratularsi con lui per l'ascesa al trono, si videro rifiutare di essere ricevuti a corte; anzi, temendo che i missionari chiedessero l'aiuto militare del Portogallo, Fasiladas, per ritorsione, diede loro ordine di abbandonare il Paese. Mentre alcuni trovarono un rifugio nascondendosi presso le comunità cattoliche, il Mendes raggiunse Goa, dove morì nel 1656.

Le chiese cattoliche furono chiuse e trasformate in stalle e la persecuzione cominciò a mietere le sue prime vittime, sia tra i gesuiti che tra i cattolici locali, oriundi portoghesi o abissini convertiti. Verso la metà di giugno 1638, il vescovo ausilare di Mendes, Apolinar de Almeida, che con altri sette gesuiti aveva insistito per restare in Etiopia, dove era vissuto nascosto, fu ucciso in un linciaggio pubblico insieme con cinque suoi compagni. Il 12 aprile 1640, il giovedì dopo la santa Pasqua, nella pubblica piazza di Tamben, nel Tegray, due altri gesuiti furono martirizzati, gli ultimi: l'italiano Bruno Bruni (1590-1640) e il portoghese, eccellente linguista, teologo e matematico Luís Cardeira. Ma altri martiri locali dovevano ancora versare il loro tributo di sangue: dell'ottobre 1642 è il martirio, per affogamento, di Asfa Maryam e di abba Gregorios e del giugno 1643 l'impiccagione del sacerdote Ehaoa Krestos. E non mancarono gli apostati, come in tutte le grandi persecuzioni.

Dopo l'espulsione dei gesuiti, Fasiladas cercò di stringere alleanze coi vicini musulmani, perché questi impedissero ai "Franchi" di raggiungere le alte terre dell'acrocoro abissino. Il negus, che temeva sempre una possibile spedizione portoghese, concluse infatti coi pasha di Massawa e Sawakin un trattato col quale i due porti venivano chiusi ai missionari latini e a qualsiasi portoghese. Vennero così rotti tutti i contatti con gli Occidentali, mentre furono i nemici di un tempo, i musulmani, che diventarono il maggior aiuto contro quello che sembrava ora il pericolo maggiore: il tentativo degli europei di minare la religione etiopica, spina dorsale del sentimento nazionale.

Iniziata cento anni prima con l'avventura cavalleresca di Christovão da Gama, che col proprio sacrificio era riuscito a salvare l'Etiopia dalla minaccia dell'islam, l'avventura portoghese, che aveva conosciuto alti e bassi, terminava in uno scacco totale. All'intolleranza di de Oviedo aveva poi posto rimedio, nella seconda ondata, il buon senso diplomatico, la larghezza di spirito e la lealtà del Paez, che solo la morte prematura aveva privato forse del meritato successo. Il tutto era però poi stato irrimediabilmente distrutto dall'arroganza di Mendes. L'insana politica religiosa messa in atto dai gesuiti aveva in pochi anni trasformato un potenziale alleato dell'Europa in uno dei suoi più mortali nemici. Per circa due secoli, l'impero del Prete Gianni tornò ad essere una terra chiusa per l'Occidente, formalmente tagliata fuori dall'Europa cristiana, pervasa da un profondo sospetto nei riguardi degli europei.

5.10 I TENTATIVI DEI MISSIONARI CATTOLICI DI RIENTRARE IN ETIOPIA NEI SECOLI XVII E XVIII

Nonostante l'espulsione di tutti i gesuiti dall'Etiopia, non cessarono i tentativi dei missionari cattolici, questa volta cappuccini e francescani, per rientrare nel Paese; tutti però infruttuosi e spesso terminati col martirio. Molti di costoro, intercettati ancora sulla costa, prima che potessero prendere la via dell'interno, furono barbaramente assassinati dal locale sultano musulmano. Tra i primi si ricordano i cappuccini Agathangelo da Vendôme e Cassiano di Nantes; travestiti da mercanti armeni, avevano cercato di entrare in Etiopia, ma, scoperti, erano stati condannati a morte e martirizzati il 7 agosto 1638[9].

Ritenendo che missionari non gesuiti e non portoghesi sarebbero stati accettati in Abissinia, la Santa Sede pensò di affidare la missione etiopica ai Frati Minori della Stretta Osservanza, convinta che col loro spirito di povertà e di sacrificio i francescani sarebbero riusciti là dove i gesuiti avevano fallito. Così il 3 ottobre 1633 *Propaganda Fide* istituì una Prefettura francescana d'Etiopia, con sede al Cairo, assegnata a fra Antonio da Virguletta (prefetto dal 1633 al 1641). Tra il 1637 e il 1669 i francescani compirono tre spedizioni in Etiopia, ma la maggior parte dei frati morì per malattia o subì il martirio e non riuscirono a stabilirsi permanentemente nel Paese.

Ammaestrata da questi insuccessi, il 27 aprile 1671 *Propaganda Fide* decise di riunire in un'unica Prefettura Apostolica le due missioni d'Egitto e d'Etiopia, affidando la nuova unica Prefettura al padre Daniele Duranti d'Arezzo (prefetto dal 1671 al 1677) che ebbe, come speciale incombenza, il compito di vigilare sulle occasioni favorevoli per inviare missionari in Etiopia. Di tali occasioni se ne presentarono tuttavia ben poche.

[9] Il 1° gennaio 1905 i due cappuccini furono canonizzati da Pio X (1903-1914); la loro festa è celebrata il giorno 7 agosto.

Negli ultimi anni del XVII secolo e fino a poco dopo la metà del successivo, i cattolici continuarono a nutrire la speranza di poter rimettere piede in Etiopia. Autori di questi nuovi tentativi furono i gesuiti francesi e i francescani italiani, spesso in opposizione gli uni con gli altri.

Dal 1698 al 1706 i francesi compirono numerosi tentativi di stringere legami diplomatici e religiosi con l'Etiopia; era infatti desiderio di Luigi XIV (1643-1715) di attrarre l'Etiopia nell'orbita politica, commerciale e religiosa della Francia. Una missione, guidata dal medico francese, residente al Cairo, Charles-Jacques Poncet (1655-1706), accompagnato, in incognito, dal gesuita Charles François-Xavier de Brévédent (1659-1699), non concluse nulla, mentre una seconda missione, affidata a Jean-Jacques Lenoir du Roule (1665 circa-1705), dal 1701 vice-console francese a Damietta, nel Delta del Nilo, terminò con l'uccisione di quasi tutti i suoi membri nel Sennar, nell'attuale Sudan, prima ancora di riuscire a porre piede in Etiopia.

Oltre gli sforzi francesi, si assiste in questo periodo anche al tentativo, ripetuto e spesso tragico, dei missionari francescani di entrare in Etiopia dall'Egitto. Il 20 gennaio 1697 *Propaganda Fide* decise di riaprire la missione d'Etiopia, istituendo in Egitto la Nuova Prefettura Apostolica di Akhmim-Funji-Etiopia (che più tardi diventerà la Missione Francescana dell'Alto Egitto), indipendente dalla Custodia di Terra Santa e affidata ai Francescani Minori Osservanti Riformati (o della Stretta Osservanza) della Toscana. Il campo di azione di questa Prefettura comprendeva tutto l'Alto Egitto, la Nubia, il Sennar, l'Etiopia e l'isoletta di Socotra, nell'Oceano Indiano, presso la Somalia.

Una prima missione (1702-1703) terminò con la morte, per le privazioni e le malattie alle quali furono sottoposti, di quasi tutti i missionari. Analogo esito ebbe una seconda spedizione, svoltasi tra il 1705 e il 1709. Un terzo e principale tentativo ebbe luogo a partire dal 1711, quando il 3 novembre i tre membri della missione – i padri Liberato Weiss da San Lorenzo, Michele Pio da Zerbo e Samuele Marzorati da Biumo – partirono dal Cairo. Raggiunta Massawa (18 aprile 1712) e portatisi sul continente, i missionari si aggregarono a una carovana in partenza per Gondar. Il negus Yostos (1711-1716), avvisato del loro arrivo, mandò una delegazione ad accoglierli e ad accompagnarli alla città imperiale, ove entrarono il 20 luglio 1712. Il giorno 23 furono accolti a corte. La benevola accoglienza del negus e il successo che i missionari non tardarono ad avere presso la popolazione non mancarono tuttavia di suscitare le gelosie di alcuni "ministri e capi de monaci". La situazione, pertanto, peggiorò. Il giovane negus Dawit III (1716-1721), succeduto al deposto Yostos, li fece infine arrestare (28 febbraio 1716) e quindi, dopo un processo farsa, condannare a morte per lapidazione (2 marzo), sentenza eseguita il giorno successivo[10].

A seguito di questi tragici avvenimenti, visti fallire tutti i tentativi di instaurare una missione in Etiopia, il 20 settembre 1717 *Propaganda Fide* dichiarò chiusa la missione di Akhmim-Funji-Etiopia. I missionari, tuttavia, non persero di vista l'idea di giungere a fondare una missione in terra etiopica e così, nei decenni seguenti, non cessarono i tentativi di entrare nella terra del negus. Dopo alcuni insuccessi, un altro tentativo fu effettuato nel 1751, sotto la prefettura (1737-1752) del padre Giacomo Rzimarz da Kremsir (1682-1756), cittadina della Moravia. Nonostante il parere contrario di *Propaganda Fide*, egli decise di inviare alla corte etiope tre suoi missionari, i padri Remedius Prutky (1701-1770), ceco, Martin Lang (1711- 1759), pur esso ceco, e Antonio da Aleppo, siriano, quest'ultimo con funzione di interprete. Partiti il 21 agosto 1751, i tre missionari raggiunsero Gondar domenica 19 marzo 1752. Accolti gentilmente dal negus, furono ospitati da questi nel palazzo reale. Tutti i giorni, a volte anche due volte al giorno, il negus si intratteneva con

[10] I tre martiri sono stati beatificati da papa Giovanni Paolo II (1978-2005) il 20 novembre 1988; la Chiesa li commemora il 3 marzo, loro *dies natalis*.

loro su problemi di religione e su altri argomenti e si mostrava desideroso di apprendere le verità della fede cattolica. Per i sei mesi successivi, poterono istruire parecchi membri della famiglia imperiale, numerosi ufficiali di palazzo e anche alcuni ecclesiastici e gia speravano in una copiosa messe di conversioni. Ma la presenza e il successo dei missionari cattolici non furono affatto graditi al clero etiope e sollevarono l'indignazione del metropolita, che minacciò di scomunicare il re e tutto il popolo se gli stranieri non fossero stati immediatamente espulsi dal Paese. Una gran folla di popolo, sobillata dai monaci, circondò il palazzo dove i missionari risiedevano, richiedendo a gran voce la loro espulsione e minacciando di metterli a morte. E così, dopo un lungo tergiversare, i tre francescani si decisero a rimettersi in cammino. Mentre il padre Antonio da Aleppo rimaneva temporaneamente in Etiopia, il Prutky e il Lang raggiunsero Massawa, da dove proseguirono per la Francia e infine per Roma (luglio 1754), per rendere conto della loro missione direttamente alla Congregazione di *Propaganda Fide*.

Per quasi un quarto di secolo non si fecero altri tentativi.

Dopo anni di inattività, tra il 1777 e il 1783 i padri francescani della Prefettura dell'Alto Egitto cercarono di compiere ancora spedizioni in Etiopia, tutte terminate con l'insuccesso. Nel 1788 *Propaganda Fide* diede al padre minorita osservante Michelangelo Pacelli da Tricarico, Prefetto della Missione (1787-1792) e Visitatore apostolico di tutto l'Egitto, l'incarico di fondare una missione in Etiopia. Lasciata il Cairo il 28 luglio 1789 insieme col confratello padre Cristoforo Zherne, e con due etiopi – mons. Tobias Giyorgis (ex-alunno di *Propaganda Fide*, nel giugno 1788, a trentatré anni, era stato consacrato vescovo metropolita titolare di Adulis), e il sacerdote Michele Mambar –, il Pacelli raggiunse Mokha, nello Yemen, il 24 agosto 1789 e da qui inviò i suoi due compagni etiopi in Etiopia. Poco dopo, lasciato a Mokha il padre Cristoforo Zherne in qualità di superiore della locale missione francescana, partì anch'egli per la terra del negus; dopo soli sette mesi, però, a causa di contrasti sorti con mons. Tobias, che voleva agire per conto proprio, rientrò al Cairo; più tardi proseguì per Roma (10 agosto 1792), per rendere conto della missione a papa Pio VI (1775-1799). L'anno dopo, nel 1793, moriva a Mokha il padre Cristoforo. Quanto a mons. Tobias, dopo aver girovagato per qualche tempo in Etiopia, rientrò anch'egli in Egitto verso il 1796-1797, senza aver concluso nulla di positivo[11]. Anche quest'ultima spedizione, nata con le migliori prospettive, era finita col completo fallimento.

5.11 Il XIX secolo: Giustino de Jacobis e Guglielmo Massaja. L'abuna Salama III e il negus Tewodros II

Più fortunata, nonostante le dure prove, e duratura fu invece l'opera dei missionari nel XIX secolo. Iniziatore della missione cattolica, in maniera piuttosto anomala, fu il lazzarista Giuseppe Sapeto (1811-1895)[12]: missionario in Siria, egli aveva abbandonato di propria iniziativa la sua sede ed aveva raggiunto avventurosamente l'Etiopia, cominciando un'attività missionaria senza alcuna autorità ecclesiastica ufficiale, né da parte della Santa Sede, né del Superiore Generale dell'ordine lazzarista. Giunto

[11] Si noti che mons. Tobias fu il primo vescovo cattolico a entrare in Etiopia dopo l'espulsione dei gesuiti.

[12] Il Sapeto apparteneva alla Congregazione della Missione, comunità religiosa missionaria fondata in Francia da san Vincenzo de' Paoli (1581-1660) fin dal 1625. I membri della Congregazione sono noti anche col nome di Lazzaristi, dal nome dell'ospedale parigino di Saint-Lazare, dove operarono i primi seguaci; dal nome del loro fondatore, essi sono detti anche "Vincenziani" ("Padres Paúles" nelle regioni di lingua spagnola), mentre per la loro attività, prevalentemente missionaria – anche, e soprattutto, le "missioni al popolo" (fu infatti in questo senso che il termine "missione" fu inizialmente usato) –, sono chiamati pure "Preti della Missione". Il ramo femminile dell'ordine è costituito dalle suore Figlie della Carità, fondate nel 1634 da san Vincenzo e da santa Luisa de Marillac (1591-1660).

ad Adwa, nel Tegray, il 1° marzo 1838, due giorni dopo vi aveva fondato la prima missione cattolica. Nel corso dello stesso 1838, il Sapeto aveva indirizzato a *Propaganda Fide* alcune lettere, nelle quali si insisteva perché si desse forma definitiva alla missione cattolica in quel Paese, enfatizzando i risultati positivi che se ne sarebbero potuti ottenere. Il cardinale Giacomo Filippo Fransoni (1775-1856), prefetto di *Propaganda Fide* (1834-1856), nell'ottobre di quell'anno propose a Giustino De Jacobis (1800-1860), allora superiore della casa lazzarista "dei vergini" a Napoli, di assumersi questo impegno. Ottenuto l'avvallo dei suoi superiori, il 24 maggio 1839 il De Jacobis, nominato nel frattempo Prefetto Apostolico della neo-creata "Prefettura Apostolica di Abissinia, Alta Etiopia e regioni limitrofe", partì da Civitavecchia in compagnia del confratello Luigi Montuori (1798-1857), giungendo ad Adwa il 29 ottobre. Subito dopo, appena ambientati, i missionari si divisero i compiti: il Sapeto, nominato da *Propaganda* Vice-Prefetto Apostolico, si recò nello Shawa, il cui ras[13] aveva chiesto la presenza di un missionario; il Montuori raggiunse Gondar, dove si dedicò allo studio della lingua degli Oromo, presso i quali avrebbe poi dovuto fondare una missione, mentre il De Jacobis rimase ad Adwa, da dove avrebbe potuto mantenere i contatti con Massawa e le comunicazioni con l'Europa.

Inoltre, egli si sforzò di mantenere buoni relazioni coi capi locali, cercando tuttavia sempre di conservare la propria indipendenza, non ingerendosi quindi in affari prettamente politici, e cercò di stringere buone relazioni coi preti, i monaci e i dabtara[14] etiopi, fuggendo le controversie irritanti e limitandosi ad esporre

[13] Letteralmente "capo", era il secondo più alto rango e titolo, dopo quello di negus, nella gerarchia feudale-militare dell'impero etiopico.

[14] Specie di "laici ecclesiastici", i dabtara occupano una posizione intermedia tra i membri del clero e i laici. Benché non ricevano alcun ordine, essi sono i più dotti degli ecclesiastici e nessun servizio religioso può essere compiuto senza di loro.

nel modo più chiaro possibile la dottrina cattolica. Contrariamente all'usanza del tempo, secondo la quale anche i missionari "miravano a fare gli indigeni simili a loro stessi", egli si fece "abissino con gli abissini". Egli fu l'"apostolo del perfetto adattamento": liberatosi da ogni senso di superiorità, condivise ogni cosa col suo popolo di elezione, secondo le locali condizioni di vita. Vide nel monachesimo l'originaria forza religiosa dell'Abissinia e seguì lo stile di vita dei monaci, mangiando lo stesso cibo e indossando gli stessi indumenti; prese infatti a vestire come i monaci etiopi; al collo portava il *mateb*, il cordoncino azzurro che distingue i cristiani in Etiopia, un bastone in mano e ai piedi i sandali, anche se per lo più girava scalzo; si dedicò inoltre con dedizione allo studio della lingua, conoscenza indispensabile per esercitare il suo ministero. Non tentò mai di introdurre la liturgia latina, ma adottò il ge'ez e i riti etiopici. I sacerdoti etiopi di oggi riconoscono questo fatto come il suo merito più rilevante. L'assimilazione del De Jacobis col suo popolo fu parallela al suo adattamento al Vangelo. La sua profonda spiritualità e umiltà gli valsero fin da subito la stima e l'accettazione da parte della popolazione che, per la sua profonda devozione alla Madonna, così cara agli Abissini, lo chiamò fin dall'inzio della sua missione col nome di abba Ya'qob Maryam.

Nel 1841, contrariamente alle attese del De Jacobis, che aveva fatto di tutto perché fosse consacrato un Abuna favorevole alla Chiesa cattolica, il patriarca copto di Alessandria aveva nominato quale metropolita per l'Etiopia un giovane prelato, poco più che ventenne, dal comportamento piuttosto dissoluto e irrequieto, che era stato educato presso la scuola protestante fondata nel 1826 al Cairo dalla *Church Missionary Society* di Londra. Andrawus, così si chiamava il giovane sacerdote scelto per la prestigiosa, ma poco invidiata, carica di Abuna, fu consacrato vescovo d'Abissinia, quale centodecimo metropolita, e in onore del primo metropolita d'Etiopia assunse il nome di Salama III (1841-1867). Egli, le cui simpatie erano più favorevoli al protestantesimo che non alla Chiesa romana, ritenuta da secoli un'avversaria dei copti, si sarebbe rivelato fortemente anti-cattolico e nemico acerrimo del De Jacobis.

Salama era giunto ad Adwa il 19 novembre 1841, ricevuto, contrariamente a tutte le sue aspettative, piuttosto freddamente da ras Webe, il potente signore del Tegray, che era rimasto deluso della sua giovane età. Alla fine, tuttavia, il ras lo accolse, pur considerandolo un semplice strumento della sua politica, al cui servizio il nuovo Abuna mise la forza dei propri anatemi.

Al suo arrivo in Etiopia, l'abuna Salama si trovò immediatamente coinvolto nelle controversie religiose e nelle lotte politiche. Allo scaltro Webe non fu difficile convincere il giovanissimo Abuna delle tendenze islamiche di ras Ali, signore di Gondar e suo principale rivale, ottenendone la scomunica. Ma quando, il 6 febbraio 1842, ras Ali sconfisse Webe, Salama fu condotto a Gondar dal vincitore.

E a Gondar, con l'arrivo dell'Abuna non tardarono a scoppiare i disordini col clero locale, che in maggioranza aveva sentimenti pro-cattolici. Entro la fine dell'anno 1842 il clero ricevette l'istruzione di limitare al minimo i propri contatti coi cattolici. L'Abuna minacciò infine Webe di scomunica se non avesse allontanato dai suoi territori i missionari cattolici. Nell'aprile 1845 Salama lanciò un'ondata di persecuzione contro i cattolici, facendo proclamare solennemente nel mercato di Adwa la scomunica contro quanti da allora avessero intrattenuto rapporti col De Jacobis o avessero ascoltato i suoi insegnamenti. Alcuni cattolici etiopi furono imprigionati e tra questi anche il monaco Gabra Mika'el, che proprio in prigione si dichiarò ufficialmente cattolico, abiurando la fede ortodossa. Anche l'anno successivo, il 20 ottobre 1846, sulla piazza del mercato di Addigrat, l'Abuna fece solennemente pronunciare una ennesima scomunica nei confronti dei cattolici. Si scatenò così una persecuzione contro il De Jacobis e i suoi fedeli.

Con decreto del 20 aprile 1846, la Sacra Congregazione di *Propaganda Fide* creava una provincia ecclesiastica etiopica, comprendente tutto il territorio a mezzogiorno della frattura geologica nella quale scorrono i fiumi Auash e Omo Bottego e nella quale abitavano prevalentemente le tribù nomadi dei Galla-Oromo e dei Somali. Mentre la parte restante, comprendente i quattro classici regni del Tegray, dell'Amhara, del Gojjam e dello Shawa, restava ai lazzaristi di De Jacobis, la nuova circoscrizione fu affidata a un cappuccino italiano, il cui nome era destinato a diventare celebre nella storia del cristianesimo etiopico: mons. Guglielmo Massaja (1809-1889). Il Massaja giunse in Etiopia alla fine di ottobre 1846: era l'inizio di un'esperienza missionaria singolare, "una vita avventurosa, umanamente folle, sovrannaturalmente feconda", durata ben 35 anni (1846-1880) e magistralmente descritta nelle sue memorie: *I miei trentacinque anni di missione nell'Alta Etiopia*.

Raggiunta Guala, non distante dall'attuale Addigrat (19 dicembre 1846), dove il De Jacobis aveva fondato una missione e un seminario per la formazione del clero indigeno, il vescovo cattolico procedette a numerose ordinazioni, sia dei chierici preparati dal De Jacobis sia di quelli convertitesi dall'ortodossia, così da fornire alla giovane missione il suo primo nucleo di pastori. Tutte queste ordinazioni avvennero però in incognito; i missionari europei erano infatti consci del pericolo per tutti i cattolici qualora si fosse saputo che un vescovo cattolico era entrato in Abissinia; ciò avrebbe provocato l'immediata reazione da parte dell'abuna Salama e del clero a lui fedele, le cui conseguenze erano facilmente prevedibili.

La segretezza con la quale il Massaja si muoveva in Etiopia venne però ben presto meno e ciò accrebbe l'ostilità di Salama: egli, che già mal sopportava la presenza dei missionari cattolici, ancor meno poteva tollerare la presenza di una gerarchia rivale sul suo territorio. Il 25 ottobre 1847, sulla piazza di Aksum, davanti a una folla di preti e di monaci, il metropolita lanciò i suoi strali contro chiunque avesse osato "introdurre contro le leggi costituzionali del Paese un vescovo qualunque a insaputa dei principi e di religione diversa da quella copta". Nella sua foga, il metropolita storpiò il nome dell'odiato vescovo cattolico chiamandolo *Abuna Messias*; sentendosene onorato, il Massaja vorrà poi sempre essere chiamato con tale nome. Per fuggire alla persecuzione di Salama, subito scatenatasi, il Massaja il 23 novembre 1847 abbandonò Guala per Massawa. Ma la longa mano di Salama lo raggiunse anche sull'isola e il vescovo dovette rifugiarsi ad Aden.

Nel frattempo, Salama lanciò la scomunica contro Webe, colpevole di proteggere i missionari, e l'interdetto su tutte le chiese. Temendo però la vendetta del potente e irascibile ras, il metropolita fuggì dapprima ad Aksum e quindi, sentendosi ancora insicuro, ritenne più prudente rifugiarsi nel monastero di Dabra Damo. Alla fine, tuttavia, lo stesso Webe, che pur disprezzando e detestando l'Abuna temeva, come tutti gli abissini, le scomuniche, conscio che non sarebbe mai riuscito a imporre la propria autorità sul Tegray finché si fosse mostrato avversario della Chiesa ortodossa e che l'ostilità del metropolita era un serio ostacolo alle sue aspirazioni al potere, si lasciò convincere a riconciliarsi con Salama, sacrificando il De Jacobis, questo benché desiderasse mantenersi in buone relazioni con la Francia e fosse in ottimi rapporti col missionario cattolico. Con la persecuzione che subito si scatenò, molti cattolici preferirono abbandonare le loro case e i loro beni e trasferirsi in altre regioni, ma molti altri, "che avevano matrimoni e buona posizione mondana, rinnegarono la loro fede". Webe cercò di convincere il De Jacobis a ritirarsi a Gondar o a Massawa in attesa di tempi migliori, ma il missionario rifiutò; tuttavia, alla fine si vide costretto ad abbandonare la missione di Guala e ad andare in esilio (9 ottobre 1848). In viaggio verso la costa lo raggiunse una lettera del Massaja, che lo invitava a raggiungerlo sull'isola di Massawa. E qui, nelle ore serali dell'8 gennaio 1849, il Massaja consacrò vescovo il De Jacobis. Dopo la cerimonia, il Massaja ripartì per Aden, mentre il neo-vescovo tornò sul continente, fermandosi per dieci mesi nella missione di Emkullu.

Angustiato dalla sorte dei suoi fedeli, il 12 luglio 1849 il De Jacobis ripartì per Guala, deciso a morire con loro, se necessario.

Nella sua implacabile azione contro i propri avversari, Salama fece arrestare e imprigionare un gruppo di cattolici, tra i quali Gabra Mika'el. Informato dal De Jacobis, ras Webe impose all'Abuna di liberare immediatamente i prigionieri: Salama dovette ubbidire. Ritornati ad Alitena, cittadina a nord di Addigrat dove il De Jacobis aveva fondato una missione, vennero accolti come confessori della fede e il 1° gennaio 1851 il De Jacobis, ottenute le debite dispense – Gabra Mika'el era cieco da un occhio e allora ogni mutilazione fisica era un impedimento all'ordine – conferì all'anziano monaco il sacerdozio cattolico, la prima ordinazione sacerdotale da lui effettuata. Ai primi di giugno ci fu una recrudescenza della persecuzione e, istigato dall'Abuna, Webe impose al De Jacobis di abbandonare Alitena, ordine che il missionario non rispettò. Verso la fine del 1851, tuttavia, truppe fedeli all'abuna Salama occuparono le missioni di Guala e di Alitena; il De Jacobis, riuscito a sfuggire all'arresto, trovò rifugio presso il campo dello stesso ras Webe. Ancora una volta, il potente ras prese le difese del missionario, ma questa volta, pur ordinando la liberazione dei prigionieri e la restituzione dei beni sequestrati, gli impose chiaramente di lasciar perdere i cristiani abissini e di limitare il proprio apostolato ai musulmani. L'abuna Ya'qob Maryam pensò che fosse prudente cambiar aria e, lasciata Alitena, si ritirò a Halay, una località nei pressi di Saganeiti, a 2500 m d'altezza, dove pose la sede della sua comunità (dicembre 1851).

Nel corso del 1852, l'abuna Salama cercò di migliorare le proprie relazioni coi cattolici. Fu un breve periodo di tranquillità, che vide il fiorire della missione cattolica: furono fondate le chiese di Hebo e di Akrur e nella prima, sulla fine del 1853, il De Jacobis tenne l'ordinazione di nuovi cinque presbiteri. Nel mese di ottobre dello stesso anno, il giorno 2, egli consacrò vescovo il padre Lorenzo Biancheri, che Pio IX (1846-1878) aveva eletto vescovo titolare di Lagania e coadiutore del Vicario Apostolico dell'Abissinia, con diritto di successione.

Nel 1845 aveva fatto la sua apparizione, nella sempre più caotica e convulsa situazione politica dell'Etiopia, una figura che avrebbe segnato, nel bene e nel male, la storia del Paese per i successivi decenni: Kasa, il futuro negus Tewodros II (1855-1868). Dopo una rapida ascesa politica, nel 1853 Kasa riuscì a sconfiggere definitivamente ras Ali, che scomparve dalla scena politica, e ad ottenere la sottomissione di Webe, che verrà poi eliminato nel febbraio 1855. All'inizio del 1854 Kasa entrò in Gondar, chiedendo all'abuna Salama di raggiungerlo. Qui, però, nel mese di marzo si era installato il vescovo cattolico De Jacobis; l'Abuna pertanto si era rifiutato di entrare nella città. Fu solo dopo che ricevette l'assicurazione da Kasa che il De Jacobis e tutti i missionari cattolici sarebbero stati espulsi dalla regione di Gondar che l'abuna Salama fece il suo ingresso trionfale in città, il 31 maggio 1854, comunicando più tardi a Kasa che si rifiutava però di compiere ordinazioni, in segno di protesta per la presenza del missionario.

L'accordo tra Kasa e l'Abuna fu presto raggiunto. Per riunificare politicamente l'Etiopia e per imporre quelle riforme che riteneva importanti per scardinare l'immobilismo della società etiopica, Kasa aveva bisogno dell'aiuto dell'Abuna e questi, che mirava a por fine alle divisioni interne alla Chiesa etiope (tra i sostenitori e gli oppositori dell'"Unzione" di Cristo e tra quanti credevano alle "due nascite" di Cristo e quanti invece parlavano delle sue "tre nascite"), necessitava del supporto di Kasa. E così, nel concilio di Amba Chara del luglio 1854, in cambio dell'aiuto fornito al negus, l'Abuna ottenne il suo supporto nella lotta contro i suoi due principali nemici: i monaci che ancora sostenevano le dottrine condannate e i missionari cattolici.

Nella lotta contro questi ultimi, una delle prime vittime fu il De Jacobis, la cui posizione si faceva di giorno in giorno sempre più precaria. La sera del 15 luglio 1854 una quarantina di sgherri piombarono sulla piccola missione cattolica, arrestando il De Jacobis e tutti quelli che si trovavano con lui, tra i quali gli abba Gabra Mika'el, Takla Haymanot di Guala e Takla Haymanot di Memsah, e i monaci Tasfa Seyon e Takla Mika'el. Il De Jacobis venne separato dai suoi compagni, probabilmente perché si pensava che così sarebbe stato più facile ottenere la loro abiura. Tra i prigionieri, anche una donna cristiana, Lemlem, moglie di un cattolico etiope; nonostante fosse incinta – partorì poi in carcere –, fu più volte crudelmente flagellata, anche alla presenza dello stesso Salama, che non si ritrasse dall'infierire personalmente su di lei. Non mancarono tuttavia gli apostati, come Walda Gabr'el.

Il 27 novembre il De Jacobis fu prelevato dalla sua prigione e condotto da un gruppo di soldati sulla via di Metemma, per essere espulso in Egitto. A un centinaio di km da Gondar, fu affidato ad alcuni mercanti diretti in Sudan, ai quali fu consegnata anche una lettera scritta in arabo per il governatore locale, nella quale si diceva di tenere il prigioniero in perpetuo nella prigione di Metemma. Ma a Metemma, alcuni dei soldati di scorta, che pur musulmani mostravano pietà per il povero missionario, presa casualmente cognizione del contenuto della missiva, decisero di liberarlo (4 dicembre). Il De Jacobis potè così rientrare di nascosto in Etiopia, rifugiandosi dapprima ad Halay (fine febbraio 1855) e quindi a Massawa, sotto la protezione dei consolati europei (metà di aprile). A Massawa, il 13 agosto 1855 il De Jacobis fu raggiunto anche dagli altri prigionieri di Gondar, che erano stati liberati dagli stessi carcerieri il 6 giugno; solo mancava Gabra Mika'el che, vittima dell'odio feroce dell'abuna Salama, aveva già ottenuto, il 13 luglio 1855, la palma del martirio. Pio XI (1922-1939) l'ha proclamato beato il 3 ottobre 1926, fissando la data della sua festa al 1° settembre.

Quattro anni dopo, il 31 luglio 1860, mentre dalla costa saliva alla missione di Halay, sulle pietraie infuocate della valle di Alghedien moriva, per gli stenti di una vita di missione, il De Jacobis. Il 3 di agosto la sua salma fu sepolta ad Hebo, custodita e vigilata dai fedeli cristiani. Il 25 giugno 1939 il venerabile Giustino De Jacobis venne proclamato beato da Pio XII (1939-1958), mentre Paolo VI (1963-1978) lo annoverò tra i santi il 26 ottobre 1975.

Il suo successore, il vescovo lazzarista Lorenzo Biancheri, gli sopravvisse per quattro anni, morendo a Massawa l'11 settembre 1864. Il Biancheri e il De Jacobis avevano una visione diametralmente opposta nei rapporti da tenersi col clero cattolico locale. Mentre il secondo aveva una completa fiducia nei sacerdoti etiopici, ritenendoli capaci di essere essi stessi promotori di una rigenerazione della religiosità abissina, il Biancheri riteneva invece che ci si dovesse appoggiare quasi esclusivamente ai missionari europei. L'intransigenza e l'intolleranza mostrata dal nuovo responsabile non tardarono ad alienargli le simpatie del clero locale e in breve tempo la crisi tra il clero etiopico e il Biancheri arrivò al livello di aperta contrapposizione personale, tale che il vescovo sospese *a divinis* e scomunicò tutti i riottosi.

Anche col nuovo Vicario Apostolico, il lazzarista francese mons. Pierre-Louis Bel (1823-1868), noto come abuna Petros, i rapporti furono piuttosto tesi. Come il Biancheri era anch'egli convinto che il futuro della missione risiedesse in una formazione ed educazione all'europea e nutriva pertanto una forte avversione per il clero indigeno. La sua rigidità disciplinare lo portò ben presto in conflitto col clero locale, a motivo del quale accettò di rientrare in patria, morendo tuttavia di febbre tifoidea ad Alessandria il 1° marzo 1868, sulla via del ritorno. Venne allora eletto Vicario Apostolico il lazzarista Carlo Delmonte, ma morì il 19 marzo 1869, prima che la notizia potesse pervenirgli.

Accanto al De Jacobis, l'altra grande figura missionaria cattolica del XIX secolo è il già citato Guglielmo Massaja, che abbiamo lasciato ad Aden, dove si era recato per sfuggire alla persecuzione di Salama. Destinato alla missione dei Galla, ancora non era riuscito a porre piede nella sua terra di missione. Da Aden il Massaja si imbarcò per l'Europa il 3 giugno 1850. E in Europa visitò Marsiglia, Lione, Parigi, Londra, Genova, Livorno, Roma, avvicinando personalità religiose e politiche e sempre perorando la causa della missione etiopica. Il 4 aprile 1851 ripartì da Marsiglia per Alessandria e dopo una puntata in Terra Santa (da dove riportò il leggendario bastone di radica d'olivo del Getsemani e di cedro del Libano che lo accompagnerà per tutta la vita) riprese la via dei Galla, questa volta risalendo il Nilo. Dopo un lungo e avventuroso viaggio, a fine maggio 1852 raggiunse Doka, ultima stazione egiziana, e si inoltrò in Etiopia, dapprima a Ifagh, quindi, dopo varie peripezie, giunse a Zemiè (23 settembre), grosso centro di frontiera con popolazione musulmana, cristiana e pagana. Il 21 novembre 1852 il Massaja attraversò l'Abbaj, ossia il Nilo Azzurro, e entrò nel Gudrù: appena attraversato il fiume, sostenuto da un otre gonfio legato allo stomaco, e arrivato sull'altra sponda, il missionario si vestì da monaco abissino, intonando subito dopo coi pochi compagni di viaggio il *Te Deum*; era ormai fra i suoi Galla, ai quali avrebbe dedicato quasi tutta la sua vita di missionario. Come il De Jacobis prima di lui, anche il Massaja intuì la necessità di un clero indigeno, anche se composto da preti "ignoranti", purché ubbidienti e zelanti; perorò ripetutamente che la liturgia venisse adattata ai riti locali, anche nell'uso della lingua. Le sue cure di missionario non trascurarono tuttavia l'istruzione del suo gregge: raccolse così le voci della lingua parlata, inventò l'alfabeto – le lingue galla non erano scritte –, elaborò una grammatica. Nel 1859 il Massaja si stabilì nel Kaffa, ma i suoi denigratori riuscirono alla fine a farlo esiliare (26 agosto 1861); si ritirò allora nel Limmu Ennarya, ma, non sentendosi sicuro, dopo alcuni mesi ritornò nel Gudrù, sua prima residenza missionaria aperta tra i Galla.

Il 27 giugno 1863, mentre lasciato il Gudrù era da poco entrato nelle terre di Tewodros II, deciso a rientrare temporaneamente in Europa, fu arrestato dai soldati dell'imperatore. Condotto alla reggia del negus, questi lo lasciò ripartire, dopo che il missionario si era impegnato di chiarire in Europa, specialmente con Napoleone III, i fini della sua politica. Dopo un lungo peregrinare per l'Europa, destinato a venire incontro ai bisogni della sua amata missione Galla e dell'Etiopia, rientrò in Etiopia, con un nuovo compagno, il padre Louis-Taurin Cahagne da Heubécourt (1826-1899), raggiungendo infine la corte di Menelik, nello Shawa, che gli mise a disposizione case e servi. Presso le sorgenti calde di Finfinni ottenne di istituire una casa della missione, che l'11 ottobre 1868 verrà ufficialmente affidata a padre Taurin Cahagne. Ventun'anni dopo, quella località verrà scelta dal negus Menelik II, per l'insistenza della regina Taytu Betul, come capitale del regno e sarà da allora nota come Addis Ababa, il "Nuovo Fiore".

Nel 1872, dopo la morte di Tewodros a Magdala (13 aprile 1868) e dopo l'incoronazione del nuovo negus Yohannes IV (1872-1889) da parte dell'abuna Atnatewos (1869-1876), successore di Salama, Menelik decise di mandare una missione in Italia, per chiedere l'alleanza di re Vittorio Emanuele II (1861-1878). Benché controvoglia, il Massaja ubbidì all'ordine del negus è scrisse una lettera per il re d'Italia. Amareggiato dai risultati della missione (la sua lettera, intercettata in Italia dai massoni, gli procurò noie a non finire, e lo stesso ambasciatore etiope, che in Italia si spacciava per fratello di Menelik, lo dipinse come un ricco missionario, che disponeva delle rendite di numerosi monasteri), il Massaja decise di dedicarsi alla formazione dei suoi giovani Galla, aprendo a Finfinni un collegio per ospitare i ragazzi rientrati dal seminario di Marsiglia. Il seminario diventò a poco a poco un monastero, nel quale fu fatto rivivere il vero spirito monastico; per i suoi monaci il Massaja scrisse una regola di 43 articoli. E nella chiesa del monastero, il 14 febbraio 1875 consacrò vescovo coadiutore, con diritto di successione, il padre Taurin Cahagne.

Dopo aver consolidato il proprio potere, Yohannes IV ottenne, il 26 marzo 1878, la sottomissione anche di Menelik, riconoscendogli il titolo di negus di Shawa. In cambio, Menelik rinunciava alle pretese al trono imperiale, accettava di pagare un regolare tributo, si impegnava a mandare forze armate quando richiesto e ad espellere tutti i missionari cattolici. Per i missionari in Shawa, Yohannes concesse un anno di tempo a Menelik, ma Menelik fu così dilatorio nell'espellere i missionari, due protestanti e cinque cattolici, che nell'ottobre 1879 fu lo stesso Yohannes ad espellerli. Il 23 aprile di quell'anno, infatti, una lettera di Menelik trasmetteva al Massaja l'ordine di Yohannes: si trattava dell'esilio, certo e definitivo. Al suo arrivo a Roma (2 settembre), papa Leone XIII lo ricevette in udienza e ne restò conquistato; dopo alcuni giorni il papa gli consigliò, consiglio che per il missionario era un ordine, di mettere per iscritto le sue memorie. Nacquero così *I miei trentacinque anni di missione nell'Alta Etiopia*, considerato uno dei capolavori della letteratura missionaria di tutti i tempi. Nel concistoro del 10 novembre 1884 Leone XIII creò il Massaja cardinale e in quello del 12 gli impose la berretta cardinalizia. Il Massaja morì il 6 agosto 1889; la sua salma riposa, dall'11 giugno 1890, nella chiesa dei cappucini di Frascati.

Il Massaja volle essere come un Galla, assimilando tutto ciò che di buono trovava in quella cultura; pose l'accento però su una condivisione che riguardava più i valori spirituali che le circostanze materiali. Ciò che più profondamente distinse Massaja da De Jacobis fu l'introduzione del rito latino, il che ha fatto sì che la sua opera sia criticata dal clero etiope di oggi; egli pensava infatti che solo l'adozione del rito latino avrebbe consentito ai cristiani etiopici di essere veramente cattolici, abbandonando quindi i loro riti orientali. Sul piano pratico, tuttavia, egli era molto flessibile: seguiva il calendario etiopico, osservava tutti i giorni di digiuno e le devozioni locali; permetteva la circoncisione. Introdusse però una divisione tra sacerdoti amhara "latini" ed "etiopi". Gli etiopi rimproverano a Massaja anche il suo coinvolgimento nella politica, e benché il suo operato si fosse limitato a negoziare accordi commerciali per conto delle potenze europee e chiedere protezione contro i turchi e gli egiziani per conto dei principi etiopi, fu presentato, soprattutto da autori italiani durante il ventennio fascista, come un pioniere dell'imperialismo italiano.

5.12 L'IMPERIALISMO FASCISTA IN ERITREA E IN ETIOPIA

Alla fine del XIX secolo l'Eritrea era entrata nell'orbita politica dell'Italia. Nel 1894 fu creata la Prefettura Apostolica dell'Eritrea, affidata ai minori cappuccini della provincia romana, elevata nel 1911 a Vicariato Apostolico. Nei primi decenni del XX secolo, le autorità italiane in Eritrea miravano a separare la Chiesa locale da quella etiopica; esse temevano infatti la politica di ras Tafari Makonnen – nominato nel 1916 erede al trono e futuro negus Hayla Sellasse I (1930-1974) – che mirava a portare anche i fedeli eritrei sotto la giurisdizione religiosa etiopica, ai danni dell'amministrazione coloniale italiana. Da parte sua, già da tempo il patriarcato copto-cattolico di Alessandria (retto allora da un Amministratore Apostolico) sperava di poter inviare in Eritrea un vescovo copto-cattolico. Ma questo provvedimento non avrebbe certo incontrato il favore del clero ortodosso del Tegray né dell'Eritrea. Durante il periodo fascista, col consenso delle autorità vaticane, gli Italiani svilupparono il progetto di incrementare le missioni cattoliche, in particolare quelle dei cappuccini, con la fondazione di scuole, viste come lo strumento principale dell'affermazione del cattolicesimo. In ossequio alla tipica visione del periodo coloniale allora imperante, anche le autorità cattoliche consideravano che compito del missionario doveva essere quello di orientare le masse verso la propria fede e la propria civiltà. Continuando a perseguire una politica di indipendenza ecclesiastica dell'Eritrea, l'Italia ottenne che Alessandria accettasse la nomina di un Abuna egiziano per l'Eritrea. La separazione della Chiesa d'Eritrea dalla Chiesa etiopica non solo sottraeva la colonia italiana alle influenze di Addis Ababa, ma la poneva in condizioni di non contrastare sia gli obiettivi di politica coloniale sia l'estensione della propaganda nazionale. Vi era anche chi, tra le autorità italiane, sosteneva la necessità di un distacco definitivo della Chiesa ortodossa eritrea dall'Etiopia attraverso la nomina di un vescovo eritreo, e non egiziano, per il maggior peso che un vescovo eritreo poteva avere, rispetto a un vescovo egiziano, in una politica di contrapposizione all'Etiopia: la colonia italiana avrebbe così avuto completa autonomia di giurisdizione, mentre si sarebbe rafforzata la dipendenza della Chiesa ortodossa eritrea dal potere coloniale.

Nel 1935 l'Italia fascista decise di lanciare una guerra di occupazione dell'Etiopia. Gli Italiani trovarono un fiero oppositore nella persona di mons. André de Jarosseau (1858-1941), Vicario Apostolico dell'Harar e missionario cappuccino, da più di trent'anni in Africa. Jarosseau era un personaggio scomodo, in quanto religioso che non si era piegato alle ragioni dell'imperialismo né agli interessi nazionalistici francesi; inoltre, era di ostacolo per i progetti italiani di riassetto religioso dell'Etiopia dopo la fine delle ostilità, che prevedeva l'espulsione di tutti gli ordini missionari francesi e la loro sostituzione con italiani (i lazzaristi dovevano essere sostituiti dai cappuccini). Dopo la conquista di Addis Ababa (5 maggio 1936), l'ordine di espulsione per Jarosseau venne temporaneamente sospeso da Mussolini, per non ostacolare i già delicati rapporti con la Francia. Lo stesso Jarosseau e la missione di Harar furono comunque poste sotto stretta sorveglianza. Ma Jarosseau non si rassegnò alla sua condizione di sorvegliato speciale e continuò a condannare apertamente i misfatti fascisti in Etiopia. Jarosseau rimase in Etiopia sino all'aprile 1938, quando mons. Leone Giacomo Ossola, cappuccino e nuovo Vicario Apostolico di Harar (1937-1943), gli tolse la direzione della residenza missionaria dove si era stabilito, per affidarla all'italiano padre Egidio da Triora. Il vescovo non ebbe più motivazioni per rimanere in Africa e preferì lasciare definitivamente la missione.

L'occupazione italiana mietè migliaia di vite tra i religiosi etiopi. L'abuna Petros, capo del clero di Gondar e vescovo di Dessié, uno dei primi etiopi a essere elevato alla carica episcopale (1929), accusato di attività anti-italiana e di essere uno degli istigatori della resistenza nazionale contro l'occupazione fascista, fu arrestato e, davanti al suo netto rifiuto di fare atto di sottomissione, condannato a morte: il 30 luglio 1936, nella piazza del mercato di Addis Ababa, fu fucilato alla schiena; un ufficiale dei carabinieri lo finì poi con tre colpi di pistola alla testa. Nell'inverno 1936-37 anche l'abuna Mika'el, vescovo della città di Gore, fu fucilato in pubblico per aver rifiutato di sottomettersi e aver lanciato la scomunica contro chiunque avesse collaborato con l'invasore. Nel maggio 1937 avvenne la più odiosa delle rappresaglie fasciste: accusandoli di connivenza con quanti avvena attentato alla sua vita nel febbraio precedente, il viceré maresciallo Rodolfo Graziani (1882-1955) fece massacrare più di mille tra monaci, diaconi, seminaristi e semplici pellegrini del Dabra Libanos, il più noto e importante dei monasteri etiopici.

Alla fine del 1937, le autorità fasciste ritennero che il tempo era ormai maturo per assestare l'ultimo colpo al clero sopravvissuto e asservirlo all'occupante, imponendo l'autocefalia della Chiesa etiopica, antica aspirazione dell'ex impero negussita. Fu scelto di nominare a capo della Chiesa etiopica un prelato suddito italiano, come l'abuna Abraham, vescovo di Gondar, col quale già si erano presi accordi. Abraham acconsentì di buon grado ai propositi italiani, accettando la carica. Il 27 novembre 1937, in un solenne concilio delle autorità religiose etiopiche, fu proclamata l'autocefalia ed eletto il nuovo metropolita d'Etiopia; con lui vennero eletti altri sei vescovi etiopici. Ricevuti il 30 novembre da Graziani, tutti giurarono fedeltà al governo generale di Addis Ababa, ricevendo in cambio l'approvazione istituzionale e la conferma delle nomine. Le reazioni dall'Egitto furono immediate: il 28 dicembre il Santo Sinodo copto, presieduto dal patriarca Giovanni XIX (1928-1942), emise un decreto di scomunica nei riguardi dell'abuna Abraham, che fu dichiarato decaduto, e annullò l'avvenuta ordinazione dei vescovi per mano di Abraham. In Etiopia la notizia dell'avvenuto distacco fu accolta dalla popolazione con pieno favore.

Nel dicembre 1937 Graziani fu rimosso dalla carica di viceré e sostituito dal principe Amedeo di Savoia, terzo duca d'Aosta (1898-1942), fautore di una politica molto più umana di quella esclusivamente militare perpetrata da Graziani: a differenza di questi, infatti, egli non perseguiva una politica di dominio diretto, ma di collaborazione ed associazione.

Nell'agosto 1939 morì l'abuna Abraham. La notizia fece temere al governo italiano una recrudescenza della resistenza etiopica, sostenuta dalla propaganda del patriarcato egiziano. La Santa Sede aveva sperato che l'abuna Abraham diventasse il tramite per la riunificazione della Chiesa etiopica con quella cattolica, politica, questa, non condivisa però dalle autorità coloniali. Al posto di Abraham fu scelto l'*ecceghié* (capo del clero monastico e abate del Dabra Libanos) abuna Yohannes, che aveva affiancato quotidianamente l'attività di Abraham ad Addis Abeba. Il 12 agosto 1940 Amedeo d'Aosta approvò il "Regolamento della Chiesa cristiana d'Etiopia". Esso si componeva di otto capitoli, che concernevano l'organizzazione centrale e periferica della Chiesa cristiana d'Etiopia, le disposizioni relative al clero e al numero di ministri per ogni chiesa, il cenobio etiopico di Gerusalemme. L'ultimo capitolo trattava del cerimoniale e delle onorificenze da attribuire ad ecclesiastici meritevoli di fedeltà, mentre per l'amministrazione finanziaria veniva preannunciato un ordinamento specifico. È importante sottolineare l'ampio controllo che il viceré aveva assunto nelle nomine ecclesiastiche: come nell'ex-impero negussita, la Chiesa rimaneva subordinata allo Stato, in termini rimaneggiati in base alle esigenze del dominio coloniale.

Dopo l'approvazione del Regolamento, si tentò di recidere le tracce residue dei vincoli della Chiesa etiopica con il passato regime negussita. Fu il caso dei testi liturgici, in cui figuravano preghiere d'antica origine in favore del negus e della famiglia imperiale. Si preferì, tuttavia, non procedere al sequestro immediato dei testi sacri, poiché un'azione di questo genere avrebbe urtato il sentimento religioso degli abissini, suscitando reazioni controproducenti. Ci si orientò, invece, alla cura di una nuova edizione espungendo ogni riferimento in quel senso.

Il 5 maggio 1941, con l'aiuto degli Inglesi, il negus Hayla Sellasse I rientrava trionfalmente in Addis Ababa, la capitale del regno che cinque anni prima era stato costretto ad abbandonare davanti all'invasione fascista, e si trovò a dover fronteggiare la grave situazione politico-religiosa, con la Chiesa etiopica che versava in condizioni disastrose, completamente privata dei suoi capi. Benché non avesse alcuna fretta di ripristinare il vincolo con Alessandria, riuscì, nei primi anni del suo nuovo periodo di regno, a condurre un'abile politica temporeggiatrice che avrebbe portato l'Etiopia all'autonomia dalla Chiesa alessandrina. Riuscì infatti a stringere col patriarca copto un accordo in base al quale veniva riammesso in Etiopia l'abuna Cirillo, il metropolita egiziano estromesso durante l'occupazione fascista, in cambio della consacrazione di vescovi etiopici, ai quali concedere la facoltà di eleggere un nuovo Abuna, e questa volta etiope, al momento della morte di Cirillo.

5.13 L'epoca moderna e la creazione della Chiesa cattolica eritrea

Per quanto riguarda la Chiesa cattolica, al termine della guerra i missionari stranieri furono estromessi dal Paese e toccò al clero etiope di assumersi la responsabilità di vaste regioni. Nel 1951 fu istituito un esarcato apostolico di rito etiope ad Addis Ababa e l'ordinariato per l'Eritrea fu elevato al rango di esarcato. Nel 1961 fu istituita una metropolia *sui iuris* etiope, con sede ad Addis Ababa; furono inoltre stabilite due eparchie suffraganee, una in Eritrea, ad Asmara, e una in Etiopia, ad Addigrat. Nel 1995, dopo che nel 1993 aveva raggiunto l'indipendenza, furono erette in Eritrea due nuove eparchie: quelle di Barentu e di Keren. Contemporaneamente, anche il Vicariato Apostolico di rito latino fu soppresso. In tal modo l'Eritrea divenne l'unico Paese nel quale tutti i cattolici, indipendentemente dal loro rito, sono soggetti a una giurisdizione ecclesiastica orientale.

Nel 2003 fu eretta un'altra eparchia in Etiopia, a Emdeber, nella parte meridionale del Paese. Successivamente, nel 2012 fu creata l'eparchia eritrea di Saganeiti e nel 2105 quella etiope di Bahar Dar – Dessié.

Per lungo tempo unite, attualmente, le due Chiese cattoliche di Etiopia e di Eritrea sono divise. Il 19 gennaio 2015, infatti, papa Francesco ha istituito, con la bolla *Multum fructum*, la Chiesa cattolica metropolita *sui iuris* eritrea, dividendola dall'Arcieparchia Metropolitana di Addis Ababa. La sede della nuova Chiesa metropolitana è Asmara, che è stata elevata ad Arcieparchia Metropolitana. Primo metropolita della nuova istituzione è l'arcieparca di Asmara, Menghesteab Tesfa Maryam (1948 -). In base all'elaborazione statistica tratta dall'Annuario Pontificio 2015, il totale dei fedeli cattolici eritrei è di 159826.

La Chiesa cattolica di Etiopia è retta invece da Sua Eminenza il cardinale (dal 2015) Berhane-Yesus Demerew Souraphiel, lazzarista, nominato nel 1999. Il numero dei suoi fedeli, sempre secondo l'Annuario Pontificio 2015, è di 88158.

La Chiesa cattolica etiope segue due tradizioni liturgiche: a nord di Addis Ababa si celebra secondo il rito ge'ez, come presso gli ortodossi, mentre a sud si celebra secondo il rito latino.

Capitolo 6

LA CHIESA ARMENA CATTOLICA

La Chiesa armena cattolica è una Chiesa cattolica patriarcale *sui iuris*, con comunità in Libano, Iran, Iraq, Egitto, Siria, Turchia, Israele, Palestina ed in altre realtà della diaspora armena nel mondo. Il suo primate ha il titolo di *Katholikòs-Patriarca di Cilicia degli armeni cattolici* e risiede a Bzommar, in Libano. L'attuale patriarca è Sua Beatitudine Grigor Bedros XX Ghabroyan, in carica dal luglio 2015.

Gli antichi distinguevano tra la Grande Armenia (*Armenia Major*) e l'Armenia Minore (*Armenia Minor*; da non confondersi con la successiva *Piccola Armenia*, in Cilicia): la prima, l'Armenia propriamente detta, era delimitato a nord dalle catene pontiche e a sud dal Tauro armeno, a ovest dall'Eufrate e ad est dall'Azerbaijan e dal litorale sud-occidentale del Mar Caspio; la seconda era posta invece ad ovest dell'Eufrate e comprendeva il territorio delle città di Nicopoli, Sebaste (Sivas) e Melitene (Malatiya).

Il territorio armeno è situato nell'attuale Turchia orientale e nelle aree confinanti dell'ex-Unione Sovietica e dell'Iran. Oggi la *Chiesa apostolica armena*, alla quale aderiscono circa sei milioni di fedeli, è maggiormente concentrata nella Repubblica di Armenia, che dichiarò la sua indipendenza il 23 settembre 1991. La *Santa Sede di Etchmiadzin* (*Sede Madre della santa Etchmiadzin*), residenza antica del *katholikòs* armeno, è nei pressi di Yerevan, la capitale. Al *katholikòs* di Etchmiadzin, riconosciuto come capo spirituale[1], si aggiungono però altre giurisdizioni autonome armene, sopravvissute alle vicende storiche secolari di questa Chiesa, che nel 2001 ha celebrato il 1700° anniversario della sua fondazione con la consacrazione di una nuova grande cattedrale a Yerevan.

6.1 LA NASCITA DELLA CHIESA ARMENA

L'origine della Chiesa armena risale all'età apostolica[2]. Secondo la tradizione antica, la fede fu predicata in Armenia nella seconda metà del I secolo dai due discepoli di Gesù, Taddeo e Bartolomeo; i capi religiosi armeni ritengono per tradizione di essere gli eredi della "Cattedra di Taddeo". Il riferimento a questo discepolo, l'Addai dei Siri, rivela che la fede cristiana giunse nelle valli armene da Edessa e che i primi missionari furono di lingua siriaca. Già intorno all'anno 200, l'apologeta latino Tertulliano di Cartagine (155-222) affermava che esisteva una comunità cristiana in Armenia. Del 254 è testimoniata una lettera (*De poenitentia*) di Dionigi di Alessandria, che fu sul trono vescovile della città egiziana dal 247 al 264-265, a un vescovo armeno, Meruzane.

È però all'inizio del IV secolo che avvenne il fatto fondamentale per la storia della Chiesa armena. Nel 301 – così secondo l'agiografia abituale, anche se ora gli storici ritardano la data verso il 314 – il re Tiridate III (261-317) e la sua corte si convertirono al cristianesimo a opera di Surb Grigor Lussavoritch, san Gregorio "l'Illuminatore", appartenente all'anti-

[1] La Chiesa armena costituisce un caso speciale di organizzazione ecclesiastica: a differenza delle altre Chiese orientali, nella dicitura armena il titolo di *patriarca* è subordinato a quello di *katholikos*.

[2] R. PANE, "Il cristianesimo armeno", in A. FERRARI, a cura di, *Popoli e Chiese dell'Oriente Cristiano*, Roma 2008, pp. 219-248; P. SINISCALCO, *Le antiche Chiese Orientali. Storia e Letteratura*, Roma 2005, pp. 258-276.

ca famiglia aristocratica degli Arsacidi, regnante in Persia e in Armenia. La conquista, nel 224, del potere in Persia da parte dei Sasanidi aveva comportato lo sterminio dell'antica famiglia reale e nel 238 anche molti arsacidi di Armenia erano stati assassinati. Gregorio si salvò grazie alla sua nutrice, che lo nascose e lo portò a Cesarea di Cappadocia, dove ricevette una formazione intellettuale e fu educato nella religione cristiana. Nel 261 ritornò nel suo paese, dove regnava nuovamente un membro della sua famiglia, Tiridate III, che Gregorio riuscì a convertire, dopo essere stato però a lungo perseguitato e aver passato tredici anni in prigione. All'inizio fu, in realtà, uno scontro: Gregorio, richiesto dal re di sacrificare alla dea Anahit, si oppose con un netto rifiuto, spiegando al sovrano che uno solo è il creatore del cielo e della terra, il Padre del Signore Gesù Cristo. Sottoposto per questo a crudeli tormenti, Gregorio, assistito dalla potenza di Dio, non si piegò. Vista questa sua irriducibile costanza nella confessione cristiana, il re lo fece gettare in un pozzo profondo, un luogo angusto e buio, infestato da serpenti, dove nessuno in precedenza era sopravvissuto (ancor oggi visibile nel monastero di Khor Virap, ai piedi dell'Ararat). Ma Gregorio, nutrito dalla Provvidenza attraverso la mano pietosa di una vedova, rimase per lunghi anni in quel pozzo senza soccombere. Il racconto agiografico prosegue riferendo i tentativi messi in opera nel frattempo dall'imperatore romano Diocleziano per sedurre la santa vergine Hripsimé, la quale, per sottrarsi al pericolo, fuggì da Roma con un gruppo di compagne, cercando rifugio in Armenia. La bellezza della giovane attrasse l'attenzione del re Tiridate, che s'invaghì di lei e volle farla sua. Di fronte all'ostinato rifiuto di Hripsimé, il re s'infuriò e fece perire lei e le compagne tra crudeli supplizi. Secondo la tradizione, come pena dell'orrendo delitto Tiridate fu mutato in un cinghiale selvatico, e non poté ricuperare le sembianze umane se non quando, ubbidendo a un'indicazione del Cielo, liberò Gregorio dal pozzo nel quale era restato per tredici lunghi anni. Ottenuto il prodigio della guarigione per le preghiere del santo, Tiridate comprese che il Dio di Gregorio era quello vero e decise di convertirsi, insieme con la famiglia e l'esercito, e di operare per l'evangelizzazione dell'intero Paese. Da allora il cristianesimo fu proclamato religione ufficiale del regno; l'armeno fu il primo popolo ufficialmente cristiano, prima ancora che il cristianesimo fosse riconosciuto come propria religione dall'impero romano.

L'adozione del cristianesimo aiutò ad unire i vari elementi e divisioni etniche in Armenia e li forgiò in una nazione con un'identità distinta. Il "battesimo" della nazione, a partire dalle sue autorità civili e militari, diede nascita a un'identità nuova del popolo, che diverrà parte costitutiva e inseparabile dell'identità armena, dell'"armenità". Come ha scritto uno dei maggiori studiosi armeni contemporanei, il padre mechitarista Boghos Levon Zekiyan: "a partire dalla conversione ufficiale del regno alla fede cristiana, nei primi anni del IV seolo [...] il destino dell'Armenia sarà intrinsecamente connesso a questa opzione storica. La fede cristiana segnerà fin nei sostrati più profondi l'anima e la cultura armene"[3]. Questa scelta e la posizione geografica di frontiera dell'Armenia sono state, nei secoli, cause di molte persecuzioni e guerre. Le sofferenze di Gregorio e il martirio di Hripsimé e delle sue compagne mostrano come il battesimo dell'Armenia sia quello del sangue, come verrà testimoniato in maniera drammatica alla metà del V secolo. La componente del martirio costituisce infatti un elemento costante nella storia del popolo armeno, la cui fede rimane indissolubilmente legata alla testimonianza del sangue versato per Cristo e per il Vangelo. Tutta la cultura e la stessa spiritualità degli Armeni sono pervase dalla fierezza per il segno supremo del dono della vita nel martirio. La storia e l'anima del popolo armeno sono stati segnati da eventi sanguinosi che hanno modificato la stessa

---

[3] B.L. ZEKIYAN, *Introduzione a* La spiritualità armena. *Il libro della* Lamentazione *di Gregorio di Narek*, Roma 1999, pp. 25-26.

geografia umana, costringendo il popolo a continue migrazioni. La sua fede cristiana, vivificata continuamente da questi eventi, è stata, anche nei momenti più tragici, la molla propulsiva che ha segnato l'inizio della rinascita del popolo provato.

Formalmente designato come capo supremo della Chiesa, Gregorio, che era sposato, fu inviato dal re a Cesarea di Cappadocia per essere ordinato vescovo dal vescovo Leonzio, diventando il primo di una linea ininterrotta di più di centotrenta *katholikoi* "delegati universali" (capo di una comunità ecclesiale nazionale). Rientrato in patria, con l'aiuto del re Gregorio distrusse i santuari pagani e riuscì ad avere la meglio sull'opposizione armata dei loro sacerdoti, che furono istruiti nella nuova religione e divennero i ministri del nuovo culto, mentre i loro figli costituirono il nerbo del clero e del successivo monachesimo. È grazie all'opera evangelizzatrice tra i pagani che Gregorio si guadagnò il titolo di *Illuminatore*. Nell'organizzazione ecclesiastica della sua Chiesa, Gregorio diede in appannaggio le alte cariche – come nelle tribù israelitiche – ad alcune famiglie della nobiltà, riservando alla propria quella di *katholikòs*. La sede del *katholikosato* fu eretta nella capitale Vagarshapat, con la residenza pontificale vicino alla chiesa chiamata "Madre Santa di Dio" (in tempi più recenti avrebbe assunto il nome di *Santa Etchmiadzin*, che vuol dire "il luogo dove l'Unigenito è disceso"[4]). Questa chiesa, ancor oggi chiesa madre di tutti gli Armeni, fu costruita nei primi anni del IV secolo secondo una visione nella quale Gregorio vide il Figlio Unigenito di Dio scendere dal cielo con un martello d'oro in mano per localizzare simbolicamente il luogo della cattedrale. In tarda età, Gregorio si ritirò a vita eremitica (morì tra il 325 e il 332) e lasciò il

[4] Etchmiadzin, nota come Vagarshapat prima del 1945, fu fondata da re Vagarshak (117-140) al posto di Vardkesavan, un antico insediamento del III secolo a.C. Venne scelta come capitale dell'Armenia dai Romani nel 163 d.C. Fu ripetutamente distrutta dai nemici, in particolare dai Persiani nel 364-369.

proprio posto quale *katholikòs* al figlio secondogenito Aristakes, già vicario generale, nella cui capacità partecipò quale delegato della Chiesa armena al concilio di Nicea nel 325. Alla morte di Aristakes (333), la carica passò al fratello Varthanes (333-341). Quest'ultimo, già ordinato vescovo degli Iberi dal padre, aveva organizzato la Chiesa della Georgia[5], la cui comunità unì a quella armena quando assunse il katholikosato armeno. A Varthanes succedette il figlio Hussik (341-347), ma i figli di questo rifiutarono lo stato clericale e la carica passò ai nipoti.

Pura leggenda è l'affermazione che la Chiesa armena fosse autocefala fin dall'inizio, con un *katholikòs* indipendente. È invece accertato che Cesarea di Cappadocia, fino ai tempi di Basilio Magno (329-379), esercitò un indubbio primato sull'Armenia. È all'ombra di questo grande padre cappadoce che si formò Nerses il Grande d'Armenia (353-374), della famiglia dell'Illuminatore, che era stato consacrato vescovo nel 353 dal predecessore di Basilio, Eusebio di Cesarea (di Cappadocia; 362-370)[6]. Eletto *katholikòs*, Nerses, su suggerimento di Basilio (non ancora vescovo; lo sarà dal 370 al 379), volle introdurre in Armenia le riforme che aveva visto attuate a Cesarea. Nel sinodo di Ashtishat del 354, il primo nella storia della Chiesa armena, impose come obbligatori i canoni del concilio di Nicea, promulgò un gran numero di leggi per regolare il matrimonio e il digiuno, creò istituti di beneficenza, come ospizi e ospedali, e diede impulso alla vita monastica, maschile e femminile, inviando i monaci attraverso tutto il Paese per predicare il Vangelo.

Re Arshak II (350-367) non gradì tuttavia questa ellenizzazione dell'Armenia: destituì Nerses, esiliandolo a Emesa, e lo

---

[5] Col termine di Iberia, o Iberia Caucasica o Orientale, gli antichi greci e romani indicavano l'antico regno georgiano di Kartli (IV secolo a.C. – V secolo d.C.) corrispondente all'incirca alle parti orientali e meridionali dell'odierna Georgia.

[6] Da non confondere con l'omonimo storico ecclesiastico, e vescovo, Eusebio di Cesarea di Palestina (ca 265-340).

sostituì con un altro *katholikòs*. Quando, poco dopo, Arshak fu fatto prigioniero dai Persiani, Nerses riprese possesso della sua sede (369), ma anche il nuovo re Pap (370-374), pro-ariano, irritato dal suo comportamento, lo fece arrestare e, probabilmente, avvelenare (374). Pap, inoltre, timoroso del potere crescente della Chiesa, diede inizio a una campagna antireligiosa, tendente a scristianizzare il Paese e a debilitare il potere della Chiesa. Pose quale *katholikòs* un certo Hussik, della famiglia degli Aghbiani, rivale di quella dell'Illuminatore. Basilio protestò per questa sostituzione, contraria ai canoni, ed è in tale disaccordo che va vista l'origine della proclamazione d'indipendenza della Chiesa armena. Da quel momento il katholikosato armeno si rese autonomo. E per dare un fondamento al fatto di essersi svincolato da Cesarea, fu fatta circolare la leggenda del viaggio di Nerses a Roma, dove avrebbe ottenuto dal papa l'autocefalia, o anche l'altra leggenda secondo cui tale concessione gli era stata conferita direttamente dal Cielo. Questo processo di istituzionalizzazione e 'armenizzazione' della vita ecclesiastica sarà continuato anche durante il V secolo.

Ottenuta l'autonomia religiosa, gli Armeni persero però la libertà politica. Morto nel 385 Emanuele Mamikonyan, capo della famiglia feudale armena che si era impossessata del potere sconfiggendo il re Varazdat (374-378), Roma e la Persia decisero di spartirsi l'Armenia. Scomparsa la monarchia, il capo religioso divenne il centro e il riferimento dell'unità nazionale. Divisa e isolata, la Chiesa armena sopravvisse grazie al fondamentale apporto del suo nuovo *katholikòs* Sahak il Grande (387-439; noto anche come 'Isacco d'Armenia' o 'Sahak Parthev', a causa della sua origine partica), figlio di Nerses (la madre, Sanducht, era una principessa della famiglia Mamikonyan), che diede vita, verso il 390, a una nuova tappa della vita ecclesiale e culturale del paese. Introdusse l'obbligo del celibato per l'episcopato, obbligo che verrà poi confermato solennemente nel sinodo di Shahapivan (444) – il primo della Chiesa armena del quale abbiamo gli *Atti* –, indetto dal *katholikòs* Hovsep I (440-453), che imporrà anche il divieto delle seconde nozze per il tutto il clero rimasto vedovo[7].

Fondamentale, per la rinascita armena, fu l'opera del monaco predicatore e dottore in teologia (*vardapet*) Mesrop Mashtots (354/361-440), considerato santo dalla Chiesa armena. Nel 404/405, ammaestrato dalla sua esperienza evangelizzatrice negli angoli più remoti dell'Armenia e nelle regioni limitrofe, Mesrop, desiderando portare con maggior facilità la conoscenza dei testi sacri alla popolazione, inventò un alfabeto proprio alla lingua armena volgare, composto da 36 lettere, grazie al quale fu possibile esprimere per iscritto la lingua parlata e tradurre testi dal greco e dal siriaco, in particolare la Bibbia. Tale invenzione (l'opera di Mesrop precedette di ben quattro secoli e mezzo quella analoga dei santi Cirillo e Metodio per i popoli slavi), fatto determinante per la stabilità e definitività dell'identità culturale del popolo, suggellò in maniera definitiva il singolare, ma pur esemplare, connubio armeno tra fede e cultura, tra nazionalità e religione; concepita, prima che come uno strumento di comunicazione di concetti e notizie, come un vero e proprio veicolo di evangelizzazione, essa segnò anche l'inizio di un periodo d'oro nella letteratura e nella vita spirituale della Chiesa, permettendo agli Armeni di recepire le linee migliori della spiritualità, della teologia e della cultura dei siri e dei greci, e di fondere tutto ciò in modo originale con l'apporto della specificità del proprio genio. Ma mentre molti giovani armeni di valore si formarono nelle scuole imperiali romane, i Persiani, per evitare il processo di una cultura autoctona a discapito del siriaco, cercarono per ben due volte di sostituire il *katholikòs* armeno con uno siriaco, ma il popolo non lo permise.

---

[7] Nel sinodo di Shahapivan verrà formulato anche il primo codice di legge familiare: pur stabilendo il diritto del marito di esercitare il controllo sulla moglie, uomini e donne erano considerati uguali davanti alla legge.

Il 428 è l'anno in cui si pone il problema del nestorianesimo, giudicato poi nel concilio di Efeso (431), al quale, nonostante lo stretto rapporto con Costantinopoli, la Chiesa armena non partecipò. Desiderosi di restare nell'ortodossia gli Armeni inviarono due loro sacerdoti, Leonzio e Aberio, presso il patriarca di Costantinopoli Proclo (434-446) per ascoltarne il parere. Ritornarono in patria con uno scritto, noto come "Tomo di Proclo", nel quale le dottrine nestoriane venivano respinte e si esprimeva l'ortodossia sulla dottrina dell'unicità della persona di Cristo con una formula simile a quella di Cirillo ma più precisa (al posto di *physis*, 'natura', si parla di *hypostasis*, 'sussistenza, entità individuale', termine usato poi per 'persona'). Il documento, dietro suggerimento dei vescovi cirilliani Acacio di Melitene e Rabbula di Edessa, venne accolto come simbolo di fede in un sinodo tenuto ad Ashtishat nel 435 e segnò profondamente la teologia armena.

Con la morte, il 15 settembre 439, del *katholikòs* Sahak il Grande, si estinse la famiglia dell'Illuminatore: da quel momento il katholikosato appartenne per elezione al clero monastico.

Nel 428 i *nakharar* – principi e nobili che esercitavano il controllo delle province secondo una struttura feudataria – chiesero al re persiano Ahram V (421-439), la deposizione dell'ultimo re armeno appartenente alla dinastia di origine partica degli Arsacidi, Artashes (423-428), figlio di re Vramshahpuhr (392-414). Al suo posto fu nominato *marzpan* – titolo del governatore delle province soggette all'impero sasanide – il persiano Veh-Mihr-Shahpuhr.

6.2 Il "battesimo di sangue" degli Armeni

Il 451 è l'anno che segna più profondamente la cristianità armena. È l'anno del suo "battesimo di sangue", del martirio dei *Vardanankh* (= Vardan e compagni), narrato dallo storico

Eghishé (circa 400-480) nella sua *Storia di Vardan e della guerra armena*. Verso la metà del V secolo, il re persiano Yazdeghert II (439-457), per la sicurezza e la compattezza politica dell'impero, cercò di assimilare gli Armeni tentando di imporre quale religione ufficiale per tutti i sudditi lo zoroastrismo[8]. Nel 451, visti inutili tutti i tentativi di convincere il Re dei re a lasciar vivere in pace gli armeni secondo la propria fede, seguendo i dettami e le tradizioni dei propri padri, Vardan Mamikonyan, nipote di Sahak il Grande e comandante dell'esercito armeno, si ribellò alla decisione di Yazdeghert II[9]. Al motto "Per la fede e la patria", Vardan e i suoi soldati (chiamati col collettivo *Vardanankh* nella lingua armena), in netta inferiorità numerica (sessantamila, contro i quasi trecentomila Persiani), furono sconfitti, dopo un'eroica resistenza, il 26 maggio 451, vigilia di Pentecoste, in una sanguinosissima battaglia combattuta sull'ampia piana di Awarayr, sulle rive del fiume Deghmund, nella parte settentrionale dell'odierno Iran. Eghishé ci ha tramandato l'esortazione che Vardan aveva rivolto ai suoi soldati

[8] Lo zoroastrismo prende il nome da quello del suo fondatore Zoroastro (Zarathustra), vissuto in Persia approssimativamente tra il VII ed il VI secolo a.C. Nodo centrale della religione è la costante lotta tra Bene e Male, tra il dio supemo Ahura Mazda (da cui l'altro nome di mazdeismo con cui questa religione è nota), caratterizzato da luce infinita, onniscienza e bontà, e Angra Mainyu (o Ahriman), uno spirito malvagio delle tenebre, violenza e morte. Anche gli uomini partecipano a questo conflitto cosmico, essendo loro chiesto di scegliere tra la via del bene e della giustizia, che porta alla felicità, e la via del male, apportatrice di infelicità, inimicizia e guerra. A questa scelta è legato poi il destino dopo la morte, tra il Paradiso e l'Inferno. Quando però, alla fine dei giorni il male sarà definitivamente sconfitto e il cosmo purificato in un bagno di metallo fuso, anche le anime dei peccatori saranno riscattate dall'inferno, per vivere in eterno, entro corpi incorruttibili, alla presenza di Ahura Mazda.

[9] Diventato *sparapet*, ossia comandante in capo, dell'esercito armeno (carica diventata ereditaria nella sua famiglia) nel 432, era stato convocato a Ctesifonte, capitale dell'impero persiano, e convertito allo zoroastrismo con la forza. Rientrato in patria nel 450, aveva ripudiato la religione persiana e fomentato la rivolta nazionale conto i Sasanidi.

prima della battaglia: “Colui che pensava che tenessimo la nostra fede cristiana a mo' di vestito ora sa che non può mutarla, come il colore della pelle, e forse non potrà farlo fino alla fine, giacché le sue fondamenta sono collocate saldamente sulla roccia inamovibile, non sulla terra, ma su in cielo, dove non cade pioggia, non soffiano venti, non montano inondazioni”. Questo connubio tra religione e sentire nazionale, tra Chiesa e identità patria, tra fede e orgoglio nazionale, suggellato dal martirio, si intreccia strettamente nella coscienza armena e inciderà profondamente sull'intera storia armena, la quale sarà costantemente coronata di forme di martirio collettivo, che raggiungeranno il culmine nell'olocausto del genocidio perpetrato, nel caos della prima guerra mondiale, tra il 1915 e il 1916, dal governo ottomano.

Di fronte all'eroismo e al martirio degli Armeni[10], nonostante la vittoria Yazdeghert II rinunciò al suo intento e gli Armeni cominciarono una lunga e tenace resistenza armata (il 26 luglio 453 lo stesso *katholikòs* Hovsep I venne martirizzaro), fino a che non ottennero dal re di Persia una maggior libertà religiosa. Le persecuzioni si allentarono durante il regno di Peroz (459-484), che nel 464 liberò gli ultimi *nakharar* ancora deportati in Persia. Nel 481 un membro della famiglia Mamikonyan, Vahan, nipote dell'illustre condottiero (era figlio del fratello di Vardan), guidò una nuova rivolta, sostenuta anche dall'appoggio morale del *katholikòs* Hovhannes Mandakuni (478-490). Dopo mesi di scontri, nel 485 il re di Persia Valarsh (484-488) concluse con gli armeni il *trattato di Nvarsak*, col quale essi ottennero la libertà religiosa[11] e quale *marzpan* venne posto l'armeno

10 La Chiesa armena ha canonizzato i Vardanank, annoverandoli tra i suoi martiri per la fede e celebrandone la ricorrenza il giorno 23 febbraio, festa di san Vardan.

11 È questo il primo trattato nella storia nel quale un tiranno viene costretto a riconoscere il principio della libertà religiosa.

Vahan Mamikonyan. Per motivi di sicurezza il katholikosato fu trasferito, già verso il 452, nella nuova capitale di Dvin.

6.3 IL RIFIUTO DI CALCEDONIA

Nel 491, dopo la promulgazione dell'*Enotico* di Zenone (482) che rinnegava il concilio di Calcedonia (451) – concilio al quale nessun vescovo armeno aveva assistito, per la guerra in atto contro la Persia – il *katholikòs* Papken I (490-516) convocò un sinodo a Vagarshapat, dove anche gli Armeni condannarono Calcedonia, oltre al Tomo di Flaviano e il nestorianesimo di Bar Sauma, vescovo di Nisibi, che aveva cercato di introdurre in Armenia la sua dottrina. Al sinodo parteciparono anche i vescovi della Georgia e dell'Albània, nazione, oggi scomparsa, che occupava la zona dell'attuale Azerbaijan e che faceva risalire la sua cristianizzazione alla predicazione di Eliseo, discepolo di Taddeo.

Negli anni seguenti, si succedettero le condanne di Calcedonia: così in un sinodo del 506 a Dvin, al quale parteciparono anche i vescovi della Georgia e dell'Albània, e poi ancora al nuovo concilio di Dvin (527). È solo però nel 554, in un concilio tenuto sempre a Dvin, che il primate Nerses II (548-557) proclamò la condanna ufficiale di Calcedonia. Nel 552 la Georgia, che aveva invece accettato Calcedonia, guidata dal suo vescovo Kurion, abbandonò la giurisdizione del katholikosato armeno per unirsi al patriarcato di Costantinopoli. In quel tempo la Chiesa armena era principalmente impegnata a contrastare le influenze nestoriane della vicina Chiesa nell'impero persiano. Intorno al 572, il *katholikòs* Hovhannes II Gabelyan (557-574), che si era rifugiato a Costantinopoli per sfuggire ai Persiani, fu costretto dall'imperatore Giustino II (565-578) a firmare un accordo d'unione, rifiutato però dalla gerarchia armena. La rottura definitiva con Bisanzio si ebbe con il *katholikòs* Moses II Yelivardatzi (574-604), che rifiutò una convocazione dell'imperatore

Maurizio (582-602) a un concilio nella capitale, con l'intento di costringere i vescovi armeni all'unione. Anche il *katholikòs* Abraham I (607-615) fu fortemente anti-bizantino, interdicendo drasticamente, nel 608, qualsiasi cenno di comunione con la Chiesa imperiale. Un mutamento di politica ecclesiastica si ebbe sotto l'imperatore Eraclio (610-641). Grazie al prestigio guadagnato presso tutto il mondo cristiano per aver ripreso ai Persiani la preziosissima reliquia della Santa Croce, l'imperatore, convinto monotelita, ottenne dagli Armeni, in un concilio riunito nel 633 a Karin (bizantina Teodosiopoli, odierna Erzurum) dal *katholikòs* Ezra I Paraznakertatzi (630-641), l'unione sulla base della nuova formula cristologica. Ma fu un'unione effimera: morto Eraclio, essa si sciolse, travolta e spazzata via dall'invasione islamica. Un sinodo tenuto a Dvin sotto il *katholikòs* Nerses III il Costruttore (641-661) nel 648 respinse definitivamente le formule di Calcedonia. Nel 654, quando l'imperatore Costante II Pogonato (641-688) andò personalmente a difendere l'Armenia contro gli Arabi, ci fu un ultimo tentativo di riconquista, politica ed ecclesiastica, ma senza nessun risultato. Da questo momento, per parecchi secoli, la storia dell'Armenia cristiana si distingue a malapena da quella di una qualsiasi altra Chiesa sotto il dominio musulmano. Nel 692 si tenne a Costantinopoli, sotto Giustiniano II Rinotmeto (685-695; 704-711), il concilio *in Trullo*, nel quale un gran numero delle usanze liturgiche e disciplinari degli Armeni vennero condannate.

6.4 L'ALTO MEDIOEVO E IL REGNO ARMENO DI CILICIA

Nella seconda metà del VII secolo, anche l'Armenia fu sopraffatta dalla fulminea avanzata delle armate musulmane. Dopo il ristagno causato dalla dominazione araba, che aveva raggiunto l'apice nell'VIII secolo, i secoli IX e X segnarono nella storia armena una delle svolte più feconde e felici da ogni punto di vista, un periodo di straordinario splendore che costituì il culmine dell'alto Medioevo della cultura cristiana armena. Capolavori dell'architettura di questo periodo sono la città di Ani, "dalle mille e una chiesa", capitale del regno armeno dei Bagratuni, centro economico e culturale di tutta la regione che riposa oggi nel mesto e maestoso silenzio delle sue rovine, e l'irrepetibile gioiello della chiesa di Aghthamar, sul lago di Van, nel regno degli Artzruni[12]. Loro degno contraltare, quale monumento letterario, è la creazione poetica del genio assoluto che fu il santo Grigor Narekatsi, Gregorio di Narek nella forma italiana, il più grande poeta mistico armeno, vissuto tra il 945 e il 1003: la sua opera, *Il Libro della Lamentazione*, nota semplicemente come *il Narek*, è una delle opere più lette dagli Armeni[13].

Nel X secolo il katholikosato fu trasferito da Dvin a Dzoravank (927) e poi quasi subito ad Aghtamar (931), quindi ad Arghina (944) e Ani (992). Nel 1045 l'imperatore bizantino Costantino IX Monomaco (1042-1055) pose definitivamente fine all'indipendenza dell'Armenia, conquistando la capitale Ani e deponendo re Gagik II (1042-1045), ultimo sovrano della dinastia regnante dei Bagratuni. Fu un'occupazione dalle dolorose conseguenze per Costantinopoli stessa, perché privò l'impero di un baluardo forte sulle frontiere orientali, ruolo fino allora svolto dall'Armenia. Pochi anni dopo, infatti, nel 1064, Ani fu

[12] Bagratuni, o Bagratidi, e Artzruni sono le due dinastie armene sorte nell'ultimo quarto del IX secolo, dopo aver ottenuto la libertà dalla dominazione araba.

[13] Giovanni Paolo II nella sua lettera eciclica mariana *Redemptoris Mater* (25 marzo 1987) così ricorda Gregorio di Narek «Nel suo panegirico della Theotókos, san Gregorio di Narek, una delle più fulgide glorie dell'Armenia, con potente estro poetico approfondisce i diversi aspetti del mistero dell'incarnazione, e ciascuno di essi è per lui un'occasione per cantare ed esaltare la dignità straordinaria e la magnifica bellezza della Vergine Maria, Madre del Verbo incarnato» (*RM* 31). Il 21 febbraio 2015 papa Francesco gli ha riconosciuto il titolo di "Dottore della Chiesa universale". Il Martirologio Romano lo ricorda il 27 febbraio.

assediata e conquistata dal selgiuchide Alp Arslan (1063-1072); la reazione bizantina fu vana: il 19 agosto 1071, presso la città armena di Mantzikert, non lontano dal lago di Van, l'esercito di Romano IV Diogene (1068-1071) fu battuto e distrutto da quello di Alp Arslan; lo stesso imperatore fu fatto prigioniero. L'intera Armenia fu così ceduta ai turchi, davanti ai quali si aprirono anche le porte dell'Anatolia, fino al Bosforo.

Di fronte all'inarrestabile avanzata selgiuchide, molti Armeni, guidati dal principe Rupen, abbandonarono le loro dimore caucasiche (1058) e si spinsero ad ovest, attraversando le montagne del Tauro e giungendo in Cilicia, regione sud-orientale dell'Asia Minore; qui, nel 1080, fondarono una baronia (Rupen I, 1080-1095), che nel 1198 divenne il regno armeno di Cilicia, noto come *Piccola Armenia* e durato fino al 1375. Il katholikosato seguì e si stabilì prima a Sivas (1058-1062), poi a Thavblour (1062-1066), quindi a Dzamendav (Zamidia, 1066-1116), a Dzovk (1116-1149), a Hromgla (1149-1293) e finalmente a Sis, odierna Kozan (1293-1930), capitale del regno di Cilicia, dove rimase per gli ultimi sette secoli, quale sede secondaria del *katholikòs* dopo la primaziale di Etchmiadzin[14].

La fine dell'XI secolo segna l'inizio del movimento crociato e gli Armeni di Cilicia strinsero stretti legami coi crociati, che avevano creato regni latini ai confini del loro territorio. La Chiesa armena subì così un lento ma continuo processo di latinizzazione e nel 1140 il *katholikòs* Grigor III Pahlavuni (1113-1166)[15] partecipò a un concilio latino a Gerusalemme, allora

[14] Sulle diverse sedi della Chiesa Apostolica Armena, si veda H. Tchilingirian, "The Catholicos and the Hierarchical Sees of the Armenian Church", in A. O'Mahony, ed., *Eastern Christianity: Studies in Modern History, Religion and Politics*, Londra 2004, pp. 140-159.

[15] Suo successore come *katholikòs* di Cilicia fu il più giovane fratello Nerses IV (1166-1173), noto col soprannome di *Shnorhali* "il grazioso", ossia "pieno di grazia", musicista, compositore e poeta, che arricchì la liturgia armena di nuovi inni, cantati fino ad oggi.

in mano crociata. Nel 1198 si ebbe addirittura un'unione con Roma, in cambio della quale il principe Levon (Leone) ottenne il titolo di "re di Cilicia", venendo incoronato a Tarso il 6 gennaio 1199 (*Levon Metzagorts* "Levon il Magnifico", 1199-1219). Tale unione, tuttavia, non fu riconosciuta dagli Armeni fuori dalla Cilicia e fu osteggiata anche in patria. Essa terminò comunque con la conquista mamelucca del 1375. Tra i principali rappresentanti della corrente "latinofila" si possono annoverare il re Hetum II (1289-1293, 1295-1296, 1299-1303), che dopo aver abdicato trascorse i suoi ultimi anni come frate francescano, e il *katholikòs* Grigor VII Anawarzetzi (1293-1307), che riteneva l'adeguamento ai costumi e alla tradizioni della Chiesa romana una condizione indispensabile per la comunione ecclesiastica.

Nel 1337 i mamelucchi d'Egitto isolarono il regno della Piccola Armenia, privandolo del suo sbocco al mare. Per averli come possibili alleati contro eventuali attacchi bizantini o latini, i mamelucchi avevano però già fatto agli Armeni alcune concessioni, come la creazione di un loro patriarcato a Gerusalemme (1311), comunque sottomesso al katholikosato di Sis. Nel 1375 il sultano al-Ashraf Shaban (1363-1377) riuscì a dare il colpo di grazia al regno armeno[16].

Dopo il declino del regno armeno di Cilicia, la Chiesa assunse il ruolo di guida nazionale e i *katholikòi* armeni vennero rico-

[16] Levon V di Lusignano (1374-1375), ultimo re d'Armenia, venne catturato dall'emiro di Aleppo con tutta la sua corte, portato in Egitto e tenuto prigioniero nella Cittadella del Cairo. Levon riuscì a inviare il proprio genero Shaban, conte di Gorigos, ad Avignone, presso la corte dell'antipapa Clemente VII (1378-1394), per perorare la propria causa. Mosso a pietà della miserevole condizione dei reali d'Armenia, il pontefice emise, il 4 luglio 1381, una serie di bolle indirizzate agli arcivescovi di Tarragona, Saragozza, Toledo, Santiago di Compostela e di Siviglia, come pure al Capitolo di Braga ingiungendo loro di raccogliere i fondi necessari a riscattare i prigionieri armeni. Liberato così nel 1382, dopo sette lunghi anni di prigionia, Levon V si trasferì a Parigi, dove morì nel novembre1393 e fu sepolto nell'abbazia reale di Saint-Denis.

nosciuti come etnarchi (capi nazionali). Continuarono, tuttavia, anche i contatti con Roma.

6.5 IL CATTOLICESIMO NEL REGNO DI CILICIA

L'attività missionaria cattolica fra gli armeni iniziò negli anni Trenta del XIV secolo con l'installazione ufficiale in Armenia dell'Ordine dei *Fratres Unitores*, una emanazione dei *Fratres Peregrinantes*, a loro volta emanazione dei *Fratres Praedicatores*, ossia dei domenicani. Iniziatore di tale attività fu Bartolomeo de Podio (del Poggio, in italiano; noto nell'istoriografia domenicana anche come Bartholomaeus Bononiensis, ossia "da Bologna", e Bartholomaeus Parvus), che il 1° maggio 1318 era stato nominato da papa Giovanni XXII (1316-1334) vescovo di Maragha, nell'Azerbaijan, sede suffraganea di Sultaniyyah, nell'odierno Iran settentrionale, eretta il 1° aprile 1318 quale metropoli per le missioni domenicane in Asia. Bartolomeo morì nel 1333 nel monastero di Qrhnay, in Armenia, che nel 1331 era stato offerto in dono perpetuo all'ordine domenicano e del quale era abate il *vardapet* (maestro, dottore in teologia) Yohan Qrhneçi (morto il 6 gennaio 1348), da lui guadagnato alla causa dell'unione e futuro fondatore della congregazione dei *Fratres Unitores*[17].

Essa fu tuttavia preparata dalla penetrazione in Cilicia degli Ordini mendicanti, in particolare i francescani. Risultato di questa penetrazione fu l'abdicazione, nel 1293, del re Hetum

[17] La Congregazione degli *Unitores* continuò la sua esistenza fino al 1538, quando fu trasformata in provincia dell'ordine domenicano. Sull'opera di Bartolomeo de Podio e i *Fratres Unitores*, vedi C. Longo "I domenicani nell'impero persiano. Frati armeni e missionari italiani", in *Studi sull'Oriente Cristiano*, Accademia Angelica-Costantiniana di Lettere Arti e Scienze, 11, 1, Roma 2007, pp. 35-75, in particolare alle pp. 35-58. G. Petrowicz, "I Fratres Unitores nella Chiesa Armena", in *Euntes Docete* XXII, 1969, pp. 309-347.

II, che abbracciò l'ideale francescano. Gli *Unitores* asserivano la necessità di una comunione gerarchica con Roma e la completa conformità di rito e di disciplina. Il padre mechitarista Boghos Levon Zekiyan dà un giudizio globalmente negativo sul movimento missionario dei *Frates Unitores*. Ne sottolinea, comunque, anche gli aspetti positivi: essi portarono infatti con sé il pensiero filosofico della scolastica occidentale del Medioevo, ciò che contribuì a stimolare nei grandi centri monastici dell'Armenia orientale, in particolare nei secoli XIV-XV, un notevole risveglio degli studi letterari, filosofici e teologici[18]. Accanto a queste tendenze estreme degli *Unitores* – contrapposte alle altre, pur estreme, di chi, favorevole a una completa autonomia, rifiutava qualsiasi dipendenza da Roma, pur mantendo buone relazioni con tutti i cristiani –, vi erano anche posizioni più sfumate: vi erano infatti quanti, pur favorevoli alla comunione con Roma, accettavano solo certe limitate modifiche al rito e alla disciplina, e quanti, pur essi favorevoli alla comunione ecclesiastica, erano convinti dell'integrità della fede armena e delle procedure liturgiche e canoniche ed erano decisi a mantenerle[19].

Lo scenario ecclesiastico dell'Armenia del XIV secolo è dominato da quattro concili: tre tenutisi a Sis (1307, 1342, 1361) e uno ad Adana (1316)[20]. I primi due concili, del 1307 e del 1316, segnarono la prevalenza dell'adesione alla comunione

---

[18] B.L. ZEKIYAN, "Le colonie armene del Medioevo in Italia e le relazioni culturali italo-armene (Materiale per la Storia degli armeni in Italia)", in G. IENI – B.L. ZEKIYAN (a cura di), *Atti del Primo Simposio Internazionale di Arte Armena (Bergamo, 28-30 giugno 1975)*, San Lazzaro-Venezia 1978, pp. 803-946

[19] B.L. ZEKIYAN, "Armenians and the Vatican during the eighteenth and nineteenth centuries: Mekhitar and the Armenian Catholic Patriarchate", in *Het Christelijk oosten* 52, 2000, pp. 251-267.

[20] B.L. ZEKIYAN, "The religious Quarrels of the 14th century preluding to the subsequent Divisions and ecclesiological Status of the armenian Church", in *Studi sull'Oriente Cristiano*, Accademia Angelica-Costantiniana di Lettere Arti e Scienze, 1, Roma 1997, pp. 164-180.

ecclesiastica con Roma e delle tendenze alla latinizzazione. Nel concilio di Sis del 1342, il *katholikòs* Mechitar Grnertzi (1341-1355) prese le distanze dalle tendenze latinizzanti e, pur non rompendo con Roma, protestò vigorosamente contro i 117 "errori" che alla corte papale venivano attribuiti agli Armeni. Uomo di mediazione, il *katholikòs* non osò però ripristinare le antiche tradizioni liturgiche tipiche della Chiesa armena, cosa che invece ordinò di fare, nel concilio di Sis del 1361, il *katholikòs* Mesrop I Artazetzi (1359-1372), benché anch'egli non avesse rotto con Roma. Questi legami con Roma si concretizzarono al tempo del concilio di Firenze, quando, al termine di una serie di trattative col *katholikòs* di Sis, gli Armeni di Cilicia firmarono un secondo atto di unione con la Chiesa cattolica (Bolla *Exultate Deo*, del 22 novembre 1439): benché non ebbe risultati immediati – provocò, anzi, uno scisma all'interno della Chiesa armena (un sinodo di 17 vescovi degli Armeni che erano rimasti nel Caucaso, accusando di tradimento quelli della Piccola Armenia per la loro politica unionista, dichiararono deposto il patriarca di Cilicia e crearono un nuovo katholikosato, con sede a Etchmiadzin, sede originale del katholikosato, ma che era stata abbandonata dopo il 485) –, tuttavia offrì in seguito la base per la formazione della Chiesa armena cattolica.

La presenza di cattolici tra gli Armeni è documentata anche in posti molto distanti dalla loro terra madre. Nella Cina medievale, per esempio, compaiono infatti piccole comunità di armeni cattolici, prevalentemente mercanti: a Pechino, per la predicazione del francescano Giovanni da Montecorvino (1247-1328) e a Quanzhou, per l'opera di altri missionari francescani.

Nel XV e XVI secolo tutta l'Armenia fu invasa dagli Ottomani. Nonostante tutto, fu un periodo di relativa tranquillità e l'Armenia conobbe un risveglio culturale che aveva come centri Costantinopoli e Tiblisi, in Georgia, dove vivevano un gran numero di Armeni. Abili commercianti, gli Armeni crearono una forte classe sociale nell'impero turco e si guadagnarono il favore delle autorità occupanti. Nel 1461 gli Ottomani favorirono la creazione a Costantinopoli di un patriarcato armeno, al quale furono sottomesi tutti i cristiani di fede anti-calcedonita. Questa situazione, maneggiata con abilità dai membri più facoltosi e influenti della comunità armena, i cosiddetti *amira*[21], conferì loro una posizione privilegiata nel campo finanziario e culturale dell'impero ottomano.

Nel 1547 il *katholikòs* di Etchmiadzin, Stefano V (1545-1547), addolorato per il duro trattamento riservato ai suoi fedeli dai governanti musulmani, diede le dimissioni dalla propria carica, quindi convocò una riunione dei principali ecclesiastici e laici, ove fu deciso di cercare l'aiuto occidentale. Stefano stesso fece parte della delegazione armena giunta a Roma nel 1548, ma, benché facesse professione di fede cattolica, papa Paolo III (1534-1549) non poté offrirgli che un supporto morale. Anche il successore, Michele I (1547-1576), continuò il dialogo con Roma, inviando nella città pontificia una seconda delegazione (1562), latrice di una sua professione di fede cattolica e della richiesta accorata dell'aiuto papale. In risposta alla richiesta armena, papa Pio IV (1559-1565) inviò una delegazione a Etchmiadzin e all'arcivescovo cattolico di Nakhichevan. A capo della missione pontificia fu posto un vescovo maronita di Cipro, col compito anche di accertarsi dell'ortodossia degli Armeni prima di riconciliare la Chiesa armena alla piena comunione con Roma. La missione lasciò Roma diretta nell'impero ottomano, ma di essa non si è più saputo nulla e probabilmente non raggiunse mai la sua destinazione.

---

[21] Titolo creato per sostituire quello di *pasha* o di *bey*, che i musulmani non potevano concedere ai cristiani. Si veda P. CARMONT, *The Amiras, Lords of Ottoman Armenia*, Londra 2012.

6.6 NASCITA E CRESCITA DELLA CHIESA ARMENA CATTOLICA[22]

Anche gli Armeni cattolici continuarono a diffondersi. Una prima comunità si formò in Polonia, negli anni 1630, quando il vescovo armeno di Leopolis, Nicholas Torosowicz, strinse contatti con la Chiesa di Roma.

Tra la fine del XVII secolo e l'inizio del XVIII tre convertiti armeni, Gomidas Kemurjian, Khatchatour Arakelian e Bedrossyan Manuk – quest'ultimo più noto col suo nome monastico di Mechitar e del quale parleremo in seguito –, furono i principali responsabili del movimento cattolico in seno ai propri compatrioti, in particolare a Costantinopoli. Nel 1701, tuttavia, il vescovo armeno di Edirne, Ephrem di Ghafan, che tra il 1694 e il 1698 aveva occupato la carica di patriarca di Costantinopoli, disturbato dalla crescita del sentimento cattolico in seno alla comunità armena, accusò il patriarca in carica, Melchisedek II Suphi (1698-1699; 1700-1701), di intrattenere corrispondenza segreta con Roma. Prestando fede alle accuse (si riteneva, infatti, che le comunità cattoliche orientali potessero agire da eventuali basi o supporti di spionaggio in favore delle potenze occidentali e che comunque indebolissero il potere imperiale sui propri sudditi), le autorità ottomane emisero ordini di cattura per i cattolici armeni ed esiliarono il patriarca Melchisedek. Ephrem riottenne così il patriarcato (1701-1702) e, con la benedizione della Sublime Porta, emise un editto per il quale tutti gli Armeni

---

22 Si vedano J. Whooley, "The Armenian Catholic Church: a Study in History and Ecclesiology", *Heythrop Journal* XLV, 2004, pp. 416-434; J. Whooley, "The Armenian Catholic Church: a Modern History until the Synod of Rome of 1928", in A. O'Mahony, ed., *Christianity in the Middle East. Studies in Modern History, Theology and Politics*, Londra 2008, pp. 263-327; J. Whooley, "The Armenian Catholic Church in the Middle East", in A. O'Mahony, J. Flannery, ed., *The Catholic Church in the Contemporary Middle East. Studies for the Synod for the Middle East*, Londra 2010, pp. 153-183.

dovevano fare pubblica professione di fede. Moltissimi cattolici abbandonarono così Costantinopoli. Anche il *katholikòs* di Etchmiadzin, Nahabed I di Edessa (1691-1705), venne deposto per un breve periodo, proprio per le sue tendenze favorevoli a Roma; ma per la stima generale di cui godeva verrà poi in seguito riconfermato nella sua carica, sotto l'impegno di interrompere comunque i suoi rapporti con Roma.

Nel 1740 tre vescovi armeni cattolici di Siria ritennero ormai giunto il momento di costituire anche ufficialmente una Chiesa armena cattolica: il 26 novembre si riunirono ad Aleppo ed elessero il loro primo patriarca, nella persona del vescovo di Aleppo Abraham Ardzivyan (1679-1749); recatosi a Roma, fu riconosciuto l'8 dicembre 1742 da papa Benedetto XIV (1740-1758), come *Patriarca degli Armeni cattolici e katholikòs di Cilicia*. Il nuovo patriarca prese il nome di Abraham Bedros I (1740-1749), e tutti i suoi successori inclusero 'Bedros' (Pietro) nel loro nome, a indicare la loro unione con Roma[23]. Veniva così creata una gerarchia armena cattolica indipendente, con autorità sui cattolici armeni nelle province meridionali dell'Impero ottomano (Cilicia, Mesopotamia, Palestina ed Egitto), mentre quelli del nord rimanevano sotto l'autorità del Vicario Apostolico per il rito armeno-cattolico, dipendente dal patriarca latino di Costantinopoli. Impossibilitato a rientrare ad Aleppo, in quanto nel frattempo era stato ordinato in Sis un nuovo *katholikòs* ortodosso, Ardzivyan si stabilì in Libano, accolto dai Maroniti, dapprima nel monastero di Kraim e poi, dal 1750, nel neo-costruito monastero di Bzommar. La sede si trasferì poi a Istanbul (1867) e infine a Beirut nel 1928. Per cercare di limitare e frenare i tentativi di latinizzazione, il 26 luglio 1755 il papa, con l'enciclica *Allatae sunt* del 26 luglio 1755, autorizzava gli Armeni a mantenere i loro riti.

---

[23] G. ULUHOGIAN, "Abraham Petros Ardzivian, primo patriarca armeno cattolico", *Studi e Ricerche sull'Oriente Cristiano* 6, 1983, pp. 3-18.

Fino al 1830 tutti gli Armeni erano considerati dalle autorità ottomane come anti-calcedoniti e, come tutti gli altri anti-calcedoniti dell'Impero, erano posti sotto l'autorità civile del patriarca armeno ortodosso di Costantinopoli. Costui, responsabile davanti al sultano del comportamento dei suoi sottoposti, era in genere poco tollerante con quanti mostravano simpatie verso i latini; queste simpatie latine – l'essere "Franco", come si diceva allora – venivano poi percepite e presentate da molti come un attacco alla sicurezza stessa del popolo armeno, anche se quanti le nutrivano non per questo si sentivano meno Armeni. Costoro, poi, non avevano chiese proprie; frequentavano quindi le chiese armene ortodosse o, ma illegalmente, quelle della comunità latina.

Il 6 gennaio 1830, su intervento del marchese de Moustier, ambasciatore francese a Costantinopoli, il governo ottomano diede il diritto agli Armeni cattolici di essere organizzati civilmente, come *millet* (comunità) separata (*Katolik millet*)[24]. Nello stesso anno il patriarca armeno cattolico Grigor Bedros VI Djeranyan (1812-1841) istituì l'arcieparchia di Costantinopoli, riconosciuta dal breve *Quod jamdiu* (6 luglio 1830) di Pio VIII (1829-1830), al cui titolare il governo turco riconobbe autorità civile su tutti gli armeno-cattolici dell'Impero[25]. Il suo primo arcivescovo (*Patrik*) fu Anton Nouridjan (1830-1838), la cui

---

[24] C.A. Frazee, "The Formation of the Armenian Catholic Community in the Ottoman Empire", *Eastern Churches Review* 7, 2, 1975, pp. 149-163. Harry Hagopian nega, tuttavia, che il riconoscimento ottenuto dai cattolici armeni sia da considerarsi equivalente al conseguimento di uno status separato, come comunità distinta nel senso del *millet* (H. Hagopian, "The Armenian Church in the Holy Land", in O'Mahony A., ed., *Eastern Christianity: Studies in Modern History, Religion and Politics*, Londra 2004, pp. 215-268, a p. 236). Si noti che il numero di Armeni uniti a Roma era così alto che le autorità ottomane riservarono il termine "Cattolici" esclusivamente per essi, almeno fino al tardo XIX secolo. I cattolici latini erano definiti semplicemente "Latini" oppure "Franchi".

[25] Dal 1834 gli fu riconosciuta autorità anche su tutti i cattolici non latini dell'Impero ottomano: maroniti, melchiti, siriaci e caldei. Progressivamente ognuna di queste comunità cattoliche ottenne la propria emancipazione civile.

elezione fu compiuta da un'assemblea di laici, riunitasi dal 15 al 27 febbraio 1830, e ratificata dal papa con il breve *Apostolatus officium* (6 luglio 1830). Questa assemblea di laici, ai quali, secondo la tradizione armena, era demandata gran parte dell'amministrazione della Chiesa, inclusa l'elezione dei prelati, trovò sempre ostilità da parte delle autorità romane, dove l'intervento dei laici in materia di nomine episcopali veniva considerato un attacco diretto alle prerogative clericali. Il fatto però che Nouridjan – che doveva rappresentare il *millet* davanti alla Sublime Porta – fosse di nazionalità austriaca non venne accettato dal governo ottomano, che richiedeva la cittadinanza ottomana per chi ricopriva la carica. Fu quindi ordinato all'assemblea di eleggere un nuovo arcivescovo e la scelta cadde allora su un semplice prete, padre Hagop Tchoukourian, riconosciuto dal governo ottomano – che gli conferì il titolo di "Vescovo dei Cattolici", benché rimanesse sempre un semplice presbitero – il 5 gennaio 1831. Si venne così a costituire un sistema duale, con Mgr. Nouridjan riconosciuto quale capo spirituale dalla comunità cattolica armena e dalla Santa Sede, mentre il padre Tchoukourian era riconosciuto dalla Porta come capo civile della comunità, l'unico che poteva avere contatti ufficiali con il governo ottomano. Tchoukourian morì all'inizio del 1834 e fu sostituito da un altro semplice prete, Artin Tchoukhadjan, riconosciuto dal governo il 3 giugno 1834, mantenendo così separati gli incarichi civili e spirituali[26]. Alla morte di Nouridjan, nel 1838, venne eletto come suo successore Boghos Marouchian (1838-1846), che, in quanto cittadino turco, potè riunire nelle proprie mani i poteri civili e religiosi[27].

---

[26] Nel corso del 1834 la Porta riconobbe a Tchoukhadjan autorità anche su tutti i cattolici non latini dell'Impero ottomano: maroniti, melchiti, siriaci e caldei. Progressivamente ognuna di queste comunità cattoliche ottenne la propria emancipazione civile.

[27] C. CHARON, "Melkites et Arméniens sous Maxime III Mazloum (1831-1847)", *Échos d'Orient*, vol. XI, n. 71, 1908, pp. 212-218; P. MAGGIOLI-

Questa anomalia – avere un arcivescovo a Costantinopoli con autorità civile e religiosa e un patriarca a Bzommar con autorità esclusivamente spirituale, con le due autorità spesso in contrasto per questioni di giurisdizioni[28] – fu risolta da papa Pio IX (1846-1878): alla morte del patriarca Grigor Bedros VIII Derasdvazadouryan (1843 – 1866), Roma appoggiò l'elezione a patriarca dell'arcivescovo di Costantinopoli Anton Hassoun (primate dal 1846), che venne eletto e prese il nome di Anton Bedros IX Hassoun[29] (1866-1881); con questa elezione le due funzioni – di patriarca e di arcivescovo di Costantinopoli – furono riunite nella stessa persona. E poiché il *Patrik* era obbligato a risiedere nella capitale, anche la sede del patriarcato fu spostata da Bzommar a Costantinopoli. Subito dopo, con la bolla *Reversurus* del 12 luglio 1867, Pio IX riportò in mani ecclesiastiche l'elezione dei prelati: il patriarca, eletto dai soli vescovi del Patriarcato, entrava in carica solo previa conferma dell'elezione da parte del papa; inoltre, circa l'elezione dei vescovi, il patriarca assieme ai vescovi avrebbe formulato una terna di nomi, da cui la Santa Sede avrebbe scelto il vescovo. Per molti armeni cattolici ciò fu un duro colpo: non solo si vedevano privati di una loro antica tradizione, ma ciò sembrava confermare quanti sostenevano che Roma intendeva giungere a una latinizzazione totale. Il patriarca stesso sosteneva i diritti di Roma nel limitare il coinvolgimento dei laici negli affari prettamente ecclesiastici, portando a una spaccatura nella comunità armena cattolica tra

ni, "Bringing together Eastern Catholics under a Common Civil Head. The Agreements between the Syriac and Chaldean Patriarchs and the Civil Head of the Armenian Catholic Church in Constantinople (1833-1871)", *Journal of Eastern Christian Studies* 64, 2012, pp. 253-285, in particolare alle pp. 265-271.

[28] Benché dal punto di vista religioso e canonico il patriarca fosse superiore all'arcivescovo di Costantinopoli, dal punto di vista civile ne dipendeva.

[29] Eletto il 14 settembre 1866, nel giugno 1881 rassegnò le proprie dimissioni; morì il 28 febbraio 1884. Il 13 dicembre 1880 era stato eletto cardinale da Leone XIII (1878-1903).

quanti condividevano questo atteggiamento e quanti invece rivendicavano i vecchi privilegi dei laici.

Per quanto riguardava i cattolici armeni che si trovavano sotto il dominio russo, il 30 aprile 1850 papa Pio IX con la bolla *Universi Dominici gregis* istituì l'eparchia di Artvin, sulla costa del Mar Nero, nell'angolo nord-orientale dell'Anatolia, al confine con la Georgia. Primo vescovo fu Timotheus Astorgi (1850-1851), seguito da Anton Halagi (1859-1878) e Hovhannes Meguerditch Zakaryan (1878-1888). Ma la forte opposizione russa, che impedì l'elezione di un nuovo vescovo, portò all'abbandono della diocesi e nel 1912 i cattolici armeni dell'impero russo furono posti sotto la giurisdizione del vescovo latino di Tiraspol, in Moldavia, giurisdizione abolita sotto il comunismo.

A partire dalla fine degli anni Trenta del XIX secolo, il governo ottomano aveva avviato una riforma amministrativa nota come *Tanzimat*, "Riorganizzazione". Tale politica di modernizzazione, avviata dal sultano Mahmud II (1808-1839) alla fine del suo regno, tendeva ad allineare progressivamente l'impero ai concetti di libertà civile e politica che, nati dalla rivoluzione francese, si erano diffusi nei Paesi occidentali, ed era motivata dalla coscienza maturata dal sultano che soltanto riformando il proprio impero avrebbe potuto evitare, o almeno contenere, le ingerenze delle potenze europee. Con una serie di riforme fiscali e civiche, note appunto come *Tanzimat*, promulgate nel 1839 e nel 1856, gli Ottomani cercarono di abolire gli statuti di discriminazione confessionale. Troppo in avanti sui tempi, queste idee avrebbero incontrato una fortissima resistenza, finendo per restare quasi dappertutto lettera morta. Il primo testo riformatore riguardante indirettamente le minoranze religiose fu lo *khatt-i Sharif*, "rescritto nobile", del 3 novembre 1839, promulgato da Mustafa Rashid Pasha a nome del giovane sultano 'Abdul Majid (1839-1861) subito dopo la morte di Mahmud II. Esso, chiamato "di Gülkhane", dal luogo ove fu promulgato (il "Recinto delle Rose", parte dei giardini del serraglio di Istanbul), proclamava, contrariamente ai dettami dell'islam, l'eguaglianza civile tra tutti i sudditi dell'impero, a qualunque religione appartenessero. Ignorato, almeno nell'immediato, dai funzionari imperiali, lo *khatt-i Sharif* fu guardato con sospetto anche dai cristiani stessi, poiché pretendeva di rafforzare il potere centrale; i musulmani, poi, accusarono i cristiani di voler rompere il contratto di protezione della *dhimma* e così quest'atto riformatore si risolse spesso solo in rappresaglie individuali e collettive contro le minoranze religiose. Il 18 febbraio 1856 il sultano 'Abdul Majid promulgò un nuovo testo, lo *khatt-i hümayun*, "rescritto imperiale", che pur consacrando l'eguaglianza civile e politica nell'impero, abolendo ufficialmente il sistema della *dhimma*, tuttavia, con evidente contraddizione, conservava ai cristiani i vantaggi del loro regime derogatorio: per evitare che l'eguaglianza politica non si urtasse con la legge dei numeri, venivano creati consigli rappresentativi locali ai quali era assicurata ai cristiani la partecipazione, perpetuando così il loro statuto di comunità particolare. Sia da parte musulmana che cristiana, le forze lavorarono per il mantenimento dello *status quo*: l'inferiorità delle minoranze, concetto caro ai musulmani, veniva interpretato dai cristiani come garanzia di protezione. Questo regime di "protezione" perdurerà *de facto* fino alla prima guerra mondiale. In nome proprio dello *khatt-i hümayun*, nel 1863 venne ratificata la costituzione della Comunità Apostolica Armena, che assegnava ai laici ampi poteri di intervento negli affari interni della Chiesa. Era pertanto evidente che le pesanti limitazioni poste da Roma creassero malumore e scontento in seno alla comunità cattolica armena.

Altro elemento di disturbo in seno alla comunità cattolica fu la decisione del concilio Vaticano I (1869-1870) di definire l'infallibilità del papa in materia di fede (enciclica *Pastor Aeternus*, del 18 luglio 1870). Il fatto che il patriarca Hassoun fosse stato l'unico patriarca orientale a sostenere questa risoluzione portò acqua al mulino dei suoi oppositori, in particolare a un gruppo di religiosi noti come Antoniani[30]. L'abate-generale dell'ordine, Suldas Gazanjyan, messo agli arresti domiciliari a Roma per la virulenza della sua opposizione al papa e al patriarca, riuscì ad allontanarsi dalla città e a raggiungere Costantinopoli, dove, nello stesso 1870, il vescovo Hovhannes Kubelyan fondò una Chiesa scismatica. Il governo ottomano appoggiò gli scismatici, deponendo, con un decreto amministrativo, il patriarca Hassoun; Kubelyan fu così eletto patriarca e a lui si unirono la maggior parte degli Antoniani, tra i quali Malachia Ormanyan (1841-1918), che aveva studiato a Roma[31]; con l'aiuto dei militari turchi Kubelyan si impossessò anche dei beni del patriar-

[30] L'ordine Antoniano, cosi nominato perché ha adottato la cosiddetta regola di Sant'Antonio, fu fondato tra gli armeni cattolici (ordini omonimi esistono anche per i Maroniti e per i Caldei) da Abraham Attar-Muradjan, un mercante che, nel 1705, si ritirò sul monte Libano col fratello Hagop, per vivere in maniera ascetica. Qui, nel 1721, i due fratelli fondarono il monastero di Kerem, seguito poi da quello di Beit-Khasbo, presso Beirut. Nel 1761 fu fondata una terza comunità a Roma, vicino al Vaticano. I diretti successori di Abraham Ardzivyan, primo patriarca cattolico di Cilicia, furono quasi tutti monaci Antoniani: dapprima Hagop Bedros II Hovsepyan (1750-1753), poi Mikael Bedros III Kasparyan (1754-1780), Parsegh Bedros IV Avkadyan (1781-1788), quindi Grigor Bedros V Kupelyan (1788-1812). Quando, nel 1866, l'arcivescovo di Costantinopoli Anton Hassoun fu nominato Patriarca di Cilicia, pose fine al nominale patriarcato degli Antoniani. Nel 1834 gli Antoniani trasferirono il loro noviziato e la scuola a Roma, mentre solo l'abate e pochi confratelli rimasero in Libano. Nel 1865 fu eletto abate Suldas Gazanjyan; costui visse a Costantinopoli, dove capeggiò il partito anti-patriarca. Nel 1869 fu chiamato a Roma, ma prima che il suo caso potesse essere discusso si tenne il concilio Vaticano I. Egli e i suoi monaci furono i primi a rigettare il dogma dell'infallibilità papale; messi agli arresti domiciliari, riuscirono a fuggire di notte, con l'aiuto dell'ambasciatore francese, e a rifugiarsi a Costantinopoli.

[31] Nel 1879 Ormanyan lasciò la Chiesa armena cattolica e aderì a quella ortodossa; nel 1896, dopo che il patriarca ortodosso armeno di Costantinopoli Mateos III Izmirlyan (1894-1896; 1908-1909) fu deposto ed esiliato a Gerusalemme dal sultano 'Abdul Hamid II (1876-1909) per le critiche dai lui mosse ai massacri "hamidiani" di quell'anno, Ormanyan fu eletto patriarca di Costantinopoli della Chiesa armena ortodossa il 6 novembre 1896; nel 1908 fu deposto dal consiglio dei laici.

cato. Con la lettera apostolica *Ubi prima*, dell'11 marzo 1871, il pontefice scomunicò Kubelyan e tutti i suoi sostenitori; già prima, con l'autorità concessagli dal papa, Kubelyan era stato scomunicato dal Delegato apostolico della Mesopotamia, l'arcivescovo di Mardin Nicholas. Le condanne degli scismatici furono ribadite anche nell'enciclica *Quartus supra*, promulgata il 6 gennaio 1873.

Alla fine, il deposto patriarca Hassoun venne riconfermato nella sua carica, ma i disordini continuarono. Tuttavia, poiché Roma omise di compiere interferenze negli affari della Chiesa e contemporaneamente il governo turco tolse il suo appoggio agli scismatici, la situazione gradualmente si risolse e nel 1879 anche Kubelyan si riconciliò con Roma.

Nel 1883 papa Leone XIII costituì a Roma il Pontificio Collegio Armeno, un istituto religioso per la formazione di religiosi armeni cattolici. Tre patriarchi armeni cattolici ne sono stati alunni.

Il 2 maggio 1888 la Sublime Porta ratificò la Costituzione Cattolica, che concedeva ai laici un'attiva partecipazione all'amministrazione della Chiesa. Questa decisione, benché non accettata dal patriarca Stepan Bedros X Azaryan (1881-1899), fu inizialmente tollerata dalla Santa Sede. Ma quando, all'inizio del XX secolo, papa Pio X (1903-1914) procedette alla nomina di alcuni vescovi chiedendo l'approvazione del patriarca Boghos Bedros XIII Terzyan (1910-1931)[32], ma non quello dell'assemblea della comunità, la situazione si aggravò ancora. E così il 5 gennaio 1912, al suo rientro da Roma, dove aveva partecipato a un sinodo nel quale erano stati approvati un migliaio di canoni che regolavano molti aspetti della vita della Chiesa armena (tra di essi, l'uso obbligatorio del calendario gregoriano, ciò che sollevò accese proteste da parte dei fedeli), il patriarca Terzyan fu

[32] Suoi diretti predecessori furono Boghos Bedros XI Emmanuelyan (1899-1904) e Boghos Bedros XII Sabbaghyan (1904-1909).

duramente contestato e dovette lasciare Costantinopoli; al suo posto fu nominato un *locum tenens*, il vescovo Hatchadouryan, che dovette fronteggiare un nuovo scisma, costituito però nella quasi totalità da laici[33].

Gli anni 1915-1916 videro il governo ottomano pianificare e attuare un disegno di ingegneria etnica volto a eliminare i cristiani dell'impero (che si sentivano fedeli sudditi ottomani) per pulire il Paese dalle minoranze non assimilabili. Si ebbe così lo stermino totale degli Armeni viventi in territorio turco, ma anche degli Assiri, dei Siri, dei Caldei; una nuova ondata di massacri si abbatté nel 1921 sulla Cilicia.

"Il grande Male", *Metz Yeghern*, termine con il quale gli Armeni chiamano il genocidio, e che si innesta direttamente nell'atmosfera teologico-spirituale di testimonianza sacrificale del martirio di Awarayr, colpì indiscriminatamente tutti gli Armeni: non solo gli ortodossi e i cattolici, ma anche i protestanti[34]. La comunità cattolica armena fu decimata: dei circa 140.000 fedeli stimati esserci prima del 1915, ben 100.000 furono sterminati, e tra questi 7 vescovi, 130 preti, 47 monache[35]. La sede patriarcale rimase a Costantinopoli fino al 1922, quando, di fronte all'affermarsi dei kemalisti, mons. Hovhannes Nazlian, arcivescovo di Trebisonda e vicario apostolico per il patriarca, si vide costretto a trasferire la sede patriarcale in Libano. Nel 1928, un sinodo armeno cattolico tenutosi a Roma dall'8 maggio al

---

[33] Anche il governo ottomano, offeso dal fatto che il sinodo si fosse tenuto a Roma, capitale di una nazione con la quale la Turchia era allora in guerra, per l'occupazione italiana della Libia e della Tripolitania, annullò il precedente decreto che riconosceva il patriarca Terzyan come capo civile del suo *millet*. Solo il 16 aprile 1928 Terzyan avrebbe riottenuto tutti i suoi diritti.

[34] La costituzione della comunità armena protestante fu soprattutto il frutto dell'attività dei missionari americani, iniziata nei primi decenni del XIX secolo. Nel 1847 fu anch'essa elevata a *millet*.

[35] Vedi C.A. Frazee, *Catholics and Sultans: the Church and the Ottoman Empire, 1453-1923*, Londra 1983, p. 273.

1° luglio si occupò innanzitutto di riorganizzare la Chiesa; tra l'altro confermò la decisione di trasferire nuovamente il patriarcato in Libano, a Bzommar (in effetti ad Ashrafiah, un sobborgo di Beirut, vicino al sito di Bzommar, breve *Commissum nobis* di Pio XI del 15 ottobre 1928), e di fare nuovamente di Costantinopoli un'arcieparchia (con decreto della Congregazione per le Chiese Orientali del 23 giugno 1928, confermato dal breve *Praedecessor Noster* del 15 ottobre 1928), affidata al vescovo titolare Hovsep Rokossyan, che così si univa a quelle di Alessandria, Aleppo e Isphahan. Forte slancio ottennero le scuole e le varie associazioni culturali che facevano riferimento alla Chiesa; era questo un modo che gli Armeni avevano per sfuggire all'assimilazione, ancor più minacciosa dopo la forte diminuzione numerica dovuta al genocidio.

È in questo dinamico momento che emerge la figura dominante del nuovo patriarca, Grigor Bedros XV Aghagianyan (1937-1962), fino alla morte, avvenuta nel maggio 1971. Già studente presso il Collegio Urbano a Roma, dal 1930 al 1937 fu rettore del Pontificio Collegio Armeno. Durante la sua carica patriarcale ricevette, nel 1946 la berretta cardinalizia. Nel 1958 fu nominato pro-prefetto di *Propaganda Fide*, della quale divenne prefetto nel 1960, rimanendo in carica fino al 1970. Alla morte di papa Pio XII (1939-1958), egli fu uno dei maggiori papabili, ma alla fine gli venne preferito il patriarca di Venezia Angelo Roncalli (1881-1963), che divenne papa Giovanni XXIII (1958-1963). Nel 1962 diede le dimissioni da patriarca e si trasferì a Roma, per occuparsi a pieno titolo dell'organizzazione del concilio Vaticano II (1962-1965).

Tra i vescovi orientali presenti al concilio, il patriarca melchita Maximos IV Sayegh si mostrò molto critico col mondo della Curia romana. Criticando il poco peso dato ai patriarchi orientali – nella cerimonia d'apertura del concilio, questi vennero dopo i Cardinali –, egli sostenne che il Collegio dei Cardinali rappresentasse esclusivamente il clero romano e non il Collegio Apostolico e propose la creazione di un Concilio Supremo della

Chiesa che avrebbe dovuto, per il tramite di delegati, aiutare il pontefice a governare la Chiesa. A difesa della Curia, invece, parlò il patriarca armeno cattolico Iknadios Bedros XVI Batanyan (1962-1976). Alla morte di Giovanni XXIII, il cardinale Aghagianyan fu nuovamente uno dei papabili. La scelta dei Cardinali cadde però sul Cardinale Giovanni Battista Montini di Milano (1897-1978, arcivescovo di Milano dal 1954), che divenne papa Paolo VI (1963-1978). Il nuovo pontefice elesse Aghagianyan come uno dei quattro moderatori del concilio.

Dallo spirito ecumenico del concilio emerse il concetto che le Chiese cattoliche orientali fossero il ponte naturale tra la Chiesa di Roma e le Chiese ortodosse dalle quali esse derivavano[36], concetto che piacque molto anche al critico patriarca melchita, che temeva invece un'ecclesiologia mirante all'assimilazione completa delle Chiese orientali, che avrebbe portato alla perdita delle loro peculiarità. Le Chiese orientali avevano così il compito di invitare i fratelli separati non al ritorno o alla sottomissione alla Sede di Roma, ma a lavorare tutti insieme per l'unità delle Chiese, secondo la volontà di Cristo stesso. La Cattolicità della Chiesa era quindi qualcosa di più ampio della *Romanitas* e, in particolare, della *Latinitas*. Non mancarono tuttavia le critiche a questa ecclesiologia, in particolare da parte della Chiese ortodosse, che accusarono le Chiese orientali cattoliche di aver tradito le rispettive "Chiese madri" e di essere diventate uno strumento di propaganda di Roma. Più che un "ponte", esse furono accusate di essere "il cavallo di Troia" della Chiesa Cattolica.

Nell'ottobre 1990 fu promulgato il Codice dei Canoni delle Chiese Orientali (*Codex Canonum Ecclesiarum Orientalium*, CCEO), seguito, nel 1996, ad opera della "Congregazione per le Chiese Orientali", dalle *Istruzioni per l'Applicazione delle Pre-*

---

[36] Si veda J. WHOOLEY, "The Armenian Catholic Church: a Study in History and Ecclesiology", *Heythrop Journal* XLV, 2004, pp. 416-434, in particolare alle pp. 423-425.

scrizioni Liturgiche del Codice dei Canoni delle Chiese Orientali. Si voleva così riconoscere il pieno diritto e la piena validità ed eguaglianza dei riti orientali, rimuovendo le influenze estranee, in particolare latine, così da meglio consentire di essere fedeli alla "tradizione". Tra i problemi trattati compaiono: testi liturgici, il calendario, le devozioni popolari, il modo di distribuire l'Eucarestia, il digiuno eucaristico, la lingua liturgica, le vesti liturgiche, la formazione dei seminaristi, lo *status* degli ordini minori, la celebrazione dei sacramenti dell'iniziazione, ecc.

Per gli Armeni si poneva il problema della lingua liturgica; attualmente è il *grabar*, l'antico armeno classico, ormai quasi non più compreso; per la lingua vernacolare (*ashkharhabar*) si poneva il problema della scelta tra armeno orientale e armeno occidentale, o le lingue locali della diaspora. La Chiesa cattolica armena è riluttante a cambiare la lingua liturgica anche perché questo la porterebbe a differenziarsi ancor più dalla Chiesa apostolica armena[37]. Le suddette *Istruzioni* raccomandano appunto che, in caso di cambiamenti, si tenga sempre conto della prassi della corrispondente Chiesa ortodossa.

Quando, per esempio, il patriarca Nerses Bedros XIX Tarmouni (1940-2015, in carica dal 1999 alla morte) – a differenza del suo predecessore, Hovhannes Bedros XVIII Kasparyan (1927-2011, patriarca dal 1982 al 1998), che usava indossare vesti di tipo "latino" – ha scelto di "armenizzare" il suo abbigliamento, indossando una veste nera, con un cappuccio dello stesso colore, sul quale è affissa una croce con brillanti, è stato accusato dagli armeni apostolici di voler generare confusione tra i fedeli[38].

Un altro problema, è quello del clero celibatario. La Chiesa cattolica armena, per la quale dalla fine del XIX secolo il celiba-

[37] J. Whooley, "The Armenian Catholic Church in the Middle East", in A. O'Mahony, J. Flannery, editori, *The Catholic Church in the Contemporary Middle East. Studies for the Synod for the Middle East*, Londra 2010, pp. 153-183, alle pp. 170-171.

[38] *Ibid.*, p. 168.

to per i presbiteri era diventato di norma, ha ultimamente ripreso la pratica di avere preti sposati; nel 2004 questi erano sette[39].

Con l'indipendenza dell'Armenia nel settembre 1991, il Sinodo patriarcale chiese a Roma che Armenia e Georgia fossero poste sotto la giurisdizione del patriarcato (benché il patriarca abbia controllo in materia liturgica su tutta la Chiesa armena cattolica, la sua giurisdizione è limitata al solo territorio patriarcale, che consiste dei precedenti territori dell'impero ottomano); si sperava che, con l'accettazione di questa richiesta, il patriarca potesse essere riconosciuto come "Padre e Capo" su tutti i cattolici armeni. Roma, invece, preferì, già il 13 luglio 1991, istituire un Ordinario per gli armeni cattolici nell'Europa Orientale (Armenia, Georgia, Ucraina, Russia, Polonia), con sede a Gyumri, nel nord della Repubblica Armena, dove la maggior parte degli armeni cattolici vive: il mechitarista Nerses Ter-Nersessian (1920-2006, in carica dal 1991 al 2005), che fu ordinato arcivescovo titolare di Sebaste nel novembre 1992. Il 2 aprile 2005 venne nominato Ordinario un membro del clero patriarcale di Bzommar (una società di sacerdoti alle dipendenze del patriarca armeno-cattolico), l'amministratore apostolico in Grecia ed eparca di Isphahan degli Armeni Neshan Karakeheyan (1932 -), ciò che significava l'acquisizione di una maggior influenza per il patriarca. Tuttavia, con le sue dimissioni (6 gennaio 2010), veniva nominato amministratore apostolico un altro mechitarista, Vahan Ohanian, nomina che ancora una volta sembrava voler diminuire l'autorità patriarcale[40]. Ma il 24 giugno 2011 veniva nominato Ordinario un altro membro del clero patriarcale, l'esarca patriarcale di Gerusalemme e Amman

---

39 *Ibid.*, p. 165.

40 La scelta di un mechitarista sembra essere dettata dal fatto che i mechitaristi non furono mai sostenitori della creazione di una gerarchia armena cattolica separata, ciò che, unitamente alla loro reputazione di studiosi, li rende maggiormente accetti alla Chiesa armena apostolica di quanto lo sia un rappresentante del patriarcato armeno cattolico.

per gli Armeni Raphael François Minassian (1946 -). Attualmente l'Ordinariato comprende 37 parrocchie, 15 sacerdoti e una trentina di religiosi.

Sulla base dei dati forniti dall'Annuario Pontificio 2015, gli Armeni cattolici sono circa 737.000, dei quali 600.000 appartengono all'Ordinariato per l'Europa Orientale.

6.7 MECHITAR E I MECHITARISTI

Non si può, parlando degli Armeni, e in particolare dei cattolici Armeni, tralasciare di parlare della grande figura del monaco Mechitar e dell'ordine da lui fondato[41].

L'isola di San Lazzaro, nella laguna veneta, è abitata esclusivamente da monaci armeni cattolici. Qui, dopo la concessione ottenuta da parte del governo della Serenissima, giunse nel 1717 un monaco armeno di nome Mechitar (1676-1749) insieme alla comunità da lui creata nel 1700 a Costantinopoli e che da lui prese il nome di *Congregazione dei Padri Mechitaristi*. Manuk "bambino" (in onore di Gesù bambino) Bedrossian nacque a Sebaste, oggi Sivas, in Cilicia, nel 1676; all'età di 15 anni entrò nel monastero di Surb Nshan "Santo Segno (= Santa Croce)", dove nel 1696, dopo i voti, assunse il nome monastico di Mechitar "Consolatore" (in onore dello Spirito Santo). Nel 1691, ad Er-

---

41 Si vedano, in particolare, i seguenti articoli: B.L. Zekiyan, "Mechitar e i Mechitaristi", in C. Mutafian, a cura di, *Roma-Armenia*, catalogo della mostra omonima, Salone Sistino, Biblioteca Apostolica Vaticana, 25 marzo – 16 luglio 1999, pp. 122-125; B.L. Zekiyan, "La visione di Mechitar del mondo e della Chiesa: una "Weltanschauung" tra teologia e umanesimo", in Atti del Convegno *Gli Armeni a Venezia. Dagli Sceriman a Mechitar: il momento culminante di una consuetudine millenaria*, Venezia, 11-13 ottobre 2001, Ed. Istituto Veneto di Scienze, Lettere ed Arti, pp. 177-200; J. Whooley, "The Mekhitarists: Religion, Culture and Ecumenism in Armenian-Catholic Relations", in A. O'Mahony, E. Loosley, ed., *Eastern Christianity in the Modern Middle East*, Londra – New York 2010, pp. 452-489.

zerum aveva fatto il suo primo incontro col cristianesimo occidentale, nella persona di un gesuita, forse l'orientalista Jacques Villote, che esercitò una forte impressione sul giovane armeno. Ordinato sacerdote nel 1696, esercitò dapprima a Sebaste, dove cominciò a contemplare l'idea di fondare una sua comunità, cosa che farà nel 1700 a Costantinopoli, riunendo attorno a sé un gruppo di una decina di compagni, coi quali cominciò a condurre una vita comunitaria, suggellata l'8 settembre 1701, festa della natività della Vergine, dalla consacrazione solenne.

Dopo essersi rifugiato a Modone, città della Morea, sotto il dominio veneziano, per sfuggire alla persecuzione scatenata a Costantinopoli, Mechitar trovò a Venezia, città che da secoli conosceva una forte presenza armena, il luogo propizio per fondarvi un monastero e svolgere la propria missione[42]. Desiderando operare per l'innalzamento culturale e spirituale del suo popolo, Mechitar individuò nella scuola e nella stampa i mezzi più adatti per realizzare il suo progetto, basato su tre aspetti fondamentali: preservare la cultura tradizionale, arricchire gradualmente l'eredità del passato, diffondere e trasmettere questo patrimonio. Il lavoro incessante suo e dei suoi compagni si concretizzò in uno straordinario rinnovamento culturale della comunità armena, tanto che un famoso storico armeno, il Leo, definì il XVIII secolo come il secolo dei Mechitaristi.

Intensa fu la pubblicazione di testi armeni; grazie a una capillare ricerca di manoscritti, alla quale i monaci mechitaristi si dedicarono in giro per l'Oriente, il testo edito, derivato dalla collazione di fonti diverse, era così il più possibile vicino all'originale. In tal modo, questa ricerca di codici portò alla formazione a San Lazzaro di una biblioteca di manoscritti armeni tra le più

[42] In seguito a tensioni interne, nel 1772 una parte dei monaci si separò dalla sede veneziana e si trasferì dapprima a Trieste e quindi a Vienna, sotto la protezione dell'imperatrice Maria Teresa (1740-1780). Nel 2000 i due rami si sono ricongiunti.

importanti del mondo. Nel 1733 i Mechitaristi pubblicarono la Bibbia in armeno, sostituendo l'edizione precedente, edita ad Amsterdam nel 1666, che era ormai divenuta introvabile.

Di fondamentale importanza furono inoltre le grammatiche e i dizionari pubblicati, non solo per quanto riguardava l'armeno classico, ma anche il vernacolare; nei due dialetti principali, l'orientale e l'occidentale, furono poi tradotti i classici della letteratura e della storia, non solo latini e greci, ma anche francesi, tedeschi, inglesi, italiani, spagnoli, russi, ungheresi...

Un'altra caratteristica dell'opera di Mechitar fu la sua convinta dimensione ecumenica: in un momento di forte attrito tra quanti sostenevano l'unione con Roma e quanti vi si opponevano, Mechitar, che si ispirava ai due grandi teologi armeni del XII secolo Nerses Shnorhali (1102-1173, *katholikòs* dal 1166 alla morte) e Nerses Lambronatzi (1153-1198), riteneva che non ci fossero ostacoli insormontabili ad una piena comunione di fede e di carità tra la Chiesa di Roma e quella armena, senza che questo significasse, per quest'ultima, la perdita delle proprie tradizioni, del proprio patrimonio linguistico e culturale e della propria identità: si poteva essere cattolici e contemporaneamente continuare ad essere e sentirsi pienamente Armeni. Egli era convinto che non fosse necessario creare una struttura gerarchica separata, perché questo avrebbe portato inesorabilmente a tracciare confini netti e a sanzionare quindi una separazione dalla Chiesa ortodossa. In effetti, nel 1718 egli era riuscito a convincere Roma ad assumere una posizione meno radicale, ma alla fine a prevalere furono le tendenze rigoriste[43].

[43] G. Ricciardi, "L'Armenia cristiana", in *30 giorni. Nella Chiesa e nel mondo*, n. 12, anno XIX, dicembre 2001.

Capitolo 7

LA CHIESA CALDEA

7.1 ORIGINE DELLA CHIESA ASSIRA

La Chiesa caldea nasce dalla tradizione della *Chiesa assira*[1] o *Chiesa siro-orientale*. Quest'ultima è una Chiesa pre-calcedonita, in quanto si è separata dalla comunione con le altre Chiese prima del concilio di Calcedonia. Il nome che essa stessa si attribuisce è quello di *Chiesa apostolica cattolica assira d'Oriente* (siro-orientale), chiamata in modo abbreviato *Chiesa assira* e, soprattutto in occidente, *Chiesa nestoriana* o *Chiesa Persiana*. Altri nomi con cui è nota è *Chiesa dell'Est* o *Chiesa d'Oriente*.

Etnicamente i suoi fedeli traggono la loro origine dalle comunità ebraiche stabilitesi a Babilonia dopo la distruzione di Gerusalemme a opera di Nabucodonosor (587 a.C.), amalgamate poi con elementi aramaici, persiani e arabi. «Parti, Medi e Elamiti (c) abitanti della Mesopotamia» erano presenti alla Pentecoste a Gerusalemme[2].

Nella regione dei Parti la diffusione del cristianesimo sarebbe legata alla predicazione dell'apostolo Tommaso (Mar Thoma); fermatosi per 7 anni a Seleucia, si recò in seguito in India, dove morì martire nel Malabar, stato del Kerala, verso il 72. Altre tradizioni parlano invece di Addai, uno dei settantadue disce-

[1] Il nome "assiro" non ha nulla a che fare con gli antichi Assiri, ma si tratta della forma occidentalizzata di *surayé*, "siro".

[2] Atti 2,9.

poli, e dei suoi compagni Aggai e Mari. Addai è la forma siriaca di Taddeo, il discepolo cui, secondo la leggenda, Gesù avrebbe affidato il proprio ritratto su di un panno (*mandylion*) e la lettera autografa da consegnare al re lebbroso Abgar V Ukomo di Edessa (odierna Urfa, in Turchia), capitale dell'Osroene (regnò dal 4 a.C. al 7 d.C., e ancora dal 13 al 50 d.C.). Miracolosamente guarito alla vista del volto di Cristo, Abgar si sarebbe convertito al cristianesimo e quindi Addai, nel 37, avrebbe fondato la prima sede vescovile della regione, a Seleucia-Ctesifonte[3], sul Tigri. Mentre Addai avrebbe predicato in Mesopotamia, Mari lo avrebbe fatto nell'impero persiano.

È tuttavia accertato storicamente che in Persia il cristianesimo giunse intorno al 225, da Edessa. Fu questo il primo centro, circa 200 km ad est di Antiochia, della Chiesa di lingua sira, prima che essa si separasse in due corpi distinti, uno orientale e l'altro occidentale. Il 28 aprile 224 l'ultimo sovrano arsacide, Ardaban V (216-224), veniva sconfitto in battaglia da Ardashir (224-241), il fondatore della dinastia persiana dei Sasanidi, che sostituiva quindi il regno parto. Poiché Edessa apparteneva ecclesiasticamente ad Antiochia, il cristianesimo delle regioni mesopotamica e persiana dipendeva gerarchicamente dalla capitale della diocesi bizantina d'Oriente, anche se i legami non furono mai molto stretti, soprattutto per le continue guerre condotte dai Sasanidi coi romani prima e coi bizantini poi, dai quali dipendeva Antiochia.

Quando, nel 258, Edessa fu incorporata nell'impero persiano, cominciò a crescere quale centro di sviluppo del cristianesimo anche la città di Arbela (odierna Erbil, in Iraq), sul Tigri, nella

[3] Fondata nel 311 a.C. dal generale di Alessandro Magno Seleuco I Nicatore (311-281), fondatore della dinastia Seleucide, Seleucia sorgeva sulla riva destra, occidentale, del Tigri. Intorno alla seconda metà del II secolo a.C., di fronte ad essa, sulla riva sinistra del fiume, Mitridate I di Partia (195-138), della dinastia arsacide, fondò Ctesifonte, quale propria residenza invernale (quella estiva era Ecbatana).

provincia persiana dell'Adiabene. All'inizio del IV secolo, tuttavia, né Edessa né Arbela erano più i centri principali della Chiesa dell'Est; il suo centro si era spostato nella città gemella di Seleucia-Ctesifonte, sul Tigri, il cui vescovo, verso il 315, assunse il titolo di *katholikòs* "(delegato) universale"; il primo fu Bar Aggay (285-326). Più tardi, in un sinodo del 424, a *katholikòs* sarà aggiunto anche il titolo di *patriarca*.

Il IV secolo vide un periodo di sviluppo della Chiesa assira, grazie anche alla fondazione, nel 325, della Scuola di Nisibi (attuale Nusaybin, nella Turchia sud-orientale, ai confini con la Siria) da parte del suo primo vescovo Giacomo (o Giacobbe, nominato nel 308), che era stato presente a Nicea. Alla scuola si deve la traduzione in siriaco di molte opere greche; tra i suoi maestri spicca Ephrem il Siro (306/307-373). Quando nel 363, per motivi politici, l'imperatore Gioviano (363-364) cedette Nisibi ai Persiani, la scuola fu trasferita ad Edessa, ove anche Ephrem si spostò.

Quando Costantino abbracciò il cristianesimo, i sovrani persiani, in continua lotta con l'impero romano, cominciarono a guardare ai cristiani nelle proprie regioni – sia quelli di lingua sira sia quelli nativi persiani – come possibili sostenitori dei loro nemici. Questo anche perché i Persiani avevano adottato come religione ufficiale lo zoroastrismo. I cristiani furono quindi oggetto di continue persecuzioni, la più grave essendo quella di Shahpur II (309-379)[4], iniziata nel 339 e durata per vent'anni: il venerdì santo del 344, il *katholikòs* di Seleucia-Ctesifonte, Shimun Mar Sabba' (328-344), cinque vescovi e cento preti furono martirizzati. Anche i due successivi *katholikoi*, Shahdost (345-347) e Mar Bashmin (350-358), subirono il martirio. La

[4] Dichiarato re dal Consiglio dei Nobili del regno nel 308, prima ancora della nascita, fu incoronato quaranta giorni dopo essere venuto al mondo. Fino al raggiungimento della maggiore età, le redini del governo furono tenute dal Consiglio dei Nobili, guidato dal cancelliere Shahroy.

persecuzione, che produsse, secondo le diverse stime, da 16.000 a 190.000 martiri, continuò poi con dolorosi strascichi fin sotto Shahpur III (383-388): quest'ultimo, vedendo che era impossibile con la forza ridurre i cristiani alla religione dei persiani, emanò un editto di tolleranza religiosa. Nel 399, col re Yazdeghert I (399-420), i cristiani godettero un periodo di pace, grazie a un'ambasciata dell'imperatore bizantino capeggiata da un vescovo mesopotamico, che ottenne dal re persiano una dichiarazione di tolleranza religiosa. Tuttavia, nella parte sottomessa ai Sasanidi, per l'antagonismo latente tra il clero zoroastriano e la Chiesa ci furono altre persecuzioni nel periodo 420-422, ossia verso la fine del regno di Yazdeghert I e nei primi anni di Bahram V (421-439); nel 422 un trattato con l'imperatore romano Teodosio II (408-450) stabilì che lo zoroastrismo sarebbe stato tollerato nell'impero bizantino, come il cristianesimo lo sarebbe stato in Persia. Altre persecuzioni scoppiarono ancora più tardi, sotto Yazdeghert II (439-457), nel periodo 445-448, e Cosroe (Khusraw) I (531-579). Le persecuzioni accrebbero il desiderio della Chiesa persiana di diventare autonoma dalla Chiesa occidentale di Antiochia e giocarono un ruolo importante anche nel successivo slancio missionario.

7.2 SEPARAZIONE DA ANTIOCHIA E SVILUPPO MISSIONARIO DELLA CHIESA ASSIRA

Nel 410 si riunì a Seleucia, su convocazione dello stesso re Yazdeghert I, il primo sinodo generale della Chiesa persiana, che aveva ottenuto dal re un editto di tolleranza; dal nome del *katholikòs* di Seleucia, Ishaq (399-410/412), è noto come "sinodo di Ishaq". Maruthas, vescovo di Mayferqat (Martyropolis), nella Siria romana, rappresentante quindi dell'impero romano, portò ai vescovi radunati i canoni e il Credo del concilio di Nicea, che furono approvati e ricevuti dalla Chiesa locale. Prima di allora, tuttavia, la Chiesa aveva un suo Credo, chiamato "Credo di Aphrahat[5]", e un suo vangelo, armonizzato sui quattro canonici, il *Diatessaron*, che sarà poi sostituito verso il 431 dalla *Peshitta* (il Nuovo Testamento in siriaco). Nello stesso sinodo, i vescovi decisero di darsi una struttura gerarchica e di sancire un primo passo della loro indipendenza dalla sede di Antiochia, da cui in origine dipendevano. Il *katholikòs* di Seleucia fu riconosciuto capo di tutti i vescovi dell'impero persiano: "Katholikòs di tutto l'Oriente". Un secondo sinodo generale fu tenuto nel 420 ("sinodo di Yahb-Alaha I"), sotto il *katholikòs* Yahb-Alaha I (414/415-420). L'anno 424 segna un evento cruciale nella storia della Chiesa di Persia. In quell'anno, nel terzo sinodo generale della Chiesa persiana, tenuto a Marktaba ("sinodo di Marktaba" o, dal nome del *katholikòs*, "sinodo di Dadyeshu / Dadisho"; Dadyeshu ricoprì la carica di *katholikòs* nel periodo 421-450), i 36 vescovi presenti proclamarono la propria autonomia rispetto al patriarcato di Antiochia e alle autorità ecclesiastiche del mondo romano. Contestato da alcuni vescovi, il *katholikòs* di Seleucia-Ctesifonte aveva dato le dimissioni; poiché queste erano state respinte, egli aveva posto come condizione per continuare il mandato il riconoscimento che il *katholikòs* non potesse essere giudicato che da Cristo stesso. L'accettazione di questa condizione convertì la Chiesa di Persia in autocefala. Si escludeva quindi, come prevedevano gli atti di Nicea e di Sardica (odierna Sofia, capitale della Bulgaria; sede di un concilio nel 343), di far ricorso al pontefice romano in caso di dispute. Al *katholikòs* fu assegnato anche il titolo di *patriarca* ("*Patriarca dell'Est*"), ponendo definitivamente fine alla formale sottomissione ai patriarchi di Roma e Antiochia. Tale indipendenza fu confermata teologicamente quando Nestorio (381-451) fu condannato a Efeso (431) per la sua negazione del titolo *Theotokos* a Maria,

---

[5] Uno dei più antichi autori cristiani di lingua siriaca, Aphrahat (270 circa-346) è noto anche con l'appellativo di "il sapiente persiano".

visto come una negazione della divinità di Cristo. Per la prima volta, nella storia della Chiesa, una Chiesa locale proclamava la sua autonomia entro i confini di una nazione. Questa secessione apparve all'inizio puramente amministrativa; la rottura con le Chiese occidentali diverrà comunque definitiva in occasione delle dispute cristologiche.

Dopo il concilio di Efeso molti dei seguaci di Nestorio si erano rifugiati ad Edessa, ufficializzando la loro separazione ecclesiastica da Antiochia. Qui rimasero fino a che l'imperatore Zenone (474-491) farà poi chiudere la scuola teologica nel 489, su istigazione di Severo, vescovo ortodosso della città. I suoi aderenti, denominati *nestoriani*, perseguitati dall'autorità imperiale furono costretti a lasciare l'impero romano e si rifugiarono in Persia, in particolare a Nisibi, dove le loro idee vennero accettate dai cristiani locali: preoccupata di sopravvivere, la Chiesa locale fu ben felice di incamerare questi nuovi arrivati, senza considerarli degli eretici. Come risultato dell'infusione di nuove idee teologiche, la Chiesa persiana divenne pertanto a poco a poco "nestoriana" (termine che essa, però, non usa per riferirsi a sé stessa), segnando così una propria netta distinzione dalle Chiese dell'impero bizantino. Già nel 457, tuttavia, Narsai, che era stato direttore della Scuola di Edessa, si era trasferito a Nisibi dove aveva diffuso la dottrina nestoriana. Questa diffusione fu favorita anche dal vescovo Bar Sauma ("Figlio del digiuno", metropolita di Nisibi dal 460 al 491), il quale aveva intuito i vantaggi politici che la separazione dalla Chiesa bizantina gli offriva; egli riuscì infatti a convincere il re sasanide Peroz I (459-484), del quale era consigliere, che la fede nestoriana dei cristiani del suo regno non coincideva con quella dei sudditi dell'imperatore di Bisanzio e che pertanto essi non costituivano alcun pericolo per il regno. Per sottolineare tale situazione, nei sinodi di Beth Lapat (nome siriaco della città persiana di Gondishapur, 484) e di Seleucia (486; quarto sinodo generale della Chiesa persiana, detto anche "Sinodo di Aqaq/Acacio", dal nome del *katholikòs* Aqaq, 485-495/496) si esagerò la formulazione nestoriana delle due nature di Cristo, giungendo fino quasi ad affermare che in Cristo esistevano realmente due persone distinte. Nel sinodo di Beth Lapat lo scisma con Antiochia venne definitivamente sancito; Bar Sauma riuscì a far deporre il *katholikòs* Bawai (o Babowai, 457-484) di Seleucia-Ctesifonte che, accusato di essere pro-romano cattolico e di cospirare con Costantinopoli, fu mandato a morte dal re. Inoltre, si decretò che il celibato non fosse obbligatorio per nessuno, vescovi e monaci compresi[6]. Nel sinodo di Seleucia del 486, inoltre, la chiesa di Persia si proclamò ufficialmente "nestoriana", adottando come teologia ufficiale la cristologia di Teodoro di Mopsuestia (350-428): questa data segna la separazione formale tra i Siriani "monofisiti" e quelli "nestoriani"[7].

La secessione, all'inizio puramente amministrativa, stabilita nel 424 al sinodo di Marktaba, si era a poco a poco trasformata in uno scisma, isolando il katholikosato di Seleucia-Ctesifonte dal resto della cristianità. Ciò procurò un periodo di pace alla Chiesa locale.

Due altri importanti sinodi si tennero a Seleucia: nel 576, sotto il *katholikòs* Khazqiyil (570-581), e nel 582, sotto il successore Ishuyahb I Arzunaya (581-595), per contrastare le eresie dei *messaliani* – eretici spiritualisti e paradossalmente difensori dei peccati carnali – e dei "monofisiti", che cominciavano ad infiltrarsi nel territorio persiano.

---

6 Anche questa decisione fu presa per cercare l'appoggio del re persiano: lo zoroastrismo, religione praticata dai Persiani, infatti, riteneva sacra la vita familiare e aborriva il celibato. Il monasticismo uxorio divenne elemento distintivo della Chiesa dell'Est.

7 Eletto nel 485 come *katholikòs-patriarca* da parte dei membri moderati della Chiesa di Persia nella speranza che potesse opporsi all'influsso crescente dei nestoriani, sostenuti da Bar Sauma, Aqaq non riuscì a contrastare l'operato dell'intrigante metropolita di Nisibi, con il quale, dopo numerosi scontri verbali, si riconciliò nel sinodo di Beth Edrai (485), nei pressi di Ninive, spianando così la strada alla vittoria definitiva del "nestorianesimo".

Nel 591 salì sul trono di Persia il re Cosroe (Khusraw) II Parvez ("Cosroe il Vittorioso"; 591-628). Cosroe, che era stato inizialmente tollerante coi cristiani, col tempo cominciò a perseguitarli. Le devastanti guerre del 610-628 tra persiani e bizantini indebolirono la posizione politica della Chiesa nestoriana. Nel 604 morì il *katholikòs* Sorishu I Garmaqaya (596-604); il sinodo dei vescovi rigettò il candidato proposto da Cosroe II ed elesse Greghor Partaya (605-608); alla morte di questi, Cosroe proibì l'elezione di un nuovo *katholikòs*. Per aggirare questa prescrizione, il monaco e teologo Babai il Grande (551-628), residente nel monastero di Mar Abraham sul monte Izla (nell'attuale Turchia sud-orientale), nel 611 fu autorizzato ad amministrare la Chiesa, pur non ricoprendo la carica ufficiale di *katholikòs*. Visitatore monastico e capo non ufficiale della Chiesa nestoriana, Babai lasciò una tradizione di forte disciplina e di profonda ortodossia religiosa.

Con la morte di Cosroe la situazione si calmò, e fu eletto il *katholikòs* Ishuyahb II (628-644); ma ora si profilava un nuovo pericolo per l'impero persiano: gli Arabi di Maometto. La conquista araba fu considerata dai nestoriani una punizione divina per i propri peccati, più che una di liberazione dal giogo persiano. Poiché gli Arabi erano, almeno inizialmente, tolleranti con i cristiani, purché pagassero le dovute tasse, molti nestoriani entrarono al servizio della corte musulmana. Tra questi anche il *katholikòs* Temotaos (Timoteo) I (780-823). Alla corte musulmana trovarono ospitalità sapienti da tutto il mondo, soprattutto ebrei, cristiani, persiani e indiani. Esclusi dalle attività politiche e militari e da responsabilità di governo, i cristiani orientali si dedicarono principalmente agli studi filosofici e scientifici. Conoscendo il greco e il siriaco e formati nella cultura greco-ellenistica, essi giocarono un ruolo attivo e creativo di mediazione culturale nel mondo arabo, traducendo in arabo le principali opere dei filosofi greci. Aggiungendo ai testi che traducevano la loro esperienza e le loro conoscenze, essi costituirono un ponte culturale e di civiltà tra l'Oriente e l'Occidente[8]; furono, infatti, responsabili del trasferimento della sapienza dell'antica Grecia agli Arabi, che a loro volta la reintrodussero in Europa. Prima del IX secolo, quasi tutti i principali studiosi nel califfato erano o erano stati cristiani nestoriani. Nel 775 il *katholikòs* Hananyneshu II (774-778) spostò la sede del katholikosato da Seleucia-Ctesifonte alla vicina nuova capitale, Bagdad, fondata nel 762. Durante il califfato di al-Radi (934-941), si distinse a Bagdad il nestoriano Matta ibn Yunus al-Qunnai Abu Bishr, uno dei principali traduttori e commentatori di Aristotele, dal siriaco all'arabo.

Col VII secolo cominciò per la Chiesa dell'Est un'attività missionaria di espansione durata quasi un millennio. Essendo impedito il proselitismo verso i musulmani e verso l'impero bizantino, in questo periodo la chiesa nestoriana godette di notevole espansione missionaria in estremo oriente, opera nella quale si distinsero i *katholikòi* Ishuyahb II, Khnanishu II (774-778) e Temotaos I, noti come "portatori di luce". Già prima di Nestorio, missionari della Chiesa dell'Est erano giunti nel Malabar, in India, ma anche a Herat, nell'odierno Afghanistan, e a Merv, nel Turkmenistan. Attraverso il Turkestan, il Tibet e la Mongolia, lungo la Via della Seta, altri missionari giunsero fino in Cina. Tra l'VIII e il IX secolo la Chiesa assira godette in Cina di quasi ottanta milioni di fedeli, raggruppati in 30 sedi arcivescovili, con circa 250 diocesi. E ci furono persino dei *katholikoi* mongoli[9]. Al seguito dei mercanti persiani, i missionari nestoriani raggiunsero l'India, la Birmania e la Thainlandia, fino alla Malesia. La chiesa nestoriana si diffuse anche verso sud, dove rimanevano forti i legami con i "cristiani di san Tommaso" nel Malabar. Una comunità cristiana, affidata alla cura pastorale di un vescovo,

[8] Vedi L.R. Sako, "Chiesa d'Oriente: due millenni di martirio e missione", in *La croce e la bandiera nera*, OASIS XI, 22, novembre 2015, pp. 35-43, alle pp. 36-37.

[9] Nel 2003 fu scoperta in Cina un'enclave cristiana della Chiesa assira, rimasta per secoli separata dalla Chiesa madre.

sorse a Ceylon già nel VI secolo; mentre nel IX secolo un vescovo fu nominato per l'isola di Socotra, al largo delle coste della penisola araba. Per il XII secolo Marco Polo (1254-1324) parla dell'esistenza in India di sei regni, tre dei quali cristiani.

In questo periodo cominciarono a circolare in Europa voci dell'esistenza di un potente re-sacerdote, chiamato "Prete Gianni", che si diceva governasse un grande regno cristiano posto ad est. A partire dal 1145 cominciò a circolare anche una lettera attribuita a questo mitico sovrano e i re europei cominciarono a pensare a una possibile alleanza con lui, per prendere tra due fuochi i musulmani. Come visto, inizialmente ritenuto un sovrano nestoriano, solo più tardi, il Prete Gianni verrà definitivamente identificato col negus d'Etiopia[10].

Nel XIII secolo comparve sullo scacchiere politico l'impero mongolo, fondato da Chingiz Khan (1167-1227), divenuto Khan di tutti i mongoli nel 1206. Nel 1256 il principe Hulagu, fratello del Gran Khan Mongke, (il 12 febbraio 1258 conquisterà e devasterà Bagdad, risparmiando i cristiani) fondò il regno mongolo dell'Iran e dell'Iraq, noto col nome di *Ilkhanato* (il sovrano portava il titolo di *Ilkhan*). Alcuni di questi Ilkhan si convertirono al cristianesimo e mostrarono favore nei riguardi della Chiesa nestoriana. Mortali nemici dei Mongoli erano i mamelucchi d'Egitto. Alleatisi con gli Armeni di Cilicia, i Mongoli si presentarono in Siria e in Palestina, possedimenti dei mamelucchi. Essi pensavano di ottenere l'appoggio anche degli Stati crociati, essi pure nemici dei mamelucchi. Intimoriti dall'avanzata mongola, i crociati si mantennero invece neutrali, consentendo ai mamelucchi di sconfiggerli. Grazie infatti alla neutralità dei Franchi di Acri, il sultano mamelucco Sayf al-Din Qutuz (1259-1260) marciò contro i Mongoli e il 3 settembre 1260, ad 'Ayn Jalut "la sorgente di Golia", così detta perché la tradizione vi identificava il luogo del combattimento tra Davide

---

[10] Vedi Cap. 5, n. 5.

e il gigante filisteo, in Galilea, l'esercito mongolo, guidato dal generale cristiano-nestoriano Kitbugha Noyon, fu decimato: lo stesso suo comandante fu ucciso e la sua testa portata in trionfo al Cairo. Fu, questa, una delle battaglie decisive della storia, un punto di svolta nella lunga guerra tra l'islam e i Mongoli: pur non mettendo fine al pericolo da essi costituito, essa pose tuttavia un freno alla loro espansione verso occidente; mostrando che anche i Mongoli potevano essere sconfitti, infuse nuovo coraggio nell'intero mondo musulmano. Galvanizzati dalla vittoria mamelucca, anche i musulmani di Damasco si sollevarono (6 settembre), scacciando la guarnigione mongola e uccidendo molti cristiani della città, che si erano anzitempo rallegrati della sconfitta dell'islam. Delusi dal comportamento dei crociati, anche l'atteggiamento dei Mongoli verso i cristiani nestoriani mutò. Con la successiva conversione dei Mongoli all'islam[11], la Chiesa nestoriana decadde: le chiese furono chiuse o distrutte o convertite in moschee, sacerdoti e vescovi uccisi; tra di essi lo stesso *katholikòs* Yahb-Alaha III ("Dio lo ha dato"; 1281-1317), di origini turche uyghur, nato nei pressi di Pechino, allora sotto il dominio dei Mongoli. Le conseguenze, però, si raccolsero solo nel corso del XIV secolo, quando i nestoriani caddero vittime della crudeltà di Tamerlano (Timur Lank, 1336-1405): fu lui a dare il colpo di grazia alla Chiesa nestoriana. Centinaia di migliaia di cristiani, ma anche indù e pagani, e pure musulmani, caddero vittime delle sanguinarie truppe di questo fanatico musulmano.

[11] In Cina, sotto Kublai Khan (1215-1294), venne adottato, quale religione di stato, il buddismo. Gli altre tre khanati si convertirono all'islam: gli Il-Khan sotto Ghazan (1295-1304), l'Orda d'Oro sotto Uzbek (1313-1342) e il Khanato Chaghatayide (fondatao da Chaghatai Khan, figlio di Chingiz Khan; tra il Kazakistan e la Transoxiana) sotto Tarmashirin (1326-1334).

7.3 NASCITA DELLA CHIESA CALDEA. IL PRIMO PATRIARCATO DI DIYARBAKIR

La storia della Chiesa dell'Est tra il XV e l'inizio del XIX secolo è difficile da seguire nei suoi svolgimenti delle varie linee patriarcali che vengono a crearsi e a intersecarsi. Si arriva fino ad avere tre linee patriarcali esistenti una accanto all'altra. Ma questo è anche il periodo che vede parte dei suoi fedeli rientrare in comunione con Roma e fondare una Chiesa cattolica.

I sopravvissuti alle distruzioni di Tamerlano trovarono rifugio nella zona di Alqosh, presso Mosul, nell'Iraq del nord; anche il *katholikòs* stabilì la propria sede nel monastero di Rabban Hormizd, presso Alqosh. Col tempo la fisionomia della Chiesa cambiò, adattandosi alle strutture dell'organizzazione tribale delle montagne. Segno di questo adattamento fu il fatto che nel 1450 la Chiesa assira ilmpose il sistema del *natal cursya*, ovvero il principio che il titolo di *katholikòs* diventasse ereditario, da zio a nipote (visto che il *katholikòs* doveva essere celibe), restando quindi nella famiglia dell'allora patriarca Mar Shimun IV Basidi (1437-1497), che più tardi fu nota come famiglia *Bar Mama* o famiglia *Abuna*[12].

Nel 1552 i vescovi di Arbela, Urmiya e Salmas si rivoltarono contro questo manifesto abuso costituito dal sistema di elezione patriarcale ereditaria (il patriarca Shimun VII Ishuyahb, 1538-1558, già accusato di immoralità, aveva appena nominato due bambini, suoi familiari, come metropoliti): incontratisi a Mosul, decisero di cercare l'unione con Roma, eleggendo il riluttante

[12] Tale successione ereditaria rimase nella famiglia fino al 1965 (vedi Cap. 7, n. 23). Questa pratica fu resa possibile dal diritto canonico delle Chiese orientali, che prevedeva che solo i vescovi metropolitani potessero eleggere il patriarca. Mar Shimun IV ed i suoi successori nominarono perciò sulle sedi metropolitane i propri familiari; in tal modo il patriarca eletto apparteneva necessariamente alla stessa famiglia. Prima di morire, comunque, il patriarca provvedeva a nominare un *natar kursi*, ossia un "successore designato".

abate Yukhannan Sulaqa ("Giovanni Ascensione"; 1510 circa-1555), superiore del monastero di Rabban Hormizd, quale loro patriarca; quindi, su suggerimento dei francescani, che da alcuni anni lavoravano tra i nestoriani come missionari, lo inviarono a Roma, per chiedere il riconoscimento da parte della Chiesa cattolica. All'inizio del 1553 papa Giulio III (1550-1555) lo nominò "Patriarca dei Caldei" (o anche "Patriarca di Mosul" o "di Assur"), col nome di Shimun VIII Sulaqa[13], con sede ad Amadiya, antica Amida e attuale Diyarbakir, nell'est della Turchia, lungo l'Eufrate. L'ordinazione patriarcale avvenne il 9 aprile 1553 nella basilica di San Pietro, a Roma; è questa la data "ufficiale" di nascita della *Chiesa Caldea*. La Chiesa assira aveva ora due *leader* rivali, un patriarca ereditario in Alqosh e uno nominato dal papa in Diyarbakir. L'elezione patriarcale di Shimun VIII fu poi confermata dalla bolla papale *Divina disponente clementia* del 28 aprile, mentre nel concistoro successivo Sulaqa ricevette il pallio, cioè il segno della sua autorità patriarcale.

Il nuovo patriarca ritornò nella terra natale nel corso dello stesso 1553 e fu riconosciuto solo dai fedeli di Mardin e di Diyarbakir. Coadiuvato da due domenicani che lo avevano seguito da Roma, i maltesi Ambrogio Buttigeg e Antonino di Zahra, diede inizio a una serie di riforme, con la nomina di due metropoliti e tre vescovi, ma incontrando l'opposizione del patriarca del-

[13] Si noti che, almeno secondo una versione dei fatti, il Sulaqa avesse affermato che l'ultimo patriarca legittimo, Shimun VII, era morto nel 1551 e che il successore designato, anch'esso di nome Shimun, non poteva essere eletto perché la sua giovane età violava le regole dell'età canonica. Questi argomenti hanno indotto alcuni storici a postulare l'esistenza di un Shimun VIII Denkha, patriarca dal 1552 al 1558 (cfr. J. Labourt, "Note sur les schismes de l'Église nestorienne du XVIe au XIXe siècle", *Journal Asiatique*, Dixième Série, Tome XI, 1908, pp. 227-235, a p. 230). Studi recenti, tuttavia, hanno dimostrato che tale Shimun VIII non è mai esistito e che Shimun VII ha regnato fino al 1558 (cfr. H.H.L. Murre – van den Berg, "The Patriarchs of the Church of the East from the Fifteenth to Eighteenth Centuries", *Hugoye* 2, 2, 1999, pp. 235-264, a p. 243). Ciò significa che Sulaqa, o il suo *entourage*, mentirono al papa.

la comunità assira. Tant'è che a fine 1554 Shimun VIII Sulaqa fu catturato dal pasha musulmano di Amadiya, imprigionato, torturato per mesi e infine giustiziato (gennaio 1555), probabilmente per annegamento. La Chiesa caldea considera Sulaqa il "martire dell'unione".

È da sottolineare che prima dell'istituzione ufficiale della Chiesa caldea, vi erano già state delle conversioni individuali di nestoriani al cattolicesimo, favorite dalla presenza in zona di missionari cattolici fin dal XIII secolo, ma nessuna comunità permanente fu formata[14]. L'unione sembra avviarsi con la prima delegazione, sotto il patriarca Yahb-Alaha III, del domenicano fiorentino Riccoldo da Montecroce (1242-1320), che fu molto attivo in Medio Oriente tra il 1286 e il 1300. Nel XV secolo alcuni nestoriani della comunità di Cipro, guidati dal vescovo Timoteo di Tarso, si unirono alla Chiesa di Roma e furono denominati "Caldei" per la prima volta da papa Eugenio IV, il 6 luglio 1445, durante le sessioni lateranensi del concilio di Basilea-Ferrara-Firenze-Roma (1431-1445): il 7 agosto 1445 fu infatti proclamata la bolla di unione dei Caldei *Benedictus sit Deus*[15].

---

[14] Verso il 1250 il metropolita di Nisibi, Ishuyahb bar Malkon, che era in contatto coi missionari domenicani nella zona, inviò al pontefice una professione di fede cattolica.

[15] Il termine *Caldeo* è usato dalla Chiesa di Roma per indicare i membri della Chiesa dell'Est in unione con essa (A. BATTANDIER, "L'Église chaldéenne catholique autrefois et aujourd'hui", *Annuaire Pontifical Catholique*, Anno XVII, 1914, pp. 449-525, a p. 455b; J. JACOUB, "La reprise à Chypre en 1445 du nom de 'Chaldéens' par les fidèles de l'Église de l'Orient", *Istina* 49, 2004, pp. 378-390). Con tale termine si fa riferimento all'Antico Testamento, dove si dice che il luogo d'origine di Abramo era "Ur dei Caldei" (Gen 11,28). Si noti che in epoca rinascimentale con "lingua caldea" si indicava, in maniera impropria, il ge'ez, ossia la lingua classica dell'Etiopia, ma anche il siriaco. Si veda anche A. O'MAHONY, "Patriarchs and Politics: the Chaldean Catholic Church in modern Iraq", in A. O'MAHONY, ed., *Christianity in the Middle East. Studies in Modern History, Theology and Politics*, Londra 2008, pp. 105-142, alle pp. 105-108.

Questa unione, tuttavia, non ebbe vita lunga e dopo la morte di Timoteo nel 1479 questi cristiani orientali tornarono a confluire nelle loro comunità locali.

Successore di Sulaqa fu Abdisho ("Servo di Gesù") IV Yukhannan Marun (1555-1570), uno dei cinque prelati che Sulaqa aveva consacrato, che pose la sua sede a Seert, nell'attuale Turchia sud-orientale, nel convento di San Giacomo, e nel 1562 si recò a Roma per ricevere il pallio, inviando anche una professione di fede cattolica al concilio di Trento (1545-1563). In seguito, tuttavia, i rapporti con Roma si allentarono e già Yahb-Alaha V (1572-1579/80)[16], eletto dopo un biennio di vacanza della sede patriarcale, non si recò a Roma per ricevere il pallio. Gli succedette Shimun IX Denkha (1580-1600), il quale fu ancora riconosciuto da Roma, mentre i suoi successori, appartenenti alla sua famiglia (Shimun IX, infatti, smentendo la ragione storica della genesi stessa del patriarcato cattolico reintrodusse la successione ereditaria stabilita dal *natal cursya*), ebbero meno successo a ottenere il riconoscimento: Shimun X Eliya (1600-1638) nel 1619 firmò, in seguito a contatti con missionari latini, una professione di fede, che però non servì a ottenergli un riconoscimento ufficiale. Shimun XI Ishuyahb (1638-1656), inviò a Roma ben due professioni di fede (1648, 1653), ma anch'egli non ricevette un riconoscimento ufficiale. Shimun XII Yahb-Alaha (1656 1662) fu in corrispondenza con papa Alessandro VII (1655-1667) nel 1661, ma non fu riconosciuto ufficialmente. Nel frattempo, anche il continuo spostamento verso la Persia della sede a causa delle guerre turco-persiane (Shimun IX la spostò ad Urmiya, nell'Azerbaijan iraniano, e Shimun X a Salmas, leggermente più a nord) comporterà col tempo la riduzione della giurisdizione sulle sole province persiane e favorirà il graduale allentamento dei rapporti con Roma, culminato col

[16] Alcune liste patriarcali distinguono un Shimun (Yahb-Alaha ?), in carica dal 1572 al 1576, e un Yahb-Alaha Shimun, in carica dal 1576 al 1579/80.

ritorno al "nestorianesimo". Mar Shimun XIII Denkha (1662-1700), infatti, nonostante una lettera a papa Clemente X (1670-1676), nel 1672 ruppe formalmente la comunione con Roma, riprese le relazioni con la *linea di Alqosh* e spostò la sua sede nel villaggio di Qodshanis, regione montagnosa della provincia di Hakkari, nel nord dell'Assiria, ora nel Kurdistan, ai confini con la Turchia. Questi cristiani, ormai non più cattolici, persero definitivamente ogni contatto con Roma, tornando gradualmente alla dottrina tradizionale di espressione nestoriana e rientrando nella Chiesa assira dell'Est (*linea di Qodshanis*)[17]. È da essi che deriva l'attuale linea dei Patriarchi dell'Est.

7.4 IL SECONDO PATRIARCATO DI DIYARBAKIR

Nel frattempo i nestoriani della linea di Alqosh avevano continuato la loro successione con Eliya VI bar Giwargis (1558/59-1591), Eliya VII (1591-1617), Eliya VIII Shimun (1617-1660), Eliya IX Yukhannan Maraugin (1660-1700). Molti di questi *katholikòi* cercarono contatti con Roma, in particolare Eliya VII, che nel 1610 aveva inviato una lettera a Roma lamentandosi di essere considerato eretico dai francescani di Terra Santa, e che nel marzo 1616 indisse addirittura un Sinodo d'Unione, cui parteciparono otto metropoliti e il superiore del convento francescano di Aleppo, il noto palestinologo ed arabista Tommaso Obicini da Novara (1585-1632); benché si fosse riaffermata la dottrina cattolica, in particolare per quanto riguarda la cristologia, non si giunse a una reale unione. Mentre di Eliya X Maraugin (1700-1722) non ci sono noti contatti con Roma, Eliya XI Denkha (1722-1778) e Eliya XII Ishuyahb (1778-1804)

[17] Nel tempo, a motivo del richiesto celibato ecclesiastico, che gli assiri non praticavano, molti sacerdoti caldei erano già rientrati nella Chiesa assira.

scrissero diverse volte a Roma, ma anche questa volta non ci fu un'unione reale[18].

Contemporaneamente, gli sforzi missionari cappuccini, in particolare del padre Jean-Baptiste de Saint-Aignan, avevano portato alla formazione di una nuova linea cattolica in Diyarbakir. Il suo primo patriarca prese il nome di Yosep I (1681-1696). Arcivescovo di Diyarbakir, Yosep si era reso autonomo dal *katholikòs* nestoriano Eliya IX Yukhannan Maraugin, emettendo nel 1672 una pubblica professione di fede cattolica[19]. Incarcerato da Eliya IX e liberato dopo il pagamento di un riscatto, Yosep I fuggì a Roma nel 1675, da dove ritornò nel 1677, ottenendo dalle autorità ottomane il riconoscimento della propria indipendenza e della propria autorità sulle diocesi di Diyarbakir e di Mardin. Il 23 giugno 1681 papa Innocenzo XI (1676-1689) lo riconobbe formalmente, facendogli consegnare il pallio e accordandogli il titolo di "Patriarca dei Caldei, nazione priva del suo patriarca". Nasceva così, all'interno della Chiesa dell'Est e con sede a Diyarbakir, una nuova linea patriarcale, la terza (in aggiunta alle linee dei *katholikòs-patriarchi* di Alqosh e di Qodshanis), in piena comunione con Roma, che conobbe un notevole successo nella diffusione del cattolicesimo, non solo a Diyarbakir e Mardin, ma anche a Seert, nell'alta Mesopotamia e fino nella piana di Ninive. Nell'agosto 1694, ammalato e incapace di sostenere la pesante pressione psicologica creata dalla particolare situazione ecclesiastica, Yosep I si recò a Roma dove, nel 1696, dette le dimissioni. E a Roma morì il 10 novembre 1707[20].

---

18 Tutti questi patriarchi Eliya VI ÷ Eliya XII della linea di Alqosh compaiono anche come Eliya VII ÷ Eliya XIII rispettivamente.

19 Fu probabilmente il riconoscimento di Yosep I da parte del pontefice che spinse Shimun XIII Denkha a rompere definitivamente i legami con Roma.

20 Su di lui si vedano J.P. Chabot, "Les origines du patriarcat Chaldeén: vie de Mar Youssef Ier, premier patriarche des chaldeéns (1681-1695), écrite par Abdoulahad, archevêque chaldéen d'Amid, et traduite de l'arabe sur l'autographe de l'auteur", *Revue de l'Orient Chrétien* I, 2, 1896, pp. 66-90; A.

Gli succedette Yosep II Sliba Bet Ma'ruf (1696-1712). Consacrato vescovo, all'età di soli 24 anni, da Yosep I, senza il previo consenso di Roma, era stato da questi scelto nel 1694 come proprio successore, ma la nomina divenne effettiva solo quando Roma accettò le dimissioni di Yosep I. Sliba Bet Ma'ruf fu così consacrato patriarca il 16 giugno 1696, col nome di Yosep II e nel 1701 ricevette il titolo di "Patriarca di Babilonia"[21] da Clemente XI (1700-1721). A causa della forte opposizione interna dei tradizionalisti, nel 1708 chiese a Roma di poter dare le dimissioni e di venire in Italia, permesso che gli fu negato. Morì nel 1712 di peste, contratta portando generosamente aiuto agli appestati. Prima di morire, scelse il proprio successore, Yosep III Timotheos Maraugin (1714-1757), già vescovo di Mardin dal 1705, che fu confermato dalla Santa Sede il 18 marzo 1714.

Ottimo predicatore, Yosep III riuscì a convertire al cattolicesimo migliaia di cristiani di Mosul e di Aleppo, scatenando la rabbiosa reazione del *katholikòs* Eliya XI Denkha, che riuscì a farlo imprigionare più volte dalle autorità ottomane. Le difficoltà finanziarie, dovute alle pesanti tasse imposte dai turchi e agli esosi riscatti richiesti per i suoi rilasci dalla prigione, spinsero il patriarca, nel 1734, a recarsi in Europa per cercare fondi; nei successivi sette anni egli visitò le corti cattoliche di Polonia, Austria e Roma, ma i soldi raccolti si dimostrarono insufficienti alle necessità. Inoltre, le autorità turche ribadirono l'autorità del patriarca tradizionalista di Alqosh su Aleppo e Mosul, creando quindi gravi difficoltà per le fiorenti comunità caldee che si erano costituite in quelle località. Nel 1754 chiese di potersi dimettere, ma, avendo ottenuto un rifiuto da parte della Santa Sede, rimase titolare della carica fino alla morte, avvenuta il 23 gennaio 1757.

LAMPART, *Ein Märtyrer der Union mit Rom, Joseph I (1681-1696), Patriarch der Chaldäer*, Einsiedeln 1966.

[21] Si noti che il titolo accordato a Yosep I era privo di qualsiasi specificazione territoriale.

Gli succedette Yosep IV Timotheos Lazare Hindi (1759-1796), ex-alunno del Collegio Urbano di Roma. Consacrato dapprima vescovo nel 1757, fu confermato patriarca da papa Clemente XIII (1758-1769) il 25 marzo 1759 e ricevette il pallio il 9 aprile successivo. Dal 1765 al 1768 si recò a Roma, dove fu impegnato per la stampa dei libri liturgici caldei e dei Vangeli. Come il suo predecessore, per far fronte al sempre più insostenibile carico delle tasse imposte dalle autorità ottomane con ogni tipo di pretesto, anche Yosep IV dovette poi visitare le corti europee alla ricerca di fondi, ma ancora una volta senza risultati concreti. Al suo ritorno a Diyarbakir, ormai scoraggiato, nel 1780 diede le dimissioni, nominando come successore il nipote Augustine Hindi, semplice presbitero. L'anno successivo, la Santa Sede accettò le dimissioni, ma obiettò alla designazione del nipote quale successore (designazione che aveva tutto l'aspetto della reintroduzione del regime del *natal cursya*), riconoscendolo solo come amministratore episcopale di Diyarbakir e amministratore patriarcale; lo stanco patriarca ritirò quindi le dimissioni. Al non riconoscimento di Augustine Hindi contribuì soprattutto la forte opposizione di Yukhannan Hormizd, vescovo di Mosul, appartenente all'antico patriarcato di Alqosh, ma che si considerava romano cattolico fin dal 1778 e che come tale aspirava alla carica di patriarca caldeo. Nel 1789 Yosep IV venne imprigionato dalle autorità turche per debiti, ma riuscì a fuggire e a riparare a Roma, dove morì nel 1796. Con lui si esaurisce la seconda linea dei patriarchi caldei, nota come *linea giosefita*, dal nome Yosep (Giuseppe) portato da tutti i suoi titolari.

7.5 LA CHIESA CALDEA ATTUALE

Nel 1804 la linea ereditaria dei patriarchi di Alqosh si estinse con Eliya XII Ishuyahb, morto senza un nipote che potesse succedergli. La gerarchia di quella Chiesa, sotto il governo del cugino del defunto patriarca, il metropolita di Mosul Yukhannan Hormizd, decise di accettare l'autorità dei patriarchi caldei. Pur riconoscendogli l'ufficio di Patriarca, Roma non riconobbe a Yukhannan Hormizd il titolo patriarcale. Fu solo nel 1830, dopo la morte, avventa il 6 aprile 1828, di Augustine Hindi (impropriamente noto come Yosep V[22]) e dopo aver promesso che il patriarcato non avrebbe continuato nell'anacronistica e inaccettabile tradizione di passare da un membro della famiglia all'altro[23], che papa Pio VIII (1829-1830) lo confermò come capo di tutti i cattolici Caldei (Yukhannan VIII Hormizd; 1830-1838), col titolo di "Patriarca di Babilonia dei Caldei", con sede a Mosul, nel nord dell'Iraq (5 luglio 1830). In tal modo si formava la moderna Chiesa cattolica caldea: nella sua persona si riconoscevano, infatti, tutti i Caldei, sia i fedeli di quello che era stato il patriarcato della linea di Alqosh, sia quelli del patriarcato di Diyarbakir.

---

[22] Benché solo "amministratore apostolico del patriarcato di Babilonia", il 2 ottobre 1818 Augustine Hindi ricevette il pallio. Egli ritenne che il tal modo fosse riconosciuto il suo titolo di patriarca, quale Yosep V, da lui rivendicato fin dal 1804, quando era stato nominato vescovo di Diyarbakir; come tale fu considerato da molti caldei, in particolare dai monaci del monastero di Rabban Hormizd. Benché Roma non lo avesse mai formalmente confermato come patriarca, non obiettò tuttavia mai pubblicamente a tale titolo.

[23] Rattristato all'idea che con la sua morte avesse termine la successione patriarcale all'interno della sua famiglia, nel 1831, in un tentativo di preservare comunque la successione, egli ordinò presbitero il nipote Mansur Sefaro, inviandolo poi presso il patriarca nestoriano Shimun XVII Abraham (1820-1861), della linea di Qodshanis, che lo consacrò vescovo e lo nominò metropolita sui nestoriani di Amadiya. Il nuovo metropolita assunse il nome di Eliya, tradizionale nome dei patriarchi nestoriani della linea di Alqosh, ma poco dopo chiese di essere riammesso nella Chiesa caldea, diventando infine il primo vescovo caldeo di Aqra (1852). Con la morte di Yukhannan VIII (16 agosto 1838) la sua famiglia, che fin dalla metà del XV secolo aveva fornito i successivi patriarchi, rinunciò al diritto ereditario di successione per la linea cattolica, ma lo mantenne per la linea patriarcale di Qodshanis, fino al 1965, quando Shimun XXIII Eshay (1920-1975) pose fino al nepotismo patriarcale della famiglia *Abuna* (vedi Cap. 7, n. 26).

Alla sua morte (27 agosto 1838), per impedire che il principio ereditario giocasse qualche ruolo nella nomina del nuovo patriarca, Gregorio XVI (1831-1846) con una sua bolla del 25 settembre 1838 nominò quale successore Nicholas I Eshaya (1839-1847), metropolita di Salmas, nomina confermata poi dal papa il 27 aprile 1840. Nel 1844 Nicholas I ottenne, per la propria Chiesa, il riconoscimento dalle autorità ottomane come un *millet* indipendente, distinto da quello della Chiesa dell'Est. Angustiato dall'opposizione di molti vescovi (che l'accusarono di condotta immorale presso le autorità vaticane) ai suoi tentativi di riforma, nel maggio 1847 diede le dimissioni, ritirandosi, fino alla morte, nel 1855, nel suo villaggio natale di Khosrowa.

Il 28 luglio 1847 i vescovi scelsero come "Patriarca dei Caldei" Yosep VI (V) Audo (Giuseppe Odo, 1847-1878), uno dei suoi principali oppositori, confermato da Pio IX (1846-1878) l'11 settembre 1848. Durante il suo incarico molti nestoriani si riunirono con la Chiesa caldea; egli fondò, inoltre, alcuni seminari per la formazione del clero locale. La costituzione ecclesiastica *Reversurus* del 12 luglio 1867 privò i patriarchi orientali della loro prerogativa di nominare i vescovi; il patriarca Yosep Audo, il più energico patriarca caldeo del XIX secolo e strenuo difensore dei diritti dei patriarchi orientali, si ostinò a mantenere invece tale prerogativa e fu minacciato di scomunica. Morì nel 1878, ma prima si riconciliò con il papa Pio IX[24].

[24] Promulgata inizialmente per la Chiesa armena cattolica (vedi § 6.6), la validità della costituzione *Reversurus* fu successivamente estesa a tutte le Chiesa cattoliche orientali. Con la bolla *Cum ecclesiastica disciplina* del 31 agosto 1869, le sue regole per l'elezione dei vescovi furono applicate anche alla Chiesa caldea. Ultimo tra i patriarchi orientali, il 29 luglio 1872, anche Yosep Audo accettò le decisioni papali. Nonostante la sua sottomissione, il 16 novembre 1872 Pio IX indirizzò ai vescovi, al clero e ai fedeli caldei l'enciclica *Quae in patriarchatu*, nella quale venivano elencate le varie occasioni in cui il patriarca si era opposto al volere del pontefice, deplorandone la disobbedienza. Nel 1874, tuttavia, il patriarca, nel tentativo di riaffermare la giurisdizione della Chiesa caldea sui siro-cattolici dell'India, nominò nuovamente, senza previa consultazione del Vaticano, Eliya

Gli succedettero Eliya XIII (XIV) Abul-Yonan (1879-1894), che non risparmiò sforzi per migliorare le relazioni con la Santa Sede, dopo il turbolento regno del suo predecessore; Abdisho ("Servo di Gesù") V Khayyat (1894-1899), già metropolita di Amadiya e autore di un libro sul primato dei pontefici romani; Yosep VII (VI) Emmanuel II Thomas (1900-1947), sotto il cui patriarcato, durante la prima guerra mondiale, i cattolici caldei patirono pesanti massacri, quando quattro vescovi, molti preti e circa 70.000 fedeli furono trucidati da formazioni al soldo degli ottomani a Seert, a Diyarbakir, nell'alta Mesopotamia, presso il lago di Van e a Mardin. Negli anni 1915-1916, infatti, moltissimi cristiani della Chiesa assira, della Chiesa siro-ortodossa, della Chiesa siro-cattolica e della Chiesa caldea, indifesi, pacifici, apolitici, furono deportati ed eliminati dai territori della Turchia, della Siria e della Mesopotamia dove erano sempre vissuti. Meno noto del genocidio degli armeni, il genocidio assiro comportò la morte di diverse centinaia di migliaia di cristiani (le stime variano tra le 275.000 e le 750.000 vittime). Questo periodo, in particolare il 1915, è noto nella tradizione assira come *Seyfo* (termine siriaco che significa spada)[25].

Nel secondo dopoguerra, nel 1950, sotto il patriarca Yosep VIII (VII) Ghanima (1947-1958), la sede del patriarcato fu trasferita da Mosul a Bagdad, dopo una forte migrazione dei cattolici cal-

---

Mellus, vescovo di Aqra, come metropolita dell'India. Mellus fu subito scomunicato dal Vaticano e anche il patriarca, che nel frattempo aveva nominato altri vescovi per la sua Chiesa, fu minacciato di scomunica con lettera enciclica del 1° settembre 1876. Nel marzo 1877 il patriarca richiamò Mellus dall'India, ciò che gli valse il perdono papale, l'elogio per la sua sottomissione (lettere papali *Solatio nobis fuit*, del 9 giugno 1877 e *Iucundum nobis* dell'11 luglio) e il riconoscimento delle nomine episcopali effettuate al di fuori dell'India. L'azione di Yosep Audo fu tuttavia troppo tarda per prevenire uno scisma nella Chiesa siro-malabarese cattolica, il cosiddetto *scisma Mellusiano* (vedi § 9.4).

[25] Un'importante raccolta di documenti su questi massacri sono presentati in V. Mistrih, "Documents sur les événements de Mardine, 1915-1920", *Studia Orientalia Christiana Collectanea* 29-30, 1996-1997, pp. 5-220 .

dei dal nord dell'Iraq verso la capitale. Successori di Yosep VIII sono stati Paul II Cheykho (1958-1989), che dovette guidare la Chiesa caldea attraverso ben tre rivoluzioni (1958, 1963, 1968), facendo i conti con tre regimi, la rivolta curda e la lunga guerra Iraq-Iran (1980-1988), eventi che videro la distruzione anche di molti villaggi cristiani e di numerose chiese; Raphael I Bidawid (1989-2003), già vescovo di Beirut dal 1965, che, pur operando in un periodo politicamente molto difficile, lavorò assiduamente per l'unificazione della Chiesa assira dell'Est con la Chiesa caldea[26]; Emmanuel III Delly (2003-2012), eletto alla porpora car-

[26] Si noti che nel frattempo la Chiesa assira aveva subito uno scisma interno. Nel 1940 Shimun XXIII Eshay (1920-1975), eletto nel 1920 all'età di 13 anni, fu costretto dalle autorità iraqene all'esilio e si trasferì negli Stati Uniti, stabilendo la propria residenza ufficiale a Chicago. Nel 1965 riunì un sinodo al quale fece apportare due importanti riforme: l'accettazione del calendario gregoriano e la fine del nepotismo patriarcale della famiglia *Abuna*, che da molti secoli monopolizzava la più alta dignità della sua Chiesa. Nel 1966 un altro sinodo dichiarò che sia i vescovi sia il *katholikòs* potevano contarre matrimonio (una simile decisione era stata presa nel 486, ma era stata di breve durata): in pratica, questo non faceva altro che legalizzare la posizione personale di Shimun XXIII. Tale decisione provocò però la reazione di un'altra famiglia, rivale degli *Abuna*, la quale impose come *katholikòs* Thoma Darmo (1968-1969), vescovo "mellusiano" del Kerala. Darmo morì poco dopo (1969) e gli successe Mar Addai II (1970-), metropolita di Bagdad, ancora in vita. Lo scisma portò alla formazione della *Chiesa assira vetero-calendarista*, chiamata anche *Chiesa antica d'Oriente*, mentre la Chiesa che si riconosce in Shimun XXIII, che raccoglie circa il 90% dei fedeli della Chiesa dell'Est, è nota come *Chiesa assira neo-calendarista*. Quanto a Shimun XXIII, nel 1975 venne assassinato (6 novembre, a San Jose, California) da un suo fedele, indignato dalla sua condotta. I suoi seguaci elessero come *katholikòs* per la prima volta un non appartenente alla famiglia *Abuna*, il metropolita nestoriano di Teheran, Khanania Dinka IV (1976-2015), al quale seguì l'attuale Mar Gewargis III Sliwa (2015-). Convinto che le divisioni, se non sanate, rischiano di trasformarsi in una morte lenta, al fine di rafforzare la decimata comunità cristiana irachena, formando un blocco unitario di protezione e difesa e permettendo di reclamare meglio i propri diritti, il patriarca caldeo Louis Raphael I Sako ha proposto di unificare le tre Chiese dell'antica Mesopotamia in un'unica Chiesa. Ciò avverrebbe con un Sinodo congiunto delle tre Chiese, con la disponibilità dei tre patriarchi a dimettersi per lasciare il posto a un nuovo unico eletto. La

dinalizia il 24 novembre 2007[27]. Dal 1° febbraio 2013, a seguito delle dimissioni di Emmanuel III per motivi di età, il primate della Chiesa caldea è Sua Beatitudine Louis Raphael I Sako.

L'attuale delicato e drammatico momento storico attraversato dall'Iraq – dopo la caduta, nel 2003, del regime di Saddam Hussein (1937-2006), la Chiesa iraqena è oggetto di sempre più pesanti discriminazioni e attentati – è causa di enormi difficoltà per la sopravvivenza stessa della locale comunità caldea, minata dalla colossale emigrazione di molti suoi membri, fenomeno iniziato in maniera drammatica già durante il patriarcato di Paul II Cheykho e che non ha precedenti nella storia moderna delle relazioni islamo-cristiane.

In base all'elaborazione statistica tratta dall'Annuario Pontificio 2015, il totale dei fedeli cattolici della Chiesa caldea è di 602.058, dei quali quasi due terzi vivono in diaspora[28].

---

nuova entità ecclesiastica così formata dovrebbe chiamarsi "Chiesa d'Oriente", ma non sarebbe autocefala, riconoscendo l'autorità primaziale del vescovo di Roma, il papa della Chiesa cattolica. La proposta, però, è finora rimasta inascoltata (Vedi P.G. GIANAZZA, "Chiese arabe, Chiese vive. Solo se unite", in *La croce e la bandiera nera*, OASIS XI, 22, novembre 2015, pp. 28-34, a p. 32). Nell'ottobre 2001 è stato pubblicato a Roma un documento contenente le linee guida per l'ammissione reciproca all'Eucarestia per i fedeli della Chiesa caldea e della Chiesa dell'Est in diaspora; tale documento riconosce anche la validità dell'anafora di Addai e Mari, utilizzata dalla Chiesa dell'Est, benché essa non contenga la cosiddette "parole dell'istituzione": "Questo è il mio corpo... Questo è il mio sangue" (F. BOUWEN, "Assyriens et Chaldéens: admission mutuelle à l'eucharistie", *Proche-Orient Chrétien* 51, 2001, pp. 333-347; G. VANHOOMISSEN, "Une Messe sans paroles de consecration? À propos de la validité de l'anaphore d'Addaï et Mari", *Nouvelle Revue Théologique* 127, 1, 2005, pp. 36-46).

[27] Sui patriarchi Paul II Cheykho, Raphael I Bidawid ed Emmanuel III Delly si veda A. O'MAHONY, "Patriarchs and Politics: the Chaldean Catholic Church in modern Iraq", in A. O'MAHONY, ed., *Christianity in the Middle East. Studies in Modern History, Theology and Politics*, Londra 2008, pp. 105-142, alle pp. 121-122, 122-137, 137-142 rispettivamente.

[28] Per esempio, mentre nel 1990 i fedeli dell'arcieparchia patriarcale di Bagdad erano 325.000, nel 2015 essi sono solo 150.000. Contemporaneamente, i fedeli delle eparchie USA sono passati da 50.000 a 235.000.

Capitolo 8

LA CHIESA SIRA CATTOLICA

La Chiesa sira cattolica (o siro-cattolica) nasce dalla tradizione della Chiesa sira ortodossa. Le due Chiese cristiane di origine siriaca – l'assira, o Chiesa dell'Est, e la siro-ortodossa – nonostante le differenze di Credo appartengono alla stessa area culturale, costituendo due diversi rami del cristianesimo siriaco. Le differenze distintive nascono dai diversi contesti dell'evoluzione storica. Mentre pertanto l'assira, separatasi ancor prima del Concilio di Efeso I (431), viene chiamata *siro-orientale*, quella ortodossa, separatasi a Calcedonia (451), è *siro-occidentale*: nota in occidente come *Chiesa giacobita* (vedi oltre), essa si definisce *Chiesa siro-ortodossa di Antiochia*.

8.1 NASCITA E RUOLO DELLA CHIESA SIRO-OCCIDENTALE

Le Chiese sire nascono dalla comunità di Antiochia, convertita da Paolo e Barnaba e menzionata già in Atti 11,26: «I discepoli furono chiamati per la prima volta cristiani in Antiochia», diventando uno dei centri più importanti dei primi secoli. Suo primo vescovo e fondatore fu, secondo lo storico Eusebio di Cesarea, l'apostolo Pietro nel 37. Dopo la sua morte, fu seguito da sant'Evodio (67-68) e da sant'Ignazio I Nurono ("Ignazio l'Illuminatore"; 68-107). Nella sua *Storia Ecclesiastica* Eusebio fa menzione di questo Ignazio: «un nome noto a più uomini, il secondo dopo Pietro nella diocesi di Antiochia» (*HE* III.36). L'importanza del personaggio ha fatto sì che dal

1445 il nome Ignazio sia ripreso da tutti i patriarchi di Antiochia, a garanzia della continuità apostolica.

La Chiesa sira ebbe un ruolo importante nelle prime controversie trinitarie[1]. Paolo di Samosata, vescovo di Antiochia dal 260 al 268, propagò le idee adozioniste. Suo discepolo fu Luciano di Samosata, detto anche Luciano di Antiochia, maestro di Ario, il quale ne divulgò le idee. Sempre in Siria nacque l'apollinarismo, sostenuto da Apollinare il Giovane (310-390), vescovo di Laodicea, che provocò la reazione che avrebbe portato poi al nestorianesimo. Con Alessandria e Roma, Antiochia venne riconosciuta come patriarcato nel concilio di Nicea (325). Dopo Calcedonia, il rifiuto delle disposizioni conciliari, per lo più nelle campagne (mentre trovarono consenso nelle città), fece sì che la Chiesa si dividesse. Coloro che rifiutarono Calcedonia e i suoi dogmi confluirono nella Chiesa siro-occidentale, "monofisita" (già si era formata la Chiesa siro-orientale), mentre coloro che ne accettarono la dottrina costituirono il patriarcato di Antiochia della Chiesa melchita.

Come già visto, il patriarca siro-ortodosso Severo (512-518) fu esiliato dall'imperatore Giustino nel 518 e morì in esilio in Egitto nel 538. Nel 544 rimanevano solo tre vescovi "monofisiti". In quell'occasione, su pressione dell'imperatrice Teodora (moglie di Giustiniano, di origine siriaca e fervente ammiratrice dei monaci siriani, sostenitori del "monofisismo") e del principe arabo ghassanide al-Harith ibn Jabalah (noto col nome greco di Arethas; 528-569), il patriarca alessandrino Teodosio I (535-567), in esilio forzato a Costantinopoli, nominò segretamente quale vescovo di Edessa e metropolita ecumenico un energico monaco siriano originario del villaggio di Ghamawa, a nord di Tella, Giacomo Baradeo (500 circa-578), che dal 527 risiedeva a Costantinopoli, ove era arrivato con un altro monaco, suo amico, Sergio, che più tardi

[1] Vedi § 1.3.

egli stesso consacrerà patriarca di Antiochia. Pur non potendo risiedere nella propria sede, in quanto bandito dalla politica pro-calcedoniana di Giustiniano, la sua dignità epicopale gli conferiva la giurisdizione suprema sull'Asia Minore e sulla Siria. Forte di questa sua posizione, quale vicario del papa copto Teodosio, tenuto in esilio a Costantinopoli, il Baradeo si dedicò alla riorganizzazione delle comunità anti-calcedonite in tutto il Vicino Oriente, con tale slancio da essere considerato il salvatore del "monofisismo". Dal suo nome, infatti, la Chiesa anti-calcedonita, soprattutto quella di Siria, è spesso chiamata, a partire dal IX secolo, anche *giacobita*[2]. Alla sua morte, nel 578, aveva consacrato migliaia di sacerdoti e decine di vescovi, incoraggiato i fedeli e ravvivato dappertutto le energie, permettendo così alla Chiesa anti-calcedonita di non soccombere alla persecuzione scatenata da Giustiniano.

Nel 604 la Chiesa giacobita accentuò il dissidio dogmatico intervenuto coi calcedoniti per dimostrare al re persiano Cosroe II, conquistatore delle province bizantine orientali, che non aveva nulla in comune coi melchiti (così nel 486 aveva fatto la Chiesa assira nei confronti di re Peroz di Persia); non giunse però mai a formulazioni veramente eterodosse e non cadde mai nel monofisismo eutichiano[3].

La conquista dell'area da parte dei Persiani prima e degli Arabi poi creò condizioni che favorirono lo sviluppo ulteriore della Chiesa siro-occidentale. I Persiani espulsero dalle loro conquiste i melchiti e le loro chiese vennero affidate agli ortodossi. I siro-occidentali cercarono di penetrare anche all'interno dell'impero persiano, a discapito della Chiesa assira, che dovette prendere delle contromisure. Il fatto che molti giacobiti fossero diventati sudditi persiani spinse il patriarca di

---

[2] Nel Medioevo, tale nome fu talora attribuito anche alla Chiesa copta. Attualmente, i copti rifiutano tale denominazione.

[3] Detto anche *monofisismo reale* (vedi § 1.5).

Antiochia Atanasio I Gammolo "il Cammelliere" (595-631) a garantire ai siri nell'impero persiano una larga autonomia ecclesiastica. Infatti, una delle più serie obiezioni che i nestoriani muovevano ai giacobiti era quella che essi obbedivano a un capo spirituale risiedente in territorio bizantino e che quindi desideravano diventare sudditi dell'imperatore di Costantinopoli. I giacobiti erano pertanto frequentemente denunciati alla corte di Seleucia come cospiratori, in favore dei bizantini. Nel 629 Atanasio decise di creare una giurisdizione ecclesiastica propria per le diocesi persiane, stabilendo che il metropolita di Tagrit (o Maypherkat), sul Tigri, in Iraq, Mar Maruthas (629-649), una volta ordinato dal patriarca sarebbe diventato autonomo e solo capo della chiesa giacobita in Persia. Nell'XI secolo il titolo del capo dei giacobiti persiani fu chiamato *maphryan* "colui che porta frutti", ossia "consacratore". Eletto dai vescovi orientali, era poi ordinato dal patriarca. Tra i giacobiti siriani il *maphryan* ricopriva quindi il secondo rango, dopo il patriarca[4].

[4] Più tardi però il *maphryan* cessò di essere eletto e dal 793 (col *maphryan* Sarbelios, 794-810) esso era nominato dal patriarca. Questo ufficio acquistò tale importanza che nell'869 si stabilì che come il patriarca consacrava il *maphryan*, così la consacrazione di un nuovo patriarca sarebbe stata riservata al *maphryan* (e molti di questi *maphryan* divennero poi patriarchi di Antiochia). Nel 1089, quando Tagrit venne attaccata dai musulmani, il *maphryan* Mar Yuhanon Sliba I (1075-1106) spostò la sua sede a Mosul, ma il successore Mar Dionysius Mosa (1112-1134) ritornò a Tagrit. Nel 1152 le due sedi di Mosul e Tagrit furono unite e il *maphryan* prese il titolo di "metropolita di Mosul e Ninive". Il più famoso dei *maphryan* fu Gregorius Abu-l-Faraj, soprannominato Bar Hebraeus (1226-1286), il più erudito del suo tempo. A partire dal XIII secolo il *maphryan* è noto anche come *Katholikòs d'Oriente*. Dal 1533 i *maphryan* aggiunsero "Baselios" al loro titolo. Poiché verso il 1500 venne in esistenza anche un *maphryanato* per Tur Abdin, il *maphryanato dell'Est*, con sede a Mosul, divenne noto come *maphryanato di Mosul*, per distinguerlo dall'altro.

8.2 La situazione sotto il dominio musulmano

Ma ben presto vennero gli Arabi: Antiochia fu conquistata nel 638, mentre nel 640 fu Edessa a cadere in mano araba. Non sembra che la conquista musulmana fosse stata accolta come una liberazione dall'odiato giogo bizantino, come ordinariamente si dice; fu vista, comunque, come una punizione divina per i peccati dei cristiani. Con la scomparsa dell'impero sasanide, i nestoriani persero i loro protettori e quindi il monopolio della Chiesa cristiana. Ciò favorì i giacobiti. Gli Arabi, ai quali non interessavano le diversità fra i cristiani, diedero a tutti gli stessi diritti, purché si assoggettassero alla statuto della *dhimma*. Lo stato di subordinazione e di emarginazione sociale che tale statuto comportava portò numerosissimi cristiani ad abiurare la loro fede e a passare all'islam. All'indebolimento della Chiesa contribuirono anche le continue rivalità tra le varie Chiese.

Sotto gli Arabi, tuttavia, in particolare nel primo periodo della loro dominazione, vi fu una rinascita culturale, con fiorenti scuole di teologia, filosofia, storia. Importantissima fu poi l'opera di traduzione di opere filosofiche e teologiche. Si distinse Ibn Hunayn Ishaq (morto nell'873), al quale si deve la traduzione dal greco in siriaco e poi in arabo di centinaia di manoscritti greci. Questi testi, portati poi in Andalusia, vi furono tradotti in latino. Tracce di comunità siro-ortodosse sono state trovate anche nel Turkestan e nel Sinkiang.

A cavallo tra i secoli X e XI ci fu una ripresa di potere da parte dell'impero bizantino: nel 969 venne riconquistata Antiochia e nel 1031 Edessa. Per i cristiani ciò non portò alcun vantaggio: da una parte ci furono infatti le rappresaglie musulmane (dopo la perdita di Antiochia, la popolazione cristiana di Edessa venne massacrata; nel 1009 il califfo fatimida al-Hakim, 996-1021, fece distruggere la chiesa del Santo Sepolcro a Gerusalemme), dall'altra le rinnovate pressioni dei bizantini perché abiurassero il "monofisismo". Per questo motivo, nel 1034 il patriarca ortodosso di Antiochia, Dionisio IV Yahya (1034-1044) spostò la propria sede da Antiochia ad Amida (Diyarbakir), nel sud-est dell'attuale Turchia, ai confini con la Siria, nel monastero di Mar Bar Sauma.

La dominazione bizantina fu di breve durata. Nel 1071 la zona fu conquistata dai turchi selgiuchidi (battaglia di Mantzikert, del 19 agosto 1071, tra Romano IV Diogene e Alp Arslan), ma anche il dominio turco fu effimero: nel 1098 fecero infatti la loro comparsa in Medio Oriente i crociati, che fondarono diversi principati latini: nel 1098 fu conquistata Antiochia e nel 1099 Gerusalemme. La Chiesa siriaca li accolse con giubilo e i rapporti tra le due Chiese, la siriaca e la latina, dettero frutti notevoli. La Chiesa giacobita godette infatti nei secoli XII e XIII di un periodo di rinascita culturale, con le grandi figure di Dionigi bar Salibi (vescovo di Amida, morto nel 1171), il patriarca Michele il Siro (1166-1199, autore di un'importante *Cronaca*) e Bar Hebraeus (1226-1286). Contemporaneamente, furono tradotte in latino opere di autori siri, come quelle di Teodoro di Mopsuestia, che influenzarono molto il mondo occidentale (san Tommaso d'Aquino studiò a fondo Teodoro).

In questo periodo ci furono anche i primi contatti ufficiali con la Chiesa di Roma. Nella seconda metà del XII secolo un rivale del patriarca Michele il Siro riuscì ad attrarre parte della comunità siro-ortodossa di Gerusalemme alla fede cattolica, ma la cosa non ebbe seguito e i fedeli convertitisi aderirono chi alla Chiesa latina e chi alla Chiesa maronita. Nel 1179 Michele il Siro fu invitato al terzo concilio lateranese; declinò l'invito, ma inviò una relazione sull'eresia catara. Nel 1237 anche il patriarca siro-ortodosso Ignatius III David (1222-1252) cercò invano di portare la propria comunità all'obbedienza romana.

I latini, tuttavia, crearono in Antiochia, accanto al patriarcato ortodosso, un patriarcato latino. Nel 1100 il principe Boemondo I (1058-1111), signore del Principato di Antiochia, esautorò il patriarca ortodosso Giovanni VII l'Ossita (1090-1155), che riparò a Costantinopoli, come faranno molti suoi successori, e stabilì il solo *patriarcato latino di Antiochia*.

Il patriarcato ortodosso ritornò ad Antiochia solo nel 1269. L'anno prima la città era stata conquistata e saccheggiata dai mamelucchi; alla conquista aveva fatto seguito un massacro di tali proporzioni da scandalizzare perfino i cronisti musulmani. La distruzione del Principato di Antiochia, il primo degli Stati fondati dai Franchi in Oriente, fu un colpo terribile per il prestigio cristiano e segnò il rapido declino del cristianesimo nella Siria settentrionale. Con la scomparsa di tutti gli Stati crociati, l'Anatolia, la Siria e tutta la zona fino alla Persia diventarono sede di un mosaico di principati turchi. Ciò portò alla frantumazione della Chiesa giacobita. Sorsero vari patriarcati rivali e questa situazione scismatica durò dal 1293 al 1494. Gli attuali giacobiti riconoscono come autentica solo l'autorità esercitata durante quel periodo dal patriarcato insediato nel monastero di Dayr al-Zafaran, presso Mardin, nell'est della Turchia[5]. L'unità fu ristabilita sotto il patriarca Ignazio Noe (Ignatius Nuh del Libano, 1494-1509). Fu il periodo però che vide anche le terribili persecuzioni di Tamerlano (1336-1405), dalle quali la Chiesa non si risollevò più.

Nel 1453 gli Ottomani posero fino all'impero bizantino. Gli Armeni, grazie alla loro intraprendenza e al loro spirito commerciale, seppero guadagnarsi la simpatia dei nuovi padroni, che concessero loro di costituire un patriarcato a Istanbul (1461) che aveva autorità civile e religiosa su tutti i cristiani non-calcedoniti dell'impero turco, simile a quello che esercitava il patriarca greco dell'antica Costantinopoli su tutti gli ortodossi. I giacobiti, pertanto, si videro sottomessi civilmente al patriarca armeno.

---

[5] Così detto per il colore giallastro delle pietre con cui è costruito. Si trova a 6 km a sud-est di Mardin e fu fondato nel 493 d.C.

8.3 NASCITA E SVILUPPO DELLA CHIESA SIRA CATTOLICA[6]

Dopo i contatti al tempo delle crociate, altri contatti dei cattolici con la Chiesa siro-ortodossa ci furono al sinodo provinciale di Cipro, nel 1340, al quale parteciparono anche rappresentanti della Chiesa romana. Contatti a più alto livello si ebbero nelle sessioni romane del concilio di Ferrara-Firenze, dove i siri di Mesopotamia, rappresentati dall'arcivescovo di Edessa, Abdalas, celebrarono l'unione con la bolla *Multa et admirabilia* (30 novembre 1444). Tale unione si risolse però nell'adesione al cattolicesimo soltanto di un numero ristretto di persone e rimase quindi inoperosa a livello di un più ampio movimento di conversione. Dopo la metà del XVI secolo, il patriarca Ignatius Ne'met Allah I (1557-1576) fu in contatto sia con Pio IV (1559-1565) sia con il successore Pio V (1566-1572), al quale inviò anche una professione di fede cattolica. Ciò gli valse l'accusa di collaborazione con i nemici del sultano[7] e il conseguente arresto.

Gesuiti e cappuccini, presenti ad Aleppo dal 1626, riuscirono in pochi decenni a convertire al cattolicesimo quasi i tre quarti della comunità siro-ortodossa della città, costituita inizialmente da circa cinquemila fedeli. Nel 1656 si poté

[6] A. O'MAHONY, "Between Rome and Antioch: The Syrian Catholic Church in the modern Middle East", in A. O'MAHONY, E. LOOSLEY, ed., *Eastern Christianity in the Modern Middle East*, Londra – New York 2010, pp. 120-137; J. FLANNERY, "The Syrian Catholic Church: Martyrdom, Mission, Identity and Ecumenism in Modern History", in A. O'MAHONY, ed., *Christianity in the Middle East. Studies in Modern History, Theology and Politics*, Londra 2008, pp. 143-167.

[7] In questo periodo il papa, che stava promuovendo una lega dei principi cristiani contro i Turchi, istituì con Genova, Venezia e Spagna la *Lega Santa*. Le forze navali della Lega si scontrarono con la flotta ottomana nelle acque al largo di Lepanto, il 7 ottobre 1571, ottenendo una splendida vittoria, che non si concretizzò, però, come il papa avrebbe sperato, nella liberazione del Santo Sepolcro.

così pensare di creare una gerarchia siro-occidentale unita a Roma, a capo della quale fu chiamato 'Abdul Ghali Akhijan. Figlio di un mercante siro-ortodosso di Aleppo, Akhijan si era convertito al cattolicesimo, aderendo alla Chiesa maronita, che nel 1646 lo aveva mandato a Roma a studiare e dove era stato ordinato sacerdote. Scelto per guidare la comunità cattolica di Aleppo, il 29 giugno 1656 fu ordinato vescovo, col nome di Andrawos, dal patriarca maronita Yuhanna Bawwab al-Safrawi (1648-1656), a condizione che operasse per la conversione dei siro-ortodossi e non interferisse nella vita della locale comunità maronita. Costretto a riparare in Libano per i duri contrasti con il patriarca siro-ortodosso Ignatius Shimun I (1640-1659), ritornò successivamente ad Aleppo, dove il 19 aprile 1662, alla morte del patriarca Ignatius Yeshu II Qamsheh (1659-1662), fu ordinato patriarca della Chiesa siriaca, col nome di Ignatius Andrawos I Akhijan (1662-1677) e come tale fu riconosciuto anche dalle autorità ottomane. Si veniva così a costituire una *Chiesa sira cattolica*, detta anche *Chiesa siro-giacobita cattolica*. Per un certo periodo Akhijan guidò entrambe le comunità siriache, quella cattolica e quella ortodossa; infine, dopo frizioni con quest'ultima, che gli aveva opposto un proprio patriarca, Ignatius 'Abdul-Masih I (1662-1686), limitò la sua giurisdizione ai cattolici, fino alla morte, avvenuta il 24 luglio 1677. Questa linea di patriarchi cattolici si estinse però già con la morte del suo successore, Ignatius Petrus VI Shaahbadin (1677-1702)[8], nipote di Ignatius 'Abdul-Masih I, vescovo di Gerusalemme e da lui convertito al cattolicesimo, anche per le continue persecuzioni cui i cattolici furono sottoposti da parte degli ortodossi, sostenuti dalle

[8] Solennemente intronizzato il 2 aprile 1678, la sua elezione fu successivamente confermata da papa Innocenzo XI (1676-1689), che gli concesse il pallio il 12 giugno 1679. Come il patriarca siro-ortodosso, anche il patriarca siro-cattolico prende sempre il nome di Ignazio congiunto a un altro nome.

autorità dell'impero ottomano. Il 27 agosto 1701 il patriarca venne arrestato e imprigionato; trasferito con una marcia forzata ad Adana, fu rinchiuso nella fortezza della città. A nulla valsero le denunce delle potenze occidentali per ottenerne la liberazione: il 4 marzo 1702 Shaahbadin moriva in prigione, probabilmente per avvelenamento.

Dopo la morte di Shaahbadin il clero siro-cattolico elesse, il 23 novembre 1703, come nuovo patriarca cattolico, l'arcieparca di Ninive Basil Ishaq ibn Jubair (1645-1721), che all'epoca era a Costantinopoli nel consolato francese. Questi fu confermato dalla Santa Sede il 17 novembre 1704, ma non accettò la nomina, a causa delle gravi difficoltà in cui versava la Chiesa cattolica sira; nel 1706 si trasferì a Roma, dove morì il 18 maggio 1721. Fino al 1783 il patriarcato rimase vacante.

Nel 1782, dopo la morte l'anno precedente del patriarca Ignatius XXVIII George IV (1768-1781), il santo Sinodo siro-ortodosso elesse il vescovo giacobita di Aleppo Michael Jarweh, in carica dal 1766, come patriarca, col nome di Ignatius Michael III Jarweh. Nel 1783 egli abbracciò il cattolicesimo, seguito da altri quattro vescovi, che lo nominarono patriarca cattolico a Mardin, riconosciuto come tale da papa Pio VI (1775-1799), con la consegna del pallio, il 15 dicembre 1783. Tuttavia, la parte ortodossa della Chiesa sira non accettò la sua elezione e gli oppose un patriarca giacobita, Mar Ignatius XXIX Matta ibn Abdul-Ahad Saalab (1782-1817), eparca di Mosul. Si creò così uno scisma all'interno della Chiesa sira. Il patriarca giacobita riuscì ad ottenere, prima di Jarweh, il firmano dal governo turco che lo riconosceva unico capo della Nazione (*millet*) sira e, grazie ai diritti garantiti dal firmano, iniziò a perseguitare la parte cattolica ed il suo nuovo patriarca. Michael Jarweh dovette darsi alla fuga, prima a Bagdad e poi in Libano, dove ricevette aiuto e protezione dagli altri patriarchi cattolici ivi residenti, in particolare quello maronita e quello armeno. In Libano costruì il monastero, ancora esistente, di "Nostra Signora del soccorso" di Charfeh, a nord di Beirut, dove il 25 aprile 1785 rivette il pallio e rinnovò la sua professione di fede cattolica. Morì a Charfeh il 14 settembre 1800[9].

Nella prima metà del XIX secolo la vita della Chiesa siro-cattolica fu travagliata da dissidi interni fra opposte fazioni ecclesiastiche. Grande impulso all'organizzazione della Chiesa fu dato dal patriarca Ignatius Petrus VII Jarweh (1820-1851), nipote di Michael Jarweh: nel 1829 ottenne il riconoscimento ufficiale dal governo ottomano, come *millet* indipendente, e nel 1831 trasferì la sua sede ad Aleppo, trasformando il monastero di Charfeh in seminario patriarcale per la formazione del clero. Durante il suo pontificato diversi vescovi ortodossi ritornarono all'unione con Roma.

Nel monastero di Charfeh, tra dicembre 1853 e gennaio 1854, si svolse il primo sinodo della Chiesa cattolica sira, sotto la presidenza del Delegato apostolico Benoît Planchet, gesuita.

Anton Samhiri, vescovo di Mardin, che si era convertito nel 1827, venne eletto patriarca, quale Ignatius Anton I Samhiri (1853-1864). Durante il suo patriarcato i cristiani siri subirono varie persecuzioni da parte dei musulmani. Ciò indusse il patriarca a compiere un lungo giro dell'Europa, alla ricerca di fondi per la sua Chiesa; al rientro, si impegnò nella costruzione di numerosi edifici di culto, in particolare del seminario e del palazzo patriarcale a Mardin, località della Turchia meridionale dove aveva spostato la propria sede, dopo che quelli di Aleppo, assieme alla preziosa biblioteca patriarcale, erano stati distrutti dai *pogrom* anticristiani.

Alla sua morte la sede patriarcale rimase vacante per quattro anni; fu solo, infatti, il 21 giugno 1868 che venne eletto il

[9] Sulla figura di questo importante patriarca, si vedano P. Chalfoun, "L'Église syrienne catholique et le patriarche Michel Giavré sous le gouvernement ottoman au XVIIIème siècle", *Parole de l'Orient* 9, 1979-1980, pp. 205-238; P. Chalfoun, "L'Église syrienne catholique en Syrie au XVIIIème siècle", *Parole de l'Orient* 13, 1986, pp. 165-181.

successore, Ignatius Philip I Arquos (1868-1874), vescovo di Diyarbakir. Per contrasti sorti con *Propaganda Fide*, non prese parte a nessuna delle sessioni solenni del concilio Vaticano I, pur essendosi recato a Roma; vi parteciparono, invece, i vescovi Bahnam Benni, di Mosul, e Athanase Jarkhi, di Bagdad, che, in opposizione al patriarca melchita Gregorio II Youssef-Sayour (1864-1897), strenuo difensore dell'autonomia delle Chiese orientali, votarono a favore della promulgazione del dogma dell'infallibilità papale.

Il patriarca Arquos morì a Mardin il 7 marzo 1874 e come suo successore fu eletto l'arcivescovo di Aleppo George Chelhot, intronizzato il 21 ottobre 1874 col nome di Ignatius George V Chelhot (1874-1891), che ritrasferì la sede patriarcale ad Aleppo. Si distinse per diverse iniziative, come l'edizione del breviario siriaco e la riorganizzazione, nel 1876, dell'ordine dei Fratelli di Mar Ephrem, per i quali costruì un monastero a Mardin, obbligandoli inoltre a perfezionarsi negli studi teologici. L'atto più importante del suo patriarcato fu tuttavia la convocazione, nel 1888, di un sinodo della Chiesa cattolica sira a Charfeh, dove furono prese importanti decisioni, tra le quali l'obbligo del celibato per il clero[10], e fu ribadita l'indipendenza della Chiesa siriaca nella scelta del patriarca.

Il successore, eletto il 12 ottobre 1893 dopo una vacanza di due anni, fu l'arcivescovo di Mosul Bahnam Benni, che assunse il nome di Ignatius Bahnam II Benni (1893-1897) e che continuò ad amministrare la Chiesa dalla sua sede di Mosul. Nel 1894 Bahnam Benni e il patriarca melchita Gregorio II Youssef-Sayour si recarono a Roma su invito di papa Leone XIII per

[10] Questa norma fu chiaramente imposta per un processo di latinizzazione al quale erano allora sottoposte le Chiese cattoliche orientali. Il concilio Vaticano II (1962-1965) stipulò che le Chiese cattoliche orientali avrebbero dovuto eliminare le pratiche latine e restaurare le antiche tradizioni, come la presenza dei presbiteri uxorati, processo che, tuttavia, non è ancora stato completato.

una conferenza sulle Chiese orientali cattoliche (24 ottobre – 8 novembre), che portò alla pubblicazione dell'enciclica *Orientalium Dignitas Ecclesiarum* del 30 novembre 1894, che confermava il ruolo e l'autonomia delle Chiese orientali cattoliche[11].

Ignatius Bahnam II morì a Mosul il 13 settembre 1897 e il 9 ottobre 1898 fu eletto, come nuovo patriarca, l'arcivescovo di Aleppo Ephrem Rahmani, insigne esperto di liturgia orientale, che assunse il nome di Ignatius Ephrem II Rahmani (1898-1929). Tra la fine del secolo XIX e l'inizio del XX, la Chiesa sira, in tutte le sue denominazioni, ha subito, con quella armena, il martirio comminatole dai turchi. Dopo le distruzioni e i massacri seguiti alla prima guerra mondiale, che spinsero molti fedeli a riparare in Libano, la residenza patriarcale siro-cattolica fu trasferita nuovamente a Charfeh e il patriarca si dedicò al compito di risollevare le sorti della sua Chiesa.

Alla morte di Rahmani, avvenuta al Cairo il 7 maggio 1929, divenne patriarca l'arcivescovo di Aleppo, l'iracheno Gabriel Tappouni, che assunse il nome di Ignatius Gabriel I Tappouni (1929-1968) e che nel 1935 Pio XI (1922-1939) elevò alla porpora cardinalizia, primo prelato cattolico orientale a ricevere tale nomina dai tempi di Leone XIII[12]. In qualità di cardinale elettore partecipò ai conclavi del 1939, del 1958 e del 1963, dai quali risultarono eletti i papi Pio XII, Giovanni XXIII e Paolo VI rispettivamente.

Il 10 marzo 1968 divenne patriarca l'arcivescovo di Aleppo, dal 1959, Anton Hayek, col nome di Ignatius Anton II Ha-

---

11 Al patriarca armeno cattolico Stepan Bedros X Azaryan fu proibito dal governo ottomano di recarsi a Roma; il patriarca maronita, anziano, era rappresentato dal suo vicario, Mgr. Huayek, mentre il patriarcato caldeo era allora vacante.

12 Ciò venne allora inteso come un implicito riconoscimento della superiorità del titolo latino cardinalizio alla carica di patriarca siro-cattolico. Al tempo del concilio Vaticano II questa supposta superiorità non verrà più riconosciuta dai patriarchi cattolici orientali.

yek (1968-1998). Formatosi a Roma, si distinse per le sue numerose pubblicazioni di carattere storico e per la revisione dei libri liturgici della sua Chiesa. Si adoperò per la costruzione della nuova cattedrale di Aleppo e, a Beirut, della cattedrale dell'Annunciazione e della chiesa di San Bahnam, oltre che del restauro del monastero di "Nostra Signora del soccorso" di Charfeh. Particolare cura pastorale dedicò poi alle comunità della diaspora.

Nel 1998 diede le dimissioni, per motivi di età e di salute, e al suo posto venne eletto Ignatius Basil Moussa I Daoud (1998-2001), già vescovo del Cairo e, dal 1994, arcivescovo di Homs. Eletto prefetto della *Congregazione delle Chiese orientali*, poco dopo diede le dimissioni dalla carica patriarcale (8 gennaio 2001), e al suo posto, il 16 febbraio, fu eletto l'aleppino Petrus Abdalahad, vescovo di Gerusalemme e della Terra Santa, che prese il nome di Ignatius Petrus VIII Abdalahad (2001-2008).

Dal 22 gennaio 2009, dopo che il 2 febbraio 2008 Petrus VIII aveva dato le dimissioni, il nuovo "Patriarca di Antiochia dei Siro-Cattolici"[13] è Mar Ephrem Joseph Younan, che ha assunto il nome di Mar Ignatius Joseph III Younan. Alle sue cure sono affidati, in base ai dati dell'Annuario Pontificio 2015, circa 208.000 fedeli, residenti in Libano, Siria, Giordania e Iraq, ma anche in diaspora, specialmente negli Stati Uniti, in Canada, Australia, Venezuela ed Europa.

---

[13] Il primo a portare questo titolo fu Ignatius Michael III Jarweh; i precedenti avevano il titolo di "Patriarca di Aleppo".

Capitolo 9

LA CHIESA SIRO-MALABARESE CATTOLICA E LA CHIESA SIRO-MALANKARESE CATTOLICA[1]

9.1 I "CRISTIANI DI SAN TOMMASO". IL CRISTIANESIMO IN INDIA

I cristiani dell'India, generalmente noti come "cristiani di san Tommaso", pur costituendo meno del 2% della popolazione, formano la terza maggiore comunità religiosa del grande subcontinente indiano – dopo quella indù e quella musulmana – e sono estremamente diversificati. Il contesto di riferimento dei "cristiani di san Tommaso" è il Malabar, chiamato anche Malankara. Con questo termine si indica la costa sud-occidentale dell'India, attualmente compresa per lo più nello stato del Kerala, tra Goa e Capo Comorin, sulla punta meridionale della penisola indiana[2]. Se è difficile determinare l'origine esatta di

[1] Per una breve presentazione di queste Chiese e delle loro sorelle ortodosse, si veda M. Giampiccolo, "Le Chiese siro-orientali dell'India", *Ecclesia Mater* LI, 2013, pp. 157-165.

[2] Propriamente "Malankara" è l'antico nome dello Stato del Kerala, mentre con "Malabar" si indica la parte settentrionale del Kerala. "Malankara" deriva dal nome dell'isola di Maliankara, appartenente al Kerala, che secondo la tradizione è stato il primo luogo in cui l'apostolo Tommaso approdò quando arrivò in India.

questi cristiani, è pur certo che già alla metà del primo millennio costituissero una componente significativa nel mosaico etnico-religioso del Malabar, partecipi di un'ecumene siriaco-orientale estesa fino alla Cina.

La presenza cristana in oriente ha radici antichissime. I cristiani in questa parte del mondo, che va dall'Iraq fino all'India, si definiscono "Figli di san Tommaso". Tutto cominciò, infatti, quando l'apostolo Tommaso, dopo la morte e resurrezione di Gesu, partì da Gerusalemme verso il 40 d.C. ed evangelizzò negli anni 42-49 tutte le popolazioni del Medio Oriente (i Parti, i Medi, gli Arcani, i Battriani, i Margiani) che abitavano i territori degli odierni Iran, Iraq, Afghanistan e Belucistan. San Tommaso non si fermò in queste terre, ma si diresse ancora più a oriente, in India (anni 53-60 d.C.), lungo le coste sud-occidentali, a popolazioni che accolsero con entusiasmo e gioia la sua predicazione. Successivamente Tommaso riuscì ad arrivare anche nella costa sud-orientale dell'India (zona del Coromandel), dove continuò la sua missione evangelizzatrice, suggellandola col martirio: proprio in uno dei suoi viaggi missionari fu ucciso a colpi di lancia in Calamina (odierna Mylapore, sobborgo di Madras), tra gli anni 68-72, da un fanatico: il suo corpo fu seppellito a Mylapore, ove la sua tomba è ancor oggi venerata[3].

[3] Secondo un racconto tramandatoci dal frate minore francescano Giovanni de' Marignoli (morto nel 1359), che ebbe occasione di incontrare i cristiani di san Tommaso, l'apostolo sarebbe stato seppellito con la terra bagnata dal suo stesso sangue. Quando i Portoghesi, nel 1523, aprirono la tomba ritenuta del santo, vi trovarono un'urna contenente terra, poche ossa con la punta di una lancia e frammenti di teschio. Come nota Filippo Carcione, «se la *terra* richiama la testimonianza del Marignoli e la *lancia* il tipo di morte narrato dagli *Acta*, sorprendentemente i *frammenti di teschio* fanno eco al cranio mutilo conservatosi tra le reliquie dell'apostolo che, dopo varie traslazioni, sarebbero giunte, secondo la fede locale, a Ortona, sull'Adriatico abruzzese, verso la metà del XIII secolo» (F. Carcione, *Le Chiese d'Oriente. Identità, patrimonio e quadro storico generale*, Milano 1998, p. 252; G. Sorge, "Le traslazioni delle reliquie dell'apostolo Tommaso", *Rivista di studi Bizantini e Slavi* 2, 1982, pp. 141-160).

Un'antica tradizione chiama Tommaso "Guida e Maestro della Chiesa dell'India, che egli fondò e resse". Da allora, ancor oggi, questi cristiani sono chiamati "cristiani di san Tommaso" ("cristiani di Mar Thoma" o "Mar Thoma Nasranikal"). Secondo alcuni storici, Tommaso avrebbe predicato il Vangelo fino in Cina, ma non esistono prove documentarie.

Giungendo in India lungo le vie commerciali attraverso il Malabar, si ricorda che san Tommaso predicò il Vangelo alle famiglie dei brahmini – i membri della classe sacerdotale, e più importante, della società induista – del Kerala, tra cui molte accolsero la fede. La prima fonte sull'apostolato di Tommaso sono gli "Atti di Tommaso", scritti in siriaco ad Edessa verso il III secolo. Anche se apocrifa, gnostica e romanzata, molti studiosi trovano in quest'opera un nucleo storico (alcuni passaggi frammentari negli altri scritti dei primi secoli parlano in termini non ambigui dell'apostolato indiano di Tommaso).

9.2 I RAPPORTI CON LE CHIESE SIRE

Fin dai tempi antichi l'India meridionale aveva dei collegamenti col Mediterraneo e l'ovest del mondo asiatico; ciò facilitò l'inserimento della Chiesa in quelle aree. Verso il 190, il vescovo di Alessandria Demetrio (188-230) inviò Panteno, già direttore della celebre scuola teologica del Didaskalcion, per una missione evangelizzatrice nelle Indie[4]. Particolarmente stretti furono i contatti che la Chiesa indiana mantenne con la Chiesa siro-orientale; molti cristiani, infatti, perseguitati nell'impero persia-

[4] Eusebio di Cesarea, *HE*, V, 10, 2-3. Panteno è una delle pochissime figure di missionari cristiani attivi tra l'età di san Paolo e quella di Costantino. Per i problemi suscitati dall'affermazione della presenza di missionari cristiani nelle Indie in questo periodo, si vedano M.P. Roncaglia, *Histoire de l'Église copte* , vol. 2, Beyruth 1987, pp. 14-15; A.S. Atiya, *Coptic Encyclopedia*, New York-Toronto 1991, vol. 5, pp. 1635-1636, s.v. "Missionaries in India, coptic".

no, fuggirono verso la costa meridionale e occidentale dell'India e vi trovarono accoglienza. E benché la Chiesa assira d'oriente fin dai primi secoli avesse mandato regolarmente vescovi per ordinare diaconi e preti in India, anche la Chiesa indiana, come le altre Chiese, mantenne il suo carattere autonomo e locale.

Nel VII secolo, col clima politico che seguì la conquista araba della Siria e delle altre parti dell'Asia occidentale, la Chiesa siro-occidentale concesse una larga autonomia ai suoi fedeli della Persia, che furono posti sotto l'autorità del metropolita di Tagrit, Mar Maruthas, che divenne il primo *maphryan* dell'Est (629-649)[5]. La giurisdizione di questo *maphryan* di Tagrit si estese a 18 diocesi episcopali della bassa Mesopotamia e verso il più lontano est, ma, significativamente, non in India, che continuò a rimanere nell'area d'influenza della Chiesa assira.

Riferimenti specifici alla Chiesa indiana cominciarono ad apparire in note persiane dal VII secolo. Il metropolita dell'India e il metropolita della Cina sono menzionati nelle note della consacrazione di patriarchi dell'Est. Ad un certo punto, tuttavia, la Chiesa indiana fu inserita nella giurisdizione del metropolita di Fars, nell'odierno Iran, dipendente dalla Chiesa assira, ma il problema dell'appartenenza fu risolto dal patriarca nestoriano Sliba Zoha (714-728), che riconobbe la dignità tradizionale dell'autonomo metropolita dell'India.

Nell'VIII secolo, quindi, la comunità indiana ebbe un suo proprio metropolita, al quale fu assegnato il decimo posto nella gerarchia assira. Ma visto che i metropoliti, inviati dalla Chiesa persiana, generalmente non parlavano la lingua locale, la vera giurisdizione dell'intera comunità del Malabar, a partire dalla metà del XVI secolo, fu messa nelle mani di un prete indiano, col titolo di "Arcidiacono di tutta l'India" o "Porta di tutta l'India". Mentre il metropolita era il capo spirituale che

---

[5] L'introduzione del termine *maphryan* per indicare il capo dei cristiani siro-giacobiti di Persia risale comunque all'XI secolo (vedi § 8.1).

amministrava solo i sacramenti, conferendo, in particolare, l'ordine, l'amministrazione reale era nelle mani dell'arcidiacono; egli era il "Principe", il capo civile di tutti i cristiani di san Tommaso ed era assistito dall'assemblea sinodale (*yogam*) composta dai rappresentanti dei sacerdoti e dei fedeli di tutte le parrocchie[6]. Egli ebbe una grande influenza sui re locali e gli fu accordato lo stesso *status* dei capi politico-militari dello stato. Secondo la consuetudine era lui a incoronare il re, così che questi potesse essere riconosciuto come tale. Questa Chiesa indiana, collegata col patriarca nestoriano-assiro è nota come *Chiesa ortodossa malabarese* (localmente chiamata anche *Chiesa siro-caldea dell'Est*).

9.3 INFLUENZA E DOMINIO DEI PORTOGHESI

Tra il 20 e il 21 maggio 1498, sbarcò a Calicut, sulla costa del Malabar, il portoghese Vasco da Gama (1468/1469 – 1524). I due principali obiettivi del suo viaggio erano il primo commerciale, ossia cercare spezie, in particolare pepe, e il secondo militare-religioso, ossia "cercare dei cristiani", incontrarli: si supponeva, infatti, in Occidente della loro presenza in India. "Cercare cristiani" in India equivaleva a trovare alleati suscettibili di essere integrati nella grande alleanza contro l'islam, alla quale si sperava di associare anche il regno cristiano del "Prete Gianni"[7]. Era infatti scopo del regno di Manoel I "il Grande" (1495-1521), re del Portogallo, la distruzione del blocco islamico, che egli considerava essere, in base a una personale interpretazione dell'Apocalisse, "Babilonia, la grande meretrice",

---

[6] I rapporti tra il metropolita e l'arcidiacono nella Chiesa indiana possono essere confrontati con quelli intercorrenti tra l'abuna e l'*ecciaghé* nella Chiesa etiopica (cfr. § 5.1).

[7] Vedi Cap. 5, n. 5.

destinata a essere distrutta, mentre lo "pseudo-profeta" altri non era che Maometto[8]. Un nuovo popolo eletto, quello portoghese, avrebbe portato all'instaurazione del "regno millenario di Cristo"; il Portogallo era lo strumento scelto dal piano di Dio. In comunione con la Chiesa assira d'Oriente, i cristiani indiani salutarono i Portoghesi come rappresentanti della Chiesa di Roma, alla quale avevano continuato a riconoscere uno statuto speciale nonostante secoli di isolamento. Vasco da Gama considerava a tal punto l'India cristiana che pregò in templi indù supponendoli chiese, prese i brahmini per preti cristiani e considerò l'immagine della dea Kali, la divinità più nota del pantheon induista, per quella della Vergine e rientrò in Portogallo senza essersi reso conto del suo errore. La descrizione che fece poi in patria di quelle che lui aveva ritenuto pratiche cristiane fecero nascere il sospetto che fossero eretiche: occorreva quindi portare questi popoli all'ortodossia, prima di poter contare sulle loro forze quali alleati contro l'islam.

La spedizione di Vasco da Gama costituisce l'inizio effettivo del cristianesimo latino in India. I Portoghesi anteposero tuttavia per decenni il commercio alla causa dell'evangelizzazione e fu solo con l'avvento di Francesco Saverio (1506-1552) e dei gesuiti e con l'istituzione di due diocesi latine, a Goa (1533) e a Cochin (1558)[9], che a Goa e nelle altre zone costiere soggette a controllo lusitano si verificarono le prime conversioni di massa. Il carattere repressivo e violento del proselitismo cattolico nell'*Estado da Índia* è oggi tema di vivace scontro politico.

---

[8] Vedi *Apocalisse*, capp. 17-21.

[9] Goa, occupata dai portoghesi nel 1510, divenne il centro misisonario di partenza per l'evangelizzazione. Sede vescovile nel 1533, fu elevata a metropoli nel 1558, con Cochin quale sede suffraganea. Suo primo arcivescovo (1558-1567, 1571-1576) fu Gaspar Jorge de Leão Pereira, fondatore del celebre collegio di San Paolo (V. D'ARIENZO, "la missione di un mistico: Dom Gaspar de Leâo, primo arcivescovo di Goa", *Studi e Ricerche sull'Oriente Cristiano* 10, 1987, pp. 19-36; 11, 1988, pp. 113-136).

Fra i fondamentalisti indù è diffusa l'opinione che le conversioni siano state ottenute sotto diretta minaccia fisica. Le fonti, tanto accessibili quanto poco studiate, dimostrano invece che, se assai dubbia fu la sincerità dei battesimi collettivi, il loro movente fu la ricerca di vantaggi materiali piuttosto che il timore di punizioni.

Nel complesso l'evangelizzazione cinquecentesca, fondata sempre sul controllo politico portoghese di ristrette zone costiere e limitata da una comprensione del tutto insufficiente della cultura locale, si risolse in un fallimento. Solo all'inizio del Seicento, con l'esperimento intrapreso dal gesuita romano Roberto Nobili (1577-1656) a Madurai, si tentò di incarnare nella tradizione filosofica indiana il cattolicesimo tridentino, con esiti favorevoli in un primo tempo, ma in seguito compromessi da complesse dinamiche indiane ed europee.

Con la colonizzazione portoghese ebbe inizio la latinizzazione forzata che causò agitazione e scismi fra i cristiani di san Tommaso. Nel gennaio 1599, Aleixo de Menezes (1559-1617), agostiniano portoghese arcivescovo di Goa (1595-1612), venne a Cochin; col sostegno del potere coloniale, l'arcivescovo fece arrestare l'arcidiacono, Giorgio della Croce (eletto nel 1593) e lo fece incarcerare su ordine del re di Cochin. Quindi si adoperò grandemente per influenzare i *leader* del popolo. Convocò poi nell'estate 1599 il celebre sinodo di Udayam Peroor, nella regione del Vadakkenkur, la terra del pepe. Esso – noto per lo più, dal nome portoghese della località, come "sinodo di Diamper" – si tenne dal 20 al 26 giugno, nella chiesa dei santi Gervasio e Protasio, poi divenuta di Ognissanti. Vi parteciparono 136 preti e più di 600 laici rappresentanti del popolo. In un clima teso e sotto il giogo della forza coloniale portoghese – le guardie del re erano schierate all'interno e all'esterno della chiesa –, essi accettarono la supremazia del papa di Roma. Il sinodo, l'attacco più radicale all'identità dei cristiani di san Tommaso, segnò anche la fine della supremazia della Chiesa assira, e la lingua e la liturgia siriache furono sostituite da quelle latine; venne lanciato anche un anatema contro coloro che le avessero usate. La sede metropolitana di Angamaly, la principale del rito siro-orientale, fu ridotta a suffraganea di Goa (20 dicembre 1599)[10] e le fu assegnato come vescovo un altro gesuita, il catalano Francisco Roz (1599-1624). Fu imposto anche il celibato ecclesiastico e l'Inquisizione. Questo dominio durò per oltre 5 decadi.

La mai sopita opposizione ai gesuiti, in particolare contro l'arcivescovo Francisco Garcia Mendes di Cranganore (1641-1659), si concretizzò in aperta ribellione venerdì 3 gennaio 1653, quando un gruppo di circa 25.000 cristiani, guidati dell'arcidiacono Thomas de Campo (Thomas Parambil), nipote di Giorgio della Croce, si radunarono a Mattancherry, quartiere di Cochin, attorno a una grande croce all'aperto, detta Croce di Coonan (*Koonan Kurišu Kunan*: "Croce di un uomo ricurvo"): dopo aver legato una lunga fune alla croce ed essersi tutti stretti attorno ad essa, giurarono solennemente che da quel giorno né loro né i loro discendenti non avrebbero avuto nulla a che fare con la Chiesa di Roma o col papa e di smettere di obbedire ai missionari gesuiti ("giuramento della Croce di Coonan" o "della Croce Pendente": *Koonan Kurišu Satyam*); essi riconobbero inoltre l'arcidiacono Thomas come loro Governatore. La loro secessione fu facilitata dal fatto che la supremazia portoghese in India cominciava a scemare, mentre saliva quella olandese; gli olandesi, protestanti, furono ben contenti di sostenere questa ribellione contro il cattolicesimo imposto dal Portogallo. Il 22 maggio 1653, a Thiruvalla, l'arcidiacono Thomas fu ordinato vescovo del Malabar, quale Mar Thomas I (1653-1673), da dodici preti, mandati da Mar Atallah, me-

---

[10] Il 22 dicembre 1608, con la bolla *Romanus Pontifex*, papa Paolo V (1605-1621) elevò nuovamente la diocesi al rango di arcidiocesi. Il 22 dicembre 1610 il medesimo papa ratificò il trasferimento della sede arcivescovile da Angamaly, situata nel montagnoso entroterra, a Cranganore (oggi Kodungallur), sulle rive dell'oceano Indiano.

tropolita del patriarcato siro-antiocheno (giacobita). Le chiese del sud-est di Kaduthuruthy e Udayam Peroor rifiutarono però di riconoscerlo.

Si formarono pertanto due gruppi: alcuni restarono cattolici, altri diventarono giacobiti.

9.4 La Chiesa siro-malabarese cattolica

Quei cristiani di san Tommaso che accolsero l'autorità papale costituirono la *Chiesa siro-malabarese cattolica* e sono denominati *Pazhayakuttukar* "Partito storico". Inizialmente furono affidati ai vescovi gesuiti del *Padroado*[11] portoghese, ma il 3 dicembre 1659 papa Alessandro VII (1655-1667) istituì per essi anche un Vicariato apostolico del Malabar, ricavandone il territorio dalla diocesi di Cochin, con sede a Verapoly (o Varapuzha, secondo la lingua locale *malayalam*), sotto la diretta giurisdizione di *Propaganda Fide* e affidato ai carmelitani; tale soluzione, che poneva fine alla supremazia dei gesuiti (i quali dipendevano da un arcivescovo nominato dai Portoghesi e con sede a Cranganore) , equivaleva però a considerare alla stregua di terra di missione un'area da secoli cristiana. Il primo vicario apostolico del Malabar fu il carmelitano Giuseppe Sebastiani di Santa Maria (1659-1663)[12]. Con la conquista olandese del 1663, i missionari europei furono allontanati e il Sebastiani fu sostituito dal prela-

[11] Ossia "patronato". Il *padrão* era il pilastro di pietra, alto fino a tre metri, con il quale gli esploratori contrassegnavano le terre scoperte come rientranti nella sfera di influenza portoghese. Lo *jus patronatus* è citato per la prima volta nella bolla *Etsi Suscepti* del 9 gennaio 1444 di Eugenio IV; esso non era che il riconoscimento, da parte della Chiesa cattolica, dell'opera di sostegno data dal Portogallo ai suoi missionari.

[12] M. de Ghantuz Cubbe, "il primo incontro dei Carmelitani Scalzi italiani con la realtà malabarese", *Studi e Ricerche sull'Oriente Cristiano* 13, 1990, pp. 149-158; G. Sorge, "la missione di G. Sebastiani sulla seconda missione «all'Indie Orientali»", *Studi e Ricerche sull'Oriente Cristiano* 4, 1981, pp. 3-79.

to indiano Alexander Palliveettil Chandy (1663-1687)[13], primo vicario apostolico siro del Malabar, consacrato dallo stesso Sebastiani il 31 gennaio 1663 prima di far rientro in Europa. Il 13 marzo 1709 il Vicariato del Malabar fu trasformato in Vicariato apostolico di Verapoly[14].

Nel XVIII secolo la tensione sempre esistente tra europei e indigeni venne parzialmente lenita dall'azione di Joseph Karyatil (1742-1786), un cristiano di san Tommaso passato al rito latino. Nel 1778 egli e il sacerdote indiano Cathanar Thommam Paremmakkal (1736-1799) compirono una missione a Roma e a Lisbona per perorare l'unione dell'intera comunità dei cristiani di san Tommaso – sia i cattolici dipendenti dal *Padroado* che quelli da *Propaganda fide*, come pure i giacobiti (il loro vescovo, Mar Thomas VI, aveva espresso il desiderio di diventare cattolico) – sotto un prelato locale. A Lisbona, nel 1782, fu consacrato arcivescovo di Cranganore sotto il *Padroado*. Raggiunse Goa nel maggio 1786, con le facoltà rilasciategli da *Propaganda* di ricevere Thomas VI in comunione; sfortunatamente morì il 9 settembre successivo, senza riuscire a portare a termine i suoi piani ecumenici. Paremmakkal, che gli succedette come amministratore, non potè fare nulla per la riunione, poiché le facoltà erano state date al solo Karyatil[15].

Nel 1861 l'arrivo di un vescovo caldeo cattolico, Thomas Rokkos, inviato dal patriarca caldeo Mar Yosep VI Audo (1847 – 1878; egli in quel tempo non era però in buoni rapporti col

---

[13] Noto anche, agli europei, come Alexander Parambil de Campo, era cugino dell'arcidiacono Thomas de Campo. Dopo di lui i vicari saranno tutti carmelitani europei.

[14] Il 24 aprile 1838 incorporò il territorio delle diocesi di Cranganore e di Cochin, che furono soppresse. Il 13 marzo 1853 e il 15 marzo dello stesso anno cedette porzioni del suo territorio a vantaggio dell'erezione rispettivamente dei vicariati apostolici di Mangalore e di Quilon (oggi entrambi diocesi)..

[15] G. SORGE, "Mar Joseph Cariattil (1742-1786), il pioniere dell'ecumenismo nella Chiesa malabarica", *Studi e Ricerche sull'Oriente Cristiano* 9, 1986, pp. 179-188.

Vaticano e voleva porre un freno all'influenza dei cattolici latini nella regione), creò seri problemi tra i cattolici dei cristiani di san Tommaso. Egli fu scomunicato al suo arrivo dal vicario apostolico di Verapoly, e ne seguì uno scisma. Nel 1865 fu formalmente abrogata la giurisdizione del patriarcato caldeo sul Malabar; tuttavia, un altro vescovo caldeo, Eliya Mellus, arrivò nel 1874, ma anch'egli ebbe lo stesso destino del suo predecessore[16]. Il 20 maggio 1887, con la bolla *Quod Jampridem*, papa Leone XIII decretò la separazione tra il rito dei cattolici di san Tommaso e quello latino: i cattolici siro-malabaresi furono così separati dai latini e posti, inizialmente, alle dipendenze di un amministratore apostolico, il padre Marcellino. Nello stesso giorno il pontefice creò due vicariati apostolici per i siro-malabaresi (Thrichoor e Kottayam), assegnati però a due vescovi latini: Adolfo Medlycott e Carlo Livigne. Nel 1896 la Santa Sede riorganizzò i vicariati siro-malabaresi in tre vicariati apostolici (Thrichoor, Ernakulam e Changanacherry), con vescovi siro-malabaresi indigeni. Un quarto vicariato apostolico, Kottayam, fu stabilito nel 1911.

Nel 1923 papa Pio XI (1922-1939) istituì una gerarchia siro-malabarese cattolica completa; i vicariati apostolici furono elevati a eparchie e alla sede di Ernakulam, elevata a dignità arcivescovile, toccò il titolo metropolitano. Nel 1934 il pontefice diede iniziò a una riforma liturgica per ripristinare la natura orientale del rito siro-malabarese, pesantemente latinizzato nel corso dei secoli. Fu ripristinata la liturgia eucaristica, ispirata alle fonti

[16] Vedi Cap. 7, n. 24 e A. O'Mahony, "Patriarchs and Politics: the Chaldean Catholic Church in modern Iraq", in A. O'Mahony, ed., *Christianity in the Middle East. Studies in Modern History, Theology and Politics*, Londra 2008, pp. 105-142, alle pp. 113-119. I seguaci del partito scismatico di Mellus, che costituiscono la cosiddetta *Chiesa Mellusiana*, sono popolarmente noti come *Surais* e, non più cattolici, prestano alleanza al patriarca siriano nestoriano; sono diffusi in e attorno Thrichoor, in Kerala, donde il nome alternativo di *Chiesa di Trichoor* dato alla loro Chiesa.

siro-orientali, e approvata da Pio XII (1939-1958) nel 1957; incontrò però notevole resistenza, per cui una maggioranza di diocesi siro-malabaresi continua a utilizzare un rito appena distinguibile dalla messa latina. Nel 1996 papa Giovanni Paolo II (1978-2005) aprì un sinodo speciale dei vescovi siro-malabaresi a Roma, per tentare di superare le dispute sulle riforme liturgiche. Nel 1998 lo stesso papa diede piena autorità ai vescovi siro-malabaresi in questioni liturgiche per facilitare una decisione della disputa. Le relazioni tra la Chiesa siro-malabarese cattolica e la Chiesa latina in India sono state spesso marcate da tensioni, particolarmente riguardo alla richiesta di giurisdizione siro-malabarese nelle altre parti dell'India dove molti malabaresi sono emigrati. Solo nel 1977 la Santa Sede ha cominciato a stabilire diocesi siro-malabaresi nelle parti dell'India dove le diocesi latine già esistono[17].

Il 16 dicembre 1992 il pontefice elevò la Chiesa siro-malabarese cattolica alla dignità episcopale maggiore e nominò Antony Padiyara, cardinale di Ernakulam, come primo "Arcivescovo Maggiore[18] di Ernakulam-Angamaly", con residenza a Ernakulam. Dopo il suo ritiro nel 1996, fu nominato amministratore apostolico di Ernakulam-Angamaly l'arcivescovo

[17] I vescovi delle diocesi indiane fuori del territorio del Kerala sono sì membri del Santo Sinodo siro-malabarese, ma sono suffraganei delle arcidiocesi latine locali (ossia, non sono sotto l'autorità dell'Arcivescovo Maggiore).

[18] L'Arcivescovo Maggiore è il metropolita di una Sede determinata, ma presiede a un'intera Chiesa orientale non insignita del titolo patriarcale. È eletto nella stessa maniera del Patriarca (ossia dal sinodo dei vescovi della Chiesa), ma, a differenza di questo, non si limita a notificare la sua elezione al pontefice, ma deve anche ottenerne la conferma. Quando la Chiesa siro-malabarese cattolica fu elevata da papa Giovanni Paolo II alla dignità episcopale maggiore, il pontefice si riservò, tuttavia, il diritto di nominare l'arcivescovo maggiore e i vescovi. Solo nel 2004 la Santa Sede concesse alla Chiesa siro-malabarese i pieni poteri amministrativi, incluso quello di eleggere i vescovi. Fu così che Mar George Alancherry, terzo Arcivescovo Maggiore, fu il primo ad essere scelto dal Santo Sinodo della sua Chiesa.

Varkey Vithayathil, eletto poi arcivescovo maggiore il 18 dicembre 1999. Nel concistoro del 21 febbraio 2001, papa Giovanni Paolo II lo ha innalzato alla porpora cardinalizia. Dal 26 maggio 2011, in seguito alla morte del suo predecessore, l'Arcivescovo Maggiore della Chiesa siro-malabarese cattolica è Sua Beatitudine Cardinale Mar George Alancherry. Questa nuova autonomia della Chiesa siro-malabarese ha coinciso con una forte ripresa numerica; da approssimativamente 200.000 cattolici siro-malabaresi nel 1876, questo numero era più che raddoppiato nel 1931 e c'erano quasi 1.500.000 di fedeli nel 1960, per arrivare a poco meno di 4 milioni nel 1999, con circa 28.000 religiosi in aggiunta a 20.000 altri religiosi siro-malabaresi appartenenti a comunità latine. Ci sono 16 diverse congregazioni femminili. Sulla base dell'elaborazione statistica tratta dall'Annuario Pontificio 2015, il totale dei fedeli cattolici siro malabaresi è di 4.121.096.

9.5 LA CHIESA SIRO-MALANKARESE CATTOLICA

Coloro che invece scelsero la libertà per la loro Chiesa, noti come *Puttankuttukar*, "Partito nuovo", si rivolsero a diverse Chiese orientali per avere un aiuto nel ripristinare la successione episcopale. Verso la fine del 1665, il patriarca siro-ortodosso antiocheno Ignatius 'Abdul-Masih I (1662-1686) inviò il metropolita Mar Gregorios 'Abdul-Jaleel Bawa di Gerusalemme (1664-1681) in India, con due compagni, per capeggiare la comunità a condizione che si accettasse la cristologia siriana – che, è interessante notare, era l'opposto della loro fede originale! – e si seguisse il rito siro-ortodosso occidentale. L'arcidiacono Mar Thomas Parambil, ora vescovo, l'accolse cordialmente e fu confermato nella sua sede ed insieme lavorarono per riorganizzare la Chiesa. Mar Thomas I fu seguito in successione da una serie di prelati con lo stesso nome, fino al 1816, con Mar Thomas IX, ben presto sostituito da Mar Dionysos II. Questi cristiani costituiscono la *Chiesa siro-malankarese ortodossa* (detta anche *Chiesa siro-ortodossa giacobita dell'India*). Nel 1926 un gruppo di cinque vescovi siro-malankaresi ortodossi si opposero alla giurisdizione del patriarca siro-ortodosso in India e diedero incarico a uno di loro, Geevargheese Mar Ivanios (1882-1953), della sede arcivescovile di Bethany, nel Kerala – che nel 1919 aveva fondato la prima comunità monastica, per uomini e donne, nella Chiesa siro-malankarese ortodossa, quella della *Imitazione di Cristo* –, di aprire negoziazioni con Roma in vista della riconciliazione. Chiesero solo che la loro liturgia (siro-antiochena, in lingua *malayalam*) fosse preservata e che i vescovi avessero il permesso di mantenere le loro diocesi. Roma richiese, dopo discussioni, che i vescovi facessero una professione di fede e che il loro battesimo e la loro ordinazione fossero verificati in quanto alla loro validità. Solo due dei cinque vescovi accettarono l'accordo con Roma. Questi due vescovi (Mar Ivanios e Mar Theophilos, vescovo di Thiruvalla), un prete, un diacono, un laico e parte della congregazione fondata da Mar Ivanios furono ricevuti insieme nella Chiesa cattolica il 20 settembre 1930. Più tardi altri due vescovi si unirono. L'11 giugno 1932 papa Pio XI diede vita alla nuova *Chiesa siro-malankarese cattolica*, con l'erezione di due diocesi (Trivandrum e Thiruvalla) e l'imposizione del pallio a Mar Ivanios.

Sabato 14 maggio 2005, l'Arcidiocesi di Trivandrum (Thiruvananthapuram) è stata elevata alla dignità episcopale maggiore e l'arcivescovo Cyril Mar Baselios Malancharuvil (1935-2007), che dal 1995 portava il titolo di *Metropolita di Trivandrum dei siro-malankaresi*, è stato intronizzato quale primo *Arcivescovo Maggiore di Trivandrum dei siro-malankaresi* (nomina pontificia del 10 febbraio 2005). L'attuale Arcivescovo Maggiore, eletto l'8 febbraio 2007, è Sua Beatitudine Baselios Cleemis Isaac Thottunkal, gia arcivescovo metropolita della diocesi di Thiruvalla; il 24 novembre 2012 Sua Santità Benedetto XVI (2005-2013) lo ha elevato alla porpora cardinalizia, primo cardinale della Chiesa siro-malankarese cattolica[19].

Uno sviluppo interessante di questa Chiesa, che conta circa 450.000 fedeli[20], è la fondazione *Kurisumala Ashram*, comunità monastica fondata da Francis Acharya (1912-2002) nel 1958 e basata su una stretta interpretazione cisterciense della regola benedettina, l'osservanza della tradizione liturgica siro-occidentale e forme di ascetismo indù, diventando centro del dialogo spirituale tra cristiani e indù.

---

19 Al momento della nomina, il neo-cardinale, nato nel 1959, era il membro più giovane del collegio cardinalizio.

20 In base all'elaborazione statistica tratta dall'Annuario Pontificio 2015, il totale dei fedeli cattolici della Chiesa siro-malankarese è di 445.381.

Capitolo 10

LE CHIESE ORIENTALI DI RITO BIZANTINO

Oltre alla Chiesa greco-melchita cattolica, sviluppatasi in ambiente bizantino-arabo e le cui vicende già abbiamo analizzato, altre Chiese cattoliche si sono formate in seno alla Chiesa ortodossa greca, in particolare dopo lo scisma del 1054 tra Costantinopoli e Roma, in ambiente prevalentemente slavo. Grazie, infatti, a un'intensa e fortunata attività missionaria, tra la fine del IX secolo e il X secolo gli slavi della penisola balcanica meridionale, dei bulgari e dei russi si sarebbero convertiti al cristianesimo ortodosso, estendendo i confini del patriacato ecumenico smisuratamente oltre quelli dell'Impero, in territori che, con la terminologia dei padri di Calcedonia, si potevano definire "terre di barbari" e, come tali, in base al Canone XXVIII di quel concilio, dipendenti giuridicamente dalla capitale dell'impero. Ma le vicende storiche, in particolare la conquista di Costantinopoli da parte degli ottomani nel 1453 e le spinte nazionaliste avrebbero portato alla frammentazione di questo crogiuolo di etnie e di lingue, vero e proprio *Commonwealth* bizantino, secondo la felice definizione di Dimitri Obolensky[1], che la comune fede ortodossa non sarebbe riuscita a mantenere unificate a lungo.

---

[1] Si veda D. Obolensky, *Il Commonwealth bizantino. L'Europa orientale dal 500 al 1453*, Roma-Bari 1974.

10.1 LA CHIESA GRECO-CATTOLICA UCRAINA

La Chiesa greco-cattolica ucraina è una Chiesa di rito orientale e di lingua liturgica ucraina, presente in Ucraina e in altri Paesi del mondo, per seguire la diaspora degli ucraini, che mantiene la comunione con la Chiesa di Roma, ed è considerata una Chiesa *sui iuris* nell'ambito della Chiesa cattolica. Il suo primate porta il titolo di "Arcivescovo maggiore di Kiev-Halyč".

Questa Chiesa si è sviluppata nel territorio dell'antica Rus', termine alto-medievale, di origine scandinava e significante "uomini che remano", utilizzato per indicare le popolazioni dell'Europa orientale che vivevano nelle regioni attualmente comprese in Ucraina e Russia.

Secondo la tradizione antica, già l'apostolo Andrea aveva predicato il vangelo nelle terre a nord del Mar Nero; giunto sulle sponde del fiume Dnepr, egli avrebbe benedetto la futura città di Kiev come culla della Santa Rus'. Quando l'imperatore Traiano esiliò papa Clemente I (88-97) in Crimea, nella regione già si contavano circa duemila cristiani. La presenza cristiana continuò, anche se in maniera sporadica, pure nei secoli seguenti. Già nel IX secolo, durante un'ambasceria di Cirillo e Metodio presso i cazari dell'860, fu fondata a Kiev un Chiesa e istituito un vescovado, presto soppresso. Ma è nel X secolo che il cristianesimo riuscì a imporsi. Figura fondamentale fu Olga di Kiev (879-969), che nel 903 andò sposa al principe Igor, divenuto poi Gran Principe di Kiev (913-945). Alla morte del marito, nel 945, Olga divenne reggente (945-964), in nome del figlio Svjatoslav, ancora bambino. Nei primi anni di reggenza dette prova di determinazione e ferocia, vendicando in modo spietato la morte del marito, ucciso da membri della tribù slava dei drevljani: gli ambasciatori e la nobiltà drevljania furono sterminati, la capitale Iskorosten fu rasa al suolo e gli altri villaggi furono distrutti. Ma in seguito alla conversione al cristianesimo, il suo atteggiamento mutò, distinguendosi in seguito per la misericordia e le opere caritatevoli verso gli indigenti.

Nel 957 Olga si recò a Costantinopoli, dove venne battezzata dal patriarca Polieucte (956-970) e assunse il nome di Elena. La tradizione ricorda la profezia che il patriarca avrebbe proferito nei riguardi della prima sovrana cristiana della Rus' di Kiev: "Benedetta tu tra le donne russe! Grazie al tuo desiderato battesimo la luce scaccerà le tenebre; i figli della Russia ti benediranno fino all'ultima generazione". Rientrata in patria, Olga-Elena si adoperò per diffondere il cristianesimo nella Rus', ma con ben scarso successo. Nel 959 si rivolse all'imperatore Ottone I di Sassonia (936-973) perché inviasse un missionario con il compito di evangelizzare la Rus'; nel 961 arrivò così a Kiev il monaco Adalberto di Treviri, che l'anno successivo dovette però tornare in patria a seguito dei forti dissidi sorti con la popolazione locale. Neppure il figlio Svjatoslav, ormai Gran Principe di Kiev (964-972), decise di convertirsi al nuovo credo, rimanendo un fedele pagano per tutta la sua vita.

Anche Vladimir (Volodymyr), figlio illegittimo di Svjatoslav e divenuto poi Gran Principe di Kiev (980-1015), rimase inizialmente pagano, prendendo numerose mogli ed erigendo statue e altari a divinità pagane. Maturò, tuttavia, gradualmente, la convinzione che perché il suo Stato diventasse e rimanesse forte aveva bisogno di essere unito non solo politicamente, ma anche religiosamente. Fu così che si avvicinò ancor più all'impero bizantino, sancendo questo avvicinamento con il suo matrimonio con Anna Porfirogenita (963-1011), sorella dell'imperatore Basilio II (976-1025). L'imperatore, tuttavia, impose a Vladimir la previa conversione al cristianesimo di rito bizantino; Vladimir fu così battezzato e, in onore del cognato, prese il nome cristiano di Basilio. Il sacramento fu immediatamente seguito dallo sposalizio con la principessa bizantina. Tornato a Kiev, Vladimir abbandonò le altre mogli, fece abbattere tutte le statue e gli idoli pagani, impose il battesimo ai figli e ordinò agli abitanti della capitale di recarsi sul fiume Dnepr per ricevere il battesimo. Questo sacramento di massa, celebrato da sacerdoti provenienti da Cherson, in Crimea, diventò di fatto il simbolo dell'introduzione del cristianesimo nello Stato della Rus' di Kiev, e con esso anche della cultura cristiano-bizantina. L'evento fu commemorato con la costruzione della prima chiesa in pietra del Paese, intitolata all'Assunzione della Vergine, dove in seguito sia lui sia la moglie furono sepolti. Il battesimo di Kiev fu seguito da cerimonie analoghe in tutti i centri urbani del Paese, imposte anche con la forza. Ma la cristianizzazione fu un processo lungo e il paganesimo si dimostrò duro a scomparire; in particolare, la parte del Paese situata a nord-est, col suo centro di Rostov, fu ancora per molto tempo ostile alla nuova religione.

Si noti che la conversione di Vladimir avvenne prima dello scisma del 1054 tra la Chiesa bizantina e quella di Roma; pertanto, al suo inizio, la nuova Chiesa di Kiev era cattolica.

A seguito della conversione al cristianesimo fu istituita la metropolia di Kiev, dipendente dal patriarcato ecumenico di Costantinopoli. Il primo di questi metropoliti fu Michele I (988-992), di origini bulgare o serbe (o sire, secondo alcuni). Per il suo ruolo avuto nella conversione del Paese è noto con l'appellativo di "Iniziatore" ed è considerato santo dalla sua Chiesa. I primi metropoliti furono tutti imposti dalla Chiesa bizantina e, tranne Michele I, erano di origini greche. Durante il regno di Jaroslav I il Saggio (1019-1054), figlio di Vladimir, alla morte del metropolita Cirillo I (1049-1051) un sinodo di vescovi russi decise di stabilire una metropolia indipendente in Kiev, non soggetta a Costantinopoli, eleggendo alla carica di metropolita un russo, Ilarione (1051-1053), noto per la sua grande spiritualità, per la sua profonda conoscenza in campo teologico e per i numerosi libri da lui scritti (tra l'altro, a lui si deve la prima opera di letteratura slava conosciuta). Nominato metropolita nel 1051, fu successivamente riconosciuto anche dal patriarca di Costantinopoli. Da allora, salvo rarissime eccezioni, i metropoliti furono tutti di origine russe.

Con lo scisma tra Costantinopoli e Roma del 1054, anche la Chiesa di Kiev ruppe le sue relazioni con la Chiesa di Roma.

A seguito di ripetute devastazioni di Kiev da parte dei tatari, nel 1299 il metropolita Massimo (1283-1305) spostò la propria sede a Vladimir, nel principato di Vladimir-Sudal', pur mantendo il titolo di "metropolita di Kiev". Alla morte di Massimo, la sede rimase vacante per più di due anni, finché nel 1308, su proposta del principe di Galizia-Volinia Jurij I (1301-1308), il patriarca ecumenico Atanasio I (1289-1293; 1303-1309) nominò sul seggio vacante di metropolita di Kiev e di tutta la Rus' il monaco Pietro di Vladimir (Pietro I, 1308-1326), il quale nel 1326 spostò la sede del proprio seggio episcopale da Vladimir a Mosca, dove costruì la maestosa cattedrale dedicata alla "Dormizione della Madre di Dio". Ciò contribuì ad accrescere e rafforzare la posizione politica di Mosca, diventata di fatto la capitale spirituale di Russia.

Nel 1437, dopo ben sette anni di vacanza della sede, l'imperatore Giovanni VIII Paleologo (1425-1448) nominò metropolita di Kiev e Mosca il greco Isidoro (1437-1442). Era quello un delicato periodo politico: Costantinopoli si sentiva sempre più minacciata dall'inarrestabile avanzata dell'impero ottomano, che già, fin dal 1347, si era attestato sul suolo europeo, eleggendo nel 1390 a propria capitale la città di Adrianopoli (Edirne), nella Tracia. L'imperatore bizantino si era convinto che soltanto l'unione con la Chiesa cattolica avrebbe potuto salvare il proprio impero, in quanto il papa era l'unico che avrebbe potuto convincere le potenze occidentali a prestare il loro aiuto materiale e militare. E Isidoro era l'ecclesiastico che avrebbe dovuto portare la Rus' nell'ambito del cattolicesimo, facendosi promotore dell'unione fra Chiesa ortodossa e cattolica, pur nella permanenza del rito orientale. Il Gran Principe Vassili II Vasil'evič "il Cieco" di Russia (1425-1462), pur inizialmente ostile al nuovo metropolita, era tuttavia anch'egli convinto che solo un'alleanza con il cattolicesimo sarebbe stata in grado di salvare Costantinopoli e la Chiesa greco-ortodossa. Acconsentì, quindi, a che Isidoro si recasse nel 1439 a Firenze, dove era in corso un concilio indetto da papa Eugenio IV (1431-1447), desideroso di giungere all'unione con le Chiese orientali. Benché contrastato dal delegato secolare russo, l'ambasciatore Foma (Tommaso) di Tver', durante le sedute del concilio Isidoro difese strenuamente l'unione tra la Chiesa ortodossa e la Chiesa cattolica, che alla fine fu sancita dalla bolla *Laetentur caeli et exultet terra*, del 6 luglio 1439. Prima di rientrare in Russia, Isidoro fu nominato cardinale presbitero del titolo dei Santi Marcellino e Pietro e legato apostolico per le province di Lituania, Livonia, Russia e Galizia (18 dicembre 1439). I principi russi e l'alto clero russo denunciarono però l'unione con Roma come un tradimento della fede ortodossa, vedendovi il pericolo di perdere la propria identità nazionale, religiosa e culturale. Lo stesso Vassili II fece arrestare Isidoro appena fu rientrato a Mosca e lo imprigionò nel monastero di Čudov; quindi rinunciò ufficialmente all'unione con "l'eretica Roma"[2].

Dopo una lunga vacanza della sede metropolita (nel 1442 Isidoro era stato dichiarato decaduto), il 15 dicembre 1448 Vassili II, con un proprio decreto e senza il consenso da parte del patriarca di Costantinopoli, elevava il vescovo di Rjazan', Jonah, a metropolita di Mosca e di Russia (1448-1461), segnando in tal modo il primo passo verso l'autocefalia della Chiesa ortodossa

[2] Nel settembre del 1441 Isidoro riuscì a fuggire a Tver' e da lì si recò in Lituania e quindi a Roma. Nel 1451 fu nominato cardinale vescovo di Sabina, e nel 1452 venne inviato da Nicolò V (1447-1455) a Bisanzio, dove giunse nel dicembre 1452. Ammaestrato dall'esperienza moscovita, agì con maggiore prudenza che in Russia e riuscì a promulgare il decreto d'unione con grande solennità a Santa Sofia il 12 dicembre, tra l'adesione della corte e delle altre gerarchie, ma l'aperta ostilità del popolo e del basso clero. Era presente in città il 29 maggio 1453 – giorno infausto per l'Europa e l'intera cristianità –, quando Costantinopoli cadde in mano agli ottomani. Ferito e catturato, riuscì avventurosamente a fuggire e a rifugiarsi a Creta; nel novembre 1453 era a Venezia e di lì fece ritorno a Roma nei primi mesi del 1454. Nel 1459 Pio II (1458-1464) lo nominò patriarca latino di Costantinopoli e nel 1461 decano del collegio cardinalizio. Morì a Roma il 27 aprile 1463, all'età di circa 80 anni (era infatti nato verso il 1385), e fu sepolto nella basilica vaticana.

russa nei confronti del patriarca ecumenico[3]. Tale decisione determinò un ulteriore rafforzamento della Moscovia sulla scena internazionale; di lì a qualche anno, con la caduta di Costantinopoli in mano agli ottomani e con il patriarcato ecumenico che viveva sotto il dominio musulmano, Mosca si sarebbe presentata come primo potere religioso alla testa del mondo ortodosso, proponendosi, all'inizio del XVI secolo, come "terza Roma", erede e sostituta di Costantinopoli[4]. Ma per la Chiesa russa fu anche un passo doloroso: non accettando l'unione con i latini e rompendo con Costantinopoli, non le restava che fare da sola, legando sempre più il proprio destino al destino dello Stato, con tutte le conseguenze che questo legame avrebbe portato con sé[5].

Nel 1458 le rivalità politiche tra i principi russi portarono a una divisione della metropolia: da una parte il metropolita di Mosca, con giurisdizione sul Granducato di Mosca, e dall'altra il metropolita di Kiev, nelle terre della Bielorussia e dell'Ucraina occidentale, appartenenti al Granducato di Polonia e Lituania[6], che rimase invece fedele al patriarcato di Costantinopoli. Alla morte di Jonah (31 marzo 1461), il successore Teodosio (1461-1464) si chiamò "metropolita di Mosca e di tutta la Rus'",

[3] Jonah ricevette la benedizione patriarcale solo dopo la caduta di Costantinopoli nel 1453.

[4] In una lettera del 1514 (o 1523) dello *starec* (mistico, padre spirituale) Filofej del monastero di Sant'Eleazaro presso Pskov al Gran Principe Vassili III Ivanovič (1505-1533), così il monaco si esprime: «Tu solo in tutto il mondo creato sei lo zar cristiano. Considera, o pio zar, e medita che due Rome caddero, la terza si regge, la quarta non sarà data».

[5] La piena integrazione della Chiesa moscovita nello Stato, sottomessa e assorbita, sarà evidente già con il metropolita Varlaam (1511-1521): non avendo acconsentito al divorzio dello zar Basilio II (1505-1533), nel dicembre 1521 fu destituito e sostituito, nel febbraio 1522, da Daniele (1522-1539).

[6] Kiev, situata nella parte greco-ortodossa del Granducato di Lituania, era stata inclusa nel Granducato di Polonia e Lituania con l'Unione di Lublino (4 luglio 1569).

espungendo dal proprio titolo il riferimento a Kiev; da questo momento in poi, tale titolo designerà per sempre il primate della Chiesa russa.

Dopo che nel 1589 la metropolia di Mosca fu elevata a patriarcato[7], essa cercò di estendere la propria dominazione anche sulla "Metropolia di Kiev-Halyč e di tutta la Rus'". Riunitisi in sinodo nella città di Brest, i vertici della Chiesa di Kiev, spinti anche dalla nobiltà e dalla borghesia ucraina, che temevano la russificazione della nazione, presero la decisione di rompere le relazioni con il patriarcato di Costantinopoli e di sottomettersi alla giurisdizione della Chiesa di Roma, purché venisse loro riconosciuto il diritto di essere governati da una propria gerarchia con una specifica disciplina e di mantenere il patrimonio liturgico e spirituale orientali. Fu così che tra la fine del 1595 e l'inizio del 1596 venne decisa e ratificata la cosiddetta "Unione di Brest". Il 23 dicembre 1595 fu pubblicata la bolla *Magnus Dominus et laudabilis*, che annunciava il ritorno della Chiesa di Kiev all'unità della Chiesa cattolica. Il 7 febbraio 1596 papa Clemente VIII (1592-1605) inviò ai vescovi il breve *Benedictus sit Pastor ille bonus*, annunciando la convocazione di un sinodo in cui essi avrebbero dovuto pronunciare la professione di fede cattolica. Infine, un'altra bolla, *Decet romanum pontificem*, datata 23 febbraio 1596, definì i diritti dei vescovi e le loro relazioni nei confronti della Santa Sede. Il sinodo, pur ostacolato con le armi dal duca Costantino Ostrogski, contrario all'unione, si tenne il 9 ottobre 1596; in

[7] Il metropolita Iov, eletto nel dicembre 1586, fu elevato al rango di "Patriarca di Mosca e di tutta la Rus'" (2 febbraio 1589) e riconosciuto e consacrato come tale da Geremia II Tranos (1572-1579; 1580-1584; 1587-1595) di Costantinopoli (5 febbraio 1589), che si trovava allora a Mosca con largo seguito per raccogliere offerte per le disastrate finanze della sua Chiesa. Il nuovo patriarcato moscovita entrò a far parte della "Pentarchia", sostituendo Roma, ma al quinto posto della scala gerarchica. L'autocefalia del Patriarcato di Mosca fu poi confermata dal concilio di Costantinopoli del 12 febbraio 1593.

quel giorno, dopo la celebrazione della santa messa, i vescovi promulgarono solennemente l'unione con la Chiesa di Roma. A causa, tuttavia, della fiera opposizione di parte della nobiltà, del patriarca di Costantinopoli[8] e di quello di Mosca, essa fu accettata soltanto da una parte del clero e del popolo e si giunse così alla divisione in una Chiesa cattolica ucraina e una Chiesa ortodossa ucraina[9].

Per porre termine alla guerra russo-polacca, in atto dal 1654 nei territori delle attuali Ucraina e Bielorussia, tra il 30 gennaio e il 9 febbraio 1667 la Russia e la Confederazione polacco-lituana firmarono, nel villaggio di Andrusovo, nei pressi di Smolensk, il "trattato di Andrusovo", con il quale l'Ucraina fu politicamente divisa tra Polonia e Russia. Il trattato, infatti, prevedeva la cessione alla Russia dei territori della riva sinistra ucraina (riva orientale del Dnepr), della regione del Siever e di Smolensk; che la Confederazione polacco-lituana potesse continuare a tenere la riva destra ucraina (riva occidentale del Dnepr) e la Bielorussia con le città di Vitebsk, Polotsk e Daugavpils; che la città di Kiev, anche se situata sulla riva destra del fiume Dnepr, fosse ceduta alla Russia.

La cessione di Kiev comportò enormi conseguenze sul piano storico, politico, sociale e religioso. Essa, infatti, consentì al patriarcato di Mosca di esercitare una forte e crescente influenza su quello ucraino, fedele all'autorità della Chiesa di Roma, fornendo successive giustificazioni per le ingerenze zariste negli affari di Kiev.

---

[8] Il patriarca di Costantinopoli comminò la scomunica contro i vescovi ortodossi che si erano uniti a Roma, scomunica che papa Clemente VIII invalidava il 5 giugno 1597.

[9] Nel 1620 il patriarca di Mosca Filarete (1619-1633) inviò in Ucraina, col titolo di delegato, Teofane III, patriarca greco di Gerusalemme (1608-1644), di ritorno da un viaggio a Mosca, il quale consacrò sette nuovi vescovi ortodossi nelle diocesi i cui vescovi avevano accettato l'unione, opponendo così alla gerarchia cattolica una gerarchia ortodossa.

La seconda metà del XVIII secolo vide la fine della Confederazione polacco-lituana, stretta nel maglio delle potenze che la circondavano: la Prussia, la Russia e l'Austria, i cui governi imperiali erano allarmati dalle riforme socio-politiche che la Confederazione stava implementando. In tre riprese, queste potenze si spartirono il territorio della Confederazione: una prima spartizione fu segnata il 5 agosto del 1772, seguita poi da una seconda il 23 gennaio 1793; la disperata sollevazione delle truppe polacche venne repressa nel sangue e ciò che rimaneva della Polonia fu nuovamente ripartito tra i vincitori (24 ottobre 1795). In tal modo tutta la Lituania e l'Ucraina entrarono a far parte dell'impero russo, mentre solo la Galizia, con la sua capitale Leopoli (L'viv in ucraino, L'vov in russo, Lwów in polacco, Lemberg in tedesco), fu incorporata nell'impero asburgico. Ma mentre in Galizia la Chiesa cattolica di rito bizantino (Chiesa greco-cattolica rutena e Chiesa greco-cattolica ucraina), rinominata "Chiesa greco-cattolica" per equipararla alla Chiesa cattolica romana, ottenne il sostegno dello Stato, che concesse l'autorizzazione alla costruzione di seminari e migliori condizioni materiali, di educazione e di attività pastorale per il suo clero, nell'impero russo essa fu duramente perseguitata, non solo da parte del governo, ma anche da parte della Chiesa ortodossa. Sottoposta alla spietata politica zarista tesa a russificare i popoli sottomessi, cominciando dal piano religioso, e accusando la Santa Sede di voler imporre loro la latinizzazione, nel febbraio 1839, in un sinodo di Polotsk, nei pressi del confine lituano, sul fiume Dvina, molti vescovi ucraini cattolici, di rito orientale, decisero di ritornare in seno all'ortodossia, convinti che solo la protezione dello zar avrebbe garantito la sopravvivenza della Chiesa ucraina. La Chiesa ortodossa ucraina conobbe infatti un periodo di splendore: molti suoi monaci ricoprirono cariche vescovili e di egumeni in città e monasteri sparsi per tutto l'impero russo e l'Accademia Teologica di Kiev[10] divenne uno dei principali cen-

[10] Sorta nel 1819, sulla base della preesistente Accademia Mogiliana, pri-

tri della cultura teologica russa, con un istituto d'insegnamento superiore destinato al clero e un ciclo di studi iniziale ripartito su quattro anni.

La fine della prima guerra mondiale segnò l'inizio di un periodo doloroso per la Chiesa d'Ucraina, sia per quella cattolica che per quella ortodossa. Con lo smembramento dell'impero austro-ungarico, la Galizia orientale venne annessa dalla Polonia e gli ucraini, la più numerosa delle minoranze dello stato polacco, subirono una dura persecuzione da parte delle autorità politiche, poco amichevoli nei confronti delle minoranze.

Ancor peggiore fu il destino della Chiesa ucraina, cattolica e ortodossa, diffusa nei territori conquistati dal governo bolscevico, dichiaratamente ateo e anti-religioso, convinto che la religione fosse "oppio dei popoli", espressione dell'oscurantismo, dell'ignoranza, della reazione e, come tale, dovesse essere combattuta. Agli arresti, deportazioni e condanne capitali di membri del clero, ma anche di molti semplici fedeli, si aggiunsero le profanazioni, le chiusure e le distruzioni di edifici ecclesiastici, di icone, di campane, di oggetti sacri. In una lettera del 21 febbraio 1921 all'arcivescovo Andrej Sheptytsky (1865-1944), metropolita di Leopoli (1900-1944), papa Benedetto XV ricordava «le belle città saccheggiate, i tranquilli villaggi incendiati, le ubertose campagne corse e ricorse da eserciti sterminati [...] le loro chiese devastate, le immagini sacre infrante, i sacri paramenti fatti strumenti di ludibrio [...] le Specie Eucaristiche calpestate da incoscienti fanatici»[11].

Nel preludio della seconda guerra mondiale, con il patto Molotov-Ribbentrop (23 agosto 1939) la maggior parte della Galizia fu annessa all'URSS e la Chiesa cattolica ucraina, di rito

ma università del mondo ortodosso, fondata nel 1632, sul modello delle scuole gesuitiche, da Petr Mogila (1596-1646), metropolita di Kiev dal 1632.

[11] Citato in G. Fedalto, *Le Chiese d'Oriente*, vol. III, *Dal Seicento ai nostri giorni*, Milano 2012², p. 299.

orientale, fu duramente perseguitata dal governo sovietico. Dal 1941 al 1944 tutta la Polonia fu invasa dai nazisti.

In tutti questi difficili anni, il timone della barca della Chiesa fu saldamente tenuto dall'arcivescovo Sheptytsky, ritenuto dallo storico Jaroslav Jan Pelikan (1923-1926) "la figura più rilevante [...] nell'intera storia della Chiesa ucraina del XX secolo". Contrario a tutte le ideologie totalitarie, in particolare al comunismo e al nazionalsocialismo tedesco, il 29 agosto 1942 indirizzò una lettera a papa Pio XII (1939-1958) per informarlo della natura "quasi diabolica" del nazismo, mentre nel novembre dello stesso anno indirizzò ai propri fedeli la lettera pastorale *Non ucciderai*, nella quale li ammoniva severamente a non collaborare con gli occupanti tedeschi nella realizzazione del loro progetto genocida. Lo Stato di Israele lo ha riconosciuto come "Giusto tra le Nazioni". Tra il 1940 e il 1944, nelle tragiche circostanze della seconda guerra mondiale, egli convocò a Leopoli ben cinque sinodi, per trattare di diversi argomenti giuridici, liturgici, ecclesiologici, etico-morali ed ecumenici. Alla sua morte, gli succedette Josyp Ivanovič Slipyj (1944-1984), già suo coadiutore e rettore dell'Accademia Teologica di Leopoli.

Nel 1941, con lo scoppio della guerra tra Germania e Unione Sovietica, la situazione ecclesiastico-religiosa in Russia cambiò radicalmente. Iosif Stalin (1878-1953) decise di cambiare tattica nei riguardi della Chiesa, allentando la pressione sui credenti affinché il patriarcato di Mosca[12] e le altre Chiese fossero al

---

[12] Il patriarcato era stato praticamente soppresso nel 1925, dopo la morte del patriarca Tichon (1865-1925; eletto nel 1917), impedendo la nomina del suo successore. La persecuzione stalinista, finalizzata a un totale annientamento della Chiesa, fu la più formidabile persecuzione che dopo Diocleziano abbia colpito la comunità cristiana. Benché la stima delle vittime sia approssimativa, «la commissione ufficiale istituita dal patriarcato di Mosca per valutare l'entità dei martiri si è fermata alla cifra di 350.000 arrestati, dal 1918 al 1941, con un picco nel 1937, di cui 80.000 fucilati; una commissione ufficiosa, istituita dall'Istituto teologico moscovita di S. Tichon, è arrivata, nel 1997, a ritenere

suo fianco nella guerra contro l'invasore nazista. A tal fine, prese sotto il proprio diretto controllo il governo ecclesiastico della Chiesa ortodossa russa e istituì un "Consiglio per gli affari dei culti religiosi" col compito di controllare le altre Chiese e le altre confessioni.

Alla fine della guerra, tuttavia, riprese la propria politica antireligiosa e il processo di riapertura si richiuse. Nel 1945, l'anno dopo l'occupazione dell'Ucraina da parte dell'Armata Rossa, Stalin in persona decise la brutale liquidazione definitiva della Chiesa greco-cattolica ucraina, che, percepita come un corpo estraneo al sistema, alleata del Vaticano, ossia di una potenza nemica, doveva essere soppressa, con la violenza e l'inganno. Lo stesso patriarca russo ortodosso Alexsij I (al secolo Sergej Vladimirovič Simanskij, 1877-1970; metropolita di Leningrado e patriarca dal 1945 alla morte) il 7 dicembre 1945 scrisse al capo del Consiglio per gli affari dei culti religiosi, il colonnello Georgij Karpov, già capo della sezione della polizia segreta per la lotta contro i credenti e i settari, che era stata presa un'iniziativa all'interno delle diocesi greco-cattoliche dell'Ucraina occi-

che abbiano perso la vita, per motivi religiosi, da 500.000 a un milione di russi ortodossi. I vescovi uccisi sembra che non siano stati meno di trecento». Per i colpevoli di "reati" religiosi venne riservato un intero lager, nelle isole Solovkj (vedi Cap. 10, n. 60), mentre quasi tutte le fucilazioni di ecclesiastici avvennero nel poligono di tiro di Butovo, presso Mosca (E. Morini, *L'Oriente cristiano – 4. L'albero dell'Ortodossia. 1. Le radici e il tronco. I patriarcati apostolici. La nuova Roma e la Terza Roma*, in *Sette e Religioni*, anno 16, n. 47, fasc. 3, 2006, pp. 118-119). Dopo la morte di Stalin (1953) si scatenò una nuova implacabile ondata persecutoria, questa volta non cruenta ma tutta burocratica, sotto Nikita Sergeevič Chruščëv (1894-1971), al potere dal 1953 al 1964, mirante alla scomparsa in Russia di qualsiasi fede religiosa, annientando la Chiesa per soffocamento. Su questo periodo si vedano O. Vasil'eva, *Russia martire. La Chiesa ortodossa dal 1917 al 1941*, Milano 1999; M. Škarovskij, *La croce e il potere. La Chiesa russa sotto Stalin e Chruščëv*, Milano 2003; A. Roccucci, *Stalin e il Patriarca. La Chiesa ortodossa e il potere sovietico*, Torino 2011. Utile è anche l'articolo "I martiri cattolici di Stalin", sul sito http://gaetanovallini.blogspot.it/2010/11/i-martiri-cattolici-di-stalin.html (consultato il 5 maggio 2016).

dentale per sciogliere questa Chiesa e convertirla al credo ortodosso: «Più di 800 preti hanno già aderito a questo progetto e per la fine dell'anno l'intero clero, con l'eccezione di pochi duri a morire, avrà fatto lo stesso». E poco dopo indirizzava una lettera a tutti i cattolici ucraini per esortarli a rigettare l'alleanza col papa: «Liberatevi! Dovete rompere le catene del Vaticano, che vi gettano nell'abisso dell'errore dell'oscurità e del decadimento morale. Affrettatevi a ritornare alla vostra vera madre, la Chiesa russa ortodossa!»[13]. Il 9 e il 10 marzo 1946 le autorità sovietiche, ormai use a interferire pesantemente nella vita delle Chiese, imposero ai cattolici ucraini la convocazione del cosiddetto "sinodo di L'viv (Leopoli)", nella cattedrale di San Giorgio, al quale parteciparono, sotto la minaccia delle armi, soltanto 216 sacerdoti e 19 laici (la gerarchia, infatti, si trovava già tutta in prigione o in clandestinità); in esso fu imposta la revoca dell'Unione di Brest e la Chiesa greco-cattolica ucraina venne forzatamente riunita alla Chiesa ortodossa russa. Contrariamente alle aspettative del regime stalinista, tuttavia, l'attività della Chiesa continuò, poiché una gran parte del clero e tutto il monachesimo greco-cattolico passò nella clandestinità, nella vita 'catacombale'. Molti dei circa 4 milioni dei greco-cattolici dell'epoca, inoltre, passarono formalmente all'ortodossia, per evitare la deportazione, la prigione o la persecuzione, ma rimasero fedeli alle antiche tradizioni liturgiche, continuando a commemorare, nelle celebrazioni clandestine della divina liturgia, il papa di Roma e non il patriarca di Mosca. Al primate della Chiesa, l'arcivescovo Josyp Slipyj, già arrestato l'11 aprile 1945, fu offerta la sede metropolitana di Kiev della Chiesa ortodossa russa purché si separasse da Roma;

---

[13] A questa azione del patriarca russo, Pio XII rispose con l'enciclica *Orientales omnes ecclesias* del 23 dicembre 1945, nella quale ricordava: «Chi ignora che Alessio, eletto recentemente patriarca dai vescovi dissidenti delle Russie, nella sua lettera alla chiesa rutena – con la quale non poco ha contribuito ad inaugurare tale persecuzione – ha apertamente esaltato e predicato la defezione dalla chiesa cattolica?». Per l'uso del termine "ruteno", vedi Cap. 10, n. 19.

al suo rifiuto, la prigionia venne inasprita; condannato a diversi periodi di gulag, fu rilasciato solo il 9 febbraio 1963 e immediatamente espulso dall'URSS[14].

Benché ancora costretta alla clandestinità, il 23 dicembre 1963 la Chiesa greco-cattolica ucraina fu elevata al rango di Arcivescovado maggiore, e l'arcidiocesi di Leopoli divenne la sede propria dell'"arcivescovo maggiore di Leopoli degli Ucraini", Josyp Slipyj.

Dal 22 novembre al 2 dicembre 1980 fu tenuto a Roma, col beneplacito del Santo Padre Giovanni Paolo II, il primo sinodo della gerarchia cattolica ucraina, al quale parteciparono 15 vescovi provenienti dalle Americhe, dall'Europa occidentale e dall'Australia[15]. Al termine del sinodo, il 2 dicembre, i padri sinodali indirizzarono una *Dichiarazione* ai fedeli ucraini in tutto il mondo, nella quale, tra l'altro, si qualificava come invalido lo "pseudo-sinodo di L'viv". Tale *Dichiarazione* sollevò le accese proteste del patriarca di Mosca Pimen I (1971-1990), che in data 22 dicembre scrisse al papa per esprimere la propria "inquietudine ed amarezza" e chiedendo al pontefice di non approvare la lettera sinodale. Nella sua risposta, in data 24 gennaio 1981, il papa,

---

[14] Nominato cardinale "in pectore" da Giovanni XXIII nel 1960, la sua nomina fu tenuta inizialmente segreta; fu ufficialmente resa pubblica solo sotto papa Paolo VI, nel concistoro del 22 febbraio 1965. In tal modo si dava avvio a una lenta rinascita della Chiesa greco-cattolica ucraina.

[15] A norma del diritto canonico orientale vigente, la giurisdizione di un arcivescovo maggiore si può esercitare solamente nel territorio dell'arcivescovado. L'arcivescovo maggiore di Leopoli, pertanto, ha il diritto di convocare e di presiedere nel proprio territorio un sinodo dei vescovi delle sedi di quel territorio. Ma poiché l'arcivescovo non risiedeva nel territorio dell'arcivescovado e le sedi vescovili del medesimo territorio erano vacanti, il 5 febbraio 1980 il pontefice concesse all'arcivescovo maggiore la facoltà speciale e straordinaria di convocare sinodi *ad nutum Sanctae Sedis* (ossia "a discrezione della Santa Sede"), chiedendo di volta in volta l'autorizzazione e presentando gli argomenti da trattare. Gli atti di tali sinodi dovevano poi essere sottoposti all'approvazione papale.

per evitare il sorgere di una polemica col patriarcato di Mosca, sottolineava la non ufficialità della *Dichiarazione* e ne biasimava la sua pubblicazione, avvenuta senza autorizzazione.

Il 1° dicembre1989, in pieno clima di *perestrojka*, avvenne in Vaticano lo storico incontro tra il segretario generale del Partito Comunista dell'Unione Sovietica (1985-1991) Mikhail Gorbachev (1931 -) e papa Giovanni Paolo II, indice di un primo mutamento nella politica religiosa sovietica. Lo stesso giorno, l'agenzia di stampa sovietica *Novosti* annunciava che dal 24 novembre il consiglio per gli affari religiosi in Ucraina aveva permesso alla Chiesa greco-cattolica di registrare ufficialmente le proprie parrocchie. Ciò sancirà di fatto la fine della clandestinità per la Chiesa greco-cattolica in Ucraina, la sua legalizzazione e la restituzione delle chiese che erano state usurpate. Nel marzo 1991, la domenica delle Palme, anche il successore del cardinale Slipyj, il cardinale Myroslav Ivan Ljubačivs'kyj (1984-2000)[16], potè far ritorno dall'esilio romano nella sua sede di Leopoli. Il 24 agosto dello stesso anno veniva proclamata l'indipendenza dell'Ucraina e il successivo 1° dicembre un *referendum* stabiliva la separazione dall'Unione Sovietica. Da allora la Chiesa greco-cattolica ucraina ha sempre offerto il suo sincero aiuto per la ricostruzione materiale, morale e religiosa dell'Ucraina.

Il 26 gennaio 2001, dopo la morte del cardinale Ljubačivs'kyj, il sinodo della Chiesa greco-cattolica ucraina ha eletto alla carica di arcivescovo maggiore il vescovo ausiliario di Leopoli Ljubomyr Huzar (2001-2011)[17]. Il 21 agosto 2005 la sede della Chiesa è stata ufficialmente trasferita dalla storica sede di Leopoli alla capitale Kiev, con conseguente modifica del titolo primaziale in quello di "arcivescovo maggiore di Kiev-Halyč", sollevando le accese proteste da parte della Chiesa ucraina orto-

[16] Nominato cardinale nel concistoro del 25 maggio 1985.

[17] Innalzato alla dignità cardinalizia da papa Giovanni Paolo II nel concistoro del 21 febbraio 2001.

dossa, che considera Kiev una città carica di retaggio simbolico, culla storica dell'ortodossia russa[18]. Contemporaneamente l'arcieparchia di Leopoli divenne sede arcivescovile non metropolitana, con un ordinario proprio; il 21 novembre 2011 è stata, tuttavia, ripristinata nel rango di arcieparchia metropolitana.

Il 10 febbraio 2011 papa Benedetto XVI (2005-2013) ha accettato la rinuncia del cardinale Huzar, presentata per motivi di età, all'incarico di arcivescovo maggiore. L'attuale titolare è l'arcivescovo maggiore Svjatoslav Ševčuk (1970 -), eletto il 25 marzo 2011.

Il 5 marzo 2016, in occasione della triste commemorazione del settantesimo anniversario dello pseudo-sinodo di Leopoli, che nel 1946 aveva messo fuori legge la Chiesa greco-cattolica ucraina, ricevendo in Vaticano Sua Beatitudine Svjatoslav Ševčuk, insieme con i membri del Sinodo permanente della sua Chiesa, papa Francesco ha espresso "profonda riconoscenza" per la fedeltà dei greco-cattolici ucraini al cattolicesimo e li ha incoraggiati a farsi "instancabili testimoni di quella speranza che rende più luminosa l'esistenza nostra e di tutti i fratelli e sorelle intorno a noi".

In base all'elaborazione statistica tratta dall'Annuario Pontificio 2015, il totale dei fedeli cattolici della Chiesa greco-cattolica ucraina è di 4.418.570.

---

[18] Come rileva Andrea Pacini, il trasferimento a Kiev dell'arcivescovado maggiore greco-cattolico ucraino è stato interpretato, a torto o a ragione, da parte della Chiesa ortodossa, come l'ultimo atto della Chiesa greco-cattolica ucraina prima di proclamare il proprio patriarcato, rango al quale da tempo aspira. Tale istituzione, che la Chiesa ortodossa ritiene assolutamente inopportuna, porrebbe la Chiesa greco-cattolica sullo stesso piano canonico del Patriarcato di Mosca, dando quindi nuovo alimento alla delicata questione dell'uniatismo, uno dei principali nodi di scontro tra Chiese ortodosse e Chiesa cattolica (A. Pacini, "Le relazioni ecumeniche tra Chiesa cattolica e Chiese ortodosse, con specifico riferimento all'area russo-ucraina", in A. Roccucci, a cura di, *Chiese e culture nell'Est europeo. Prospettive di dialogo*, Milano 2007, pp. 53-99, in particolare alle pp. 95-97).

10.2 LA CHIESA GRECO-CATTOLICA RUTENA

La Rutenia subcarpatica, nota anche come Transcarpazia (Podkarpatská Rus'), sul versante danubiano dei Carpazi, si trova oggi nella parte occidentale dell'Ucraina, ai confini con Ungheria e Slovacchia. La sua popolazione, i ruteni, è affine per stirpe e lingua agli ucraini; la lingua rutena appartiene infatti, come l'ucraino, al ceppo delle lingue slave orientali[19].

Sottoposti alla giurisdizione ecclesiastica della metropolia di Kiev, i ruteni, discendenti da coloro che furono evangelizzati dai santi fratelli Cirillo (826/827-869) e Metodio (815/825-885), due monaci di Salonicco (antica Tessalonica) che introdussero il rito bizantino nella loro missione agli slavi nel IX secolo[20], professavano la religione ortodossa quando, nel XII secolo, la Transcarpazia fu conquistata dall'Ungheria, cattolica, alla quale appartenne per lunghi secoli, fino al 1918. Pertanto i missionari cattolici, in particolare domenicani e francescani, cominciarono a svolgere un'intensa attività di evangelizzazione.

Fu così che, principalmente come risultato dell'opera dell'archimandrita basiliano[21] Petr Partenije Petrovyč, il 24 aprile 1646 un gruppo di 63 preti della Chiesa ortodossa della Rutenia subcarpatica, appartenenti all'eparchia di Mukačevo (in magiaro

[19] Anche se il termine "ruteni" o "rusyn" venne usato in passato per indicare ucraini, bielorussi e slovacchi, ora è utilizzato in senso restrittivo per denotare i fedeli di questa specifica Chiesa. Ciò spiega perché nella letteratura "datata" con Chiesa greco-rutena si intendesse quella ora denominata Chiesa greco-cattolica ucraina.

[20] Con la lettera apostolica *Egregiae virtutis* del 31 dicembre 1980, papa Giovanni Paolo II designò i due santi fratelli quali patroni dell'Europa, accanto a san Benedetto. Successivamente, con l'enciclica *Slavorum Apostoli* del 2 giugno 1985, il pontefice proclamò il grande significato, a livello ecclesiale e non solo, dell'incontro tra le due tradizioni, greca e latina, realizzatosi con Cirillo e Metodio nell'area centro-orientale europea.

[21] Vedi Cap. 3, n. 18.

Munkács)[22], con il loro vescovo Basilio Tarasovič (1634-1648), si riunirono nella chiesa del castello di Užhorod (località nota anche col nome magiaro di Ungvár) alla presenza del vescovo cattolico latino della diocesi ungherese di Eger (o Agria) George Jakusics, e decisero di aderire alla Chiesa cattolica, a condizione di poter conservare il rito orientale, di avere riconosciuto il diritto di scegliere un vescovo, approvato poi dalla Santa Sede, e della garanzia della conservazione dei privilegi del clero cattolico[23]. Questa "Unione di Užhorod" – equivalente magiaro dell'Unione di Brest del 1596 che aveva interessato i popoli ucraini e bielorussi sotto il dominio della Confederazione polacco-lituana – è considerata l'atto di nascita della Chiesa greco-cattolica rutena[24]. La maggior parte della gerarchia della Chiesa rutena e dei suoi fedeli, però, non si allontanò dall'ortodossia e pochi furono quanti aderirono, almeno inizialmente, alla Chiesa cattolica.

Nel 1651 lo stesso Petrovyč – che già era stato consacrato vescovo dal vescovo ancora ortodosso di Alba Julia, in Transilvania, Stefano Simonovič – fu riconosciuto dal pontefice come vescovo cattolico di Mukačevo (1651-1665). Il 10 settembre 1771, con la costituzione apostolica *Eximia Regalium Principum*, papa Clemente XIV (1769-1774) stabilì per i fedeli di rito bizantino, allora soggetti al vescovo latino della diocesi un-

[22] La prima notizia di un vescovo come superiore del monastero di Černeča (monastero di San Nicola il Taumaturgo sul Monte Černeča, ossia "dei monaci"), nei pressi di Mukačevo, risale al 1491; non è tuttavia chiaro da quale autorità superiore dipendessero il monastero e l'eparchia creatasi attorno ad esso.

[23] Nell'Ungheria del tempo i ruteni occupavano una posizione sociale inferiore; ai loro sacerdoti, in quanto membri della eparchia ortodossa di Mukačevo, erano negate quelle immunità di cui godeva il clero romano cattolico ed essi, insieme ai loro fedeli, erano costretti a lavorare la terra come servi della gleba.

[24] Il 18 aprile 1996 la Santa Sede celebrò solennemente il 350° anniversario dell'unione con una lettera apostolica.

gherese di Eger, l'eparchia greco-cattolica di Mukačevo (suffraganea di Esztergom-Strigonio, sede primaziale dell'Ungheria), la cui sede fu trasferita alcuni anni più tardi nella vicina Užhorod[25] dove, nel 1778, Pio VI (1775-1799) aveva istituito un seminario per la formazione del clero. Successivamente, al crescere del numero dei fedeli, furono create altre giurisdizioni ecclesiastiche: le eparchie di Križevci (1777), Prešov (1818) e Hajdúdorog (1912).

Al termine della prima guerra mondiale, col trattato di Saint-Germain del 10 settembre 1919 la Transcarpazia venne annessa alla neo-costituita Cecoslovacchia e i ruteni cattolici furono organizzati in due eparchie: Mukačevo e Prešov. Tuttavia, nel periodo precedente il secondo conflitto mondiale molti ruteni abbandonarono il cattolicesimo e furono incorporati nella Chiesa ortodossa della Cecoslovacchia. Dal 1939 al 1944 la Transcarpazia fu poi occupata dall'Ungheria, per essere quindi invasa, per pochi mesi, dai tedeschi e infine, a fine 1944, dai sovietici; la maggior parte del territorio della Rutenia subcarpatica, insieme alle città di Mukačevo e Užhorod, fu annessa all'Unione Sovietica con la denominazione di Regione Transcarpatica della Repubblica Socialista Sovietica Ucraina. Sotto il regime comunista il destino della Chiesa greco-cattolica rutena, come per tutte le altre confessioni religiose, fu molto duro, con arresti e uccisioni di numerosi esponenti del clero, distruzioni di edifici di culto e di oggetti religiosi e confische dei beni a favore della Chiesa ortodossa, più docile al controllo del regime. Subito dopo l'occupazione sovietica, l'8 settembre 1944 fu nominato eparca di Mukačevo il trentatreenne Teodor Romža (1911-1947), professore al seminario di Užhorod. Prevedendo la persecuzione a cui la sua Chiesa sarebbe andata incontro, provvide alla consacrazione clandestina di due altri vescovi, che avrebbero dovuto sostituirlo in caso di arresto. La sua azione pastorale non passò

[25] 9 agosto 1817, con la bolla *Romanos decet pontifices* di papa Pio VII.

però inosservata alle autorità politiche, che non potevano sopportare un vescovo così zelante. Il 27 settembre 1947, mentre si recava in visita pastorale in una parrocchia, rimase vittima di un incidente automobilistico provocato ad arte; ricoverato in ospedale, il 1° novembre fu trovato morto nel suo letto, ucciso da un'iniezione di curaro[26]. La sede di Mukačevo rimase vacante fino al 1983.

Il 28 agosto 1949, grazie a una semplice proclamazione fatta leggere dalle autorità sovietiche prima della chiusura della liturgia celebrata durante il pellegrinaggio dell'Assunzione al monastero di San Nicola a Mukačevo, la Chiesa greco-cattolica rutena fu ufficialmente abolita, integrandola nella Chiesa ortodossa russa, ma sopravvisse clandestinamente. Anche in Cecoslovacchia i suoi fedeli furono costretti a passare all'ortodossia, mentre quelli della regione polacca di Lemko furono deportati in massa.

Il vescovo Alexander Chira (1897-1983), che il 19 dicembre 1944 era stato segretamente ordinato da Teodor Romža, fu arrestato il 10 febbraio 1949 e condannato a 25 anni di lager nella Siberia occidentale e alla confisca di tutti beni. Liberato nel settembre 1956 grazie a un'amnistia generale, ritornò in Transcarpazia, dove si dedicò, sempre clandestinamente, all'opera pastorale tra i credenti e alla riorganizzazione della Chiesa. Ma dopo pochi mesi, nel gennaio 1957 fu nuovamente arrestato e condannato a 5 anni di lager, col divieto di ritornare poi in Ucraina. Liberato nel 1962, si trasferì a Qarağandi, nel Kazakistan, dove visse fino alla morte. Pur impiegato ufficialmente in un'impresa sovietica, egli continuò ad occuparsi clandestinamente della vita spirituale dei cattolici e dei greco-cattolici e a

[26] Teodor Romža è stato beatificato il 27 giugno 2001 a Leopoli da papa Giovanni Paolo II; la sua memoria liturgica si celebra il 31 ottobre, giorno del suo martirio. Il 29 giugno 2003 le sue reliquie sono state trasferite nella cattedrale dell'Esaltazione della Croce di Užhorod.

dirigere la sua diocesi catacombale greco-cattolica di Mukačevo, soprattutto ordinando sacerdoti. Il 24 agosto 1978 consacrò clandestinamente Ivan Semidij a cui affidò la guida della eparchia di Mukačevo. Morì il 26 maggio 1983 e fu sepolto accanto alla cattedrale latina[27].

La Chiesa uscì ufficialmente dalla clandestinità nel 1989, quando il governo dell'Unione Sovietica ha autorizzato la registrazione delle parrocchie greco-cattoliche. Un'aspetto dell'opera di rinascita della Chiesa è anche lo sforzo di fare ritorno alla sua originale identità orientale, rimuovendo parte della "latinizzazione" subita nei secoli.

La Chiesa greco-cattolica rutena pur essendo una Chiesa *sui iuris* è costituita da tre realtà giurisdizionali senza particolari collegamenti l'una con l'altra:

- L'eparchia di Mukačevo[28], in Ucraina, alla quale appartengono tutti i fedeli della Chiesa greco-cattolica rutena in Ucraina (i fedeli ruteni vivono per lo più in Rutenia, ossia nella parte occidentale del Paese). Il 2 settembre 1937 Pio XI, con la bolla *Ad ecclesiastici*, l'ha elevata a diocesi immediatamente soggetta alla Santa Sede. L'eparca partecipa ai sinodi della Chiesa greco-cattolica ucraina, ma mantenendo la sua identità *sui iuris*. Attualmente, dal 2010, l'eparca di Mukačevo dei Bizantini è Sua Eccellenza Milan Šašik (1952 -), che dal 2002 al 2010 aveva già ricoperto la carica di amministratore apostolico, dopo le dimissioni dell'eparca Ivan Semidij (1983-2002).
- L'arcieparchia metropolitana di Pittsburgh (Pennsylvania, USA; creata nel 1969): enfatizza il suo carattere americano,

[27] Alexander Chira verrà riabilitato *post mortem* il 28 aprile 1989.

[28] La sede vescovile è tuttavia la città di Užhorod, Mukačevo essendo l'antica sede vescovile.

celebrando in diverse parrocchie la liturgia in inglese[29]. I suoi vescovi (eparchie suffraganee di Passaic, Parma, Phoenix) si riuniscono nel "Consiglio delle Chiese rutene". L'attuale arcivescovo metropolita di Pittsburgh dei Ruteni è, dal 2012, Sua Eccellenza William Charles Skurla (1956 -).

- L'esarcato apostolico nella Repubblica Ceca, con sede a Praga, eretto il 18 gennaio 1996 con la bolla *Quo aptius* di papa Giovanni Paolo II a partire dall'eparchia slovacca di Prešov, dove era ampiamente presente l'etnia rusyn. Primo esarca apostolico dei ruteni cattolici nella Repubblica Ceca fu Sua Eccellenza Ivan Ljavinevec (1996-2003); dal 2003 l'esarca è Sua Eccellenza Ladislav Hučko (1948 -).

In base all'elaborazione statistica tratta dall'Annuario Pontificio 2015, il totale dei fedeli cattolici della Chiesa greco-cattolica rutena è di 571.827, dei quali 170.000 appartengono all'esarcato apostolico nella Repubblica Ceca e poco più di 91.000 alle eparchie della diaspora statunitense.

10.3 LA CHIESA GRECO-CATTOLICA UNGHERESE

La Chiesa greco-cattolica ungherese è una Chiesa *sui iuris* di rito bizantino della Chiesa cattolica che usa la lingua ungherese nella liturgia.

L'Ungheria, l'antica Pannonia, fu colonizzata, all'inizio del Medioevo (fine IX-inizio X secolo), dal popolo nomade dei

[29] Il 1° marzo 1929, su pressione della gerarchia latina, papa Pio XI (1922-1939) con il decreto *Cum data fuerit* impose il celibato al clero cattolico orientale operante nell'America settentrionale; dopo 10 anni *ad experimentum*, nel 1939 il decreto venne ribadito. In pochi decenni, tuttavia, l'opposizione a questa latinizzazione provocò il passaggio di centinaia di migliaia di cattolici orientali della diaspora statunitense e canadese all'ortodossia.

magiari, un misto di etnie ugro-finniche e turche provenienti dalle aree centro-settentrionali dell'odierna Russia. Nella regione avevano operato i santi Cirillo e Metodio, ma l'area verrà in seguito ampiamente latinizzata.

Nel giorno di Natale dell'anno 1000 (o il 1° gennaio 1001, secondo altre versioni) venne incoronato, con la corona inviata da papa Silvestro II (999-1003), il primo re d'Ungheria, Stefano I (1000-1038), che promosse la conversione del popolo magiaro al cristianesimo, contrastando le usanze pagane, anche senza farsi scrupoli di ricorrere a battesimi forzati. Suddivise il territorio ungherese in dieci diocesi e impose che ogni dieci villaggi fosse eretta una chiesa il cui parroco era mantenuto a spese dei villaggi medesimi. Promosse la costruzione di cattedrali, abbazie e monasteri, dove trovarono sede scuole che presto divennero importanti centri culturali. Dopo la sua morte, Stefano venne canonizzato nel 1083 da papa Gregorio VII (1073-1085)[30] e da allora è venerato come santo Stefano d'Ungheria, fondatore dello Stato ungherese.

Segno della diffusione del cristianesimo fu la costruzione di numerosi monasteri bizantini, ma tutti furono distrutti in seguito alla devastante invasione tataro-mongola del 1241. Il re Ladislao IV il Cumano (1272-1290) si propose di riorganizzare nuovamente il regno, appoggiandosi ai cumani, popolazione da poco giunta nel territorio ungherese in fuga dall'avanzata mongola e ancora pagana, ma fu fermato dall'intervento del papa Nicolò IV (1288-1292) che, accusandolo di proteggere eretici ed infedeli, gettò il paese nella guerra civile e portò il sovrano alla morte.

Nei secoli successivi, il regno ungherese fu in stato di guerra continua con l'impero ottomano, con risultati alterni, finché, nel corso del Seicento, venne progressivamente assorbito dall'Impe-

---

[30] Nel 2000 Stefano è stato canonizzato anche dalla Chiesa ortodossa, primo nuovo santo a essere dichiarato tale da Cattolici e Ortodossi dopo lo scisma delle due Chiese.

ro d'Austria: l'unione fu sancita nel 1697 e confermata nel trattato di pace di Karlowitz nel 1699, che mise fine alle guerre tra la Lega Santa[31] e gli ottomani. Fu proprio a causa dell'espansionismo ottomano che negli anni numerose comunità di serbi ortodossi, ruteni, slovacchi, rumeni, bulgari e greci emigrarono nel territorio magiaro. A contatto con i latini locali, queste popolazioni si convertirono gradualmente al cattolicesimo – si pensi alle unioni di Marča (1611) per i serbi, di Užhorod/Ungvár (1646) per i ruteni e di Alba Julia/Gyulafehervar (1698) per i rumeni –, mantenendo, tuttavia, la loro eredità bizantina. Essi furono posti inizialmente sotto la giurisdizione dell'eparca di Mukačevo, che solo nel 1873 autorizzò la costituzione di un apposito vicariato.

La progressiva "magiarizzazione" subita da queste popolazioni provocò anche la lenta perdita della conoscenza della loro lingua madre (greco o slavo ecclesiastico). Esse chiesero quindi a Roma di poter utilizzare l'ungherese come lingua liturgica, cosa che la Santa Sede non concesse. Un mutamento radicale di politica ecclesiastica si ebbe solo con Leone XIII (1878-1903): nel 1900 un gruppo di ungheresi greco-cattolici di rito bizantino giunto a Roma in occasione dell'Anno Santo, presentò al pontefice una petizione chiedendo di approvare l'uso dell'ungherese nella liturgia e di creare per essi una diocesi distinta. Il papa accettò la prima richiesta, mentre si dovette aspettare il successore Pio X (1903-1914) perché il 18 giugno 1912, con la bolla *Christifideles Graeci*, venisse eretta, per le 162 parrocchie greco-cattoliche ungheresi di rito bizantino, l'eparchia di Hajdúdorog, con la successiva nomina di un vescovo ungherese, István Miklóssy (1913-1937), per reggerla (i cattolici di rito

31 Creata per respingere, contrastare e indebolire l'Impero ottomano, nella speranza di espellerlo dal territorio europeo, la Lega Santa fu proposta da papa Innocenzo XI (1676-1689) nel 1684 e vi presero parte l'Impero asburgico, la Repubblica di Venezia e la Confederazione polacco-lituana, a cui si aggiunse la Moscovia nel 1686.

bizantino della regione erano allora sottoposti a un vicariato apostolico creato nel 1871). La *Christifideles Graeci*, tuttavia, stabiliva anche che la lingua liturgica doveva essere quella greca e non quella ungherese: Roma concesse al clero locale un periodo di due anni per imparare il greco, ma la liturgia venne ben presto celebrata in ungherese. Nel 1924 fu stabilito l'esarcato apostolico di Miskolc, nell'Ungheria nord orientale, per le 21 parrocchie di ruteni della diocesi di Prešov rimaste in territorio ungherese dopo la creazione della Cecoslovacchia[32].

Nel 1939 fu nominato eparca di Hajdúdorog il monaco basiliano Miklós Dudás (1902-1972), che nel 1945 fu nominato anche amministratore apostolico dell'esarcato di Miskolc (i ruteni dell'esercato, infatti, benché inizialmente usassero l'antico slavo nella liturgia, passarono gradualmente a usare l'ungherese e l'esarcato apostolico fu quindi amministrato dal vescovo di Hajdúdorog e gradualmente considerato ungherese di rito bizantino). Il quarantennio repressivo del regime comunista portò la Chiesa greco-cattolica ungherese a una situazione precaria, benché, a differenza di altre Chiese, non fosse mai privata della libertà al diritto di esistere come realtà ecclesiale, rimanendo attiva anche durante i giorni più neri della repressione stalinista. Nel 1950 venne fondato un seminario per la formazione del clero locale a Nyíregyháza e la Chiesa potè mantenere un'attività editoriale senza eccessive restrizioni. Nel 1975, dopo circa tre anni di vacanza della sede, Paolo VI nominò il sacerdote Imre Timkó (1920-1988) come eparca di Hajdúdorog ed esarca di Miskolc (1975-1988), e il sacerdote Szilárd Keresztes (1932 -) come suo

---

[32] Il 9 aprile 1934, in forza del decreto *Apostolica sedes* della Congregazione per le Chiese Orientali, l'eparchia di Hajdúdorog ha ceduto 67 parrocchie, che in conseguenza del "trattato del Trianon" (4 giugno 1920; dal nome del palazzo del Grande Trianon di Versailles, in Francia, dove le potenze vincitrici della prima guerra mondiale stabilirono le sorti del Regno d'Ungheria in seguito alla dissoluzione dell'Impero austro-ungarico) si trovavano su suolo rumeno, a eparchie della Chiesa greco-cattolica rumena.

ausiliare, il quale alla morte del vescovo Timkó nel 1988, gli succedette alla guida dell'eparchia e dell'esarcato (1988-2008). Durante il suo quasi ventennale episcopato, il vescovo Keresztes curò particolarmente la formazione dei fedeli e del clero. L'8 maggio 2008 papa Benedetto XVI (2005-2013) accolse le sue dimissioni e nominò lo ieromonaco Fülöp Kocsis (1963 -) come suo successore; ordinato vescovo il 30 giugno 2008, egli guida come pastore l'eparchia di Hajdúdorog e fino al 2011 ha guidato anche quella di Miskolc, quando è stato nominato esarca lo ieromonaco Atanáz Orosz (1960 -).

Il 20 marzo 2015 papa Francesco ha elevato l'eparchia di Hajdúdorog al rango di metropolia, assegnandole come suffraganee le eparchie di Miskolc e di Nyíregyháza; quest'ultima è stata eretta con territorio dismembrato da quello di Hajdúdorog. A seguito di queste decisioni, la sede della Curia arcieparchiale è stata trasferita nella città di Debrecen, seconda città dell'Ungheria, dopo Budapest.

In base all'elaborazione statistica tratta dall'Annuario Pontificio 2015, il totale dei fedeli cattolici della Chiesa greco-cattolica ungherese è di 261.100.

10.4 LA CHIESA GRECO-CATTOLICA SLOVACCA[33]

La Chiesa greco-cattolica slovacca è una chiesa *sui iuris* di rito bizantino, parte della Chiesa cattolica in piena comunione con la Santa Sede.

I primi missionari cristiani giunsero in Slovacchia dalla Germania, e precisamente dalla Baviera, all'inizio del IX secolo, sotto il regno di Mojmír I (830 circa-846); dell'828 è la costru-

[33] Vedi C. Vasil', "La Chiesa greco-cattolica slovacca", *Ecclesia Mater* LIII, 2015, pp. 159-164.

zione della prima chiesa cristiana in territorio slovacco. Tuttavia, l'evangelizzazione di queste terre non si completerà che in seguito all'opera missionaria dei santi Cirillo e Metodio, inviati in questa regione, allora nota come Grande Moravia, nell'863, su esplicita richiesta rivolta all'imperatore bizantino Michele III (842-867) dal principe Rastislav (846-870), figlio di Mojmír I, di mandare missionari e predicatori che evangelizzassero in lingua slava, così da opporsi allo strapotere culturale dei missionari franchi. Fu qui che Cirillo incominciò a tradurre in slavo brani dal Vangelo di Giovanni, inventando un nuovo alfabeto, detto glagolitico (dal quale verrà poi derivato l'alfabeto cirillico).

Nell'880 papa Giovanni VIII (872-882) con la bolla *Industriae tuae* stabilì la creazione di una provincia ecclesiastica indipendente nel territorio della Grande Moravia e sancì l'istituzione dell'antico slavo ecclesiastico come quarta lingua liturgica dopo il greco, il latino e l'ebraico.

A causa delle endemiche lotte che travagliavano la zona, all'inizio dell'XI secolo la Grande Moravia finì poi suddivisa tra il regno polacco e il regno d'Ungheria.

L'Unione di Užhorod del 24 aprile 1646, che sanciva il passaggio della gerarchia della Chiesa della Rutenia subcarpatica alla Chiesa di Roma, fu accettata anche sul territorio che include l'odierna Slovacchia orientale; per questo motivo la storia della Chiesa greco-cattolica slovacca si è intrecciata per secoli con quella della Chiesa greco-cattolica rutena. Le due Chiese condividono lo stesso rito e la stessa appartenenza etnica e si differenziano solo per motivi storici e linguistici (i ruteni di Slovacchia sono in buona parte assimilati agli slovacchi e la liturgia è celebrata prevalentemente in slovacco, anziché in slavo ecclesiastico). L'adesione degli slovacchi all'unione fu praticamente unanime: fino al 1918 non esisteva in Slovacchia nessuna parrocchia o struttura ecclesiale ortodossa[34].

[34] Al termine della prima guerra mondiale, con l'appoggio di alcuni circoli anticattolici del nuovo governo, fu istituita nella Slovacchia una Chiesa

Il 22 settembre 1818, con la bolla *Relata semper* di papa Pio VII (1800-1823), fu eretta in Slovacchia la prima circoscrizione di rito bizantino, l'eparchia di Prešov, che contava 192 parrocchie e circa 150.000 fedeli. Inizialmente essa formava un'unica Chiesa con l'eparchia di Mukačevo nella Rutenia subcarpatica, con la quale aveva strettissimi legami. Soltanto più tardi si differenziò dalla Chiesa rutena dando origine ad una propria Chiesa *sui iuris*, la Chiesa greco-cattolica slovacca.

Primo eparca di Prešov fu Gregor Tarkovič (1754-1841; vescovo dal 1818), al quale succedettero Jozef Gaganec (1793-1875; vescovo dal 1842), Mikuláš Tóth (1833-1882; vescovo dal 1876), che fondò il seminario maggiore, Ján Vályi (1837-1911; vescovo dal 1882), che aprì un'Accademia pedagogica. A Vályi seguì Stefan Novák (1879-1932; vescovo dal 1913), con le dimissioni del quale nel 1918 la diocesi rimase vacante. Negli anni dal 1922 al 1927 essa fu diretta da un amministratore apostolico.

L'8 giugno 1912, quando ancora apparteneva all'impero austro-ungarico, la diocesi dovette cedere le parrocchie di lingua ungherese a vantaggio dell'erezione della diocesi romano cattolica di Hajdúdorog. Il 2 settembre 1937 l'eparchia, per effetto della bolla *Ad ecclesiastici* di papa Pio XI (1922-1939), fu sottratta alla giurisdizione del primate d'Ungheria e divenne una diocesi immediatamente soggetta alla Santa Sede.

Dopo la seconda guerra mondiale, l'eparchia di Mukačevo nella Rutenia subcarpatica fu annessa dall'Unione Sovietica; di conseguenza l'eparchia di Prešov, rimasta all'interno dei confini della Cecoslovacchia, ebbe giurisdizione su tutti i greco-cattolici rimasti in Cecoslovacchia, pur continuando ad essere, come lo era stata sin dal principio, sede suffraganea del primate latino d'Ungheria. Questo legame fu rimosso solo nel 1937.

ortodossa, che nel 1930 contava già 9067 fedeli. Questi erano assistiti da un gruppo di monaci ortodossi, che crearono un monastero a Ladomírová, nella regione di Prešov, con una tipografia.

Anche in Cecoslovacchia il periodo del comunismo fu un periodo di persecuzione e di dure prove per la Chiesa. Il 14 ottobre 1949 l'Assemblea Nazionale cecoslovacca istituì un "Ufficio statale per gli affari ecclesiastici", creando in tal modo le basi e gli strumenti ufficiali per la lotta contro la Chiesa cattolica. Il primo atto persecutorio fu, il 14 aprile 1950, l'internamento di tutti i religiosi, per giungere dopo pochi giorni all'eliminazione della gerarchia stessa della Chiesa. Il 28 aprile 1950 si tenne a Prešov un "congresso della Chiesa cattolica slovacca", dove, su pressione delle autorità comuniste, cinque preti ed alcuni laici, ai quali erano stati offerti soldi e carriera, firmarono un documento che dichiarava l'abolizione dell'Unione di Užhorod e domandava che la Chiesa greco-cattolica fosse ricevuta nella giurisdizione del Patriarcato di Mosca[35] (dal 1951, Chiesa ortodossa di Cecoslovacchia). Per "fare numero", al congresso parteciparono anche gli operai della fabbrica del luogo e gli studenti; non si guardava alla posizione religiosa dei partecipanti: vi erano cattolici, evangelici, atei, attivisti politici, preparati prima e portati dai dintorni con pullman[36]. La Chiesa greco-cattolica fu messa fuori legge, privata dei suoi diritti e dei suoi beni, ceduti alla Chiesa ortodossa. Dei 56 religiosi nessuno firmò il passaggio all'ortodossia; dei 301 sacerdoti diocesani greco-cattolici, per lo più uxorati, solo 26 passarono all'ortodossia; gli altri, che si erano rifiutati, furono arrestati e imprigionati e dopo il loro rilascio fu loro impedito di svolgere attività pastorale: alcuni furono internati in monasteri, altri obbligati a lavorare nelle fabbriche. L'eparca di Prešov Peter Pavel Gojdič (1888-1960; in carica dal 7 marzo 1927) e il suo ausiliare Vasil' Hopko (1904-1976; vescovo dal 1947), che si era-

[35] Si noti che allora i greco-cattolici slovacchi erano circa 300.000, mentre gli ortodossi solo 20.000!

[36] Si veda il capitolo "Relazione sulla Chiesa greco-cattolica dal 1948 al 1968", in *Red. IV mondo: Dalla secolarizzazione alla comunità cristiana. La lezione dei gruppi di Chiesa in Cecoslovacchia*, edizioni Jaka Book, Milano 1969, p. 151 e segg.

no impegnati a fondo per il rinnovamento e l'approfondimento della vita spirituale dei clero e dei fedeli, furono incarcerati; Gojdič fu ucciso in prigione nel 1960, mentre Vasil' Hopko fu rilasciato nel 1968 e morì nel 1976. Entrambi sono stati beatificati da Giovanni Paolo II, rispettivamente nel 2001 e nel 2003.

La Chiesa greco-cattolica slovacca entrò così in clandestinità, e questa situazione durò fino al 1968, quando, sotto l'influenza della "Primavera di Praga", con decreto governativo del 13 giugno fu consentito alle vecchie parrocchie greco-cattoliche il ritorno alla fede cattolica. Di 292 parrocchie, 205 votarono per ristabilire la comunione con Roma e per esse venne riattivata l'eparchia di Prešov. Questa fu una delle poche riforme di Alexander Dubček (1921-1992) che sopravvissero all'invasione sovietica del 1968. Nel periodo di "normalizzazione" che ne seguì, ossia di restaurazione della continuità con il periodo precedente alle riforme, con controllo dell'informazione, eliminazione o isolamento di dissidenti, controllo poliziesco e spionistico della società, la Chiesa greco-cattolica fu sottoposta a una stretta sorveglianza e al controllo degli organi statali. Il 2 marzo 1969 si insediò il nuovo ordinario di Prešov, mons. Ján Hirka (1923-2014), dapprima in qualità di amministratore apostolico (1969-1990), essendo ancora vivo il vescovo ausiliare Vasil' Hopko, e poi come eparca (1990-2002). La maggior parte degli edifici di culto e i terreni annessi restarono in mano alla Chiesa ortodossa. Fu solo dopo la caduta del comunismo con la "Rivoluzione di velluto" del 1991 e la divisione della Cecoslovacchia in Repubblica Ceca e Slovacchia, che la Chiesa greco-cattolica slovacca potè rientrare in possesso della maggior parte delle sue proprietà confiscate nel 1950; tra queste il Collegio Teologico greco-cattolico, creato a Prešov nel 1880.

Il 18 gennaio 1996 con la bolla *Quo aptius* e il 27 gennaio 1997 con la bolla *Ecclesiales communitates* l'eparchia di Prešov ha ceduto porzioni del suo territorio a favore dell'erezione rispettivamente dell'esarcato apostolico della Repubblica Ceca, che è parte della Chiesa greco-cattolica rutena, e dell'esarcato apostolico di Košice, nella Slovacchia.

Un'ulteriore riorganizzazione della Chiesa greco-cattolica slovacca è avvenuta il 30 gennaio 2008, ad opera di papa Benedetto XVI, con l'elevazione dell'eparchia di Prešov ad arcieparchia metropolitana *sui iuris* (bolla *Spiritali emolumento*), l'elevazione dell'esarcato apostolico di Košice ad eparchia (bolla *Qui successimus*) e l'erezione dell'eparchia di Bratislava (bolla *Complures saeculorum*). Attuale metropolita di Prešov è l'arcivescovo Ján Babjak (1953 -), gesuita, che dall'11 dicembre 2002 ricopriva la carica di vescovo eparchiale di Prešov. Per i numerosi fedeli emigrati nell'America del nord, è stata istituita l'eparchia di Toronto, in Canada.

In base all'elaborazione statistica tratta dall'Annuario Pontificio 2015, il totale dei fedeli cattolici della Chiesa greco-cattolica slovacca è di 210.767.

10.5 LA CHIESA GRECO-CATTOLICA BIELORUSSA

La Bielorussia, o Belorussia, nota anche come Russia Bianca, è uno stato dell'Europa orientale, senza sbocco al mare, confinante a ovest con la Polonia e la Lituania, a est con la Russia, a sud con l'Ucraina e a nord con la Lettonia. L'erezione delle prime sedi vescovili, di rito latino, in Bielorussia, quelle di Polotsk e Turau, risale probabilmente a prima dell'anno 1005.

La Chiesa greco-cattolica bielorussa ha le sue origini nell'Unione di Brest (1596); i cristiani di rito bizantino e di lingua slava che con quell'unione entrarono in piena comunione con Roma furono infatti, almeno inizialmente, prevalentemente bielorussi.

La Bielorussia fu il centro del cattolicesimo russo durante il secolo XVII e gran parte del XVIII e bielorussi furono eccellenti figure di pastori, come il metropolita di Kiev Josyf Veljamin Rutsky (1574-1637, metropolita dal 1614 alla morte), chiamato da papa Urbano VIII (1623-1644) "Atanasio della Rus'", nonché il primo martire della Chiesa bielorussa[37], il monaco basiliano e arcivescovo di Polotsk Josaphat Kuncewycz (1580-1623), assassinato a Vicebsk il 12 novembre 1623 in un tumulto ordito dagli ortodossi[38]. Al suo esempio si possono aggiungere cinque monaci basiliani, assassinati a Polotsk l'11 luglio 1705 per ordine dello zar Pietro I il Grande (1682-1725).

Benché la storia della Chiesa greco-cattolica bielorussa si fosse confusa, per lungo tempo, con quella della Chiesa greco-cattolica ucraina, con la dissoluzione, a fine XVIII secolo, della Confederazione polacco-lituana le strade delle due Chiese si separarono. Mentre, infatti, gli ucraini, che vivevano sotto il tollerante governo asburgico, poterono mantenere la propria identita nazionale e sviluppare e rafforzare la loro cultura e Chiesa, i bielorussi, il cui territorio era stato occupato dai russi, si videro negato il diritto di esistere come una nazione separata: la loro

[37] Avendo a cuore il rinnovamento spirituale e culturale della vita dei suoi fedeli e consapevole che ogni rinascita spirituale è sempre elaborata nell'ambito del monachesimo, il metropolita Rutsky si sforzò di promuovere la riforma della vita monastica, attuando un procedimento rivoluzionario: immettere nel monachesimo locale dei monaci latini, in particolare i carmelitani scalzi, preparati a vivere secondo i più rigorosi canoni del monachesimo orientale. Questo procedimento rappresentava esattamente il contrario del processo di latinizzazione, che successivamente avrebbe offuscato lo splendore delle tradizioni delle Chiese cattoliche. La latinizzazione comporta, infatti, che da parte orientale venga assunta una *forma mentis* occidentale, mentre il progetto ideato dal metropolita Rutsky presupponeva che fossero dei latini ad assumere l'*habitus* liturgico e disciplinare orientale, in ossequio al principio della pari dignità delle due tradizioni (cfr. E. Morini, "Le Chiese greco-cattoliche nell'Europa orientale. Profilo storico", in A. Roccucci, a cura di, *Chiese e culture nell'Est europeo. Prospettive di dialogo*, Milano 2007, pp. 139-166, alle pp. 154-156).

[38] Il 16 maggio 1643 fu beatificato da Urbano VIII (1623-1644), mentre Pio IX (1846-1878) lo canonizzò nel 1867. In occasione del terzo centenario del martirio, il 12 novembre 1923 papa Pio XI ne commemorò la figura con l'enciclica *Ecclesiam Dei*. Dagli anni Sessanta del secolo scorso, le sue reliquie incorrotte sono conservate nella basilica di San Pietro a Roma.

Chiesa fu considerata l'ostacolo principale per la russificazione e si cercò quindi di distruggerla.

Il 12 febbraio 1839, sotto pressione del governo zarista, che aveva attirato dalla sua parte il vescovo Josep Siemasko (1798-1869) di Žyrovyci e due altri vescovi, si tenne nella cattedrale di Santa Sofia di Polotsk, arcieparchia della Chiesa bielorussa, un sinodo generale dei vescovi cattolici della Russia, al termine del quale essi dichiararono la loro decisione di sottomettersi al Santo Sinodo di tutte le Russie. In tal modo veniva annullata l'unione di Brest, sopprimendo *de facto* tutte le eparchie cattoliche dell'impero russo. I padri sinodali indirizzarono una petizione allo zar Nicola I (1825-1855), chiedendo di sancire l'unione delle Chiese cattoliche con la Chiesa ortodossa, ciò che lo zar fece ufficialmente il 25 marzo 1839. Questo atto determinò il passaggio forzato dei fedeli bielorussi alla Chiesa ortodossa, la quale incamerò i beni della Chiesa greco-cattolica. Non tutti i fedeli, tuttavia, accettarono questo passaggio e si mantennero segretamente cattolici; molti preti emigrarono verso la Galizia austriaca, mentre altri decisero di rimanere e di continuare in segreto a seguire il proprio piccolo gregge rimasto. Sia Gregorio XVI (1831-1846), che nel dicembre 1845 incontrò ben due volte lo stesso zar di passaggio per Roma (unico incontro nella storia fra un papa e uno zar), sia Pio IX (1846-1878), che nel 1847 stipulò un concordato con la Russia in difesa della liberta della Chiesa[39], non poterono far molto: l'ortodossia era la religione di

[39] Il 6 gennaio 1848 il papa indirizzava a tutti i cristiani d'Oriente la lettera enciclica *In suprema Petri sede*, con l'invito a ritornare alla comunione con Roma, l'unica "vera Chiesa". Il documento, considerato una provocazione, non venne accettato in Oriente: nel mese di maggio, 4 patriarchi (di Costantinopoli, Antiochia, Alessandria e Gerusalemme) e 29 vescovi, riuniti a Costantinopoli, risposero duramente, stigmatizzando l'enciclica, ribadendo le accuse di eresia della Chiesa di Roma per l'introduzione di innovazioni teologiche (il *Filioque*), ed invitando in modo polemico Pio IX a fare il primo passo, rinunciando a tutti i suoi privilegi.

Stato, l'imperatore il suo custode e le altre confessioni cristiane dovevano essere completamente sottomesse.

Quando, in seguito alla "domenica di sangue" del 22 gennaio 1905 e dei tumulti dell'ottobre di quello stesso anno, causati dall'esito disastroso della campagna giapponese – primo sintomo della catastrofe che si sarebbe abbattuta poi sulla Russia nel 1917 –, lo zar Nicola II (1894-1917), ultimo imperatore di Russia, si vide costretto al riconoscimento delle libertà civili, tra le quali era compresa anche la libertà religiosa, ben 230.000 bielorussi chiesero di ritornare all'unione con Roma. Tuttavia, poiché il governo rifiutò loro il permesso di formare una comunità di rito bizantino, essi furono obbligati ad adottare il rito latino, al quale molti cattolici bielorussi oggi appartengono.

Avendo particolare cura del bene dei fedeli cattolici russi, sia di quanti risiedevano in patria sia di coloro che vi erano fuggiti, considerando che il regime sovietico aveva di fatto annichilito la gerarchia cattolica in Russia e vista l'impossibilità di aprire un tavolo di trattativa con i sovietici, nel 1925 papa Pio XI costituì, presso la Congregazione per le Chiese orientali, la Commissione papale "Pro Russia", resa poi, con il "motu proprio" *Inde ab inito pontificatu*, del 6 aprile 1930, *sui iuris*. «Per suo tramite, la Santa Sede ha così potuto sostenere i cattolici di quelle terre, costretti a vivere la propria fede nelle persecuzioni, ma anche nella speranza che un giorno, di cui solo Dio conosceva il momento, la Chiesa cattolica avrebbe potuto nuovamente fiorire nella loro amata patria»[40]. A capo della commissione venne posto il gesuita francese Michel-Joseph Bourguignon d'Herbigny (1880-1957).

[40] Così scriveva papa Giovanni Paolo II, nella sua lettera apostolica "motu proprio" *Europae Orientalis* del 15 gennaio 1993, con la quale il pontefice poneva fine alla Commissione "Pro Russia", istituendo contemporaneamente la Commissione Interdicasteriale Permanente per la Chiesa in Europa Orientale, con competenza per le Chiese tanto di rito latino che di rito orientale, nei territori dell'Europa già a regime comunista.

Quando, nel 1931, la parte occidentale della Bielorussia fu annessa alla ricostituita Polonia, circa 30.000 discendenti di coloro che, meno di un secolo prima, con l'unione di Polotsk, si erano uniti alla Chiesa russo-ortodossa tornarono alla Chiesa cattolica, mantenendo la liturgia bizantina. Per i greco-cattolici bielorussi ed ucraini che vivevano fuori della provincia metropolitana di Leopoli venne nominato un visitatore apostolico, il redentorista ucraino Mykola Czarnecky (1884-1959).

Quando nel settembre 1939, allo scoppio della seconda guerra mondiale, la Bielorussia occidentale fu occupata dall'Unione Sovietica, Andrej Sheptytsky, metropolita di Leopoli (1900-1944) della Chiesa greco-cattolica ucraina, creò un esarcato per i fedeli bielorussi di rito bizantino (maggio 1940), affidato ad Antoni Niemancevicz (1893-1943); ma nel 1942 l'esarca fu arrestato dagli occupanti tedeschi a Minsk e incarcerato in un campo di concentramento, dove morì, durante un'epidemia di tifo, il 6 gennaio 1943. L'importanza di questo esarcato, nonostante la sua breve vita, stava nel fatto che per la prima volta nei tempi moderni i fedeli greco-cattolici bielorussi avevano la propria circoscrizione ecclesiastica e non erano piu soggetti all'autorita degli ordinari latini locali.

Con l'annessione forzata di tutte le chiese cattoliche non latine nella Chiesa ortodossa russa, imposta dal governo sovietico, molti fedeli bielorussi scelsero di continuare a praticare segretamente la loro liturgia bizantina. Altri riuscirono invece ad emigrare nell'Europa occidentale e negli Stati Uniti, dove, a partire dal 1946, cominciarono a fondare parrocchie (Parigi, Londra, Lovanio, Chicago). E fu proprio a Londra che padre Alexander Nadson (1926-2015) cominciò, negli anni settanta del secolo scorso, l'immenso lavoro di traduzione dei testi liturgici bizantini dal greco e slavo ecclesiastico in lingua bielorussa. Nel 1960 la Santa Sede consacrò vescovo titolare di Mariamme, località siriana corrispondente all'attuale Krak des Chevaliers, Ceslau Sipovich (1914-1981), nominandolo visitatore apostolico (1960-1981) per le parrocchie bielorusse organizzatesi in diaspora; la sua nomina vescovile – egli fu il primo vescovo bielorusso dopo la morte, il 9 marzo 1838, di Josaphat Bulhak (1758-1838), l'ultimo metropolita (1833-1838) della Chiesa greco-cattolica bielorussa – avvenne a Monaco di Baviera il 4 agosto 1960. Dopo più di 120 anni i greco-cattolici bielorussi avevano ancora il loro vescovo, aumentando così le loro speranze per la restaurazione della propria Chiesa. Gli succedette il vescovo Uladzimier Tarasevic (1983-1986), già vescovo di Chicago; dopo la sua morte fu nominato visitatore apostolico il padre Alexander Nadson (1986-1994), senza, su sua richiesta, essere elevato al rango episcopale.

Con lo sfaldamento dell'Unione Sovietica si ebbe un movimento di risveglio spirituale, soprattutto tra i giovani, alla ricerca delle proprie radici nazionali. Esso fu anche l'inizio di un movimento, non imposto dall'alto ma proveniente spontaneamente dal basso, dal popolo stesso, di rinascita della Chiesa greco-cattolica, che usciva dalle "catacombe". Nel 1990 fu ufficialmente registrata la prima parocchia greco-cattolica dopo la seconda guerra mondiale. Nel 1991, dopo il crollo definitivo dell'URSS, la Repubblica di Bielorussia divenne indipendente; una conseguenza dell'indipendenza fu la liberta religiosa. Alcuni fedeli e preti greco-cattolici scrissero al papa per chiedere di stabilire la Chiesa greco-cattolica in Bielorussia nella forma canonica dovuta. Nel 1994 le comunità greco-cattoliche bielorusse furono sottoposte direttamente alla Congregazione delle Chiese orientali, che a sua volta nominò un visitatore apostolico, l'archimandrita polacco Jan Sergiusz Gajek (1949 -), della Congregazione dei Padri Mariani.

All'inizio del 2005, la Chiesa greco-cattolica bielorussa aveva 20 parrocchie, 13 delle quali avevano ottenuto il riconoscimento statale. Tale comunità, tuttavia, è attualmente priva di una circoscrizione ecclesiastica propria e le parrocchie sono raggruppate in due protopresbiterati. Dal 1994 essa è retta da un visitatore apostolico per i fedcli di rito bizantino in Bielorussia *ad nutum Sanctae Sedis*, attualmente Sua Eccellenza Jan Sergiusz Gajek, con residenza a Minsk.

10.6 LA CHIESA GRECO-CATTOLICA RUMENA

La presenza del cristianesimo nell'attuale Romania risale, probabilmente, già al primo secolo; esso penetrò nel Paese da sud-est, dalla foce del Danubio, e il primo apostolo fu forse Andrea, uno dei discepoli di Gesù. Di sicuro nel secolo IV esisteva già una residenza episcopale a Costanza, l'antica Tomis, sulla riva occidentale del Mar Nero. Il Vangelo arrivò anche da ovest, grazie a Ulfila (311-388), l'apostolo dei goti.

Ma la nascita della Chiesa greco-cattolica rumena[41] si pone a cavallo tra XVII e XVIII secolo.

Il 14 luglio 1683 l'esercito dell'Impero ottomano, comandato dal gran visir Merzifonlu Kara Mustafa Pasha (1634/1635-1683, in carica dal 1676), poneva l'assedio alla città di Vienna: se la "mela d'oro", nome con il quale i turchi indicavano la capitale austriaca, fosse caduta, nessuno sarebbe riuscito a fermare le truppe islamiche; l'intera Europa cristiana si trovava in pericolo. Ma l'11 e 12 settembre, in una sanguinosa battaglia campale combattuta dall'esercito polacco-austro-tedesco comandato dal re polacco Giovanni III Sobieski (1674-1696), giunto in aiuto degli assediati, i turchi vennero sbaragliati.

Per l'Europa, la battaglia segnò un punto di svolta: non solo l'espansionismo ottomano veniva bloccato, ma iniziava anche la graduale estromissione dei turchi dai Balcani. In pochi anni, infatti, l'imperatore Leopoldo I d'Asburgo (1658-1705) riconquistò l'intera Ungheria e il principato semi-indipendente di Transilvania, regione della parte occidentale e centrale dell'odierna Romania, firmando poi la pace con i turchi (trattato di pace di Karlowitz, del 26 gennaio 1699).

Subito dopo la conquista, il nuovo governo asburgico, grazie all'azione dei missionari gesuiti, cominciò a far pressioni in favore

---

[41] Essa preferisce chiamarsi "Chiesa rumena unita con Roma". Vedi F. CRIHĂLMEANU, "La Chiesa greco-cattolica di Romania: storia, testimoni di ieri e di oggi", *Ecclesia Mater* LIII, 2015, pp. 104-111.

dell'accettazione del cattolicesimo, concedendo, tra l'altro, sgravi fiscali a tutti coloro che si fossero uniti con Roma e riducendo, per contro, i diritti civili degli ortodossi e dei protestanti. Molte chiese protestanti (riformati, calvinisti, luterani) passarono al culto cattolico, mentre parte degli ortodossi sottoscrissero l'unione con Roma. Questa venne elaborata gradualmente, in una serie di sinodi svoltisi ad Alba Julia, in Transilvania. Un primo sinodo fu tenuto nel 1697, preparato dal vescovo ortodosso di Transilvania Theophilos Szeremy (1692-1697) e durato dai primi di febbraio al 21 marzo: i padri sinodali si pronunciarono per l'unione, esigendo però la completa salvaguardia dei riti e delle usanze dell'ortodossia e una posizione di parità col clero cattolico. L'unione fu poi accettata in un nuovo sinodo del 7 ottobre 1698, presieduto dal nuovo vescovo di Transilvania Atanasie Anghel Popa (1697-1713) e, dopo che l'imperatore ebbe accordato a chi avrebbe accettato il cattolicesimo gli stessi diritti dei cattolici latini, ratificata ufficialmente in un terzo sinodo, del 4 e 5 settembre 1700. Presieduti da Atanasie Anghel, 2270 sacerdoti riconobbero questi quattro principi fondamentali, stabiliti al concilio di Firenze (1439-1445): la supremazia del papa, la processione dello Spirito Santo dal Padre e dal Figlio (*Filioque*), l'uso del pane azimo, il Purgatorio. Con tale unione, per i rumeni della Transilvania fu possibile evitare un doppio pericolo: il calvinismo dei loro padroni ungheresi e l'assimilazione ai magiari, con la perdita della loro tradizione, la loro identità bizantina e la loro lingua. Nel 1701 Leopoldo I nominò Atanasie vescovo della nazione rumena in Transilvania. Il cardinale Leopold Karl von Kollonitsch (1631-1707), arcivescovo di Esztergom / Strigonio e primate d'Ungheria, gli riconferì, *sub conditione*, la consacrazione sacerdotale e vescovile[42],

[42] A causa, tuttavia, della profonda diffidenza che nutriva nei confronti dell'ortodossia cattolica del vescovo Atanasie, il cardinale von Kollonitsch istituì la figura del "teologo latino", un gesuita posto a fianco del nuovo vescovo, con il compito di passare al vaglio tutti i suoi scritti. Questa figura, creata *ad personam* per il vescovo Atanasie, divenne un'istituzione stabile e scomparve

provvedimenti che suscitarono le accese proteste degli ortodossi. Ad Atanasie si unirono quasi tutti i rumeni ortodossi, ossia circa mezzo milione di persone, che costituirono quindi la Chiesa greco-cattolica rumena, il cui ruolo fu determinante per lo sviluppo dell'identità rumena. Tuttavia, poco dopo un'insurrezione popolare del 1744, più della metà dei rumeni della Transilvania ritornò all'ortodossia, attirandosi le rappresaglie del governo imperiale[43]. Un altro massiccio passaggio all'ortodossia avvenne pochi anni più tardi, a seguito della predicazione, tra il 1759 e il 1761, del monaco rumeno ortodosso Sofronie de la Cioara. Per porre fine alle tensioni tra cattolici ed ortodossi in Transilvania, l'imperatore Giuseppe II (1765-1790) emise, l'8 novembre 1781, un editto di tolleranza religiosa, a seguito del quale molti altri cattolici ritornarono all'ortodossia, segno che le precedenti conversioni non erano state aliene da un certo grado di coercizione.

Come riconoscimento ufficiale dell'avvenuta unione, il 18 maggio 1721, con la bolla *Rationi congruit*, papa Innocenzo XIII (1721-1724) istituì, per le diverse popolazioni di rito orientale esistenti in Transilvania, l'eparchia di Făgăraş, che l'imperatore Carlo VI (1711-1740) rese suffraganea di Esztergom; suo primo vescovo fu Ioan Giurgiu Pataky (1724-1727). Il suo successore, Ioan

---

solo nel 1773, con la soppressione della Compagnia di Gesù (cfr. E. MORINI, "Le Chiese greco-cattoliche nell'Europa orientale. Profilo storico", in A. ROCCUCCI, a cura di, *Chiese e culture nell'Est europeo. Prospettive di dialogo*, Milano 2007, pp. 139-166, alle pp. 159-160).

[43] I disordini furono provocati dalla predicazione dello ieromonaco serbo Visarion Sarai (1714-1745) venuto, per sua affermazione, a predicare la vera fede ortodossa. Egli predicava che i sacerdoti che avevano accettato l'unione con Roma erano "impuri"; pertanto, non solo i sacramenti da essi conferiti non erano validi, ma anche coloro che li ricevevano mettevano a repentaglio la propria salvezza eterna, se non ritornavano agli "antichi costumi". La sua predicazione non tardò a provocare vere ondate di panico tra i contadini, che si affrettarono a ritornare in seno all'ortodossia. Sarai venne arrestato e morì nel 1745 nella prigione di Kufstein, in Austria (K. HITCHINS, "The Court of Vienna and confessional problems in Transylvania, 1744-1759", *Annales Universitatis Apulensis, Series Historica*, 11/II, 2007, p. 252-268).

Inochentie Micu-Klein (1730-1751)[44], nel 1737 spostò la propria sede a Baj, città della Transilvania nota come la "piccola Roma" (come fu chiamata dal poeta nazionale Mihai Eminescu, 1850-1889). Il vescovo Petru Pavel Aron (1752-1764) fondò a Baj, un collegio presieduto dai monaci basiliani, focolaio di cultura rumena in cui si insegnò a leggere e scrivere in rumeno con l'alfabeto latino (non dunque cirillico, fino ad allora in uso), e una tipografia, per la stampa di libri e opuscoli per l'istruzione religiosa, nonché dei testi degli studiosi, scrittori e teologi greco-cattolici della cosiddetta Scuola Ardeleana, il movimento culturale e patriottico che svolse un importante ruolo nella riscoperta delle radici latine della nazione rumena[45]. Fu in seguito a questo risveglio culturale che venne prodotto il *Supplex Libellus Valachorum Transsilvaniae*, ossia "Petizione dei valacchi[46] della Transilvania", inviato nel marzo 1791 da Ignatiu Darabant (1738-1805), vescovo greco-cattolico di Oradea Mare (1789-1805), all'imperatore austro-ungarico Leopoldo II (1790-1792) per chiedere per i valacchi, a prescindere dalla religione, gli stessi diritti politici degli altri gruppi etnici della Tran-

---

44 È da ricordare la forte sua azione condotta presso gli Asburgo perché anche agli ortodossi venisse riconosciuta piena libertà di culto. Le sue insistenze provocarono però la collera dell'imperatrice Maria Teresa (1740-1780), fervente cattolica: nel 1744 il vescovo dovette riparare a Roma, dove, nel 1751, dette le dimissioni. Morì a Roma nel 1768, all'età di 76 anni.

45 La "Scuola Ardeleana", ossia semplicemente "Scuola Transilvana", essendo *Ardel* o *Ardelius* il nome rumeno della Transilvania, fu un movimento culturale sviluppatosi in Transilvania dopo la metà del XVIII secolo. Suoi membri furono chierici e monaci eruditi, prevalentemente greco-cattolici, che, avendo studiato nelle grandi università occidentali del tempo – a Roma, Vienna e altrove –, hanno potuto consultare gli archivi, conoscere gli scritti e il pensiero occidentale sul tema del nome e dell'identità nazionale rumena. Tale Scuola ha svolto un notevole ruolo nella presa di coscienza da parte del popolo rumeno di appartenere alla latinità (si parla, per la Romania, di *latinitas orientalis*), di essere gli eredi dei Romani e che la loro lingua è antica e nobile. La Romania costituisce l'unico caso di un Paese di cultura latina nell'orbita dell'ortodossia slava.

46 Qui usato come sinonimo per rumeni.

silvania e una partecipazione alla Dieta di Transilvania in maniera proporzionale alla loro popolazione. La petizione fu ripresentata, in forma più completa e argomentata, con un secondo *Supplex Libellus* il 30 marzo 1792, da Ioan Bob (1739-1830), vescovo greco-cattolico di Făgăraş (1783-1830), e da Gherasim Adamovici (1733-1794), vescovo ortodosso di Transilvania (1789-1794). Le due petizioni, tuttavia, nate dallo spirito della "Dichiarazione dei diritti dell'uomo e del cittadino" della rivoluzione francese, furono respinte e la condizione sociale dei rumeni non cambiò.

Il 16 giugno 1777, con la bolla *Indefessum*, Pio VI (1775-1799) creò per i greco-cattolici una nuova eparchia ad Oradea Mare (in italiano nota anche come "eparchia di Gran Varadino dei Rumeni", nell'ovest della Transilvania). Il 26 novembre 1853 papa Pio IX (1846-1878) emise tre bolle: con la bolla *Ecclesiam Christi ex omni lingua* la diocesi di Făgăraş fu elevata al rango di *arcieparchia metropolitana*, col nome di "arcieparchia di Făgăraş e Alba Julia" (suo primo metropolita fu Alexandru Șterca Șuluțiu, 1851-1867), sottomettendole contemporaneamente due nuove eparchie: Lugoj (con la bolla *Apostolicum ministerium*), affidata al vescovo Alexandru Dobra (1854-1870), e Gherla (con la bolla *Ad apostolicam sedem*; più tardi Cluj-Gherla), affidata al vescovo Ioan Alexis (1854-1863). Una nuova eparchia verrà creata il 5 luglio 1930, con la bolla *Solemni conventione* di Pio XI: quella di Maramureş, con sede a Baja Mare.

Nel 1918, al termine della prima guerra mondiale, con lo sfaldamento dell'impero asburgico la Transilvania fu aggregata alla Romania, Stato prevalentemente ortodosso. In quell'occasione, il vescovo greco-cattolico di Cluj-Gherla, Iuliu Hossu (1885-1979, vescovo dal 1917 alla morte), e il vescovo ortodosso di Caransebes, Miron Cristea (1868-1939; vescovo dal 1909)[47],

[47] Eletto patriarca metropolita della Chiesa ortodossa rumena nel 1919, nel 1925 divenne patriarca dopo l'elevazione della Chiesa ortodossa rumena a Patriarcato.

lessero congiuntamente la "Dichiarazione d'Unione", sancendo il comune fervore patriottico e la prassi pastorale ecumenica tra le due Chiese rumene. Con la successiva costituzione del 1923, la Chiesa greco-cattolica fu riconosciuta quale Chiesa nazionale minoritaria, a fianco della maggioritaria Chiesa ortodossa.

Al termine della seconda guerra mondiale, re Michele I di Romania (1927-1930; 1940-1947) fu costretto ad abdicare (30 dicembre 1947) e la Romania fu governata dal partito comunista rumeno; lo Stato prese il nome di Repubblica Popolare Rumena (poi Repubblica Socialista di Romania, dal 1965 alla caduta del comunismo). Come per gli altri Stati, anche per la Romania l'avvento del comunismo fu l'inizio di un periodo di persecuzione della Chiesa greco-cattolica, che allora poteva contare su sei vescovi, circa 1.800 sacerdoti e 1.600.000 fedeli in 1794 parrocchie. Per volontà stessa di Stalin, convinto che "le divisioni del papa" fossero l'unico ostacolo che poteva impedire l'affermazione del comunismo, si decise la soppressione della Chiesa greco-cattolica rumena. A questa persecuzione dette il proprio supporto anche Justinian Marina, il terzo patriarca ortodosso (1948-1977), che nutriva il desiderio di riunire i greco-cattolici all'ortodossia. Il suo appello all'unione fu accolto da un ristretto gruppo di sacerdoti greco-cattolici: il 1° ottobre 1948, 37 di essi si riunirono in una palestra di Cluj per firmare una dichiarazione nella quale si dicevano pronti a convertirsi all'ortodossia, non volendo più ricevere ordini da "Roma imperialista". Essi furono immediatamente scomunicati dal loro superiore, il vescovo Iuliu Hossu. Due giorni dopo, scortati dalla polizia, si presentarono davanti al Santo Sinodo ortodosso, a Bucarest, chiedendo di essere ricevuti nell'ortodossia. Il 21 ottobre, ad Alba Julia ebbe luogo una grande assemblea popolare, organizzata dal Ministero degli Interni, alla quale parteciparono 20.000 fedeli greco-cattolici, che furono solennemente ricevuti nella Chiesa ortodossa rumena. Tra il 27 e il 28 ottobre si provvide all'arresto dei sei vescovi: Valeriu Traian Frenţiu (1875-1952), eparca di Oradea Mare (1922-1952) e amministratore apostolico dell'arcieparchia di Făgăraş e Alba Julia[48]; Alexandru Rusu (1884-1963), eparca di Maramureş dal 1930; Ioan Bălan (1880-1959), eparca di Lugoj dal 1936; Iuliu Hossu, eparca di Cluj-Gherla dal 1917; Ioan Suciu (1907-1953), eparca ausiliare di Oradea Mare dal 1940; Vasile Aftenie (1899-1950), eparca ausiliare di Bucarest dal 1926; richiesti di passare all'ortodossia, tutti rifiutarono. Monsignor Aftenie venne torturato a morte: quando il suo corpo fu ritrovato era privo delle braccia e con la barba strappata. Quanto a monsignor Hossu, fu imprigionato fino al 1955 nel penitenziario di Sighet; liberato, trascorse il resto della sua vita agli arresti domiciliari[49]. Gli altri quattro vescovi morirono in prigionia; quasi tutti furono sepolti di notte, senza feretro, in una fossa comune, onde evitare pellegrinaggi alle tombe dei martiri. A questi sei vescovi si deve aggiungere anche Tit Liviu Chinezu (1904-1955), che al momento dell'arresto, il 28 ottobre 1948, era ancora un semplice sacerdote e fu segretamente ordinato vescovo ausiliare dell'arcieparchia di Făgăraş e Alba Julia il 3 dicembre 1949 dagli altri vescovi detenuti; anch'egli morì in prigionia, per ipotermia[50]. L'arresto dei vescovi e la loro detenzione provocò, su ordine di Pio XII, l'ordinazione clandestina di nuovi vescovi da parte del nunzio vaticano a Bucarest, l'americano Gerald Patrick Aloysius O'Hara (1895-1963). I loro nomi, tuttavia, furono scoperti dalla *Securitate*, la temuta polizia segreta rumena, che forzò la cassaforte della nunziatura. Il nunzio fu espulso (1950), i vescovi arrestati. Tra questi vescovi si ricordano Ioan Ploscaru (1911-1998), Ioan Dragomir (1905-

48 La sede era vacante dopo la morte dell'eparca Alexandru Nicolescu (1936-1941); lo rimarrà fino al 1990.

49 Papa Paolo VI lo elevò al rango di cardinale, primo della nazione rumena, mantenendo però la nomina *in pectore*, nel concistoro del 28 aprile 1969. Morì il 28 maggio 1970, all'età di 85 anni, e la sua elevazione postuma fu annunciata nel successivo concistoro del 5 marzo 1973.

50 È attualmente in corso il processo di beatificazione per tutti questi sette vescovi.

1985) e Alexandru Todea (1912-1994). Il primo, nominato vescovo ausiliare di Lugoj il 30 novembre del 1948, fu arrestato il 29 agosto 1949 e passò ben 14 anni nelle prigioni rumene, sottoposto a privazioni, percosse, torture[51]. Il secondo, consacrato nel 1950, fu arrestato subito dopo e condannato al carcere, dove fu sottoposto a diverse misure repressive; fu rilasciato nel 1964. E così pure per il terzo: consacrato il 19 novembre 1950, fu arrestato nel 1951 e condannato al carcere a vita; nel 1964 fu tuttavia rilasciato.

Tutti i beni temporali della Chiesa greco-cattolica furono spartiti tra vari ministeri dello Stato rumeno e la Chiesa ortodossa rumena. Gli archivi, i documenti, le biblioteche, le scuole e gli ospedali andarono allo Stato; le cattedrali, le chiese parrocchiali, le cappelle e le canoniche furono prese dalla Chiesa ortodossa. Come altrove, anche in Romania la Chiesa greco-cattolica scese nelle "catacombe" e molti fedeli e sacerdoti continuarono a praticare la loro fede nel segreto. Dei 600 sacerdoti arrestati, solo la metà sopravvisse al carcere. Usciti dalla prigione, furono costretti a trovarsi un lavoro come semplici operai. Nel frattempo nuovi candidati erano stati preparati segretamente, per sostituire la generazione più anziana.

Con il crollo del regime, nel 1989[52], il nuovo Stato rumeno riconobbe ufficialmente (31 dicembre 1989) il culto greco-cattolico con gli stessi diritti degli altri culti religiosi riconosciuti in Romania e la Chiesa greco-cattolica potè così uscire dalla clandestinità e iniziare un lento periodo di ricostruzione dopo le distruzioni, materiali e morali, provocate dal comunismo. Le sedi vescovili, rimaste vacanti alla morte dei loro vescovi, ricevettero, nel 1990, nuove nomine, così da ripristinare la gerarchia

---

[51] Si veda I. Ploscaru, *Catene e Terrore. Un vescovo clandestino greco-cattolico nella persecuzione comunista in Romania*, Bologna 2013.

[52] La fine del comunismo rumeno fu sanguinosa; essa può infatti porsi coincidere con la fucilazione pubblica di Nicolae (1918-1989) ed Helena Ceausescu (1916-1989), il giorno di Natale del 1989.

greco-cattolica; alla sede metropolitana di Făgăraş e Alba Julia fu nominato, il 30 marzo 1990, mons. Alexandru Todea (1990-1994)[53]. Tuttavia ben pochi dei beni confiscati furono restituiti; su un totale di circa 2.300 chiese ne sono state restituite solamente circa 300, e molte solo per intervento diretto della magistratura; tra queste le cattedrali di Cluj, Făgăraş, Lugoj e Oradea Mare[54].

Il 16 dicembre 2005. con la bolla *Ad totius Dominici gregis*, papa Benedetto XVI ha elevato la Chiesa greco-cattolica rumena alla dignità di Chiesa arcivescovile maggiore e contestualmente l'arcieparchia di Făgăraş e Alba Julia è divenuta la sede propria dell'arcivescovo maggiore. Primo, e attuale, arcivescovo maggiore è Sua Eccellenza Lucian Mureşan (1931 -)[55], già arcivescovo di Făgăraş e Alba Julia dal 1994 (succedendo ad Alexandru Todea); nel concistoro del 18 febbraio 2012 è stato elevato alla porpora cardinalizia.

L'8 maggio 2014 fu eretta una nuova eparchia a Bucarest, chiamata "eparchia di san Basilio Magno", della quale fu nominato primo vescovo Mihai Frăţilă (1970 -).

In base all'elaborazione statistica tratta dall'Annuario Pontificio 2015, il totale dei fedeli cattolici della Chiesa greco-cattolica rumena è di 512.726[56].

---

[53] Nel concistoro del 28 giugno 1991 fu eletto cardinale.

[54] Il rifiuto di restituire ai fedeli greco-cattolici i loro precedenti luoghi di culto è purtroppo assolutamente generalizzato tra il clero e i fedeli ortodossi rumeni. Unica lodevole eccezione è costituita dal metropolita Nicolae del Banato, regione nord-occidentale della Romania, che ha subito restituito le chiese greco-cattoliche che si trovavano sotto la sua giurisdizione (vedi C. ALZATI, "Profilo storico-religioso dello spazio romeno", in A. ROCCUCCI, a cura di, *Chiese e culture nell'Est europeo. Prospettive di dialogo*, Milano 2007, pp. 169-198, in particolare alle pp. 194-197).

[55] Fu ordinato sacerdote il 19 dicembre 1964 da monsignor Ioan Dragomir, da poco graziato e scarcerato.

[56] Il numero dei fedeli ha subito negli ultimi decenni una diminuzione considerevole: nel 1995 i greco-cattolici erano 2.011.635; nel 2000 erano 1.390.610 e nel 2010 erano 707.452.

10.7 LA CHIESA GRECO-CATTOLICA RUSSA

La nascita della chiesa greco-cattolica russa deve molto al pensiero del filosofo, teologo, poeta e critico letterario russo Vladimir Sergjevič Solovjev (1853-1900). Egli avvertì fortemente la necessità di superare la scissione tra Chiesa cattolica e Chiesa ortodossa e arrivare così a un ecumenismo dottrinale. Solovjev, che riconosceva il primato del papa di Roma, successore di Pietro, voluto da Dio stesso per guidare la sua Chiesa, riteneva che la Chiesa ortodossa russa non si fosse mai separata formalmente da Roma, ma solo *de facto* (parla del "peccato involontario dello scisma"): era così possibile professare il cattolicesimo e sentirsi in comunione con Roma pur continuando ad essere russi ortodossi[57]. Non si trattava di convertire gli ortodossi in cattolici o i protestanti in ortodossi e cosi via: si trattava solo di accettare l'altro come egualmente legittimato a essere cristiano. Ciò che unisce non è una dottrina o la ricerca di ciò che si ha in comune o di diverso, ma solo accettare la dottrina dell'altro e confessare Gesù, Verbo incarnato e risorto. L'unità delle Chiese può coesistere con le loro diversità dottrinali[58]. Il moderno ecumenismo deve riconoscere in lui uno dei suoi più determinati ispiratori.

Influenzato dalle idee di Solovjev, Nicholas Tolstoy (1867-1938) fu il primo sacerdote russo ortodosso che, nel 1893, fece pressioni per l'unione con la Chiesa cattolica, alla quale aderì formalmente nel novembre 1894. Egli inaugurò a Mosca una piccola comunità cattolica di origine russa, che nel 1896 ricette in comunione lo stesso Solovjev. Nel 1902 anche Ivan Deubner (1873-1936), un ufficiale governativo che si era segretamente convertito ed era stato ordinato sacerdote, si unì alla nascente

[57] Fedeli al pensiero di Solovjev, molti greco-cattolici russi parlano di loro stessi come membri della "*Chiesa russo-ortodossa in comunione con Roma*".

[58] Vedi C. Leonardi, "L'ecumenismo medievale", p. 11, in http://www.doctorseraphicus.it/images/annate/1988_05-11_Leonardi.pdf (consultato il 12 aprile 2016).

comunità. Questa potè venire apertamente alla luce solo con il decreto del 17 ottobre 1905 (30 ottobre secondo il calendario gregoriano) dello zar Nicola II (1894-1917), che concedeva le libertà fondamentali, ossia l'inviolabilità della persona e le libertà di coscienza, di parola, di riunione e di associazione.

Per interessamento di Andrej Sheptytsky, metropolita greco-cattolico ucraino di Leopoli (1900-1944), nel 1908 i russi di rito greco-slavonico furono posti alle dipendenze di Wincently Kluczynki (1847-1917), arcivescovo latino di Mohilev (1910-1914), in Bielorussia, mentre il padre Alexsij Zerchaninov (1850 circa-1934), che nel 1896 aveva abbandonato la Chiesa ortodossa russa per diventare cattolico, fu nominato amministratore della piccola comunità. Nello stesso anno, il padre Zerchaninov aprì a San Pietroburgo, nella stessa casa in cui viveva, la prima cappella, dedicata allo Spirito Santo, ben presto diventata un centro di zelo missionario per tutta la Russia. Nel 1909 un telegramma imperiale riconosceva alla comunità cattolica il titolo di "Vecchi Credenti in comunione con la Sede Apostolica di Roma", mutato poi, nel 1912, in quello di "Chiesa cattolica ortodossa di rito orientale". Nacquero comunque, fin dall'inizio, diatribe interne tra quanti, sostenuti dal padre Deubner, volevano adottare il rito latino, e quanti, invece, volevano mantenersi fedeli alla tradizione greco-slavonica. Nel 1913 le due cappelle che allora la comunità possedeva furono fatte chiudere.

Le speranze della piccola comunita, che nel 1911 era arrivata a contare 743 unità, furono risollevate dall'arrivo nel 1914 a San Pietroburgo del padre Leonid Ivanovič Fyodorov (1879-1935). Mentre, ancor giovane, compiva i suoi studi per diventare presbitero della Chiesa ortodossa russa, Leonid era stato attratto dal cattolicesimo, sostenuto, in questa sua scelta, dal metropolita ucraino Andrej Sheptytsky, da lui incontrato mentre era in viaggio verso Roma. E qui, nella Città Santa, Leonid era stato ufficialmente accolto nella Chiesa cattolica il 31 luglio 1902. Terminati gli studi ad Agnani, a Roma e a Friburgo, avendo deciso di rimanere fedele alla liturgia e ai costumi dell'Oriente cristiano, con il pieno consenso e l'incoraggiamento di papa Pio X (1903-1914) era stato incorporato nella giovanissima Chiesa greco-cattolica russa. Ordinato presbitero a Costantinopoli il 25 marzo 1911, aveva esercitato dapprima il suo ministero in Bosnia e in Ucraina, ma alla vigilia dello scoppio della prima guerra mondiale era ritornato nella nativa San Pietroburgo, mettendosi al servizio della piccola comunità cattolica, travagliata da una crisi interna, coadiuvato da due nuovi sacerdoti russi entrati nella comunità, i padri Trofim Semiatsky (1859-1940) e Gleb Verkhovsky (1888-1935)[59]. Nel 1914, tuttavia, padre Leonid fu arrestato dalla Ochrana, la polizia segreta zarista, ed esiliato a Tobol'sk in Siberia, perché ritenuto una potenziale minaccia per il governo, che sosteneva l'ortodossia russa come religione di Stato. Dopo la rivoluzione del febbraio 1917, fu liberato dai nuovi governanti e potè rientrare a San Pietroburgo. E in questa città, durante un sinodo svoltosi dal 29 al 31 maggio 1917, il primo della Chiesa greco-cattolica russa, presieduto dal metropolita Andrej Sheptytsky, fu nominato esarca dell'esarcato apostolico di Russia. Leonid accettò la nomina – che sarà poi approvata più tardi, il 1° marzo 1921, da papa Benedetto XV (1914-1922) –, ma rifiutò l'ordinazione episcopale. Nel 1921 la nuova struttura in Russia fu riconosciuta dalla Congregazione delle Chiese orientali come esarcato apostolico di rito bizantino, con sede a Mosca e con Leonid Fyodorov quale protonotario apostolico. Come rettore della parrocchia di Mosca vi era il sacerdote Vladimir Vladimirovič Abrikosov (1880-1966), ortodosso convertitosi al cattolicesimo nel 1909 e che monsignor Sheptytsky aveva ordinato sacerdote di rito bizantino il 29 maggio 1917.

Dopo la rivoluzione dell'ottobre 1917, la Chiesa greco-cattolica russa poté svolgere pacificamente la sua azione, ma per

[59] Mentre il primo avrebbe poi abbandonato la Chiesa cattolica, per rientrare nell'ortodossia, il secondo nel 1926 avrebbe lasciato la Russia per andare a svolgere il proprio ministero presso gli emigrati ucraini negli USA.

breve tempo, perché nel 1919 scoppiò la persecuzione bolscevica, con il divieto di predicazione e la chiusura forzata di tutte le chiese cattoliche. Il padre Zerchaninov fu il primo ad essere arrestato: sarebbe poi morto in prigionia nel 1934. Così pure il padre Deubner, che finirà assassinato nel 1936. Il 23 febbraio 1923 anche padre Leonid Fyodorov venne arrestato, processato e condannato a dieci anni di carcere. Imprigionato per tre anni a Mosca, venne liberato il 26 aprile 1926, ma poco dopo, il 10 agosto, fu nuovamente arrestato e trasferito in un campo di prigionia ricavato nell'ex-monastero della Trasfigurazione alle isole Solovki, nel Mar Bianco, a circa 160 km dal circolo polare artico, adibito a prigione per i colpevoli di "reati" religiosi[60], dove, inizialmente, le guardie gli permisero di dire messa in una piccola cappella. Il 6 agosto 1929 fu trasferito a Pinega, nella Russia europea settentrionale, e messo ai lavori forzati in una miniera di carbone. Nonostante tutto, egli continuò in segreto a insegnare il catechismo ai ragazzi; fu così trasferito a Poltava, in Ucraina, dove completò la sua pena. Liberato nel 1932, risiedette a Vjatka, e qui, logorato dai rigori della prigionia, morì il 7 marzo 1935. Il 27 giugno 2001 è stato beatificato da papa Giovanni Paolo II.

Con l'arresto di Leonid Fyodorov, la carica di esarca venne assunta da Klymentiy Sheptytsky (1869-1951), fratello del metropolita Andrej; inizialmente solo *de facto* e quindi *de jure* nel 1935, con la morte dell'esarca Fyodorov. Arrestato nel 1945, morirà in prigione nel 1951.

Nel 1935, il 21 febbraio, venne arrestato anche Bartholomew Remov (1888-1935), un vescovo russo ortodosso che si era se-

[60] Su questo "lager a destinazione speciale", si veda J. BRODSKIJ, *Solovki. Le isole del martirio. Da monastero a primo lager sovietico*, Milano 1998, in particolare, per quanto riguarda gli ecclesiastici ivi relegati, pp. 130-155 (pp. 143-144 per padre Leonid Fyodorov), 260-261. Si calcola che a partire dal 1920 e per circa un ventennio oltre un milione di detenuti passarono da questo enorme lager. Dal 1992 sulle isole è rinata la comunità monastica.

gretamente convertito al cattolicesimo nel 1932; condannato a morte il 17 giugno successivo, fu immediatamente fucilato.

Nel 1936 il padre Alexander Evreinov (1877-1959), russo ortodosso convertito al cattolicesimo e che dal 1921 lavorava a Parigi, presso la Nunziatura apostolica, interessandosi della comunità russa cattolica, fu consacrato vescovo ordinario per i russo-cattolici in diaspora. Suo successore fu Andrej Katkov (1916-1995), che continuò a prendersi cura della diaspora cattolica. Ritiratosi nel 1977 per motivi di salute, a tutt'oggi non ha ancora ricevuto un successore. Parrocchie e comunità greco-cattoliche russe sorgono, oltre che a Mosca e a San Pietroburgo, in America (San Francisco, New York, Denver, El Segundo, Buenos Aires), nell'Europa occidentale (Dublino, Meudon, Parigi, Chevetogne, Lione, Berlino, Monaco di Baviera, Roma, Milano), in Australia (Melbourne) e in Asia (Singapore).

Il 15 agosto 1929, papa Pio XI, che intendeva creare un istituto di formazione per i molti seminaristi immigrati dalla Russia bolscevica a causa della persecuzione anticristiana e anticattolica del regime sovietico, erigeva a Roma il Pontificio Collegio Russo, noto come *Russicum*, affidato ai gesuiti e dedicato agli studi della cultura e della spiritualità della Russia. Molti dei suoi studenti sarebbero poi morti martiri in Russia durante la persecuzione staliniana.

Il 20 maggio 1928, con il decreto *Fidelium Russorum* della Pontificia commissione Pro Russia, veniva eretto un secondo esarcato apostolico ad Harbin, in Manciuria, nell'estremo nord-est della Cina, con giurisdizione sui fedeli russi di rito bizantino, affidato, in qualità di amministratore apostolico, al presbitero bielorusso Fabijan Abrantovič (1884-1946). Nel 1939, padre Abrantovič si recò a Roma per la visita *ad limina* e per rendere conto del proprio operato. Impedito dallo scoppio della guerra di rientrare apertamente in patria, fu arrestato dai sovietici il 25 ottobre 1939 mentre tentava di oltrepassare nascostamente la frontiera tra Germania e Polonia. Accusato di antisovietismo e di essere una spia del Vaticano, fu dapprima incarcerato a Mosca, quindi condannato a 10 anni di gulag, ma morì in carcere a Mosca (2 gennaio 1946), prima di raggiungere il lager[61].

Dopo l'arresto del padre Abrantovič, il papa nominò amministratore apostolico di Harbin un altro presbitero bielorusso, l'archimandrita Andrey Tsikoto (1891-1952), il quale riuscì a creare un'atmosfera di simpatia con la colonia di russi ortodossi emigrati in Cina, che contava allora circa 500 battezzati. Ma il 25 dicembre 1948, il padre Andrey e altri quattro sacerdoti[62] furono arrestati dai comunisti cinesi e consegnati al NKVD[63]. Condannato a 25 anni di gulag, padre Andrey morì il 13 febbraio 1953 nell'infermeria del lager Ozerlag, nella Siberia sud-orientale.

Attualmente l'esarcato apostolico di Harbin dei russo-bizantini, ufficialmente mai soppresso, è sede vacante.

Dopo il crollo dell'Unione Sovietica, i cattolici russi hanno cominciato nuovamente ad apparire. Nel mese di agosto 2004, il presbitero, storico e scrittore russo Sergej Vladimirovič Golovanov (1968 -), convertitosi al cattolicesimo nel 1992 e nel 1994 ordinato sacerdote, insieme ad altri quattro sacerdoti cattolici russi di rito bizantino fece appello alla Santa Sede per ristabilire l'esarcato cattolico russo, vacante dal 1951, dopo la morte di Klymentiy Sheptytsky. Ritenendo di non dover ripristinare

[61] Venne completamente riabilitato dalla Suprema Corte della Federazione Russa il 24 ottobre 1992. Il 31 marzo 2003 è stato aperto il processo di beatificazione.

[62] Tra questi il padre Portnjagin Pavel Konstantinovič (1903-1977). Condannato a 25 anni di gulag, fu liberato nel 1960; si trasferì a Samarcanda, dove morì nel 1977.

[63] *Narodnyj Komissariat Vnutrennich Del*, ossia "Commissariato del popolo per gli affari interni", che sarà poi tristemente noto, a partire dal 1954, come KGB *Komitet Gosudarstvennoj Bezopasnosti*, "Comitato per la sicurezza dello Stato".

l'esarcato, nel dicembre 2004, papa Giovanni Paolo II ha nominato monsignor Joseph Werth (1952 -), gesuita kazako, già vescovo della diocesi latina di Novosibirsk, in Siberia, come ordinario per i cattolici di rito bizantino in Russia.

La Chiesa greco-cattolica russa, pertanto, non possiede una propria gerarchia e le sue poche parrocchie sono servite da preti ordinati in altre Chiese cattoliche bizantine, preti provenienti dalla Chiesa ortodossa, e preti cattolici di rito latino con facoltà birituali, prevalentemente gesuiti.

10.8 LA CHIESA GRECO-CATTOLICA BULGARA[64]

La conversione dei bulgari viene fatta risalire all'864, quando, in cambio della pace con l'impero bizantino, il re Boris I (852-888) accettò di convertirsi al cattolicesimo e si fece battezzare da un delegato del patriarca di Costantinopoli. I bulgari accettarono quindi il cristianesimo, nel rito bizantino e con la liturgia celebrata in greco; e furono missionari greci a organizzare quella Chiesa. Ma quando Boris chiese al patriarca Fozio (858-867, 877-886) l'istituzione di una propria gerarchia ecclesiastica, il patriarca rispose enunciando i principi della fede ortodossa, ma senza menzionare la questione della gerarchia bulgara. Il sovrano bulgaro si rivolse allora a papa Nicolò I (858-867), chiedendo vescovi e preti per propagare la fede e inviandogli, nell'866, ben 106 quesiti, tra i quali uno chiedeva se alla Bulgaria spettasse il diritto di avere un patriarca. Il pontefice rispose ai quesiti inviatigli con i celebri *Responsa Nicolai I papae ad quaesita Bulgarorum*, dell'agosto 866, dove insisteva, tra le tante cose, sull'obbedienza del capo della Chiesa bulgara – un arcivescovo e non un patriar-

[64] Vedi J. Zádrapa, "La Chiesa cattolica di rito bizantino in Bulgaria", *Ecclesia Mater* LII, 2014, pp. 166-170.

ca come richiedeva Boris I – alla sede di Roma. Convinto dalle argomentazioni del papa, re Boris scacciò i missionari greci, consentendo la predicazione ai missionari inviati da Roma. Fu questo il primo dei numerosi passaggi di obbedienza – da quella del patriarcato di Costantinopoli a quella della sede romana, e viceversa – che caratterizzarono la vita della Chiesa bulgara nei suoi primi tre secoli di vita[65]. Ma nell'870, deluso dai latini, re Boris si rivolse nuovamente a Costantinopoli e il patriarca Ignazio I (847-858, 867-877) inviò in Bulgaria un arcivescovo e dieci vescovi bizantini, tra le inascoltate proteste di papa Adriano II (867-872). Nell'888 re Boris si dimise, lasciando il trono al figlio Vladimiro (888-893) e ritirandosi in un monastero. Ma quando Vladimiro, in opposizione alla politica del padre, si fece campione della fede pagana tradizionale bulgara, cercando di imporre il ritorno al paganesimo, Boris riuscì a farlo deporre e sostituire dal terzogenito Simeone.

Durante il regno di Simeone I (893-927), considerato l'età dell'oro della cultura bulgara, la Bulgaria ottenne la massima espansione territoriale, diventando il più potente Stato dell'Europa orientale dall'inizio del X secolo. La sua posizione culturale dominante fu ulteriormente consolidata con l'invenzione, già durante il regno di Boris I, dell'alfabeto glagolitico da parte dei santi fratelli Cirillo e Metodio, per cui in breve cominciò a diffondersi una letteratura in lingua lingua bulgara antica. Col concilio di Preslav dell'893 si decise di sostituire la lingua greca con la lingua slava. Segno di questo prestigio politico e culturale fu anche l'ottenimento dell'indipendenza per la Chiesa ortodossa bulgara, con la dichiarazione di un patriarcato bulgaro (925), riconosciuto da Costantinopoli nel 927, sotto il figlio di Simeo-

65 Si veda G. FEDALTO, "La Chiesa bulgara tra Bisanzio e Roma, da Boris I (853-888) a Kalojan (1197-1207): convergenze e contrasti", in G. FEDALTO, *Cristiani entro e oltre gli imperi. Saggi su Terre e Chiese d'Oriente*, Verona 2014, pp. 329-342.

ne, Pietro (927-970); essa era così la più antica Chiesa ortodossa slava autocefala, la prima ad aggiungersi alla Pentarchia.

Con la conquista della Bulgaria da parte del *basileus* Basilio III il Bulgaroctono (976-1025) non solo terminava il glorioso "Primo impero bulgaro" (1018), ma anche la Chiesa bulgara tornava a dipendere da Costantinopoli. Nel 1186 la Bulgaria riottenne la sua indipendenza, dando inizio al "Secondo impero bulgaro" (1186-1393), e Tirnovo, in Macedonia, divenne nuova capitale del regno e sede primaziale della sua Chiesa. Il vescovo Basil (1186-1205) assunse il titolo di "arcivescovo autocefalo". Ma non riuscendo a ottenere il riconoscimento dell'autocefalia da Costantinopoli, nel novembre 1202 il re bulgaro Kalojan (1197-1207) si rivolse a papa Innocenzo III (1198-1216), riconoscendolo come capo dei cristiani. Nella lettera di risposta del 25 febbraio 1204, il pontefice lo proclamava re, gli inviava scettro e diadema e nominava Basil "primate ed arcivescovo di tutta la Bulgaria e Valacchia", con il privilegio di incoronare il re. L'unione con Roma durò, però, solo fino al 1235, quando il patriarca di Costantinopoli Germano II (1222-1240) nel concilio di Lampsakos riconobbe nuovamente l'indipendenza della Chiesa bulgara, promuovendone il primate alla dignità patriarcale e causando il ritorno dei bulgari in seno all'ortodossia. Con la conquista ottomana del 1393, il patriarcato ebbe fine e il suo territorio fu riunito a quello di Costantinopoli. L'altro centro religioso bulgaro, l'arcivescovado autocefalo di Ochrida, riuscì invece a sopravvivere fino al 1767. Nei secoli successivi, la Chiesa bulgara subì un'ellenizzazione sempre più intensa: non solo il greco divenne lingua liturgica, ma anche la gerarchia ecclesiastica era costituita da vescovi di nazionalità greca.

Questa situazione durò fino al XIX secolo, quando le idee nazionaliste che si erano diffuse in Europa dopo la rivoluzione francese spinsero i bulgari a richiedere fermamente una maggiore indipendenza della propria Chiesa, minacciando anche il passaggio alla Chiesa cattolica. Le trattative ufficiali con Roma vennero avviate nel 1859 e nella primavera 1861 una delegazione bulgara, guidata dall'archimandrita Josiph Sokolsky (1786-1879), si recò a Roma per negoziare l'unione. L'8 aprile Pio IX (1846-1878) nominò vescovo il Sokolsky, con il titolo di "arcivescovo per i cattolici bulgari di rito bizantino". Ma l'unione fu di breve durata: nel corso dello stesso 1861 le autorità russe, temendo di perdere influenza politica sulla comunità bulgara qualora questa si fosse convertita al cattolicesimo, fecero tradurre coattamente in Russia il Sokolsky, dove finì i suoi giorni (30 settembre 1879) in esilio forzato in un monastero di Kiev. Inoltre, sottoposto alle pressioni russe, il 12 marzo 1870 il sultano ottomano decretò l'istituzione di un esarcato bulgaro, indipendente da Costantinopoli. Il patriarca di Costantinopoli reagì lanciando la scomunica contro la Chiesa bulgara, provvedimento che non fu però riconosciuto dalle altre Chiese ortodosse autocefale. Così, privati del loro pastore e con il rafforzarsi della neonata Chiesa ortodossa bulgara, sostenuta economicamente dalla Russia – ciò che veniva incontro alle aspettative dei nazionalisti bulgari –, la maggior parte dei fedeli greco-cattolici ritornò gradualmente all'ortodossia.

Per i fedeli, invece, che erano rimasti fedeli a Roma (dei quali, dopo l'internamento di Sokolsky, si era preso cura il sacerdote Pietro Arbadzhinsky, quale delegato apostolico), il 10 febbraio 1864 venne nominato un "vicario patriarcale e capo dei Bulgari uniti con la Chiesa cattolica romana", nella persona dell'archimandrita Raphail Popov (1830-1876), del monastero di Rila, che il successivo 14 marzo fu nominato amministratore apostolico e il 19 novembre 1865 ordinato vescovo a Costantinopoli. Fino alla morte, avvenuta il 23 febbraio 1876, il vescovo sviluppò una vigorosa attività a sostegno dei suoi fedeli, compiendo numerose visite pastorali. Alla sua morte fu sostituito da Nil Izvorov (1823-1905), già vescovo bulgaro ortodosso di Kukush, odierna Kilkis, nella Macedonia centrale.

Nel 1883 la Santa Sede istituì due vicariati apostolici per i bulgari cattolici viventi nei territori europei dell'impero ottomano: il 7 aprile quello di Tracia, con sede a Edirne (Adrianopoli) e affidato a Michel Petkoff (1850-1921), e il 12 giugno quello di Macedonia, con sede a Salonicco (Tessalonica) e affidato a Lazar Mladenov (1850-1917). Entrambi i vicariati dipendevano da un arcivescovo amministratore apostolico con sede a Costantinopoli, allora Nil Izvorov, incaricato di trattare le questioni col governo turco.

In seguito alle guerre balcaniche (1912-1913) e alla prima guerra mondiale, dalle quali la Bulgaria uscì sconfitta, il Paese subì gravi devastazioni, con la perdita di vaste zone del suo territorio. Tutto ciò ebbe profonde ripercussioni sulla Chiesa cattolica bulgara, che vide ridursi drasticamente le proprie vocazioni sacerdotali. Nel 1926, pertanto, Pio XI decise di sopprimere i due vicariati apostolici precedenti, sostituendoli con un nuovo esarcato apostolico di Sofia, per i fedeli cattolici di rito bizantino. La riorganizzazione della Chiesa cattolica bulgara avvenne soprattutto per iniziativa dell'arcivescovo Angelo Roncalli (1881-1963), il futuro papa Giovanni XXIII (1958-1963), che nel 1925 era stato eletto visitatore apostolico in Bulgaria e successivamente, nel 1931, delegato apostolico in Bulgaria, dove rimase fino al 1934, quando fu nominato delegato apostolico in Turchia e Grecia. Primo esarca fu monsignor Kyril Stefan Kurteff (1891-1971), nominato il 31 luglio 1926 e rimasto in carica fino al 30 maggio 1941, quando diede le dimissioni per motivi di salute. Gli succedette Ivan Dimitrov Garufaloff (1887-1951), nominato il 6 luglio 1942. Alla sua morte, essendo proibite dal governo comunista nuove nomine episcopali, monsignor Kurteff dovette riprendere la direzione dell'esarcato, che tenne fino alla morte, avvenuta il 9 marzo 1971.

Anche per la Chiesa greco-cattolica bulgara la vita fu molto difficile sotto i comunisti, anche se, a differenza di altri regimi comunisti dell'Europa orientale, il governo comunista bulgaro, salito al potere dopo la seconda guerra mondiale, non abolì ufficialmente la Chiesa greco-cattolica, pur sottoponendola a gravi restrizioni. Le condizioni della Chiesa migliorarono quando, il 28 luglio 1958, fu eletto papa Giovanni XXIII.

Attuale esarca dell'esarcato apostolico di Sofia è Hristo Projkov (1946 -), eletto il 5 settembre 1995, dopo la rinuncia, per motivi di età, dell'esarca Metodi Dimitrov Stratiev (1916-2006), in carica dal 1971 al 1995.

In base all'elaborazione statistica tratta dall'Annuario Pontificio 2015, il totale dei fedeli dell'esarcato apostolico di Sofia è di 10.000, con 20 parrocchie.

10.9 LA CHIESA GRECO-CATTOLICA MACEDONE

La Chiesa greco-cattolica macedone nacque da una costola della Chiesa greco-cattolica bulgara.

Un primo tentativo di adesione dei bulgari di Macedonia con Roma avvenne nel 1861, con la missione dell'archimandrita Josiph Sokolsky, terminata, come visto, con il rientro quasi totale dei fedeli nella Chiesa ortodossa.

Un secondo movimento di unione con Roma si ebbe nel 1874, quando il vescovo di Kukush, Nil Izvorov, scrisse una lettera al vescovo bulgaro cattolico a Costantinopoli, Raphail Popov, dicendo che era desiderio della popolazione macedone di unirsi alla Chiesa cattolica bulgara. Quindi scrisse anche al papa, chiedendo l'unione, ed il pontefice diede il suo assenso[66].

Per i fedeli greco-cattolici bulgari che abitavano la parte occidentale dell'impero ottomano europeo, il 12 giugno 1883 *Propaganda fide* eresse il vicariato apostolico di Macedonia, con sede nella città di Salonicco, sotto giurisdizione della Chiesa greco-cattolica bulgara. Come primo vicario apostolico fu scelto il giovane sacerdote bulgaro lazzarista, Lazar Mladenov (1850-

[66] Nel 1895, tuttavia, il vescovo Izvorov rientrò nella Chiesa bulgara ortodossa. Pentitosi, nel 1896 ritornò al cattolicesimo, spostandosi a Roma, dove visse fino alla morte.

1917), ordinato vescovo a Costantinopoli da Nil Izvorov il medesimo giorno dell'erezione del vicariato apostolico. Durante il suo ministero (1883-1894), il movimento di unione con Roma raggiunse l'apogeo. Nell'ottobre 1894, tuttavia, a seguito di conflitti tra diverse fazioni della Chiesa, si dimise[67].

Nel 1895 gli succedette Epiphany Shanov (1849-1940), che curò in particolar modo l'educazione del suo gregge, con l'istituzione di numerose scuole, sia maschili sia femminili. Nel 1909 diede le dimissioni, ma queste non furono accettate da Roma. Fatto prigioniero dai greci nel 1913 durante le "guerre balcaniche" (1912-1913), fu liberato solo dopo la fine della prima guerra mondiale. Nel 1921 ripresentò le proprie dimissioni e questa volta il papa le accolse.

Nel frattempo, parte del territorio macedone era entrato a far parte del neonato (1° dicembre 1918) "Regno dei Serbi Croati e Sloveni", sotto re Pietro I di Serbia (1844-1921; re di Serbia dal 1903), che nel 1929 sarebbe diventato Regno di Jugoslavia.

Con le dimissioni del vicario Shanov, la sede rimase vacante, finché nel 1924 la Santa Sede decise per la sua soppressione; il suo territorio fu unito all'eparchia di Križevci, in Croazia.

Soltanto in seguito alla dissoluzione della Jugoslavia, la Santa Sede decise, in data 11 gennaio 2001, di erigere l'esarcato apostolico di Macedonia, con territorio ricavato dall'eparchia di Križevci, per i fedeli di rito bizantino che usano come lingua liturgica il macedone. Da quella data è il vescovo di Skopje a ricoprire l'incarico di esarca apostolico. Il primo fu Joakim Herbut (1928-2005), al quale succedette, il 20 luglio 2005, Kiro Stojanov (1959 -), primo vescovo cattolico di origini macedoni dopo più di un secolo, attualmente in carica.

In base all'elaborazione statistica tratta dall'Annuario Pontificio 2015, il totale dei fedeli dell'Esarcato apostolico di Macedonia è di 11.323.

---

[67] Nel dicembre 1894 chiese di essere accolto nella Chiesa ortodossa.

10.10 La Chiesa greco-cattolica albanese

La diffusione del cristianesimo in Albania, il "Paese delle aquile", risale al I secolo d.C., quando il Paese faceva parte della provincia romana dell'*Illiricum*. San Paolo stesso afferma di avervi predicato il vangelo (Rom 15,19). L'evangelizzazione fu poi continuata nel nord del Paese da missionari provenienti da Roma, mentre nella parte sud operarono missionari provenienti da Bisanzio, lungo la Via Egnatia, la famosa rotta militare e strada di commercio che conduceva da Durazzo, attraversando la valle del fiume Shkumbini, fino in Macedonia e a Bisanzio. Quando nel 395, alla morte dell'imperatore Teodosio I (379-395), avvenne la divisione dell'impero romano tra Oriente e Occidente, l'Illirico rimase legato amministrativamente a Costantinopoli, ma ecclesiasticamente dipendente da Roma. La maggioranza degli albanesi che vivevano nella parte settentrionale del Paese aderirono alla chiesa di Roma, mentre la maggioranza di quelli che vivevano nella parte meridionale entrarono nella Chiesa ortodossa bizantina. Nel 731, tuttavia, l'imperatore bizantino Leone III Isaurico (717-741) sottrasse al patriarcato romano i territori dell'Illirico orientale per unirli al patriarcato di Costantinopoli[68]. Con lo scisma d'Oriente (1054) il sud dell'Albania mantenne i suoi legami con Costantinopoli e la Chiesa greca, mentre il nord rimase sotto la giurisdizione romana.

Con la conquista ottomana del Paese (1479) si rafforzò la presenza musulmana. Terrorizzati dai metodi repressivi dei conquistatori, forti nuclei di popolazione albanese emigrarono in

[68] In contrasto con la sede romana per la questione iconoclastica, il *basileus* bizantino assoggettò al patriarcato di Costantinopoli non solo Sicilia e Calabria, ma anche le province incluse nei vicariati apostolici d'Oriente, con Macedonia, Tessaglia, Epiro vecchio e nuovo, Acaia, isola di Creta, le due Dacie, Mesia, Dardania, Prevalitana.

Italia, accompagnati dai loro prelati[69]. Impossibilitata a mantenere regolari contatti con le comunità cattoliche del nord, la Santa Sede si vide costretta a lasciarle in balia di sé stesse; sorte migliore ebbero invece le comunità ortodosse del sud, legate al patriarcato di Costantinopoli, riconosciuto dal governo turco.

Con la conversione al cattolicesimo di un arcivescovo ortodosso nel 1660, una missione cattolica cominciò ad operare nel sud del Paese, nel distretto di Cimarra, lungo la costa dell'Epiro, ma dopo poco più di un secolo, nel 1765, l'attività di predicazione dovette essere abbandonata, per i continui ostacoli posti dalle autorità ottomane. Nuove opportunità si presentarono nel 1895, quando, per opera di un sacerdote ortodosso convertito, padre Giorgio Germanos, un gruppo di villaggi dell'Albania centrale, nel distretto di Elbasan, si convertirono al cattolicesimo, chiedendo che venisse loro accordato un vescovo. Col tempo, gli ortodossi passati al cattolicesimo aumentarono di numero, così che l'11 novembre 1939 la Santa Sede eresse, con la bolla *Inter regiones* di Pio XII, l'Amministrazione apostolica dell'Albania meridionale, come giurisdizione ecclesiastica separata, con sede nella città di Fier, ricavandone il territorio dall'arcidiocesi latina di Durazzo. Primo amministratore apostolico (1940-1945) fu l'arcivescovo italiano Leone Giovanni Battista Nigris (1884-1964), dal 1938 nunzio apostolico in Albania. Tuttavia, con la presa del potere da parte del Partito Comunista Albanese (29 novembre 1944), guidato da Enver Hoxha (1908-1985), l'amministratore fu espulso. A capo della piccola comunità di greco-cattolici, che contava allora circa 400 membri, gli succedette l'arcivescovo di Durazzo, l'albanese Vinçenc Kolë Prennushi (1885-1949), alla cui morte (arrestato nel 1947 per essersi rifiutato di fondare una Chiesa nazionale, staccata da Roma, morì in prigione il 19 marzo 1949 in seguito alle torture subite) la sede rimase vacante e sembrò perdersi

[69] I loro discendenti costituiscono la Chiesa italo-albanese o Chiesa bizantina cattolica d'Italia (vedi § 10.11).

il contatto con i fedeli bizantini, che si ritrovarono sotto stretto controllo comunista. Alla fine degli anni 1930 anche i monaci basiliani di Grottaferrata vennero ad assistere la comunità.

Anche in Albania il comunismo si è scagliato contro la religione, colpendo indiscriminatamente i credenti di tutte le fedi, ortodossi e musulmani compresi, ma accanendosi con inaudita brutalità soprattutto contro i cattolici. Per 46 anni, dal 1944 al 1990, il Paese fu ridotto a un gigantesco lager; il livello di repressione religiosa raggiunto è stato superiore a quello degli altri regimi comunisti, sia per la durata che per la crudeltà, il sadismo e le perfide modalità con cui la persecuzione veniva perpetrata. Vescovi, preti, religiosi furono arrestati, malmenati in pubblico, torturati, fucilati, imprigionati, inviati nei campi di lavoro. Le suore furono obbligate a lasciare l'abito: quelle che rifiutavano venivano sottoposte al pubblico ludibrio, a torture e inviate ai lavori forzati. Il culmine della persecuzione arrivò nel 1967, quando Hoxha impose l'ateismo di Stato, con la chiusura dei luoghi di culto di tutte le associazioni religiose e la proibizione di ogni manifestazione di culto, della pubblicazione e vendita di materiale religioso, dell'insegnamento di qualsiasi religione. Tali disposizioni furono confermate dalla Costituzione del 1976, rimasta in vigore fino al 1992, che faceva dell'Albania il "primo Stato ateo al mondo"[70].

[70] Tuttavia, come scrive Roberto Morozzo della Rocca: «In realtà Hoxha intendeva creare una nuova religione fondata sul culto della sua personalità, sul culto della nazione e sul culto dell'ideologia cui si rifaceva [...]. Gli albanesi sono stati oggetto di un esperimento di laboratorio per la creazione di una nuova religiosità: tutti sono diventati chierici [...] della nuova Chiesa nazional-comunista che adorava il dio Enver [...]. Questo dio decideva i dettagli della vita quotidiana delle persone, in uno stato parossisticamente totalitario, in cui nessuno era sicuro [...]. Enver Hoxha ha sostituito alle religioni «rivelate» il suo confessionalismo nazionalista [...] il marxismo è stato la teologia di questa religione» (citato in P. RAGO, "L'identità degli albanesi: nazione, cultura, religione", in A. ROCCUCCI, a cura di, *Chiese e culture nell'Est europeo. Prospettive di dialogo*, Milano 2007, pp. 199-241, alla p. 227).

Con la morte di Hoxha, nel 1985, finiva un incubo; ma anche sotto il successore Ramiz Alia (1925-2011; presidente fino al 1992), non mancarono persecuzioni contro la Chiesa cattolica, almeno fino al 4 novembre 1990, quando finì il tempo delle catacombe e della repressione. Nel frattempo, tuttavia, neppure un vescovo era rimasto in vita. Quel 4 novembre, una domenica, davanti a circa cinquecento – seicento persone, Dom Simon Jubani (1927-2011), fratello di un sacerdote martire e che il 13 aprile 1989 era stato rilasciato dopo ben 26 anni di prigionia, sfidando la legge celebrò una santa messa nel cimitero cattolico di Scutari, la prima dopo decenni di terrore. La polizia circondò i partecipanti alla funzione, ma non intervenne. Visto l'esito positivo di quell'eroico gesto, la domenica successiva, 11 novembre, accorsero in 50 mila per partecipare all'Eucaristia. Su quell'esempio, il 16 novembre 1990 anche i musulmani si ripresero la moschea cosiddetta "di Piombo". Nonostante la feroce persecuzione, la fede non si era spenta del tutto, continuando nel segreto della vita famigliare, in maniera nascosta.

La Chiesa cattolica poté cominciare a riorganizzarsi e, soprattutto, a far conoscere la sua storia di martirio; non solo migliaia di laici (la classe dirigente e intellettuale del Paese prima dell'avvento del comunismo era costituita in prevalenza da personalità del mondo cattolico), ma la quasi totalità del suo clero: dei circa 200 religiosi che possedeva all'inizio della persecuzione, solo 27 erano sopravvissuti alla detenzione e alle torture; dei circa 170 martiri, molti erano morti di morte violenta (5 vescovi, 60 preti diocesani, 30 frati francescani,13 gesuiti, 10 seminaristi e 8 suore), gli altri erano deceduti a causa di stenti e di fatica durante la lunga prigionia. Nel 2002 è stato avviato il processo di beatificazione di 40 martiri albanesi, 38 dei quali uccisi durante la dittatura comunista. La loro memoria è la linfa vivificante del nuovo corpo ecclesiale albanese; il sangue da essi versato è alimento per lo sviluppo della fede e della comunità.

Nel 1992 fu possibile nominare un nuovo amministratore apostolico per l'Amministrazione apostolica dell'Albania meridionale. Inizialmente l'incarico fu dato al nunzio apostolico della Santa Sede a Tirana, l'arcivescovo indiano Ivan Dias (1936 -), che nel 1996 divenne arcivescovo metropolita di Bombay e in seguito cardinale (nel concistoro del 21 febbraio 2001). Il suo successore come amministratore apostolico è il vescovo di origine croata di rito bizantino Hil Kabashi (1941 -), francescano, che fu nominato il 3 dicembre 1996.

L'amministrazione apostolica, che il 25 gennaio 2005 è entrata a far parte della provincia ecclesiastica dell'arcidiocesi di Durazzo-Tirana (oggi arcidiocesi di Tirana-Durazzo), estende la sua giurisdizione sui fedeli sia di rito latino sia di rito bizantino della parte meridionale dell'Albania; questi sono circa 4.000, quasi tutti di rito latino e attualmente non c'è nessuna parrocchia o prete per i pochissimi fedeli di rito bizantino.

10.11 LA CHIESA BIZANTINA CATTOLICA IN ITALIA

La Chiesa bizantina cattolica in Italia – nota anche come Chiesa italo-greca o italo-bizantina o italo-albanese – è una Chiesa *sui iuris*, in comunione con il vescovo di Roma, ma che conserva strutture, disciplina, tradizioni e liturgia propria, ossia il rito bizantino, come praticato dalla Chiesa ortodossa.

L'origine di questa Chiesa è legata all'emigrazione albanese nel Regno di Napoli e Sicilia degli albanesi seguaci di Giorgio Castriota (1405-1468), detto Skanderbeg ("Iskender Beg" in turco ottomano, ossia "Alessandro bey"), principe albanese che lottò coraggiosamente e vittoriosamente contro i turchi invasori per la difesa dei valori morali e cristiani del suo popolo. Dopo la morte di Skanderbeg, tuttavia, l'Albania fu conquistata dagli ottomani (1479) e tantissimi albanesi, per sfuggire alla dura repressione musulmana e rimanere liberi e cristiani dovettero, in più riprese, abbandonare le loro terre e trovarono rifugio in Italia, in Calabria e in Sicilia[71]. Fu un popolo intero che si spostò, portando con sé poche cose materiali ma tutto il tesoro della propria tradizione: la lingua, la fede, il rito bizantino, preservando così il proprio patrimonio etnico, linguistico, culturale e spirituale orientale.

Nel primo periodo le comunità *arbëreshe* (albanesi) d'Italia dipendevano dall'arcivescovado ortodosso autocefalo greco-bulgaro di Ochrida, in Macedonia (esso verrà poi soppresso il 16 gennaio 1767 dagli ottomani, che lo incorporeranno nel patriarcato ecumenico di Costantinopoli) e il rito bizantino da esse praticato fu motivo di non pochi contrasti con il clero locale, soprattutto quando, dopo il concilio di Trento (1545-1563), esse entrarono a far parte di giurisdizioni ecclesiastiche latine, come stabilito dal breve *Romanus pontifex* di Pio IV (1559-1565) del 16 febbraio 1564. Fu così che, sottoposte a un'intensa latinizzazione, molte comunità albanesi persero gradualmente il rito greco a favore di quello latino. A questo problema tentò di porre rimedio papa Benedetto XIV (1740-1758) con la costituzione apostolica *Etsi Pastoralis* del 26 maggio 1742, che, pur sottolineando la *praestantia* del rito latino, confermava la validità e la piena dignità delle usanze greco-albanesi.

I cattolici italo-bizantini sono organizzati in tre istituzioni ecclesiastiche territoriali *sui iuris*, immediatamente soggette alla Santa Sede:

[71] Nel 1459 Skanderbeg si recò in Italia per aiutare Ferdinando I, re di Napoli (1458-1494), figlio del suo amico e protettore Alfonso V d'Aragona (re di Napoli dal 1442 al 1458), nella lotta contro il rivale Giovanni II d'Angiò (1427-1470) ed il suo esercito. Ferdinando I nel 1464, in segno di riconoscimento per l'aiuto ricevuto da Skanderbeg, concesse al signore albanese i feudi di Monte Sant'Angelo, Trani e San Giovanni Rotondo.

EPARCHIA DI LUNGRO DEGLI ALBANESI DELL'ITALIA CONTINENTALE

Appartiene alla regione ecclesiastica Calabria e comprende la città di Lungro, in provincia di Cosenza, e ventinove parrocchie, suddivise tra le province di Cosenza (25), Potenza (2), Pescara (1) e Lecce (1). È la capitale religiosa degli italo-albanesi continentali e raccoglie sotto la propria giurisdizione tutte le comunità *arbëreshe* continentali che hanno conservato il rito bizantino (una cinquantina di comuni, dove si parla tuttora la lingua albanese, non sono stati inclusi nell'eparchia perché il rito bizantino vi era già scomparso da qualche tempo).

Per risolvere lo spinoso problema della preparazione culturale, teologica e pastorale dei sacerdoti italo-albanesi, il 10 giugno 1732, con la bolla *Superna dispositione*, papa Clemente XII (1730-1740) aveva nominato un vescovo titolare, di rito latino, per la funzione di ordinare i sacerdoti di rito greco-bizantino per le comunità albanesi di Calabria[72]. Nell'occasione, con la bolla *Inter multiplices* dell'11 ottobre 1732, fondava a San Benedetto Ullano, comune *arbëreshe* in provincia di Cosenza, il "Collegio Corsini" (dal nome della famiglia alla quale apparteneva il papa), vera e propria struttura universitaria per la formazione del clero greco-albanese, in cui, oltre a mantenere e valorizzare il rito bizantino e la propria cultura, si formarono personaggi di spicco della cultura albanese d'Italia.

Solo agli inizi del XIX secolo la Santa Sede decise di sottrarre alla giurisdizione ordinaria dei vescovi latini tutti i greci della Calabria, per costituire un'unica diocesi di rito greco, sottoposta a un vescovo con pieni poteri territoriali. Con la bolla *Catholici fideles* di papa Benedetto XV (1914-1922) del 13 febbraio 1919 veniva così eretta l'"eparchia di Lungro degli albanesi dell'Italia

[72] I. CEFFALIA, "L'istituzione dei Seminari e dei Vescovi Ordinanti di rito greco per i fedeli orientali dell'Italia meridionale (sec. XVIII)", *Folia Canonica* 10, 2007, pp. 105-117.

continentale", per "i fedeli cattolici di rito greco, che abitavano l'Epiro e l'Albania, fuggiti a più riprese dalla dominazione dei turchi"; in tal modo si nominava un vescovo di etnia *arbëreshe* e di rito greco, al posto dei precedenti vescovi ordinandi di rito latino.

Il primo vescovo è stato mons. Giovanni Mele (1885-1979), già parroco di Lungro, eletto alla giovane età di 33 anni; potè prendere possesso della nuova diocesi il 5 giugno 1921, quando il re d'Italia Vittorio Emanuele III (1900-1946) dette il regio *Exequatur* alla bolla pontificia. Ha governato per 60 anni, dal 1919 al 1979 e si è assiduamente impegnato nell'ardua impresa di dare unitarietà alle parrocchie della novella eparchia che, precedentemente, appartenevano a ben sei diverse diocesi, ubicate in quattro differenti regioni. Dopo una prima visita pastorale, pubblicò nel 1922 una lettera, "Disposizioni per il Clero", dove dettava le prime regole comuni che tutte le comunità parrocchiali dovevano osservare[73]. Unitamente a mons. Luigi Lavitrano, amministratore apostolico dell'eparchia di Piana degli Albanesi (in carica dal 1937 al 1956), e all'archimandrita di Grottaferrata, Isidoro Croce (in carica dal 1937 al 1960), organizzò il Primo Sinodo Intereparchiale, che venne celebrato a Grottaferrata nel 1940.

Il suo successore, dal 1979 al 1987, fu mons. Giovanni Stamati (1912-1987), che ha continuato l'opera di recupero della spiritualità bizantina e di valorizzazione del patrimonio spirituale e storico-culturale della sua comunità. Nel 1968, ha introdotto ufficialmente nella divina liturgia bizantina di san Giovanni Crisostomo la lingua albanese, come forte segno di unità diocesana nonchè di appartenenza e di vicinanza ad un popolo al quale, nella propria terra, era negata qualsiasi libertà religiosa.

[73] Si veda C. Korolevskij, *L'eparchia di Lungro nel 1921. Relazione e note di viaggio. Studio introduttivo ed edizione con appendice di documenti editi e inediti*, a cura di S. Parenti, Università della Calabria, Dipartimento di Linguistica, Sezione di Albanologia, 2011. Le "Disposizioni per il Clero" sono presentate in Ivi, alle pp. 251-259.

Terzo eparca, dal 1987 al 2010, fu mons. Ercole Lupinacci (1933 -), dal marzo 1981 già eparca di Piana degli Albanesi, che ha provveduto a dare sempre maggior dignità al patrimonio liturgico e iconografico delle chiese parrocchiali, portandole ad una configurazione più aderente alla tradizione bizantina. Nel corso del suo ministero è stata celebrata la prima assemblea diocesana. Il 10 agosto 2010 papa Benedetto XVI ha accolto le sue dimissioni per raggiunti limiti d'età.

Dopo le dimissioni dell'eparca, il 10 agosto 2010 il pontefice ha nominato come amministratore apostolico, *sede vacante et ad nutum Sanctae Sedis*, dell'eparchia l'arcivescovo metropolita di Cosenza-Bisignano Salvatore Nunnari (1939 -), che ha mantenuto il suo incarico fino all'11 maggio 2012, quando fu annunciata la nomina di Donato Oliverio (1956 -) ad eparca di Lungro.

Eparchia di Piana degli Albanesi

Appartiene alla regione ecclesiastica Sicilia ed è situata nel territorio della provincia di Palermo, estendendosi su 15 parrocchie distribuite in cinque comuni. La sua giurisdizione si estende su tutte le chiese insulari di rito bizantino.

Una prima ondata migratoria di albanesi avvenne negli anni tra il 1482 e 1485. Grazie all'appoggio della Repubblica di Venezia, essi riuscirono a sbarcare sul litorale siculo, inoltrandosi poi nell'entroterra per timore di rappresaglie da parte dei turchi. Furono infine accolti in ampi territori appartenenti all'arcidiocesi di Monreale, la cui concessione ufficiale fu sancita il 30 agosto 1488. Una seconda ondata migratoria albanese ci fu nel 1534. Anche per gli albanesi di Sicilia, pur fedeli alla Sede apostolica, sorsero incomprensioni con il clero locale per il loro attaccamento al rito bizantino, sottoposto alla minaccia di latinizzazione.

Per ovviare al rischio di assimilazione al rito latino, papa Pio VI (1775-1799) con la bolla *Commissa Nobis* del 6 febbraio 1784 erigeva un vescovado di rito bizantino ordinante per gli albanesi in Sicilia: non si trattava di una diocesi, ma era prevista la presenza di un vescovo per poter ordinare i sacerdoti formati nel seminario italo-albanese di Palermo. Il primo vescovo fu Giorgio Stassi (1712-1801), rimasto in carica dal 1784 alla morte, mentre l'ultimo fu Paolo Schirò (1866-1941), in carica dal 1904 alla morte. Dal 1858 al 1912 vescovi ordinanti provenienti dagli albanesi di Sicilia furono nominati anche per quelli di Calabria.

Dopo l'erezione dell'eparchia di Lungro in Calabria nel 1919, il 26 ottobre 1937 la costituzione *Apostolica sedes* di papa Pio XI stabilì l'erezione dell'eparchia di Piana dei Greci[74], con giurisdizione sui fedeli di rito bizantino della Sicilia. All'inizio, tuttavia, dal 1937 al 1967, l'eparchia fu retta dall'arcivescovo di Palermo, in qualità di amministratore apostolico. Il primo eparca fu nominato nel 1967, nella persona di Sua Eccellenza Giuseppe Perniciaro (1907-1981), vescovo titolare di Albania, che nei trent'anni precedenti era stato eparca ausiliare. Attuale eparca è Giorgio Demetrio Gallaro (1948 -), nominato il 31 marzo 2015.

Gli eparchi di Lungro e di Piana degli Albanesi sono i soli vescovi italiani che, pur essendo in piena armonia con la Chiesa cattolica, recitano il Credo senza l'espressione *filioque*, mostrando che tra cattolici ed ortodossi non sussistono differenze dogmatiche.

Abbazia Territoriale di Santa Maria di Grottaferrata

Posta nel comune di Grottaferrata (Roma), sui Colli Albani, e conosciuta anche con il nome di abbazia di San Nilo, appartiene alla regione ecclesiastica Lazio ed è immediatamente soggetta alla Santa Sede. È attualmente sede vacante.

[74] Il 25 ottobre 1941, con decreto della Congregazione delle Chiese orientali, l'eparchia mutò il nome in "Piana degli Albanesi", per accordarsi al cambio della denominazione civile avvenuta l'anno precedente.

L'abbazia è stata fondata nel 1004 da un gruppo di monaci greci basiliani provenienti dall'Italia meridionale, all'epoca bizantina, guidati da san Nilo da Rossano (910-1004), capo carismatico e personalità spirituale di primo piano del suo tempo, e successivamente organizzata dal suo discepolo, nonché suo biografo, san Bartolomeo il Giovane (981-1055), presso una cella sepolcrale romana (*crypta ferrata*)[75]. A seguito della riforma del monachesimo cattolico bizantino decretata dalla bolla *Benedictus Dominus* di Gregorio XIII (1572-1585) del 1° novembre 1579, grazie ai molti monaci provenienti dalle colonie albanesi di Sicilia e di Calabria l'abbazia ha vissuto un momento di rifioritura spirituale; questi monaci non solo hanno mantenuto vivo il rito bizantino, sostituendo la vecchia guardia latina e latinizzante che aveva preso ampio spazio a Grottaferrata, ma hanno anche contribuito alla rinascita della Badia, diventando notevoli paleografi, liturgisti e musicologi, nonché tra i principali albanologi e bizantinisti del periodo.

Un momento di regresso ci fu nel XVIII secolo, quando gli abati filo-latini di Grottaferrata Pietro Minniti e Giuseppe Del Pozzo, rispettivamente nel 1709 e nel 1746, chiesero ai pontefici di sopprimere il rito bizantino nei monasteri dell'ordine, ma prima papa Clemente XI e poi papa Benedetto XIV respinsero l'istanza.

Con le leggi di soppressione promosse dal governo francese nel 1808-1809 venne decretata la fine del monachesimo basiliano in Calabria. Rimasero in vita i monasteri siciliani, che furono a loro volta chiusi con le leggi del Regno d'Italia nel 1866. Il monastero di Grottaferrata, unico sopravvissuto dell'ordine, fu confiscato dallo Stato italiano, riconosciuto come monumento nazionale e affidato in custodia ai monaci, quali funzionari

[75] Sull'ordine basiliano, vedi Cap. 3, n. 18. Per il monachesimo basiliano in Italia meridionale, si veda G. MUSOLINO. *Santi eremiti italogreci. Grotte e chiese rupestri in Calabria*, Soveria Mannelli (Catanzaro) 2002.

pubblici. Verso il 1880 ci furono alcune vocazioni provenienti dalle colonie albanesi di Sicilia, che spinsero papa Leone XIII a ripristinare, il 12 aprile 1882, il rito liturgico bizantino, mentre la rinata comunità si dava nuove costituzioni.

Personaggio chiave nel cammino unionistico cattolico fu l'abate (1882-1920) Arsenio Pellegrini (1849-1920): critico nei confronti della mentalità dei missionari, per i quali non si poteva essere cattolici se non si era anche latini, in due rapporti al cardinale Benôit-Marie Langénieux (1824-1905), arcivescovo di Reims (dal 1874 alla morte), e al cardinale segretario di stato Mariano Rampolla del Tindaro (1843-1913), egli prospettava un'azione a lungo respiro, basata sulla costruzione di edifici di culto cattolici secondo le forme e le prescrizioni delle chiese orientali e sul favore da accordare alla formazione del clero orientale. Questi due rapporti furono molto apprezzati da papa Leone XIII, che il 30 novembre 1894 emetteva la lettera apostolica *Orientalium dignitas ecclesiarum*, con la quale proclamava gli stessi diritti e la stessa dignità per qualsiasi Chiesa particolare e invitava alla formazione di un clero locale, radicato nei riti e nelle tradizioni religiose e culturali delle Chiese orientali. E pochi mesi più tardi, il 19 marzo 1895, il pontefice istituiva la commissione cardinalizia per promuovere la riunione delle Chiese[76].

Nel 1918 fu aperto a Grottaferrata il Seminario pontificio per la formazione dei monaci e dei sacerdoti italo-greci.

Poco dopo l'istituzione dell'eparchia di Piana degli Albanesi, nel 1937 la Santa Sede ha elevato a monastero esarchico il cenobio di Grottaferrata, con territorio limitato al monastero e ad una parrocchia riservata agli abitanti del luogo. Da allora, alla sua direzione si sono succeduti cinque archimandriti, tutti monaci basiliani. L'ultimo è stato Emiliano Fabbricatore (1938 -),

---

[76] L'interesse di Leone XIII per il problema dell'unione delle Chiese è testimoniato dal fatto che il pontefice, tra novembre 1894 e giugno 1903, emanò ben 103 documenti di diversa rilevanza sull'argomento.

in carica dal 2000 al 2013, quando si è ritirato per raggiunti limiti di età. Da allora (4 novembre 2013), l'abbazia è retta da un amministratore apostolico *ad nutum Sanctae Sedis*, nella persona del vescovo Marcello Semeraro (1947 -).

In base all'elaborazione statistica tratta dall'Annuario Pontificio 2015, i fedeli dell'eparchia di Lungro sono 33.100, quelli dell'eparchia di Piana degli Albanesi sono 29.110 e quelli dell'Abbazia di Grottaferrata sono 12.

10.12 LA CHIESA BIZANTINA CATTOLICA DI CROAZIA E SERBIA

Si tratta di una Chiesa *sui iuris* di rito bizantino in comunione con Roma, che fa uso dello slavo ecclesiastico come lingua liturgica; è costituita da un'eparchia ("eparchia di Križevci", in Croazia) e da un esarcato ("esarcato apostolico di Serbia"). Questa Chiesa nasce in seguito alla dissoluzione della Jugoslavia, evento che ha portato alla nascita di sei Stati sovrani: Slovenia (1991), Croazia (1991), Repubblica di Macedonia (1991), Bosnia ed Erzegovina (1992), Montenegro (2006), Serbia (2006).

I primi greco-cattolici in quella che più tardi sarebbe diventata la Jugoslavia erano serbi che, in fuga dall'impero ottomano, erano migrati, verso la metà del XVI secolo, nella regione intorno a Marča e Ivanić-Grad, in Croazia, allora sotto controllo ungherese. Qui, nel 1609 alcuni sacerdoti serbi ortodossi fondarono il monastero di Marča, dedicato a San Michele Arcangelo, che nello stesso anno divenne sede dell'eparchia di Vretanija, la più occidentale delle eparchie del patriarcato di Peć[77]. Suo primo

[77] Sede metropolitana di Serbia, Peć, nella provincia del Kosovo, divenne patriarcato nel 1346 e fu riconosciuto come tale da Costantinopoli nel 1375; fu poi soppresso da Mehmet II nel 1459 e annesso all'arcivescovado greco-

vescovo fu Simeon Vratanja (1609-1611), nominato da Jovan II Kantul, patriarca serbo di Peć (1592-1613), quale vescovo dei serbi ortodossi di Croazia. Per influenza del sacerdote Martin Dobrović (morto nel 1621), un ortodosso convertito al cattolicesimo e che lavorava attivamente per l'unione con Roma dei serbi ortodossi, nel 1611 Simeon riconobbe la giurisdizione del papa e, dopo essersi recato personalmente a Roma presso Paolo V (1605-1621), aderì formalmente al cattolicesimo. Nel novembre 1611 il pontefice nominò Simeon quale vescovo della Slavoniaù, della Croazia e dell'Ungheria (1611-1629), anche se in realtà la sua giurisdizione si limitava alla popolazione ortodossa di Slavonia e Croazia e le sue funzioni erano vicarie del titolare latino di Zagabria. Il 21 novembre 1611 con il decreto *Divinae majestatis arbitrio* fu eretto il vicariato apostolico per i fedeli di rito bizantino del Regno di Croazia – allora circa 60.000 –, con sede nel monastero di Marča. È la cosiddetta "unione di Marča".

Nel marzo 1613, in una riunione a Marča, Dobrović e Simeon cercarono di convincere i rappresentanti della nobiltà serba a convertirsi al cattolicesimo. L'unione, tuttavia, non fu accettata da tutto il clero del vicariato e molti sacerdoti continuarono a riconoscere la giurisdizione della Chiesa serba ortodossa e del patriarcato di Peć e a opporsi ai tentativi di convertirsi al cattolicesimo, accusando Roma di volerli latinizzare. Nel 1615 papa Paolo V ricordò che l'unione non contemplava il passaggio al rito latino, anzi occorreva mantenere quello bizantino. E lo stesso proclamò nel 1624 la Congregazione di *Propaganda fide*. Questa situazione durò fino al 1670, quando il nuovo vescovo di Marča, Pavao Zorčić (1671-1685), fece arrestare tutti i presbiteri contrari all'unione e li fece trasferire in carcere a Malta, dove rimasero fino alla morte (per il periodo 1611-1670 si parla di "semi-unione").

---

bulgaro di Ochrida, quindi restaurato nel 1557 e definitivamente soppresso il 16 gennaio 1767, quando venne annesso al patriarcato di Costantinopoli.

Il 17 novembre 1735 il monastero di Marča venne occupato con le armi da aderenti alla Chiesa serba ortodossa e due anni più tardi, il 17 giugno 1737, fu dato alle fiamme. Solo nel 1753 esso rientrò in possesso dei greco-cattolici. Il vescovo Gabriel Palkovič (1751-1759) fece comunque trasferire a Pribic la propria sede.

Il 17 giugno 1777, papa Pio VI, con la bolla *Charitas illa*, soppresse il vicariato apostolico di Marča e istituì l'eparchia di rito greco di Križevci. Suo primo vescovo fu Vasilije Božičković (1777-1785), già eparca di Marča (1759-1777).

Quando, al termine della prima guerra mondiale, venne fondato il "Regno dei Serbi Croati e Sloveni" (1° dicembre 1918), più tardi diventato Regno di Jugoslavia (1929), l'eparchia di Križevci fu estesa ad abbracciare tutti i greco-cattolici del regno: oltre i serbo-croati anche altre etnie, come i ruteni emigrati dalla Slovacchia intorno alla metà del XVIII secolo, gli ucraini emigrati dalla Galizia ai primi del XX secolo, i macedoni convertitisi nel XIX secolo e i pochi rumeni che si erano stabiliti nell'area.

Con la dissoluzione della Jugoslavia, anche il territorio dell'eparchia venne smembrato. Inizialmente, l'11 gennaio 2001 fu eretto l'esarcato apostolico di Macedonia; quindi, il 28 agosto 2003 fu istituito un altro esarcato per i greco-cattolici di Serbia e Montenegro, chiamato "esarcato apostolico di Serbia e Montenegro", il cui primo esarca fu Djura Džudžar (1954 -), che stabilì la sua sede a Ruski Krstur, nella Vojvodina, Serbia. A seguito del decreto *Attenta norma* della Congregazione delle Chiese orientali emesso il 19 gennaio 2013, il nome dell'esarcato è stato mutato in quello di "esarcato di Serbia", limitando così la giurisdizione dell'esarca ai soli fedeli della Serbia; la giurisdizione sui cattolici di rito bizantino in Montenegro è stata affidata ai vescovi locali di rito latino.

La giurisdizione del vescovo di Križevci, la cui residenza è nella vicina Zagabria – attualmente è Nikola Nino Kekić (1943 -), nominato nel 2009 –, si estende oggi sui greco-cattolici di Croazia, Bosnia ed Erzegovina e Slovenia.

In base all'elaborazione statistica tratta dall'Annuario Pontificio 2015, i fedeli dell'eparchia di Križevci sono 18.360, mentre quelli dell'esarcato apostolico di Serbia sono 22.058.

10.13 LA CHIESA CATTOLICA GRECA DI RITO BIZANTINO

La Chiesa cattolica greca di rito bizantino è una Chiesa *sui iuris* nell'ambito della Chiesa cattolica, che fa uso del rito bizantino in lingua greca, antica e moderna. Comprende due giurisdizioni: l'"esarcato apostolico di Grecia", che estende la sua giurisdizione su tutti i fedeli cattolici di rito bizantino di Grecia ed ha sede ad Atene; l'"esarcato apostolico di Istanbul" (o "di Costantinopoli"), che estende la sua giurisdizione a tutti i fedeli cattolici di rito bizantino residenti in Turchia ed ha sede a Istanbul. Entrambe le diocesi sono immediatamente soggette alla Santa Sede.

Dopo il grande scisma del 1054 tra cristiani greci e latini, ci furono diversi tentativi da parte di Roma per riportare la Chiesa di Costantinopoli all'obbedienza romana. Un primo serio tentativo avvenne nel 1274 al concilio di Lione II e un secondo al concilio di Firenze nel 1439. In entrambi i casi gli atti di unione stabiliti (nel primo caso l'unione fu firmata dapprima a Costantinopoli nel febbraio 1274 e quindi nella quarta sessione del concilio, il 16 luglio; nel secondo fu sancita dalla bolla *Laetentur caeli et exultet terra*, del 6 luglio 1439) non ebbero vita lunga: siglate senza permettere alla Chiesa greca di esprimere liberamente il proprio parere in materia, ma per imposizione degli imperatori bizantini – Michele VIII Paleologo (1259-1282) e Giovanni VIII Paleologo (1425-1448) rispettivamente –, che di questa unione necessitavano per motivi prevalentemente politici, le unioni durarono finché vissero i loro protagonisti. Benché gli imperatori avessero cercato di imporre con la forza delle persecuzioni una fede in cui nessun loro suddito credeva e che accettava, essa venne subito sconfessata. E così gli atti d'unione, che dovevano ricostruire l'unità, finirono invece per approfondire il solco, politico e religioso, tra oriente e occidente cristiano.

La costituzione di una comunità cattolica di rito bizantino nell'impero ottomano divenne possibile solo dopo il 1829, quando il sultano Mahmud II (1808-1839) abolì le restrizioni precedenti. In quell'anno, infatti, durante la guerra d'indipendenza della Grecia (1821-1832), il sultano diminuì l'autorità spirituale e civile del patriarcato ecumenico, aprendo così la via alla formazione di un comunità greco-cattolica nella Turchia ottomana.

Le prime conversioni greche al cattolicesimo si verificarono intorno alla metà del XIX secolo, quando, nel 1856, a Costantinopoli, un presbitero di rito latino, originario dell'isola greca di Syros, nelle Cicladi, Johannes Hyakinthos Marangos (1827-1885), cercò di fondare una congregazione religiosa, maschile e femminile, di cattolici, di rito sia greco che latino, avente lo scopo di dedicarsi esclusivamente al ritorno dei greco-ortodossi all'unione con i cattolici. Tra i convertiti vi erano anche due vescovi ortodossi: Meletios di Drama, in Macedonia, e Beniamino di Neapolis, a Cipro. Per le pressioni della Chiesa ortodossa, il governo ottomano cercò di ostacolare la sua attività e nel 1878 Marangos si trasferì ad Atene, mentre il suo lavoro nella capitale ottomana fu continuato dal padre Polycarp Anastasiadis, da lui convertito. Inoltre, *Propaganda fide* impose a Marangos di chiudere la congregazione femminile, acconsentendo soltanto a che rimanesse l'istituzione maschile, ma negandole lo *status* di congregazione religiosa.

Negli anni 1880 furono stabilite due nuove comunità cattoliche bizantine in Tracia e nel 1895 i padri Assunzionisti fondarono un seminario e due piccole parrocchie cattoliche bizantine: una a Costantinopoli e l'altra a Calcedonia.

Per queste comunità, che contavano allora circa tremila fedeli, l'11 giugno 1911 papa Pio X creò un "ordinariato apostolico per la Turchia europea" e il 28 giugno nominò il padre Isaias Papadopoulos (1855-1932) come primo vescovo della Chiesa cattolica greca bizantina, con sede a Istanbul, col titolo di vescovo titolare di Gratianopolis (ossia Gratini, nella Tracia). Nativo di Pyrgos, nel Peloponneso e ordinato prete ortodosso nel 1882, l'anno successivo Isaias si era convertito al cattolicesimo, venendo ripudiato dalla sua propria famiglia, presso la comunità cattolica della Tracia e si era quindi dedicato alla cura delle missioni cattoliche bizantine di Malgara, presso Gallipoli, e di Daudeli e Ligar, nella Tracia orientale. Nel 1907 era stato scelto dal delegato apostolico a Costantinopoli, l'arcivescovo Giovanni Tacci Porcelli (1863-1928), come suo vicario generale per i bizantini cattolici e loro superiore in Turchia e Grecia.

La nomina episcopale di Papadopoulos fu accolta con acceso disappunto da parte della Chiesa ortodossa, che la considerò come indebita ingerenza nel proprio territorio da parte della Santa Sede, un ulteriore e gravissimo tentativo di minare la sua stessa esistenza, per il tramite di missionari nativi. Benché dal tempo delle crociate esistessero in Grecia e Turchia cattolici latini, con le proprie gerarchie ecclesiastiche, questi non erano percepiti come una minaccia dagli ortodossi, in quanto stranieri o discendenti da stranieri. I cattolici bizantini, invece, che si definivano greco-cattolici, venivano considerati come un cavallo di Troia vaticano, "lupi travestiti da pecore", un insulto per la nazione. Inoltre, il fatto che, nonostante la loro "defezione" dall'ortodossia, essi continuassero ad usare il rito bizantino e che, quindi, fossero praticamente indistinguibili dagli ortodossi, li rendeva particolarmente pericolosi. Ciò spiega perché lo stesso vescovo Papadopoulos nel 1910 fosse sfuggito a un attentato alla propria vita ordito da ortodossi[78].

Il 15 luglio 1920 gli succedette il vescovo George Calavassy (1881-1957), al quale spettò il gravoso e delicato compito di

---

[78] Vedi Ch.V. LaFontaine, "The Role of Father Paul of Graymoor in the Foundation of the Catholic Near East Welfare Association", *Records of the American Catholic Historical Society of Philadelphia*, 86 (March – December 1975), p. 58.

organizzare l'immigrazione dell'intera comunità bizantino-cattolica di Costantinopoli ad Atene e quella dei due villaggi greco-cattolici della Tracia in una città della Macedonia; ciò faceva parte di un generale scambio di popolazioni tra Grecia e Turchia che ebbe luogo tra il 1914 e il 1923 e consistette in due diversi movimenti di popolazione, in direzione opposta: i cristiani di lingua greca della Ionia (la regione di Smirne), del Ponto (la regione di Trebisonda e Samsun), della Bitinia e della Tracia orientale vennero trasferiti in Grecia, mentre i cittadini greci di fede islamica furono trasferiti in Turchia. Tale vicenda coinvolse circa due milioni di persone (1.700.000 cristiani e 300.000 musulmani) e fu ufficializzata con il Trattato di Losanna, sottoscritto dai governi greco e turco (24 luglio 1923). Nel 1922 lo stesso Calavassy spostò la propria sede ad Atene e nel 1923 l'ordinariato di Costantinopoli fu elevato al rango di esarcato apostolico. L'11 giugno 1932 l'esarcato ha dovuto cedere una porzione di territorio a vantaggio dell'erezione dell'"esarcato apostolico di Grecia": il vescovo Calavassy rimase ad Atene (1932-1957), mentre per Istanbul fu nominato come esarca Denis Leonid Varouhas (1889-1957; in carica dal 1932 al 1957); nel 1936 l'"esarcato apostolico per la Turchia europea" assunse l'attuale denominazione di "esarcato apostolico di Istanbul" (o "di Costantinopoli").

Alla morte del vescovo Varouhas, la sede dell'esarcato apostolico di Istanbul rimase vacante. A causa della continua emigrazione e per gli incidenti anti-greci causati dai nazionalisti turchi (tra questi il cosiddetto *Pogrom di Istanbul*, del 6-7 settembre 1955) il numero dei fedeli dell'esarcato si era ormai ridotto a pochissime decine. L'ultimo sacerdote di rito bizantino greco in Turchia è deceduto nel 1997. Dal 1999 l'esarcato è affidato in amministrazione ai vicari apostolici di rito latino di Istanbul. Attuale amministratore apostolico, dal 16 aprile 2016, è il francescano messicano Rubén Tierrablanca Gonzalez (1952 -).

Nel 1957 morì anche l'esarca greco Calavassy. Benché la Chiesa ortodossa greca si fosse sempre mostrata ostile alla sola idea dell'esistenza della Chiesa cattolica greca, vista come una gratuita creazione della Chiesa cattolica in territorio ortodosso, monsignor Calavassy seppe guadagnarsi la stima di tutti i greci grazie alle opere di assistenza sociale e di carità delle quali si fece promotore. Suo successore, dal 1958 al 1975, fu monsignor Hyakinthos Gad (1912-1975), seguito da Anarghyros Printezis (1937-2012), che nel 2008 dette le dimissioni. Dimitri Salachas (1939 -) ricoprì la carica d'esarca dal 2008 al 2016, quando diede anch'egli le dimissioni. Attuale esarca è l'archimandrita benedettino spagnolo Manuel Nin i Güell (1956 -), già rettore del Pontifico Collegio Greco a Roma, nominato da papa Francesco il 2 febbraio 2016, col titolo di vescovo titolare di Carcabia, in Tunisia.

In base all'elaborazione statistica tratta dall'Annuario Pontificio 2015, i fedeli dell'esarcato apostolico di Grecia sono 6.000, mentre quelli dell'esarcato apostolico di Costantinopoli sono solo 20.

INDICE DELLE PERSONE

B

C

D

E

F

G

H

N

Q

R

S

T